東亞《近思録》文獻叢書

近思録説略

【日】澤田希 撰
程水龍 王婕怡 校點

上海古籍出版社

國家古籍整理出版專項經費資助項目

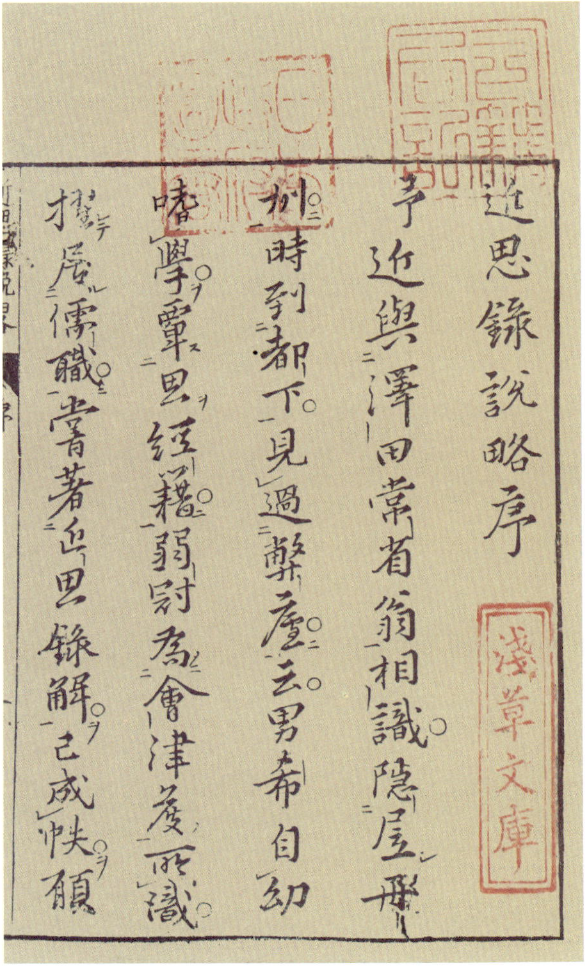

近思錄說略序

予近與澤田常省翁相識隱居册州時到都下見過槃屢云男希自幼嗜學覃思經籍弱冠為會津侯所識擢居儒職嘗著近思錄解已成帙頗

日本國立公文書館藏《近思録説略》書影

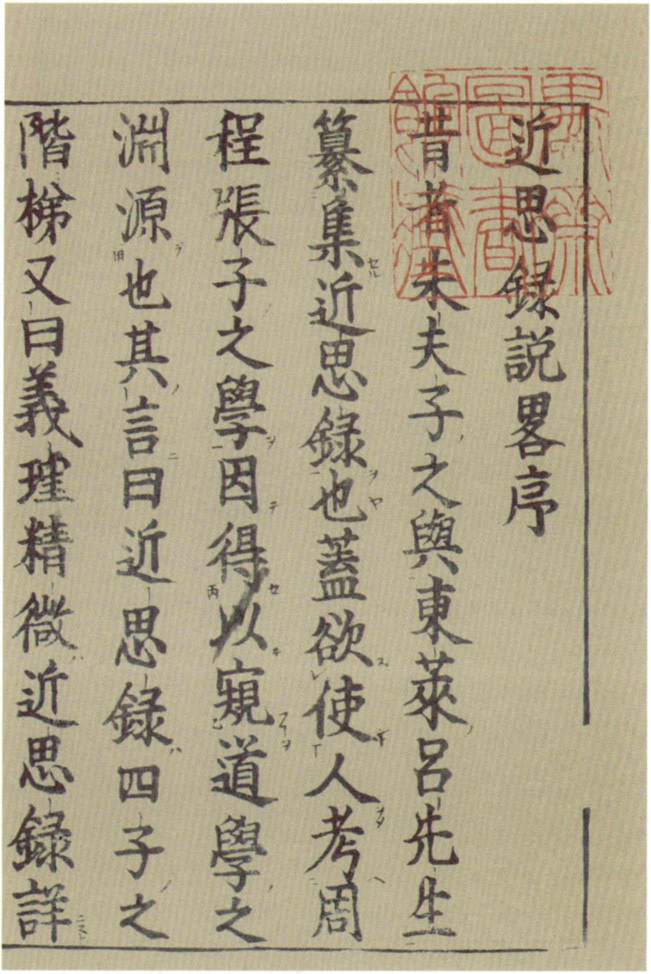

近思録説畧序

昔者朱夫子之與東萊呂先生纂集近思録也蓋欲使人考周程張子之學因得以窺道學之淵源也其言曰近思録四子之階梯又曰義理精微近思録詳

華東師範大學圖書館藏《近思録説略》書影

東亞近思録文獻叢書序

朱熹（一一三〇—一二〇〇），字元晦，號晦庵。祖籍徽州婺源（今屬江西），出生於福建南劍尤溪，爲二程三傳弟子。謚號文，世稱朱文公。朱熹爲南宋閩學之傑出代表，其哲學思想後世稱爲朱子學。他吸收了周敦頤、張載、程顥、程頤、邵雍等人的學術思想，揚棄了佛道的哲學，建立了自己的理學體系，成爲宋代理學的集大成者。故全祖望認爲朱子「致廣大，盡精微，綜羅百代」，錢穆説「前古有孔子，近古有朱子」，視爲中國近古最偉大的思想家。其著述宏富，在其一生編撰的二三十種著述中，除四書章句集注之外，與呂祖謙共同編撰的近思録是後世傳刻最多、流播最廣的一種。

南宋淳熙二年，朱熹與呂祖謙「相與讀周子、程子、張子之書，歎其廣大閎博，若無津涯，而懼夫初學者不知所入也，因共掇取其關於大體而切於日用者」，編成近思録十四卷。關於此書，朱熹自己認爲：「近思録好看。四子，六經之階梯；近思録，四子之階梯。」朝鮮半島李朝初年金宗瑞説：「是書所載，皆正心修身之要。」隨即李朝大儒李滉等倡行「洛閩近思之學」，以爲不讀近思録則難以「窮理盡性以至於命」。朝鮮朱子學者一直將此書作爲國民進入聖學的津梁。

由於此書在東亞尊崇程朱之學者心中地位甚高，故朝鮮半島不斷有人或注解、或續編、或札録、或宣講此書。

同樣身處東亞漢字文化圈中的日本，也把此書視作經典，將其定性爲僅次於五經、四書的讀本，是青少年入道的階梯。日本江户時代中村惕齋説：「天下古今之書，莫貴於六經、四子，而次焉者獨有此篇。」江户會津藩學校奉行山内俊温認爲「此書之爲聖學之階梯、大道之標表」。自江户時代至二十世紀四十年代，日本在受容中國近思録及其注本的同時，通過重刻、注釋、翻譯、講讀、仿編等途徑整理產生了大量「近思録文獻」。

所以，近思録作爲理學經典是毋庸置疑的，梁啓超、錢穆都尊奉此書爲宋代理學的首選經典，以爲「後人治宋代理學，無不首讀近思録」，錢穆還將近思録視作「復興中華文化人人必讀的九部書」之一。當代學者束景南説：「在朱熹以後直到近代，程朱理學在很大程度上是借助於近思録的注釋刊刻流布得到廣泛傳播的，宋、明、清後儒們也多以近思録爲『階梯』，從近思録切入到對程朱理學的認識與接受，因而一部近思録的注釋傳刻流布史，也就是一部宋明到近代的理學接受史。」

在東亞理學發展史上，作爲承傳北宋四子思想兼而體現朱子理學構建理念的近思録，備受尚儒者推崇，於是近思録不斷被各國注釋、續編、傳抄、刊印，形成多種整理形式的「近思録文獻」。目前存世的東亞近思録文獻版本達六百種之多。其版本形態多姿多彩，文本内容或尊崇中國程朱之學，或將中土與本邦性理之學相融合，或有意體現本邦儒者之思想，因而形成了漢字文化圈中獨特、系統的近思録文獻建構與傳播景觀。

朱子學在近現代經過洗禮之後，依然是學者、政治家推崇的優秀文化思想。被提升到理學經典地位的近思録，至今仍焕發出無限生機。近二十年來以近思録整理、注釋、研究爲對象的著述在國内外出版機構陸續面世，差不多形成一股研究「近思録文獻」的熱潮。其中特别值得肯定的是嚴佐之先生主編的近思録專輯，獲得了海内外學術界的好評。但是此編僅收傳世的部分中國近思録文獻，尚不能全面反映東亞史上宏富的近思録文獻全貌，讀者也難以更多地認知近思録在東亞悠久而廣泛的影響。

考察歷史上東亞區域的「近思録文獻」，我們便會明確認知到近思録所藴藏的理學思想在東方古典學視野中所擁有的歷史影響與不朽魅力。近思録及其後續著述不僅在本土具有强大的生命力、影響力，而且歷史上朝鮮半島、日本的相關文獻也與之存在深厚的淵源關係。對存世的相關文獻稍作探究，不難發現東亞區域的「近思録文獻」存在明顯的共通之處，其中的修身之要、爲學之方、齊家治政之術、入聖之道等有着永恒的生命，其不朽的思想價值是值得世代相傳的。

在上海古籍出版社的積極努力下，我們以「東亞近思録文獻」爲整理對象，申請了「國家古籍整理出版資助項目」，並獲得立項。該項目的設立，極益於东亞儒學思想，特别是程朱理學學術思想史之研究，亦利於當今社會的文化建設與人生修爲。新時期，我國正把文化建設放在全局工作的突出位置，要求堅守中華文化立場，强調不斷提高國家文化軟實力，增强中華文化影響力，發揮文化引領風尚的作用，那麽作爲中華思想文化經典之一的近思録，作爲史上東亞區域的先進文化，曾經惠及了無數讀者，藴含着無限生機與活力，其中之精華依然值得我們繼承與發展。

在該項目立項前後，確定由蘇州大學教授程水龍負責組稿，約請了華東師範大學、上海大學、蘇州大學、温州大學等高校的專家和青年才俊對近思録文獻進行搜集、校點、整理。定名爲東亞近思録文獻叢書。

雖説東亞各國有不同數量的近思録整理文本，但仍有許多工作有待開展，而將我國的近思録各類文本與朝鮮半島、日本相關經典文本匯集一處進行校點整理，史上從未有過，故編校本叢書也是一次有意義的嘗試。考慮到盡量不與已出版的近思録文獻重複，本叢書校點整理的對象會避開華東師範大學出版社出版的近思録專輯，凡專輯已校點出版的中國學者關於近思録的著述不再收録，而是在南宋至二十世紀中期的東亞近思録文獻中選取。

最終我們在前人和當代學者整理近思録文獻的基礎上，剔除重複，精選國内尚存的近思録原文本、注本、續編本之代表，以及現存韓國、日本的具有代表性的「近思録文獻」典籍約三十部，依據古籍整理的規範校點整理。這些校點整理對象的選取，既要力求反映朱、吕編輯近思録之初心，也要展示近思録東亞傳播史上注釋、仿編、講論此書的代表作品。朱熹當初主編近思録，是爲了便利於初學者閲讀周敦頤、張載、程顥、程頤四子的宏富著述，使之近思切問，掌握入道門徑。因而近思録也成爲南宋後期、元、明、清各朝崇儒者家弦户誦之經典，尤爲塾師童蒙所青睞，故朱子再傳弟子熊剛大對近思録、續録、别録逐句進行句解，注文淺近易懂，旨在方便童蒙閲讀理解；南宋佚名所撰文場資用分門近思録，則將近思録按内容分成若干小類進行重新編輯，既滿足童蒙求學之需，又便宜科考之用；清初吕留良的「吕氏家塾讀本」近思録，在原文六百二十二條語録的基礎上稍增注文，以便本族子弟通曉該書；周公恕整理改造葉采近思録集解而成分類經進近思録集解，每卷各立細目，反映了元明之際頗具特色的近思録注本改編類次現象；清代李振裕、高裔重鐫近思録集解則反映出清初對葉采集解的改組類次特色；清末張紹价在前人注解的基礎上，吸納近思録多家注本之精華，亦兼顧晚清時事，對近思録進行了簡明流暢的注解，反映出時代大變革之際的儒者對朱子學的審視與經世致用的情懷。

朝鮮李朝學者的近思録釋義、近思録增解、近思録附注，是注釋近思録之代表，近思録釋疑、星湖先生近思録疾書、近思録集解或問又反映出朝鮮朱子學者對南宋代表性注本葉采近思録集解的推崇與質疑。續近思録、近思續録、海東七子近思録等則是朝鮮學者仿編近思録或汪佑五子近思録而成的本邦文獻，反映出在那個「望道唯憑性理書」的時代李朝社會對朱子學的尊崇。

日本江户、明治時期學術界在推崇近思録之餘，以日本學者特有的方式進行注釋、訓點，近思録備考、近思録欄外書、鼇頭近思録等便是其中的代表。日本學者還有意揭示朱子學、陽明學的異同。他們既注重在童蒙中傳播近思録近思切問之精髓，又不斷講論自己的主張，近思録訓蒙輯疏、近思録説略、近思録鈔説等乃其代表。另外，崇敬程朱之學者遵照近思録體例編撰續編性質的文本，如近思録集説，融中國、朝鮮、日本諸多學者的論述於一書。

這些不同時期的近思録代表注本、續編文本，爲童蒙架設的通向聖賢階梯的「近思録文獻」，反映出史上東亞文化思想深厚的歷史淵源，也是現今我們認知東亞史上程朱理學思想的重要文獻，是程朱理學思想研究中頗爲倚重的一手文獻資料。它們不僅是研究東亞儒學的基礎文獻，社會大衆讀之亦可發揮調攝身心之功用。

對於上述入選本叢書的各書，主編都盡量提供時代較早、内容完整、校刻或抄寫精審的底本給校點整理者，並負責最終統稿。各校點整理者對其整理編校對象，自負其責，比較各種版本，辨其源流，選取校本或相關文獻，在「校點説明」中簡要概述所選底本的内容、版訊、價值等。在編校整理中，對於有價值的序跋、傳記資料，也儘量收集附於書後。最終完成編校的每一部文獻，大體由校點説明、基本文獻、相關附録資料構成。

本叢書從策劃到申請資助，都是上海古籍出版社領導和編輯牽頭完成的，尤其是得到劉海濱先生、徐卓聰先生等的大力支持與幫助。正是因爲有了他們的辛勤付出，本叢書的編撰方能有條不紊地按計劃順利實施。因主編和諸位編校者不能遍觀聖賢之書，故而本叢書中難免會有不足之處，敬請賢達指正！

主編　程水龍

二〇二一年三月

目録

校點説明

澤田希，字織部，號希齋。主要生活在日本元禄至享保年間，弱冠爲會津侯所識，擢居儒職，教授之暇，撰著近思録説略十四卷，題署「武江後學澤田希著」。

近思録傳至日本後，在其儒者群體中影響很大。澤田希認爲近思録「實爲學之要務，求道之模楷」（澤田希近思録説略序），故注解之，集録朱熹、黄榦、薛瑄等人之言以助解説，評判此前各家注本之得失，最終撰成近思録説略。此書中的「説略」即爲澤田希注文，既吸收了葉采近思録集解的部分内容，又評議了相關解説，間附己見。同時代的學者伊藤長胤稱贊説略「考覈精詳，援據明悉，採濂洛之旨，而窮其源委，其才之敏與業之勤，既有以過乎人也」（伊藤長胤近思録説略序）。現代朱子學研究名家陳榮捷評價説：「日本注以此與貝原益軒、宇都宮遯庵，與佐藤一齋爲最好。」（朱學論集）説略一書在東亞理學傳播史上有一定的價值。

近思録説略十四卷，現存有日本享保五年京都芳野屋權兵衛刊本。此刻本每半葉十一行，行二十五字，四周單欄。白口，單魚尾。版心魚尾上方刻書名，魚尾下方刻記卷次、頁碼。卷一卷端首行頂格題「近思録説略卷之一」，第二行低十六字格題署「武江後學澤田希著」，第三行低一字格刻書名解題，在解題之後另起一行頂格刻本卷篇名與語録條目總數，然後另起一行低一字格刻印關於本卷的解説，此後刻印正文。除各卷首條外，其餘各條前增「○」以標識條目。卷末有尾題「近思録説略卷之某終」。

是本爲漢文寫刻本，不像常見的葉采近思録集解本那樣逐條刻印近思録正文，而是對某條語録進行概括，或將一條語録分作若干段，概述各段或各節文字，隨後進行解説。此次整理爲讀者便利，對近思録原文作標識處理。其中，段首的近思録原文（包括單句和概括性的提示語）全部加黑。段中的近思録原文，如果是包括在段首概括性提示語内的，則加引號區别；如果段首所列爲單句，而段中又出現了後續的近思録原文，則加黑。

此本刻有日文訓點。正文前刻有享保五年伊藤長胤近思録説略序、澤田希近思録説略序。卷十四末刻有刊語「澤田織部著／享保五龍集仲夏良辰／柳馬場通二條下町／芳野屋權兵衛刊行」。日本國立公文書館有藏（191－0341號），五册。華東師範大學圖書館亦有藏。

本次整理校點近思録説略，以國立公文書館藏享保五年京都芳野屋權兵衛刊本爲底本，參校二程集、朱子文集、語類等文獻。該和刻本中漢字異體字、俗體字等，校點時統改爲通行的繁體字。有明顯誤刻的文字，予以改正。校點不當之處，敬請方家斧正。

程水龍、王婕怡

近思録説略序

予近與澤田常省翁相識，隱居丹州，時到都下，見過弊廬，云：「男希自幼嗜學，覃思經籍，弱冠爲會津度所識，擢居儒職，嘗著近思録解，已成帙，願弁一言其首。」予以宋朝傳先之説，與先人之旨不同，辭之再四，謂「疑而序之非情也，序而疑之非禮也。令嗣亦時通書問，屢叙繾綣，不以其趣之不一，誤蒙推奬」。曰：「願因子之言以託不朽。」辭而不可，乃予心竊自許，曰：唯叙其交際之好、螢雪之勞以應之，亦何不可？而未果。歲月荏苒，杳無消息。頃日翁來，叩予門曰：「向所告書梓將成，而希也不幸，溘先朝露。予年八旬，唯有一息，日望其成立，而今如此，冀託子之筆，壽予兒之名於永世，亦足矣！」淚與言下，予情不忍拒，乃諾曰：此書也，考覈精詳，援據明悉，採濂洛之旨，而窮其源委，其才之敏與業之勤，既有以過乎人也，則其書之傳也必矣，固不待予之言矣。唯恨不相聚一堂，親接謦欬，商確論辨，以歸于一是之地耳，吾豈敢謂人之心如吾心乎？彼不有得焉，則我得矣。不永其天，悵也奈何！遂叙其言，以寓掛劍之意云。

時享保五年庚子秋九月，京兆伊藤長胤序并書。

近思録説略序

昔者朱夫子之與東萊呂先生纂集近思録也，蓋欲使人考周、程、張子之學，因得以窺道學之淵源也。其言曰：「近思録，四子之階梯。」又曰：「義理精微，近思録詳之。」於戲！士苟有志于學，不原四子而將何據耶？不講義理而將何力耶？然則是書實爲學之要務，求道之模楷也。但其爲説者，雖有葉仲圭之集解、何北山之發揮，而字義事實未盡訓釋，文理微旨或未闡明，以故初學艱於其辭，惑於其意。迨近世亦稍有爲之説，不惟失魚兔，兼謬筌蹄者往往而然。希初受讀而竊憂之，乃自濂洛關陝全書，以至諸儒百家之論説，及子史字書異端之編，博搜旁考，質以師友之言，間亦附以管見，而筆之簡牘，月訂歲改，積若干年而成書焉，名曰近思録説略，明其不精詳也。深韞書匱，以備自己遺忘。會家君聞之，命採其書閲之，欣然言曰：「吾思之久矣，不圖子之能成余志也。速鋟諸梓，使學者有所依據也。」希以非素志，屢辭謝之。家君强之不輟，然後幡然以謂是編輯先儒之説十而八九，後學乏書，勞求者獨採於此，則亦不可謂無益焉。若夫管見中片言隻字，或有初學萬一之補則斯可也已。奚必避杜撰之譏而拒家嚴之命哉！於是遂出附諸剞劂氏，望後之君子正其紕繆，以闢來學之惑，憫其苦心，以恕僭逾之罪云爾。享保庚子三月朔旦，武江澤田希書。

近思録説略卷之一

子夏曰：「博學而篤志，切問而近思。」「近思」二字本乎此。程子曰：「近思者，以類而推。」味是語所謂「近思」者，是推於其近之意，如自事親而推事君，自從兄而推順長是已。若初直去，欲行高遠難做之事，此是思之泛遠，而非近思者。如此則將有勞而無功之弊。唯近以類而推，循循做將去，用力易而得功速，學要如此而已，是朱子所以名斯書也。録，記也。

道體類 凡五十一條

體，猶言體段，模樣。程子曰：「天運不已，水流不窮，皆與道爲體。」「體」字與此同。葉注曰「道之體統」，此解恐過深，而非朱子名題之本意。蓋此篇所載如太極、陰陽、誠、德、中和、性命、鬼神之類，渾皆道之體段。今名其篇，亦只取於此耳。○是卷所載陰陽、性命之説，苟非初學可驟議者。而朱子以此爲篇首者，何也？此蓋與中庸開口説性、道、教，其意正同，欲使人先知其名義爾。所謂太極、性命之類，自漢以下諸儒皆不達其精意，所説差謬而名義頗違矣。故揀取此等言，以叙一部之始。抑聖賢之立言，隨時不同，然皆各有當而無非至教也。孔子曰：

「中人以下，不可以語上也。」子貢曰：「夫子之言性與天道，不可得而聞也。」蓋聖人之設教隨人品之高下，而不敢使躐等，故於高妙之理，未嘗輕告人，如此。然及子思作中庸，首舉性道之義，以遍示人。恐與夫子之意似相盭，此蓋有以也。當是之時，道學漸微，異端日盛，故子思憂及其久也，邪説益熾而遂没其真，爰挑道學體要之目，以釋其義，使萬世昭昭無所惑焉。此其時之不得不然也。降至宋朝，則去聖愈遠，道學愈廢。雖有太極、性命等名，人皆不知其本義。況又老、佛之徒，依時乘暗，借名亂實，偷言害意。蟬噪鼃鳴，不勝其紛紜乎？此其周、程、張子所以諄諄先論辨其道體，而朱子亦所以蒐輯之於此書之始也。以此觀之，孔門之教，宋儒之論，其意初不相悖，唯其時勢有不同耳。學者不可不知。○知名義亦非小可，名義一誤，則標的不正，愈力而愈差矣。此知是篇不可不先講也。及進爲之方，則後篇詳論之。

濂溪先生曰：無極而太極。朱子曰：先生姓周氏，名惇實，字茂叔，後避英宗舊名，改惇頤。英宗名宗實。世家道州營道縣濂溪之上。博學力行，聞道甚早，遇事剛果，有古人風。爲政精密嚴恕，務盡道理。嘗作太極圖、易説、易通數十篇。襟懷飄灑，雅有高趣，尤樂佳山水。廬山之麓有溪焉，先生濯纓而樂之，因寓以「濂溪」之號，而築書堂於其上。○張南軒曰：及寓於他郡，而不忘其所自，故亦以是名溪。學者稱爲濂溪先生。○「太極」二字，出易上繫辭傳第十一章，曰：「易有太極，是生兩儀，兩儀生四象，四象生八卦。」但孔子主易而言，以爲兩儀、四象、八卦之本，周子便指天地萬物之根。所指各異，而其實同，只周子擴充言之耳。「無極」二字，周子始發之，以明太極之所以爲太極。○陳北溪曰：「無極之説，始於誰乎？柳子曰：『無極之極。』康節先天圖説亦曰：『無極之前，陰含陽也；有極之後，陽分陰也。』是周子以前已有無極之説矣。但其主意各不同，柳子、康節是以氣言，周子則專以理言之耳。」愚故云「無極」二字，周子始發之。○薛文清曰：孔子言太極，是指理言。周子言無極，是指此理無形而言。○朱子答揚子直書曰：原「極」之所以得名，蓋取樞極之義。聖人謂之「太極」者，所以指夫天地萬物之根也；周子因之而又謂之「無極」者，所以著夫「無聲無臭」之妙也。然曰「無極而太極，太極本無極」，則非無極之後别生太極，而太極之上先有無極也。○黄勉齋曰：極之得名，以屋之脊棟脊棟，謂之屋極。爲一屋之中居高處，盡爲衆木之總會四方之尊仰，而舉一屋之木莫能加焉，故極之義雖訓爲至，而實則以方所形狀而指名也。如北極、皇極、爾極、民極之類，皆取諸此。然皆以物之有方所形狀，適似於極而具極之義，故以極明之，以物喻物，蓋無難曉。惟大傳以易之至理在易之中，爲衆理之總會，萬化之本原，而舉天下之理莫能加焉，其義莫可得名，而有類於極，於是取極名之而係以太，則其尊而無對，又非宅極之比也[二]。然則太極者特假是物以名是理，雖因其方所形狀以名，而非有方所形狀之可求。雖與他書所用極字取義略同，而以實喻虛，以有喻無，所喻在於言外，其意則異。周子有見於此，恐夫人以他書閑字之例求之，則或未免滯於方所形狀，而失聖人取喻之意，故爲之言曰「無極而太極」，蓋其措辭之法，猶曰「無形而至形，無方而大方」。欲人知夫非有是極而謂之太極，亦特託於極以明理耳。○愚按：太之爲言甚也。太極者，至中至正、至精至粹、至神至妙之理，以其莫可得名，故姑以此名狀之，非元有此名也。猶大學以事理當然之極，有不可得而名者，故姑以至善目之相似。○朱子曰：「無極而太極」，只是無形而有理。周子恐人於太極之外更尋太極，故以無極言之。既謂之無極，則不可以有底道理强搜尋也。愚謂：「無形」二字是説無極，「有理」二字是説太極，唯此一言説盡本文而爲極明白。○又曰：「無極而太極」，此五字添減一字不得。○又曰：不是太極之外別有無極，無中自有此理。「無極而太極」，此「而」字輕，無次序故也。○又曰：以理言之，則不可謂之有；以物言之，則不可謂之無。○又曰：極是道理之極至，總天地萬物之理，便是太極。○愚謂：「要知『無極』之『極』與『太極』之『極』，語勢較有不同。蓋『無極』之『極』字直受上『無』字説，言無形無象之極也。所謂『上天之載，無聲無臭』是已。『太極』之『極』，即指理言，不可泥無極説，而説做太極亦是太之極，至此只借屋極以名之，而加之以『太』字耳。愚當初以謂『無極』之『極』即『太極』之『極』，周子挑出加之以『無』字也。後來子細看來，此説未穩。他是劈頭説出『無極』，是時未受『太極』。但其『無極』底上面即所謂『太極』也。朱子語類曰：『無極是無之至。』陳北溪性理字義曰：『無極只是説理之無形狀方體，正猶言無聲無臭之類。』其義可見。」〇注「上天之載，無聲無臭」，此二句詩大雅文王篇之辭。〇陳北溪曰：「上天之載」，是以理言；「無聲無臭」，是解「無極」二字。〇「無極」本是指理而言，故注首先言理，以及無極之解。蓋聲、臭有氣無形，在物最爲微妙，而猶曰無之，故此唯可以説盡「無極」字意。〇「造化之樞紐，品彙之根柢」，此二句自足以見「太極」之義。夫曰「樞紐」「根柢」，則既具極之義。而其樞紐也，爲造化之樞紐；其根柢也，爲品彙之根柢，非太極而何？〇蔡虚齋曰：造化指天地之作爲處言，造者自無而有，化者自有而無。〇樞者，户之闔闢所係；紐者，結會總括底物。彙，類。品彙，指萬物言；柢，亦根也。老子曰「深根固柢」，樞紐、根柢皆假借之辭，以明爲之本要。〇「非太極之外復有無極也」，此恐人誤認本文「而」字，以爲有次序意，故如此斷破了。熟玩朱注，多少分明周備，不可添減一字，葉氏何故載這煩説？且本文專言理，而未説到氣上，葉注已帶説陰陽，此出本文之外，而失注脚之宜，不可用也。〇讀此節者，須要見得周子有大功於聖門處。夫太極之爲無形，固非難甚知者，而周子特發是義者，蓋前此百家諸子於太極之義都説差了。莊周謂道在太極之先。所謂太極，是指三才未判渾沌底物事而言。記禮運曰：「太極函三爲一。」班固漢志亦依之以爲説，皆與莊周意同，都説涉形氣去，非太極本義也。至周子説無極，則太極者非有形氣，單指理言，斷乎可知，而諸子之謬不辨而明矣。自此以來，人皆知太極之爲理而前聖之微意彰焉。不然，則萬古貿貿焉，皆認氣爲太極，終至遺理而已。周子所以有大功，可以此見也已。○愚聞之師曰：此一節不可説論。天地未闢之先，此是就陰陽五行萬物悉具之後，等而上之，推到於其本原以説其理耳。故下文散爲二氣五行，繼又約之歸諸一「無極」。蓋自本説而趨末，自末推而到本，都語理氣之合一，而名義亦因明。此是章之大旨也。

「**太極動而生陽**」一節。再挑「太極」以遂説入氣上。蓋纔有理即有是氣，纔有氣理即在這裏。故纔説太極便自帶着陰陽，理不是懸空在。是故理氣本難分先後説，然以理言之，不有斯理則亦何由得有斯氣？故及立言，便不得不先理而後氣也。是以周子上文先説理，到是方説氣，措辭之序不得不如是已。○太極一動即是陽，只就其動而有陽者，故曰「動而生陽」。理不可以終動，動極而必静，静即是陰，只就其静而有陰者，故曰「静而生陰」。理又不可以終静，静極必復動。是動自静而來，静自動而來。向無箇静則無見今之動，向無箇動則亦無見今之静。動者静之動，静者動之静，此一動一静，互爲其根也。然方其動則不復見有静，方其静則不復見有動。動不可以做静，静不可以做動。如人之出入行止，方出則不見入，方入則不見出，方行則不見止，方止則不見行。出不可以做入，入不可以做出，行不可以做止，止不可以做行。動静不同時，陰陽不同位，是以分陰分陽。而所謂兩儀者，於斯立焉。「動極而静」，「静極復動」，「一動一静，互爲其根」，天命之所以流行而不已，先儒所謂流行也。「動而生陽」，「静而生陰」，「分陰分陽，兩儀立焉」，分之所以一定而不移，先儒所謂對待也。天地易道之大義，不外乎此二端，則知此節發明天地易道之體用，無復餘藴矣。〇蔡虚齋易蒙引曰：「『兩儀』者，『兩』即是那天地間陰陽，『儀』則謂此奇偶二畫，即是那陰陽之儀形也。後來俱以兩儀、四象當實字説。如謂陰陽爲兩儀，或謂天地爲兩儀，蓋不知此字之立本主於易，而後或借用之，相承之久，實非實字用也。」愚按：虚齋所解兩儀正是本義，而周子所謂兩儀者，直指陰陽言。圖説本雖發明易道，然更進一步，泛就天地論之，則亦不必拘拘易書本文。〇朱子曰：「太極動而生陽」，「靜而生陰」，不是動後方生陽，靜後方生陰。蓋纔動便屬陽，靜便屬陰。「動而生陽」，其初本是靜，靜之上又須動矣，所謂「動靜無端」，今且自「動而生陽」處看去。愚謂：本文「動而」、「靜而」，二「而」字亦輕，不是有次序之謂也。〇又曰：陰陽本無始，但以陽動陰靜相對言，則陽爲先，陰爲後；陽爲始，陰爲終。猶一歲以正月爲更端，其實姑始於此耳。歲首以前，非截然别爲一段事，則是其循環錯綜，不可以先後始終言，亦可見矣。〇又曰：「太極動而生陽」，只是如一長物，不免就中間截斷説。〇又曰：陰陽作一箇看亦得，做兩箇看亦得。若論流行底，則只一箇消長而已，如「一動一靜，互爲其根」是也。若對峙底，則有兩箇，「分陰分陽，兩儀立焉」是也。若論對立底，無一物無陰陽，如至微之物也有箇背面。若説流行處，却只是一氣。〇又曰：程子所謂「無截然爲陰爲陽之理」，即周子所謂「互爲其根」也。程子所謂「升降生殺之大分」，即周子所謂「分陰分陽」也，二句相須，其義始備。○愚按：朱子語類曰「兩儀是天地」，此恐是未定説，何也？蓋此一節説陰陽，至下文遂説五行，語意自相連，若中間以天地言，則與上下文意皆不貫。且太極之動靜，就天地既立之後言，故圖解曰「是天命之流行也」。不是一動一靜了，然後天地立也。況味圖解，曾無以天地言意乎，故愚以謂周子所謂兩儀者，直指陰陽言耳。未知是否，姑存俟識者焉。○讀此一節，見得動者即陽，靜者即陰，陰陽之名義於斯明矣，是前聖之所未發。而指動靜爲陰陽，尤爲簡約的當，此亦可見周子有補於後學處。○注「太極之有動靜，是天命之流行也」。天命即天道，以這箇賦於物底理，故謂之天命。天命貼太極，流行貼動靜。○「一陰一陽之謂道」，上繫辭傳文。朱子本義曰：「陰陽，氣也，形而下者也；所以一陰一陽者，理也，形而上者也。道，即理之謂也。」○此語要見得分曉。夫陰不常陰，一陰了必一陽；陽不常陽，一陽了必一陰，驗之於晝夜寒暑上可見。而其有節度法則者，即所謂道也，即所謂太極也。此意思唯就本文兩箇「一」字上看出，世儒多泥本義，所以字以道爲陰陽之所從來。如此説，則理氣爲判然二物，而害於道也甚矣。○「誠者，聖人之本。」通書首章之言，「本」字難看。朱子曰：「此言本領之『本』，聖人所以聖者，誠而已。」據此説，「本」字是全體總要意。○「物之終始」，出中庸第二十五章。○命之道也。胡五峰知言曰：「誠者，命之道乎。」「命」，言「天命」，曰「道」，曰「誠」，曰「太極」，名異而理一也，故注引那數語以明其意。○「誠之通也」，通書文。○

朱子曰：「誠之通」，是造化流行，未有成立之初。○吴臨川曰：誠之通者，春生夏長之時，陽之動也，於此而見太極之用焉。○「繼之者善」，此亦繫辭傳文。○蔡虚齋曰：本義「繼，言其發也」，如何以「繼」爲發？蓋對前面陰則爲繼，對後面陰則爲發，其實一也。語録所謂「静之終，動之始」，解得明白。蓋静之前又有動，動之前又有静，推之於前而不見其始，引之於後而不見其終，故曰「動静無端也」。○又曰：「之」字虚，下文「善」即是其所繼者。繼之者，所以謂之善。蓋此時全是天道之本然，無些毫查滓雜於其間，所以目之曰「善」也。「善」字是名目字，不是「善惡」之「善」。○「萬物之所資以始也」，説見乾卦彖傳。○「誠之復也」，亦通書文。○朱子曰：「誠之復」，是萬物已得此理，而皆有所皈藏之時。○吴臨川曰：「誠之復」者，秋收冬藏之時，陰之静也，於此而見太極之體焉。○「成之者性」，亦繫辭傳文。「之」字與「繼之」之「之」字同。通書解注曰「成則物之已成，性則理之已立」者也。蔡虚齋曰：「依通書注，以繼之、成之爲氣，善也、性也爲理，何以分理氣而二之？蓋『善』字、『性』字難以屬氣也，然理亦皈諸氣，二而一者也。此理在天道，則曰善；既付於人物，則曰性。要分天與人物之界限。」愚謂：物已成，則理亦斯立焉，故曰「成之者性」，猶言物之所成，即性之所在。按本義曰：「成，言其具也。」此較之通書注尤爲明白，然才物成則其理具，未有物之不成而其理具者也，故二書解其實一也。○「萬物各正性命」，亦見乾卦彖傳。正，猶定也，言萬物各受得所賦，以定而存之也。

成之者性，萬物各正性命。在易書本皆就人物上面言，本文則未説到人物上。然天人一理也，今就人物上面看陰静之義，却爲明白端的。且周子雖專以天道論之，語中自含人物成性之義，故朱子引此等語，以明其意一也歟。○「太極者，本然之妙也；動静者，所乘之機也。」問：「如何是所乘之機？」朱子曰：「理搭於氣而行。」搭，多蠟反，附也，繫也。○又曰：「陽動陰静，非太極動静，只是理有動静。理不可見，因陰陽而後知。理搭在陰陽上，如人跨馬相似。馬所以載人，人所以乘馬。馬之一出一入，人亦與之一出一入。蓋一動一静，而太極之妙未嘗不在焉。此所謂『所乘之機』，無極、二五所以『妙合而凝』也。」愚謂：所謂非太極動静，只是理有動静者，言太極不自會動静，只是自然有動静也。而其一動一静，即理之所在，故曰理有動静。「機」字最難説。吳臨川曰：「機，猶弩牙。」此解似未的當。此「機」字却近「機械」之「機」。朱子曰：「機是關捩子。捩音列，轉也。踏着動底機，便挑撥那静底；踏着静底機，便挑撥得那動底。」學者深味斯言，可以意會。○朱子又曰：「某向以太極爲體，動静爲用，其言固有病，後已改之曰：『太極者，本然之妙也；動静者，所乘之機也。』此則庶幾近之。」愚謂：太極是貫體用，亘動静。而在今以此專爲之體，以對動静者，固爲有病。但後來改得最好，蓋謂之本然之妙。所乘之機，則所謂太極者，不偏於動，不偏於静。周流兩邊，而無不在者，不待言而明矣。嗚呼，精哉！○太極，形而上之道也。上繫辭傳第十二章曰：「形而上者謂之道，形而下者謂之器。」蓋道無形迹，而物則有形迹，故分上下言。上是不落在形氣之意，下既是落于形氣器者，各適其用而不能相通之謂。蓋纔涉形氣，則唯爲其一事之用，以不得相通。就人身言之，耳之不可以爲視，目之不可以爲聽之屬。就財物言之，車之不可以浮水，舟之不可以行陸之類，凡此皆器也。陰陽雖無形質，然亦有寒暑温凉之氣，有晝夜昏明之象，則其體段判然。陽不可以爲陰，陰不可以爲陽。下文所謂「動静不同時，陰陽不同位」是已，故亦謂之器。○「形而上」不除却箇「形」字而言，見得是道不全然離形，只就形裏面還無形象之可見，而爲之樞根者，便是道也。故朱子曰：「設若以有形無形言之，便是物與理相間斷了。」下箇「上」、「下」字極爲的當。○陳北溪曰：如君臣有義，義底是道，君臣是器。若要看義底道理，須就君臣上看，不成脱了君臣之外别有所謂義？父子有親，親底是道，父子是器。若要看親底道理，須就父子上看，不成脱了父子之外别有所謂親？即夫婦，而夫婦在所别；即長幼，而長幼在所序；即朋友，而朋友在所信。非外夫婦、長幼、朋友，而有所謂别、序與信。○「著者」、「微者」。黄勉齋曰：「著是陰陽，微是太極。」○「動静不同時，陰陽不同位。」向之所謂，方其動則不復見有静，方其静則不復見有動，是動静不同時也。動不可以做静，静不可以做動，是陰陽不同位也。○「冲漠無朕」云云。冲，虚也。老子曰：「道冲，而用之或不盈。」冲漠，虚静貌。朕者，謂幾微萌兆。姑就一事試之，如人未言之前，固是虚静。然其不可以終不言，言了後又必不可以不默之，理已具於斯矣。細求之，凡日用千緒萬端無適而不然，唯人不察耳。所謂「沖漠無朕，而動静陰陽之理已悉具於其中矣」者，可就斯見也已。○「推之於前而」云云。合離，言理氣之合離，理氣混融而無端倪，故不見其始終合離也。○「動静無端，陰陽無始。」端，亦始也。○朱子曰：「説道有，有無底在前；説道無，有有底在前，是循環物事。○「非知道者，孰能識之。」識者，是識其無端無始之妙味，非識其端始也。朱子曰：「這不可説道有箇始。他那有始之前，畢竟是箇甚麽？」不有程朱明説，則或未免泥本文，而以動爲始，至失道之甚矣。

「**陽變陰合**」一節。受上文「陰陽」字以遂説到五行變動，陽之爲「隨而合之」者。陰之能事不由變動，則不能生物。雖然獨陽不生，必得陰之助以成之功。故其一變一合，而五行具。所謂天以一生水，而地以六成之；地以二生火，而天以七成之；天以三生木，而地以八成之；地以四生金，而天以九成之；天以五生土，而地以十成之；是也。陰之合者，奈何？蓋纔動則後面必有箇静來，纔生則後面必有箇成來。那後一截正是陰，這處猶「隨而合之」者。然「變」字對「合」字看，則變者有知始之意，合者有「承而順之」之意，足見陽倡陰和之義焉。○生水、火、木、金、土，以質而語其生之序也。五氣順布，四時行焉，以氣而語其行之序也。語生之序，則曰水、火、木、金、土，而水與火對，金與木對，所謂對待也。語行之序，則曰木、火、土、金、水，而木生火，火生土，土生金，金生水，水復生木，所謂「流行」也。圖説都不外乎易道，於此亦可見矣。○順布。順者，次序意。木氣既謝，則火氣受之而行；火氣既退，則金氣代之而行。水氣繼金氣，木氣復繼水氣，漸次流行去，此便「順布」。○四時行焉。黄勉齋曰：「木之氣盛於東，於時爲春；火之氣盛於南，於時爲夏；土之氣盛於中央，而寄旺於四時之戊己，而獨盛於季夏之時；金之氣盛於西，而於時爲秋；水之氣盛於北，而於時爲冬。春夏秋冬，而氣以成。此五物者，同出而異名者也。」○注「有太極則」云云，接上文説來。圖解每節必提「太極」而爲言者，蓋見二氣、五行、男女，萬物無適而非斯理也。此不可略略看過。○張南軒曰：新安朱熹云：「太極立，則陽動陰静而兩儀分；兩儀分，則陽變陰合而五行具。五行者，質具於地而氣行乎天者也。語至於是，則造化之功用無餘藴矣。」然此亦推本其所自來，非以爲至此而始具也。按：此説與愚之所聞師意同，其説已載第一節之末。○「以質而語其生之序，則曰水、火、木、金、土。」此只據理以立之次序耳。蓋五行之質有則俱有，不必謂待天一生水了然後始生地二火，待地二生火了然後始生天三木也。然凡萬物之生，自輕而重，自虚而實，此便理勢之必然。而就他上面看之，則見有這次序，非實有先後也。○朱子曰：天地生物，先其輕清以及重濁。天一生水，地二生火，二物在五行中最輕清；金木又重於水火，土又重於金木。○又曰：物之初生，自是幼嫩，如陽之始生爲水[二]，尚柔弱，到生木已彊盛。陰始生火尚微，到生金已成質。○蔡虚齋曰：凡物資始時屬水，流形時屬火，向於實則木矣，實之成則金矣。四者，則總歸於土。○五行之生，以微著爲漸。水質微故居先，火漸著故次水。木則著而實矣，故次火；金則實而固矣，故次木。土則以全體而言。〇蘇東坡讀養生論曰：陰陽之始交，天一爲水，凡人之始造形，皆水也，故行一曰水。得煖氣而後生，故二曰火。生而後有骨，故三曰木。骨生而曰堅，凡物之堅壯者，皆金器也，故曰金。骨堅而後肉生焉，土爲肉，故五曰土。〇「水、木陽也，火、金陰也。」朱子曰：「水質陰而性本陽，火質陽而性本陰；水外暗而内明，以其根於陽也；火外明而内暗，以其根於陰也。太極圖『陽動之中有黑底，陰静之中有白底』是也。」〇又曰：火中有黑，陽中陰也。水外黑而中却明者，陰中陽也。故水謂之陽亦得，火謂之陰亦得。〇愚謂：以質而語，則水却爲陽，火却爲陰者。其原性而言，木之温潤發達而生火者，質性俱陽也；金之確静寒冷而生水者，質性俱陰也。故其以質而語、以氣而語，皆木爲陽、金爲陰而已。〇「木、火陽也，金、水陰也。」問：「木火何以謂之陽？金水何以謂之陰？」朱子曰：「此以四時而言，春夏爲陽，秋冬爲陰。」〇「又統而言之，則氣陽而質陰也。」氣輕清以行於天，陽之屬也；質重濁以著於地，陰之屬也。〇「又錯而言之，則動陽而静陰也。」方木氣動而行於春，則木陽而火、金、水皆陰也；方火氣動而行於夏，則火陽而木、金、水皆陰也。金、水亦然，此互錯而言之也。〇「蓋五行之變，至於不可窮。」就人言之，如木以爲肝，火以爲心，金以爲肺，水以爲腎，土以爲脾，此五臟之出於五行者然也。又以外體言之，火爲目，水爲口，左耳居東方屬木，右耳居西方屬金，而鼻則屬土也。又通一身而論之，氣爲火，血爲水，骨爲金，毛爲木，肉則爲土也。又泛言之，青者爲木，赤者爲火，白者爲金，黑者爲水，黄者爲土。其他如五聲、五味之類，都無不出於五行之變用矣，信乎其不可窮也。○「然無適而非陰陽之道。」氣本一也，分而爲二，則曰陰陽。拆而五之，則五行。故曰「五行，一陰陽也」。○陰陽動静，以大體言之，春夏是動屬陽，秋冬是静屬陰。就一日言之，晝陽而動，夜陰而静。就一時一刻，亦無適而不動静，則又無適而不陰陽矣。横看則左陽而右陰，豎看則上陽而下陰。仰手爲陽，覆手爲陰。向明處則爲陽，背明處則爲陰。看何處不是箇陰陽？○「夫豈有所虧欠間隔哉？」太極者，天地萬物之根柢。陰陽即太極之體用，五行即陰陽之變合流通，六合而無不在者也，故無所虧欠也，無所間隔也。此注末段自五行約言之，以歸諸一太極，已起下文意。

五行，一陰陽也；陰陽，一太極也；太極，本無極也。五行之生也，各一其性。○自太極漸次説出以至上文，則五行具，而造化發育之具，無不備矣，故此節又推本之以歸諸無極。向之所謂自本説而趨末，自末推而到本是也。○黄勉齋曰：妄意謂此上三言者，即所謂混兮、闢兮也。懼學者支離其説，故又舉而言之。前之言原始而要其終，今之言溯流而窮其源。五行陰陽同一太極，而不相妨也。○五行氣質雖異，其實只是陰陽二氣細分做五箇耳，故曰「五行一陰陽也」。陰陽之位，動静之時，亦雖各異，然皆不離太極之理，故曰「陰陽一太極也」。太極便無聲、無臭，故曰「本無極也」，到此自見性之本體也。而天下無性外之物，則太極之理充塞天地，貫徹萬物，亦可因而見矣，是以統體之太極言。然五行之生，隨其氣質而所稟不同，如火燥、水濕、金剛、木柔、土實，所謂各一其性也。一者，得一偏也，不是截斷太極之理，而各得其一偏，物物無不得太極之全體矣。但其生質不同，故其性之所能各有一偏而已。然各有其性，則彼渾然太極之全體，無不各具於一物之中，而性之無所不在，又可見矣。此以各具之太極言。○曰「太極」，曰「性」，理一而名殊。自其天地萬物之樞根而言，則曰「太極」。自具於萬物裏面而言，則曰「性」。「五行，固形而下之器也」，此自具於五行而言，故換却「太極」字以「性」言之。蓋其實一，而下字處各有當也。○張南軒曰：「五行各一，其性則爲仁、義、禮、智、信之理，而五行各專其一。」愚按：木之温柔仁之理，火之發越禮之理，金之剛決義之理，水之流通智之理，土之載水、火、木、金而無不寓者即信之，且仁、義、禮、智而無不在之理。○葉平巖曰：此圖即繫辭「易有太極，是生兩儀，兩儀生四象」之義，而推明之也。但易以卦爻言，圖以造化言，卦爻固所以擬造化也。○注「其渾然一體，莫非無極之妙」，此二句貼大文上三句，「渾然」字面實含五行陰陽。「而在無極之妙，亦未嘗不各具於一物之中也」，此二句還貼下一句，着落爲尤分明。而葉注分五行之生以下，更爲一節。以以上朱注全附上三句，下失文理甚矣。且此一節舉統體之太極，以遂及各具之太極，上下相接，意義貫通，不可分爲兩節。○「是性之本體然也。天下豈有性外之物哉？」此説統體太極，到此遂説性者，爲本文各一其性之張本耳。然此又因正文「性」字反而味之，以知太極即爲性之本體也。若無本文「性」字，則朱子亦未容説出「性」字。○「渾然太極之全體」至「又可見矣」。此説各具太極，因「一」字以見所禀不同。因「各」字、「性」字以見性之無所不在，一句中包含許大義理。先儒以爲圖説文字亞于學庸，不亦宜乎！

無極之真，二五之精，妙合而凝。○真以理言，无妄之謂也，非無極之外復有真者。蓋無極者只是名狀無形無象底，其實指理言。然則無極不是空虚底物事，即真實无妄之理而已，故曰「無極之真」。朱子曰：「無極之真已該得太極在其中，真字便是太極。」精，純粹之謂，此亦非二五之外復有精矣。二五之氣，即精而已。「妙合」二字，下得最好。夫天下無性外之物，而性無不在，故「二五之精」不離無極之真，無極之真各具於「二五之精」，合一而不分，混融而無間。且不是安排作爲以合之，乃自然而然，所以曰「妙合」也。凝者，聚也，氣聚而成形也。蓋「二五之精」，不聚則已，聚則斯成萬物之形，故凝字面即有成形意。

「**乾道成男，坤道成女**。」○此二句上繫辭文。是謂人物之始，以氣化而生者。乾，健也，陽之性也；坤，順也，陰之性也。二「道」字輕，不如天道、人道之道。○蔡虚齋曰：凡人物之男者，皆乾道之所成；凡人物之女者，皆坤道之所成。人但見男女只是受氣與形於父母，而不知父之道其原即乾之道也，母之道其原即坤之道也。厥初氣化之始，乾成男，坤成女。既有男女之後，則氣化附於形化，形化衍乎氣化。如今滿天下穀種自粒食以來，不知幾百千年有之矣。然其實，則只是當初天地所始生之穀粒種子[三]，一脉之流衍也。且今之爲父者，若不得那乾道在，決亦不能成男；今之爲母者，若不得那坤道在，決亦不能成女。故周子曰「乾道成男，坤道成女」云云，變化無窮焉。○又曰：天地生物，何緣有男女之分？蓋太極實函陰陽，所謂「一陰一陽之謂道」也。是以太極肇判之初，其氣固自分陰分陽。陽之輕清上浮爲天，陰之重濁下凝爲地。及天地既位之後，此氣又相絪緼融結，亦自分陰分陽。得陽之奇而健者爲男，得陰之偶而順者爲女。此皆其理之自然，而不容以不然者，所謂「天地，萬物之父母」是也。故以男爲乾道之所成，女爲坤道之所成也。○愚謂：獨陽不生，獨陰不成。然則當乾道成男之時，不可謂全無陰；當坤道成女之時，亦不可謂全無陽。然物無兩大之理，方是時也，非陽勝陰則陰勝陽矣。陽勝陰則陽爲主，而陰爲佐，其所以成男也。陰勝陽則陰爲主，而陽爲佐，其所以成女也。要之，男女又各爲乾之所始、坤之所成也。朱子曰：「男雖屬陽而不可謂其無陰，女雖屬陰亦不可謂其無陽。人身氣屬陽，而氣有陰陽。血屬陰，而血有陰陽。」此又不可不知。

「二氣交感」至「變化無窮焉」。○此一截皆言形化二氣，人物男女之氣也。形氣既成，則男女又各以類交會感通。自人生人，自物生物，生生亙于萬古，以無窮盡焉。化生生出之義，猶佛家胎卵化生。變者化之漸，化者變之成。此受上句「生生」字言生者，自無形變而之有形，故曰

「變化」。○注「夫天下無性外之物，而性無不在」。此再言統體太極，各具太極，以起之端。○「蓋性爲之主，而陰陽五行爲之經緯錯綜。」經緯錯綜皆是假借文字。織絲縱曰經，横曰緯。錯，迭相爲用之意。綜，總而挈之之意。人物耳、目、鼻、口、四肢、百骸皆「二氣五行」之所凝聚、交運以成之形，而適有似此爾。○父之道也，母之道也，指乾道、坤道言，未就人物而言。人物男則爲父，女則爲母，故厥初成男成女，亦便父之道也、母之道也。○「氣化」「形化」。氣化，未有形之始，自陰陽五行凝聚以成物形是也。形化，形既生後，自其形之交感以各化生其形也。味交感字，形化似專就動物論，如草木豈有相交感乎？雖然此圖乃包括天地萬物者，則不可獨遺植物，妄意謂此主動物言以該植物。蓋陰陽無物不有，如草木亦有陰草陽草，有陰木陽木。而其種子又各生其類，則謂之形化亦可，只不如動物之相交感耳。大凡聖賢議論，唯語其大體，而不必拘一一合之，後學讀書亦要以他意看。○二程遺書曰：萬物之初皆氣化既形，然後以形相禪，有形化。形化長，則氣化漸消。○朱子曰：天地之初，如何討箇種？自是氣蒸結成兩箇人後，方生許多物事。所以先説「乾道成男，坤道成女」，後方説「化生萬物」。當初若無那兩箇人，如今如何有許多人？那兩箇人便似而今人身上蝨，自然變化出來。此説恐非正意。蓋以乾坤之成男成女爲專就人而言也。若是本文，則實兼人物言之，注解自明。但就此言，識得所謂氣化之説，可也。○黄氏巖孫曰：程子云：「隕石無種，種於氣」；麟亦無種，亦氣化。厥初生民，亦如是。至如海濱露出沙灘，便有百蟲、禽獸，草木無種而生，此猶是人所見。若海中嶋嶼稍大，人不及者，安知其無種之人不生於其間？若已有人類，則必無氣化之人。」○蔡虛齋曰：夫人物始生之初，其男女之出於乾坤氣化者，固自無疑。但氣化無窮者也，既有男女之後，則所謂氣化者，悉交付於爲男女者之身矣。乾坤之成男成女，萬古同然，人自不察耳。蓋形化終不能離乎氣化，使氣化之機息，則形化滅矣。故萬古此乾坤，萬古此男女。○葉平巖曰：繫辭天地絪緼，萬物化醇，氣化也。男女構精，萬物化生，形化也。圖説蓋本諸此。○男女各一其性，男剛女柔是也。○萬物各一其性。虎狼有父子之仁，蜂蟻有君臣之義。豺獺之報本，禮也；雎鳩之有別，智也，此類皆一其性。○合而言之，分而言之。陳北溪曰：總而言之，只是渾淪一箇理，是一箇太極。分而言之，則天地萬物各具此理，是各各有一太極，又都渾淪無欠缺處。自其分而言成許多，此道理似散了，就萬物上總論，則萬物體統渾淪，又只是一箇太極。人得此理聚於吾心，則心爲太極。所以邵子曰：「道爲太極。」又曰：「心爲太極。」謂道即太極，無二理也；謂心爲太極者，只是萬理總會於吾心，此心渾淪是一箇理爾。只這道理流行出，而應事接物，千條萬緒，各得其理之當然，則是又各一太極。就萬物總言，其實依舊只是一理，是渾淪一太極也。譬如一大塊水銀，恁地圓散而爲萬萬小塊，箇箇皆圓。合萬萬小塊，復爲一大塊，依舊又恁地圓。陳幾叟「月落萬川，處處皆圓」之譬，亦正如此。此太極所以立乎天地萬物之表，而行乎天地萬物之中也。○所謂「天下無性外之物，而性無不在者」，於此尤可以見其全矣。此又并舉統體各具太極以結上文。此一節首説無極之真，與「二五之精」相合而無間。下面繼之以男女萬物，則無極之真實統男女萬物，男女萬物各具無極之真，既自明白，而曰男女，曰萬物，舉天下之物無遺焉。故曰「於此尤可以見其全矣」。○子思子曰云云，出中庸第十二章。「天下莫能載焉」，此言統體太極。「天下莫能破焉」，此言各具太極。○朱子曰：「天下莫能載焉，是無外。天下莫能破焉，是無内。謂如物有至小而可破作兩者，是中著得一物在。若云無内則是至小，更不容破了。」

「惟人也，得其秀而最靈」一節。惟，猶獨也。秀者，言氣之最正且通者。上文曰「二氣交感化生萬物」，則知人之與物同生乎此也。就中得其氣之精英者爲人，此人之所禀獨得其秀，故其心爲最靈妙，而有以不失其性之全。然及形質既生，精神方發以爲知覺，則五性之存乎中者，無不感於外物之來而動以應焉。於此善惡始分，五性散爲萬事。蓋靈則太極之所以全存，而形之生陰也，神之發陽也。善陽類，惡陰類，猶乾男坤女之以類分也。五性即五行之理，木之理爲仁，火之理爲禮，金之理爲義，水之理爲智，土之理爲信，其散爲萬事者，便所謂「化生萬物」也。○本讀此見得，所謂太極、陰陽、五行及萬物化生之象，不獨在天地而已，其於人也亦各如此。○本只一樣陰陽五行衮在天地間，以生人物，何緣有通蔽開塞之異，而人之生獨得其秀邪？蓋動於氣者，不可以不異，此其理勢之必然也。且如眼前光景，有驟雨，有遲雨，有飄風，有飀風。有寒有熱，有温有凉，有陰霾震電時，有清明静安時。一日之中，一刻之際，屢變不同者，此氣之流動，已驗之人事，推之外物，凡有氣而動者，不得其不異也，無往不然。然則人物之氣，隨其所禀，以有通蔽開塞之異，亦可因而知矣。○「形既生矣，神發知矣。」氣之精英聚於心，故一身都雖無非這氣之貫。然其能知覺者，獨在於心而已，此是氣之精也。神即心也，以其神明不測，所以具衆理而應萬事者，故謂之神。語類曰：「形體，陰之爲也；神知，陽之爲也。蓋陰主翕，凡斂聚成就者，陰爲之也；陽主闢，凡發暢揮散者，陽爲之也。」愚按：解所謂形生於陰，神發於陽者，猶言形之生也於陰，神之發也於陽，非謂形自陰而生，神自陽而發也。○「五性感動」○有形則五性具；有神則感物而動。五性，性也。其感動者，情也。○「善惡分」，解曰「陽善陰惡」。夫天地間不能外乎陰陽，故凡事不屬陽則屬陰，不屬陰則屬陽。既有善惡兩端，則自是陰陽之所在。而以象類分之，則善不可不屬陽，惡不可以不屬陰。驗諸造化，易書可見。○朱子曰：合下只有善惡，是後一截事。又曰：竪起看皆善，横看後一截方有惡。又曰：氣有善惡，理却皆善。○注「此言衆人具動静之理」云云。動静，陰陽；其理，即太極。○「陰陽五行，氣質交運。」氣質，陰陽五行之氣質也。蓋人物始生之序，及氣、血、骨、毛、五臟百體，皆二五之氣，與質所互交更運也。若就植物論之，則有其榮悴開落之變，有酸鹹苦辛之味者，亦是二五氣質所相交運也已。推而言之，固無不然。但此處主動物看，爲是上文所謂「陰陽五行，爲之經緯錯綜」者，便是此意。○「人之所禀獨得其秀。」朱子曰：「二氣五行，交感萬變，故人物之生，有精粗之不同。自一氣而言，則人物皆受是氣而生；自精粗而言，則人得其氣之正且通者，物得其氣之偏且塞者。惟人得其正，故是理通而無所塞；物得其偏，故是理塞而無所知。且如人，頭圓象天，足方象地，平正端直，以其受天地之正氣，所以識道理，有知識。物受天地之偏氣，所以禽獸横生，草木頭生向下，尾反在上。物之間有知者，不過只通得一路，如烏之知孝，獺之知祭，犬但能守禦，牛但能耕而已。人則無不知，無不能。人所以與物異者，所争者此耳。」○「有以不失其性之全。」朱子曰：「以氣言之，則知覺運動，人與物若不異也；以理言之，則仁義禮智之禀，豈物之所得而與哉？此人之性所以無不善，而爲萬物之靈也。」○「所謂天地之心，而人之極也。」記禮運曰：「人者，天地之心也。」蓋性之全則與天地、太極之道同其體矣。此人之心，即爲天地之心。人之極，下文所謂「人極」是已。○「自非聖人全體太極」至「違禽獸不遠矣」，此注亦起下文意。○朱子曰：孟子云：「人之所以異於禽獸者，幾希。」人物之所以異，只是争些子。若更不能存得，則與禽獸無異矣。○又曰：以氣質有蔽之心，接乎事物無窮之變，則其目之欲色，耳之欲聲，口之欲味，鼻之欲臭，四肢之欲安佚，所以害乎其德者，又豈可勝言也哉！二者相因，反覆深固，是以此德之明，日益昏昧，而此心之靈，其所知者不過情欲利害之私而已。是則雖曰有人之形，而實何以遠於禽獸？○張南軒曰：人之性，不能不感物而動。

感物而動，固性之常然。然而善惡自此分，萬事自此出矣。五性感動，動而心不宰，則情流而不知止，性以陷溺矣，所以爲惡也。譬之水發而無泥滓之雜，則固水之本然者；泥滓或參焉，則汩之矣。雖汩之，而水之本然者自在也，故貴於澄之以復其初而已。人雖流於惡，其本然者亦豈遂亡乎？此聖人所以有教也。

聖人定之以中正仁義。○定者，安定之意。蓋人雖得五行之秀，苟欲動情勝，利害相攻，則中心紛擾，不能有安定。此人極之所以不立也，惟聖人之生得其秀之。又秀者，而中正仁義以全。夫太極之道故一，無利害情欲爲之累矣。所謂定之也，「定之」二字，是從傍人説。如聖人之心則自然定而已，不是安排修爲以定之，只句法不得不如此也。下文「主静，立人極」意亦皆同。若論其實，則聖人之道静自爲主，人極自立也。讀者莫以辭害意。○朱子通書解曰：「中即禮，正即智。」周子换却禮智之名，而以中正言之，其説奈何？蓋中正者便禮智之所以爲禮智之精也，禮之極至中而已矣。孟子所謂「禮之實，節文斯二者是也」。苟有少過不及，則不是節文。既不節文，則不可之謂「禮之實」。此知仁義之理能合於其節度而不有少過不及處，即禮之本義也，是中也者，禮之所以爲禮之精也。正者，天下事物如善如惡，知之分曉，一定於中心而不可移易者是已，此是真知。孟子所謂「智之實，知斯二者而不去者是也」。若夫天下之事，以是爲非，以非爲是。或初説是，後又説之非。或認爲似是，或認爲似非。噍然無有定見者，皆非其正也，豈又謂之真智耶？要之中則必禮，禮未必中；正則必智，智未必正，故「中正」字比之「禮智」尤爲親切，此周子所以以「中正」换「禮智」也，學者須要説得明白。○周子特用「中正」字者，蓋原易來。如下文「吉凶」二字，亦然。○問：周子不言「禮智」，而言「中正」，如何？朱子曰：「禮智説得猶寬，中正則切而實矣。且謂之禮，尚或有不中節處。若謂之中，則無過不及，無非禮之禮，乃節文恰好處也。謂之知，尚或有正不正。若謂之正，則是非端的分明，乃智之實也。」○又曰：「聖人立人極，不説仁義禮智，却説仁義中正。中正即禮智，中正尤親切。中是禮之得宜處，正是智之正當處。自氣化一節以下，又節節應前面圖説。仁義中正，應五行也。」○問：智與正，何以相契？曰：只是真見得是非，便是正；不正便不唤做智了。○注「聖人之道仁義中正而已矣」。而已矣者，竭盡而無餘之辭。此以見聖人之道，盡於此而無餘也。○陳北溪曰：圖説「中正仁義」，而注脚又言「仁義中正」。互而言之，以見此理之循環無端，不可執定以孰爲先、孰爲後也。亦猶四時言春夏秋冬，或言秋冬春夏，以此見氣之「動静無端，陰陽無始」也。○此謂本注，蓋朱子編書之時，已存此也。及後來葉氏注之，稱此爲本注，以分己注耳。或曰：「本注者，其自注也。」此蓋據横渠易説曰：「一故神。注云『兩在，故不測』。」又曰：「兩故化。注云『推行於一』。」朱子皆謂之其自注也，然亦未盡。然此篇第三十一條，程子曰：「无妄之謂誠。」本注稱程子曰：「先生明矣，非其自注也。」然則凡爲本注者，或自注之，或出於其門人之手。而朱子又因而存之也。按：此注本周子語出通書第六章。今附此下者，必是後人所置也。

主静。○中仁爲動，正義爲静。静體動用，體立而後用有以行。近取諸身，有目而後能視，有耳而後能聽，有手而後能持，有足而後能行，推之萬事，其必體立而後用有以行者，無往不然。故聖人自以静爲主本，而處天下之動也。○中著乎制行上，仁發而及物，其爲動固易看，正義爲静頗難看。注云「其處之也正，其裁之也義」。此句忽看亦似難專屬之静。按：語類曰：「處是居之。『處』字作『居』字，即分曉。」又曰：「義有箇斷制一定之體。」又曰：「只是那一箇定理在此中，截然不相侵犯。」以此等言思之正者，謂分别是非而居之者，義者謂裁度事物而有定理者，是皆有定静收斂之意，所以屬静也。讀者宜深味焉。○朱子曰：中正仁義本無先後，此四字配金木水火而言，中有禮底道理，正有智底道理。如乾之元亨利貞，元即仁，亨即中，利即義，貞即正，皆是此理。至於主静，是以正與義爲體，中與仁爲用。聖人只是主静，自有動底道理。譬如人説話，也須是先沉默，然後可以説話。蓋沉默中便有箇言語底意思。○又曰：中正仁義這四箇物事常在這裏流轉，然常靠著箇静做主。若無夜，則做得晝不分曉；若無冬，則做得春夏不長茂。如人終日應接，却歸來這裏空處少歇，便精神較健。如生物而無冬，只管一向生去，元氣也會竭了。」○又曰：「中仁是動，正義是静。通書都是恁地説，如云「禮先而樂後」。○又曰：主静，看「夜氣」一章可見。○又曰：「主静」二字，乃言聖人之事，蓋承上文「定之以中正仁義」而言，以明四者之中，又自有賓主耳。觀此則學者用功，固自有次序，須先有箇立脚處，方可省察，就此進步。非謂静處全不用力，但須如此，方可用得力耳。○又曰：大凡人須是沉静。周先生所以有「主静」之説，如蒙、艮二卦，皆有静止之體。○或問：「智者動，仁者静。如太極圖説，則智爲静、仁爲動，如何？」曰：「且自體當到不相礙處，方是。」良久，曰：「這物事直看一樣，横看一樣。子貢説：『學不厭爲智，教不倦爲仁。』子思却言：『成己爲仁，成物爲智。』仁固有安静意思，然施行却有運用之意。」又曰：「智是潛伏淵深底道理，至發出，則有運用。然至於運用，各當其理，而不可易處，又不專於動。」○以上朱子言，見語類及性理大全。朱子論此一節，極爲詳審明備，熟讀之，不止達本文之義，兼切日用工夫，故具存其説云。○自聖人上言之，則「主」字輕。自學者上言之，則「主」字却重。但此處自聖人上而言。○注「無欲故静」。朱子曰：「欲動情勝，則不能静。」○愚謂：静即正義，而静之地頭，無欲而已，故曰「無欲故静」。「故」字不可做有次序意思。若説無欲静之本，無欲故得静，則是正義。前面又有一事，得非頭上安頭乎？此注尤難看，且可以意會。

「**立人極焉**」至「**鬼神合其吉凶**」。○人極，人道之至極，不可外乎全太極之理矣。「與天地合其德」以下，引易文以贊聖人主静、立極之廣大。此數句出乾卦文言傳。○薛敬軒讀書録曰：「仁健義順，與天地合其德也；知周萬物，與日月合其明也；仕止久速各當其可，與四時合其序也；進退存亡不失其正，與鬼神合其吉凶也。」此説雖如可愛恐近破碎，而非周子本意。蓋此只泛言其理之一而已。張南軒曰：「天地之德。日月之所以明，四時之所以序，鬼神之所以吉凶，皆是理也。聖人得太極之道而備諸躬，則其合也豈在外乎？蓋其理不越乎此而已。」此言渾倫而味亦長，庶乎得其義矣。○朱子曰：「天地以形言，將天地對日月、四時、鬼神説，便只是指形而下者言。」愚謂：「天地以形言」者，無不覆幬，無不持載是已，但即其形可以見其德也。天地以全體言，日月、四時、鬼神以其一節言。曰其德，曰其明，曰其序，曰其吉凶，皆就聖人身上言。蓋德之大者，莫如天地聖人之德與此合矣。明之至者，莫如日月聖人之明與此合矣。四時之有序，鬼神之爲吉凶，聖人之道亦與此合也。○朱子曰：太極圖首尾相因，脉絡通貫。首言陰陽變化之原，其後即以人所禀受明之。自「唯人也得其秀而最靈」，所謂最靈，純粹至善之性也，是所謂太極也。形生神發，則陽動陰静之爲也。五性感動，則陽變陰合而生水火木金土之性也。善惡分，則成男成女之象也。萬事出，則萬物化生之義也。至「聖人定之以中正仁義，而主静立人極焉」，則又有以乎得太極之全體，而與天地混合而無間矣。故下又言天地、日月、四時、鬼神四者，無不合也。○注「此言聖人全動静之德」。上節注曰「動静之理」，此曰「動静之德」，互文言之，非有别義。但衆人雖具其理而常失之於動，聖人則初終全其德，而常本之於静以處萬事之動，此則異也。○「聖人之生，又得其秀之秀者。」朱子曰：「人性雖同，禀氣不能無偏重。有得木氣重者，則惻隱之心常多，羞惡、辭讓、是非之心爲其所塞而不發；有得金氣重者，則羞惡之心常多，而惻隱、辭讓、是非之心爲其所塞而不發。水火亦然，唯陰陽合德，五性全備，然後中正而爲聖人也。」○「其處之也正，其裁之也義。」問：「『處』與『裁』二字，義頗相近。」朱子曰：「然。處是居之；裁是就事上裁度。」愚嘗因朱説推之，謂天下之事，其是者以是居之；其非者以非居之，此是處也。若夫應事接物之際，謂那事當如此，這事當如此，度以宜之者，此之謂裁。兩字意義略異。○「向之所謂」云云者，「於此乎定矣」。言衆人則不知定之，而常失之於動。唯如聖人以有定之，而無其失也。○「性之真也。」真，猶言本實。○「酬酢。」主酌客曰酬，客酌主曰酢。今借爲應接之義。○「一天下之動哉。」言使凡天下之事一歸諸道也。○注中一曰動静之德，二曰一動一静，三曰動静風流。丁寧反復，以貼中正仁義。○「成位乎中。」中者，天地之中也，聖人全太極之道，則盡天地之性，以與天地參。此謂「成位乎中」是一句貼「立人極」。○「蓋必體立而後用有以行。」真西山曰：「大凡有體而後有用。如天地造化，發生於春夏，而斂藏於秋冬。發生是用，斂藏是體。自十月純坤，陽氣既盡，不知者謂生氣已熄，不知斂藏者乃所以爲發生之根。自此霜雪凝固，草木凋落，蟲蛇伏藏。微陽雖生於下，隱而未露，一年造化，實基於此。惟冬間斂藏凝固，然後春來發生有力。所以冬暖無霜雪，則來歲五穀不登，正以陽氣發洩之故也。人之一心，亦是如此。須是平居湛然虛静，如秋冬之秘藏，皆不發露，渾然一理，無所偏倚，然後應事，方不差錯。如春夏之發生，物物得所。若静時先已紛擾，則動時豈能中節？故周子以『主静』爲本，程子以『主敬』爲本，皆此理也。」○「程子論乾坤動静而曰」云云。上繫辭傳第六章曰：「夫乾其静也專，其動也直。夫坤其静也翕，其動也闢。」程子曰：「乾陽也，不動則不剛。其静也專，其動也直，不專一則不能直遂。坤陰也，不静則不柔，其静也翕，其動也闢，不翕聚則不能發散。」○蔡虛齋曰：「天地别無勾當，只是生物而已。蓋天地以生物爲心，是故乾之静而利貞也。雖未見於生物，而其生物之心則常存不他，其静之專也；及其動而元亨，則生意由中達外，沛乎莫之能禦，是其動之直也。夫坤，其静而利貞也，盡收斂得許多生意在内，翕聚而無餘，所謂翕也。及其動而元亨，則乾氣一至就能承之以生物，將許多生意都一齊發散出來，故曰『其動也闢』。乾坤生物全在動上，而此則兼静言，且以静居先者，何也？程子曰：『不專一則不能直遂，不翕聚則不能發散。』至哉言也！天地之道盡於此矣！豈惟天地，凡人事物皆然。凡聖賢之論陰陽，先陽後陰者，生物之序也，如元亨利貞之類；先陰後陽者，體立而用行也，如静專、動直之類。

君子修之吉，小人悖之凶。○修者，修其不全以全之之意。二「之」字皆指「中正仁義」而言，此處與中庸「至誠盡性」章下繼之説「其次致曲」略相似。君子通大賢以下，凡有修爲者而言也。「吉凶」二字自易來，此便先儒所謂以道義配禍福之意。易之六十四卦，三百八十爻，莫非吉凶二端矣。而其吉者，未嘗不由乎修之也；其凶者，亦未嘗不由乎悖之也。此一節暗涵全易之意。○朱子曰：太極首言性命之源，用力處却在修吉、悖凶，其本則主於靜。○又曰：君子之戒謹恐懼，所以修此而吉也；小人之放僻邪侈，所以悖此而凶也。○張南軒曰：君子修之吉者，順理之謂吉也；小人悖之凶者，逆理之謂凶也。順理則平直坦易而無悔，非吉乎？逆理則艱難險阻而有礙，非凶乎？○黄勉齋曰：「又懼夫學者指爲聖人之事高遠微妙而不可及，則又繼之曰『君子』云云，庶乎其不自棄自暴，改過遷善而趨吉避凶，主一無適而克己復禮，真積力久，行著習察，忽不自知其自至於貫通處，則是亦聖人矣，吉孰大焉？苟惟拒之以不信，絶之以不爲，窮人欲，滅天理，其禍可勝言哉？玩吉凶之二辭，何其爲天下後世憂之深言之切如是乎！」○注「敬則欲寡而理明」。此又主靜之意。敬雖貫動靜，其用功之所先必在靜處，朱子於此方説箇敬，此是眼目之所在，尤宜體認。蓋本於程子意，而極有補後學。敬則心存乎中，而外誘之私罕矣，所謂欲寡也。人心本至明但爲物欲蔽之，故自昏了。今也用持敬之功以寡其欲，則理斯明，欲寡理明，俱持敬之效驗。○朱子曰：以事言之，則有動有靜；以心言之，則周流貫徹，其工夫初無間斷也，但以靜爲本耳。周子所謂「主靜」者，亦是此意，但言靜則偏，故程子只説敬。○又曰：但未接物時，便有敬以主乎其中，則事至物來，善端昭著，所以察之者，益精明爾。○「静虚動直」，通書第二十章。「問：聖可學乎？曰：可。曰：有要乎？曰：有。請聞焉。曰：一爲要。一者，無欲也。無欲則静虚動直」云云。静虚動直，無欲之效驗。蓋心無欲，則胸中湛然，無一物之横於其間，故曰「静虚」。及其發動，則無往而非天理之正，而莫有些毫邪曲焉，故曰「動直」。

「**故曰立天之道曰陰與陽**」至「**故知死生之説**」。○此段上一截説卦傳文，下一截繫辭傳文，「故」字通受前所説。○口講當云：曰陰陽，曰剛柔，曰仁義，都一陰陽而已。一曰天之道，二曰地之道，三曰人之道，皆不能離乎道，此是太極見得三才之理，總不外乎太極陰陽矣。此與圖説之意如合符節，故引是語以證其説。而其復引繫辭文者，何也？夫易之道，「對待」、「流行」之二事而已矣，是故圖中亦自具此意。上之所謂陰陽、剛柔、仁義以對待言，下所引始終、生死以流行言。蓋終者始之歸宿，死者生之衰澌，本一脈之循環而即所謂「流行」也。語「對待」而不語「流行」，則易之用不顯；語「流行」而不語「對待」，則易之體不備。故周子引此兩説以結一篇之意，三才之道理盡矣，易道之體用全矣。○朱子曰：立天之道曰陰與陽，是以氣言；立地之道曰柔與剛，是以質言；立人之道曰仁與義，是以理言。○又曰：仁、義、禮、智四者之中，仁義是箇對立底關鍵。蓋仁仁也，而禮則仁之著；義義也，而知則義之藏。猶春夏秋冬，雖爲四時，然春夏皆陽之屬也，秋冬皆陰之屬也，故曰「立天之道」云云。仁與義，是知天地之道不兩則不能以立，故端雖有四，而立之者則兩耳。○又曰：陰陽以氣言，剛柔則有形質可見矣。至仁與義，則又合氣與形而理具焉，然亦一而已矣。蓋陰陽者，陽中之陰陽；柔剛者，陰中之陰陽也。仁義者，陰陽合氣，剛柔成質，而是理始爲人道之極也。然仁爲陽剛，義爲陰柔。仁主發生，義主收斂，故其分屬如此。○又曰：解者多以仁爲柔、義爲剛，非也。仁是箇發出來底，便硬而强；義便是收斂向裏底，外面見之便是柔。○黄勉齋曰：天之道不外乎陰陽、寒暑、往來之類是也。地之道不外乎剛柔、山川、流峙之類是也。人之道不外乎仁義、事親、從兄之類是也。○問：原始反終，故知死生之説。朱子曰：人未死，如何知得死之説？只是原其始之理，將後面摺轉來看，便見得。以此之有，知彼之無。○又曰：反如摺轉來，謂方推原其始，却摺轉來看其終，「原」字「反」字，皆就人説，反如回頭之意。○又曰：原者推之於前，反者要之於後。○張南軒曰：始終一理也，知始則知終矣。古今、死生、晝夜、語默，無不然也。非謂死生之説，别爲一事也，只此理而已。○愚按：死生之説，在繫辭傳本指人物之死生，以對鬼神之屈伸。周子引之之意，乃泛指始終循環之理。上文所謂陰陽、剛柔、仁義亦一死生之理而已，此處固不可謂不是指人物之死生，然不止此而已也。語類曰：「始有處説生，已定處説死，死則不復變動矣。」其意可見。○「死生之説。」丘建安曰：「説謂原其理也。」如據愚見説，猶言其義，説所以生如此、所以死如此處是已。○注「陰陽成象」。象與質不同，象盛質實。象雖訓爲形，只有其體段，模樣不可以把捉者，此之謂象，凡著于天者，皆是象也，若日月星辰之屬是已。陰陽氣也，無有實形，故下「象」字。○「隨事著見」。所謂道者，在天則見諸陰陽，在地則見諸剛柔，在人則見諸仁義。○「又各有體用之分焉。」陽也，剛也，仁也，用也，以其動也。陰也，柔也，義也，體也，以其静也。按：性理大全小注曰：「仁存諸心，性之所以爲體也。義制乎事，性之所以爲用也。然又有説焉，以其性而言之，則皆體也。以其情而言之，則皆用也。以陰陽言之，則義體而仁用也；以存心制事言之，則仁體而義用也。錯綜交羅，惟其所當，而莫不各有條理存焉。」觀此説，體用不可必拘定，隨處隨事各相爲體用，但當活看。然此處以陰陽言之，則姑如愚説分屬爲是。○「物之始也。」凡事物之始油然發動者，陽也；其勢不可以禦者，剛也。仁主發生，此皆始之族，而生之道也。○「物之終也。」凡事物之終漠然静定者，陰也；其衰落者，柔也。義主收斂，此皆終之族而死之道也。物之始，物之終，「物」字所該極廣。○「此天地之間」云云。「此」字指所引之二説，總之曰「綱」，周之曰「紀」。造謂始生，化謂終死，是對流行，則造化以對待而言。夫天地之間，造化流行，窮古亘今，而天何言哉？自然而然，此其所以爲妙，而看何事不統這二説？故曰「綱紀」云云之妙。○「聖人作易，其大意蓋不出此。」圖説本發明易道，作易之大意不出於此。則圖説之意，亦豈外此耶？故引之以證其説。

大哉易也，斯其至矣！○此贊易書，以終全篇之意。言廣大哉，易之書也。然語其至極，則此圖盡之矣。蓋欲使人信之，以達易道精微，非是自矜其言之深也。如所謂太極、陰陽、五行，其中自包「對待」、「流行」，相生相克，而在易之精微於斯乎盡矣，故指以爲「其至」。「斯」字指圖，「其」字指易。○注「然卒未嘗明以此圖示人，是則必有微意焉」。朱子答南軒書曰：「此圖立象盡意，剖析幽微，周子蓋不得已而作也。觀其手授之意，蓋以爲惟程子爲能當之。至程子而不言，則疑其未有能受之者爾。夫既未能默識於言意之表，則馳心空妙，入耳出口，其弊必有不勝言者。觀其答張閎中論易傳成書，深患無受之者。及東見録中論橫渠清虚一大之説，使人向別處走。不若且只道敬，則其意亦可見矣。」○愚謂：太極圖説全是明易而已，抑聖賢之作書有不得已也，不如後人之好爲煩文已。蓋無圖説，則易道不明於世。易道不明，則天地造化之本原，聖人義理之精微，不可得而見矣。此圖之所以作也，故節節句句無非本乎易以發其理，不但泛然説之。○朱子濂溪祠記曰：先生之言，其高極乎無極太極之妙，而其實不離乎日用之間；其幽探乎陰陽五行造化之賾，而其實不離乎仁義禮智、剛柔善惡之際。其體用之一源，顯微之無間。秦漢以下，誠未有臻斯理者，而其實則不外乎六經、論語、中庸、大學七篇之所傳也。蓋其所謂太極云者，合天地萬物之理而一名之耳。以其無器與形，而天地萬物之理無不在是，故曰「無極而太極」。以其具天地萬物之理，而無器與形，故曰「太極本無極」也。是豈離乎生民日用之常，而自爲一物哉？其爲陰陽五行造化之賾者，固此理也。性此理而安焉者，聖也；復此理而執焉者，賢也。自堯舜以來至於孔孟，其所以相傳之說，豈有一言以易此哉？顧孟氏既没，而諸儒之智不足以及此。是以世之學者，茫然然莫知所適。高則放於虚無寂滅之外，卑則溺於雜博萃靡之中。自以爲道固如是，而莫或知其非也。及先生出始發明之，以傳於程氏，而其流遂及於天下。天下之學者，於是始知聖賢之所以相傳之實乃出於此，而有以用其力焉。此先生之教，所以繼往聖、開來學而大有功於斯世也。出文集七十八卷。○圖說自爲一書，而朱子解之詳矣。但及列之於此書，則恐不復載其解也。今講近思録者，獨說本文可也。然而未有不達於朱解而明本文者也，故今又并說朱解爾。

○**誠無爲**。○此章亦周子之言，出通書第三章。而章首不揭其名者，蒙上章以省文也。是與小學同例，他皆仿此。○中庸曰：「誠者，天之道也。」「誠」字本乎此。繫辭傳曰：「易，無思也，無爲也。」「無爲」二字出此。○此說「誠」之地位。誠者，天理之本然，不雜毫末邪僞，而渾倫純一之實理是已。實理該動静、貫體用而無不有矣。然專指其地位，則必於其本體，故曰「無爲」。「無爲」字對下文「幾」字看，只是言寂然不動者。蓋雖聖人纔動則涉于人爲，難說全是無爲，只其冲漠無朕不加一毫人爲，而本體自若底物事，此謂「無爲」。「誠」之地位如此，即是太極。而所謂天命之性、未發之中，皆指斯地言。○誠，專就人說。○通書每換太極以「誠」論之，其意如何？蓋謂之太極，則唯見其樞紐根柢之意而已。於其理之體段，猶未著也。如説之「誠」則見得此理至實无妄，而無欠缺底物事，太極之體段於斯明矣。此周子所以説「誠」，而發圖説未盡之意者歟。讀者試思之。

幾善惡。○此説「幾」之地位。通書朱注引易文曰：「幾者，動之微。」看「微」字，是那欲動未動之時，自無之、有之中間也。實理元非死物，但當其無爲也，猶鑑之藏奩，鐘之懸虡，雖未爲照鳴，其可以照、可以鳴之理已固有於其中，故時而必萌動於中，此之謂幾，這裏方有善惡以分於胸中。朱注所謂「蓋動於人心之微，則天理固當發見，而人欲亦已萌乎其間矣」者是已。此陰陽之象也。○誠者，純粹至善之理而已矣。及其萌動却有善惡之雜者，何也？蓋實理寓於形氣，故必有動於形氣者，如聲色、臭味之欲是也。其本然純粹至善之理，則善固當發見矣，必有動於形氣者，則惡亦已萌乎其間可以見矣，然又不可謂動於氣者必皆惡也。雖聖人不能無人心，豈以動於氣者皆謂之惡乎？但斯地位或有惡之雜耳。○問：周子曰：「誠無爲，幾善惡。」朱子曰：此明人心未發之體，而指其已發之端。蓋欲學者致察於萌動之微，知所決擇而去取之，以不失乎本心之體而已。○又曰：極力説箇「幾」字，儘有警發人處。近則公私邪正，遠則廢興存亡，只於此處看破，便斡轉了。此是日用第一親切工夫。精粗隱顯，一時穿透，堯舜所謂「惟精惟一」，孔子所謂「克己復禮」，便是此事。○又曰：人性豈有不動？但須於中分得天理[四]，方是。○又曰：當其未感，五性具備，豈有不善？及其應事，才有照顧不到處，這便是惡。古之聖賢戰戰兢兢過了一生，正謂此也。顔子「有不善未嘗不知」，亦是如此。凡事微有過差，才有安頓不着處，便是惡。○又曰：幾，正是那欲發未發時，當來這裏致謹，使教自慊，莫教自欺。

「**德愛曰仁**」至「**守曰信**」。○此又説「德」之地位。德之爲言得也。道之得於心者謂之德。即性之理而誠之謂也。自其至實无妄言之，則謂之誠。自得其理於心言之，則謂之德，其實一也。德有其目五，曰仁、義、禮、智、信。五者具於心體，而初無聲、臭之可言。只其日用之間，此理感於物而見，自爲五者之用。就其用上以知有是德耳。夫人乍遇當慈愛者，則慈愛之心油然發見。所謂愛者，而其體之在乎中者，名之曰「仁」。凡吾身之所接萬端千緒，隨事裁度，以宜之者，亦自發見。所謂宜者，而其在中之體，名之曰「義」。理者，物各有條理也。吾人交接之際，有貴賤、長幼之序，有親疏、内外之分。而就之各爲條理，以使不相亂者，又自發於中，而其本之在心體，名之曰「禮」。通者，謂通達物理。凡天下之事，隨吾觸之，是非邪正曉然無不通達者，亦人之所自能，而其理之根於心者，名之曰「智」。守者，謂確乎存之以不失者，所謂愛宜理通之用。自少至老，無造次，無顛沛，常無不發見矣，此之謂守，而其理之存乎中者，名之曰「信」。此皆因情之用，以名其性之體，即五行之性也。周子之言，每不離乎太極、陰陽、五行焉。○韓子曰「博愛之謂仁」，此是直以愛爲仁，乃失仁之義，而與周子之意異。周子則首挑「德」字，且以五箇「曰」字分隔了，見得此因用以名其體，非直指情以爲性也。○「愛」、「宜」、「理」、「通」、「守」五字皆當做活字看，蓋就發用之端言也。若以爲死字，則失文理遠矣。此大義之所係，講時宜明辨之。○黄勉齋曰：此一段文理粲然。只把「體」、「用」二箇字來讀他，便見「誠」是體，「幾」是用。仁、義、禮、智、信是體，愛、宜、理、通、守是用。○問：周子言「愛曰仁」者。愛，情也。仁，性也。情，用也。性，體也。此解所謂因用以名其體也。孟子既言「惻隱之心，仁之端也」，只此「端」字便見。因用以明體謂之端，則如木之有萌芽而已發也。勉齋曰：所解周子之意得之。○竊謂周子之意，恐直指其發用以名其德，未必因其用名其體也。蓋此章第一節曰「誠無爲」，是説未發地位；第二節曰「幾善惡」，是説自未發而之已發之中間，至此方説發用處。如此看則似上下相承，前後有序。而曰誠、曰德，各有下落者。且夫所謂愛、宜、理、通、守，皆發於人心之理，而非由乎外者，則指以爲德，亦何不可？況古聖賢言此類儘有。夫子曰：「仁者，人也，親親爲大。義者，宜也，尊賢爲大。」孟子曰：「仁之實，事親是也。義之實，從兄是也。」此皆直就「用」上説去。而今周子之意，亦蓋如此也已。但此説與朱子解不合，故未敢全以爲是，姑記管見以俟君子之是正耳。曰：「如子之見，則韓子『博愛之謂仁者』爲是，而却以爲與周子意同邪？」曰：「韓子之説，其不好處唯在『博』字。蓋謂之博愛，則是子貢博施濟衆之意。初不説仁體，獨指及於物之功用，以語那仁，不知一怵惕惻隱之心，亦便是仁也。此其説仁未切，難以做至論。若去『博』字，而只曰愛之謂仁，則未見，與周子之意其相戾也。此義亦與先儒之論小異，不知是否，識者擇焉。」

性焉安焉之謂聖。○性，與「堯舜性之」之「性」同。安，所謂「安行」之「安」。性焉者，天資清明、純粹，天之所賦者，全體自若，初不假修爲而自無絲毫欠缺矣，所謂不加毫末而萬善足焉者是已。此其静也，實理固全。及其一念萌動而爲之幾，亦依舊盡天理，而無一點私欲雜於其間，則不用加察而其心常明。以至應接之際，動容周旋中禮，而五常之理無一不備。此皆不待學問勉强而然，此謂安焉。朱解曰：「安者，本全於己。」味斯言，「安」字該内外言。

復焉執焉之謂賢。○復，反也，即「湯武反之」之「反」。執，所謂「固執」之「執」。此其資質，未免有少氣質之偏，故本然實理，亦不能無欠缺。是以必由學問思勉、遏絶念慮之惡，養成天理之奥。乃至行事之際，亦必黽勉從於天理，真積力久，而後私欲浄盡，天理流行，更反本然之性，故曰「復焉」。此與上文「性」字意自相對。執者，雖已復於本然，尚未能安之。故又加執守之功，以保已復者，令不敢爲邪欲所摇奪矣，此所謂「執焉」，而與「安」字相對。學者正將「復」字、「執」字來真箇體認看，然後可知此地位之至高、至難也已。抑是什麼精神？什麼筋力？

「**發微不可見**」一節。發，謂發用，如上文所謂愛、宜、理、通是也。夫聖心之發用，實理渾涵，包含無窮之意。施之於家則孝，施之於君則忠，以至家國天下之理，宇宙萬變之道，皆無不備於一念之發矣。此其微妙如淵，豈人之所可得而窺見哉？譬之造化，猶冬至子之半，一陽復生于下。斯含萬物生成之理，而人之見不及此也。充，謂及於物之功用，蓋聖人功用之充，溥博周遍，塞于天地之間，猶日月之照九垓而無所遺也。不可見，不可窮，所以之謂神也。○問：「如以發爲念慮之發，則其幽微而不可見者，何止聖人？雖是常人亦然，此『發』字恐指發見於言行者也。」曰：「不然。念慮之發，雖不可見。而纔動於中，則其迹必見於外，暢於辭氣，動於四體是已。故就其迹，可以窺念慮之發也。獨聖心之發，不若常人之輕薄淺露，故特微妙而不可見。如孔門諸子日日親炙，聞夫子之文章熟矣。然深知聖人之心者，除顔、曾之外，更有幾人？蓋爲其微妙也。且以發屬心，以充屬行，則内外相對，義理全備。」又按：語類曰：「一念方萌，而至理已具，所以微而不可見也。」益信愚説之當從也。○朱子曰：「性焉安焉之謂聖」，是就聖人性分上説。「發微不可見，充周不可窮之謂神」，是他人見其不可測耳。○又曰：「發」字、「充」字就人看。「微不可見，周不可窮」，却是理如此。神只是聖之事，非聖外又有一箇神，別是箇地位也。○此章首三節説「誠」「幾」「德」之地位，下面遂明「聖」「賢」「神」之名義。蓋上文三者，理之名目；下文三者，德之成就。上文泛論其理，下又舉全其理之人。以見全此理者，即成德之品格也。周子之言，本唯明其名義而已，然語中自有許多意味，學者須熟玩之。

○**伊川先生曰「喜怒哀樂之未發謂之中」**章○伊洛淵源録曰「先生名頤，字正叔，明道先生之弟也。幼有高識，非禮不動。年十四五與明道同受學於舂陵周茂叔先生」云云。按：先生晚居龍門伊水上，故學者稱曰伊川先生。○此章明中和之地位。中庸章句曰：「喜怒哀樂，情也；其未發，則性也。無所偏倚，故謂之中。」○蔡虚齋曰：本是有七情，今只言喜、怒、哀、樂四者，何也？樂兼愛，哀兼懼，怒兼惡，欲屬土而無不在也。○林同安曰：「喜怒哀樂之未發」，這時心下無一物，雖有喜怒哀樂之理在，初未有喜怒哀樂之可言，以其四者一無所偏倚，而恰在其中間，故名之曰「中」。○又曰：喜怒哀樂未發之「中」，此「中」是「在中」之義，以其四者未發，此心恰在其中間，都不靠着一邊，故名以「中」。若當未發時，四者有一萌動，此心便靠着一邊了，不復得謂中矣。○愚謂：「中」字，只是名狀字，猶在東西南北之中央，而未嘗倚於一方也。○「中也者，言寂然不動者也。」此引繫辭文以説中之地位。寂然不動者，至虚至静。所謂鑑空衡平之體，鬼神不得窺其際者。○「故曰天下之大本。」此句要須見得分明。蓋纔動則偏其所動，喜心已動，則專是喜，無有復怒心矣。哀心已動，則專是哀，無有復樂心矣。喜怒不同時，哀樂不並行。然則及纔萌動，只可爲一事之根本，不可以爲天下之大本。唯其「寂然不動」也，喜自此而出，怒自此而出，哀樂自此而出。凡天下之理，何事不自此而出？信乎天下之大本也。○「發而皆中節，謂之和。」中庸章句曰：「發皆中節，情之正也；無所乖戾，故謂之和。」○林同安曰：節是個限制，如竹木之節，必情之發。方有若未發，亦無緣有個節。喜怒哀樂有個當然界限，不可過，不可不及，這是節。發出湊着那界限，無太過，無不及，便是中節。○「和也者，言感而遂通者也。」又引繫辭以説和之地位。感者，感於物而動也。蓋人心之感，必有物以爲之感。苟無物之可感，則此心亦無緣感動。故「感」字必帶着個物看，遂猶直也。「通」字所該至廣，自一事物之理以至天下古今之道，皆無不在其中。而能通其理者，便是「和」之地位。○朱子曰：寂然者，感之體；感通者，寂之用。○又曰：「寂然不動，感而遂通天下之故」，本是説易，不是説人。諸家皆是借來就人上説，亦通。○又曰：其寂然者，無時而不感。其感通者，無時而不寂也。是乃天命之全體，人心之至正。所謂體用之一源，流行而不息者，疑若不可以時處分矣，然於其未發也，見其感通之體；於已發也，見其寂然之用。亦各有當而實未嘗分焉。故程子曰：「中也者，言寂然不動者也；和也者，言感而遂通者也。」○愚謂：中庸挑出「喜怒哀樂」以曰其未發，則見這裏便含喜怒哀樂之理，但未發見耳。及其「發而中節」，又是由其未發中發來。此中者，和之體；和者，中之用。所謂「體用之一源」者，與繫辭語意思正相符。程子引彼以分貼此，極爲的當。○「故曰天下之達道。」朱子章句曰：「達道者，循性之謂，天下古今之所共由也。」竊味此章之意，程子所説與朱注異。朱子意蓋謂達者，天下古今人人通達而由之也。程子所説達者，言自此而達彼者，與「不成章不達」之「達」相似，即上文「通」字意。蓋天下之理，隨其所感而無不通達矣，所以謂天下之達道也。不如此看，則引繫辭以受説意不分明。○讀此章見得程子承周子之一派，而都自太極中發明來。蓋中之寂然不動者，太極之静也，誠之地位也。和之感而遂通者，太極之動而幾之善者也。此其意思實相貫，朱子特繼之於上章者，其以此也歟。

○「**心一也**」章。○此答吕與叔書語。伊川説心之定説也。程子初以爲心專指動處言，故曰「凡言心者，皆指已發而言」。蓋古人之論心，皆就動處言之，如孟子説「四端之心」是已。故程子當初就此看得偏了，後來曉得心之有體用，而非獨指動處而已，故發此語以救前説。吕與叔云「未發之前，心體昭昭具在，已發乃心之用」，亦是此章意。○朱子曰：「伊川此語與橫渠『心統性情』相似。○體，即性也，故注曰『寂然不動是也』。用，即情也，故注曰『感而遂通天下之故是也』」。故本言事因也，但此「故」字直可訓「事」。孟子集注曰：「故者，其已然之迹。」亦謂事也。曹魏高堂龍解「物故」之義曰「故事」也。○「惟觀其所見如何耳。」○「觀」字，自我言之；「見」字，就人言之，即古今論心之所見也。○此章亦自太極説來。心，即太極也。其體、用即太極之動、静也。當時朱子編集此書，不必逐一選擇序次，唯以上章及此章連周子語者，恐不爲無意。

○**乾，天也。天者，乾之形體；乾者，天之性情。乾，健也，健而無息之謂乾**。○不是訓「乾」以爲「天」。乾，天之所以爲天也。而天以形體言，乾以性情言，所指實不同。故下句又分言之，性情不可分説。性，體也。情，用也。健而無息者，天之情也。然而未有無是體而有是用者也，故并言性耳。健而無息，惟其健，所以不息。此亦不可分説。○朱子曰：乾，健也。健之體爲性，健之用是情。○又曰：性、情二者常相參，在此情便是性之發，非性何以有情？健而無息，非性何以能如此？○又曰：火之性情元是箇熱，水之性情則是箇寒，天之性情則是箇健。○按：以上朱子説，以見性情之不可分説。

「**夫天專言之則道也**」至「**以性情謂之乾**」。專，猶總也。「天且不違」一句，出易乾卦文言，此指道言。夫天若總言之，則獨謂之道。而下文所謂天也、帝也、鬼神也、神也、乾也，皆包在其中。如隨其所指，分而言之，則有個數件名目耳。○朱子曰：如云「天命之謂性」便是説道，如云「天之蒼蒼」便是説形體。「惟皇上帝，降衷于下民」，是説帝便似以物給付與人，便有主宰之意。○又曰：鬼神只是往來屈伸，功用只是論發見者。所謂「神也者，妙萬物而爲言」，妙處即是神。其發見而見於功用者，謂之鬼神，至於不測者，則謂之神。○又曰：功用言其氣也，妙用言其理也。○又曰：功用是有迹底，妙用是無迹底。○又曰：功用兼精粗而言，妙用言精者。○黄勉齋曰：合而言之，言鬼神則神在其中矣；析而言之，則鬼神者其粗迹，神者其妙用也。○葉平巖曰：妙用，造化之無迹者，如運用而無方，變化而莫測是也。

○「四德之元，猶五常之仁」章。○乾卦彖傳以元亨利貞爲天之四德。元者，生物之始，天地之德，莫先於此。故於時爲春，於人則爲仁。○朱子曰：元是初發生出來，生後方會通，通後方始向成。利者物之遂，方是六七分，到貞處方是十分，此偏言也。然發生中已具後許多道理，此專言也。惻隱是仁之端，羞惡是義之端，辭讓是禮之端，是非是智之端。若無惻隱，便都没下許多。到羞惡，也是仁發在羞惡上；到辭讓，也是仁發在辭讓上；到是非，也是仁發在是非上。○又曰：「大哉乾元，萬物資始」。元者，天地生物之端倪也。元者生意，在亨則生意之長，在利則生意之遂，在貞則生意之成。若言仁，便是這意思。仁本生意，生意則惻隱之心也。苟傷著這生意，則惻隱之心便發。若羞惡，也是仁去那義上發；若辭讓，也是仁去那禮上發；若是非，也是仁去那智上發。若不仁之人，安得更有義禮智！○愚謂：惻隱，是心下惻然發動處，此即生意，如羞惡、辭讓、是非，皆是生後方會有之。故惻隱便貫羞惡、辭讓、是非。

生意，只是不死底意。○朱子又曰：元只是初底便是，如木之萌，如草之芽；其在人，如惻然有隱，初來底意思便是。所以程子謂「看雞雛可以觀仁」，爲是那嫩小底便是仁底意思在。若能知得所謂元之元、元之亨、元之利、元之貞，上面一箇「元」字，便是包那四箇；下面「元」字，則是「偏言則一事」者。恁地說，則大煞分明了。○問：「仁包四者，只就生意上看否？」曰：「統是一箇生意。如四時，只初生底便是春，夏天長亦只是長這生底，秋天成亦只是遂這生底，若割斷便死了，不能成遂矣；冬天堅實，亦只是實這生底。如穀九分熟，一分未熟，若割斷，亦死了。到十分熟，方割來，這生意又藏在裏面。明年熟，亦只是這箇生。如惻隱、羞惡、辭遜、是非都是一箇生意。當惻隱，若無生意，這裏便死了，亦不解惻隱；當羞惡，若無生意，這裏便死了，亦不解羞惡。這裏無生意，亦不解辭遜，亦不解是非，心都無活底意思。」○愚按：朱子數說仁只爲生意說了。蓋仁者，人心之生理，惟其生理所以包四者。若是死底，如何包得許多道理？此其意固明。一說仁是愛之理，天下之事莫不本乎愛者。非愛，則義非其義，禮非其禮，而智不足以爲智。事君、事父、從長、交友、理民、及物無往而離於愛矣。愛者，仁之用，而性之發也。凡事物之理舉用，則體可就見焉。故見愛之無不貫，則知仁之無不包也。細求之愛即生意，所謂「滿腔子是惻隱之心也」。然則後說與朱子說本不相妨，讀者見得其並行而不悖，可矣。○此章本說元，而仁之理可因知已。

○**天所賦爲命，物所受爲性**。○乾卦彖傳曰：「乾道變化，各正性命。」「性命」二字連言，因分以解其義。賦，猶與也。命，猶令也。物，該人物。性，即理也。○朱子曰：理一也，自天之所賦與萬物言之，故謂之命；以人物之所禀受于天言之，故謂之性。其實所從言之地頭不同耳。

○**鬼神者，造化之迹也**。○造者，自無而有。化者，自有而無。○蔡虚齋曰：程子之言，爲恐學者求鬼神於窅冥之鄉，故曰此乃「造化之迹也」。説「迹」字，略涉於見聞。○陳北溪曰：造化之迹，以陰陽流行著見於天地間者言之。○朱子曰：風雨、霜露、日月、晝夜，此鬼神之迹也。造化之妙不可得而見，於其氣之往來屈伸者足以見之。微鬼神，則造化無迹矣。○問：何謂「迹」？曰：鬼神是天地間造化，只是二氣屈伸往來。神是陽，鬼是陰。往者屈，來者伸，便有箇迹恁地。○愚謂：造化之迹，非鬼神也。然又非離那「迹」，而别有鬼神者在也。此蓋程子深知鬼神之情狀，故就眼前流行，有如目擊所謂鬼神者，是以有此言，乃説得鬼神之所在尤爲親切。○鬼神天地之功用，以其伸而來爲神，以其屈而往爲鬼，非斷然二物也。

○「**剥之爲卦，諸陽消剥已盡**」章。○一章之意，只是反復論陽不可盡之理。夫陽者，善之類而君子之道也。故聖人於易，常致其扶陽之意。程子之言，亦發明此義云。○卦體坤下艮上，爲剥䷖。剥，落也。卦五陰而一陽。陰始自下生，漸長至於盛極。群陰消剥於陽，故爲剥也。○「上九一爻。」上者，最上一爻之名。陽數九爲老，七爲少。當揲蓍策，老變而少不變，故謂陽爻爲九。○「碩大之果，不食。」剥上九爻辭曰：「碩果不食。」言如一樹果既盡零落，惟有一碩果在，而不爲人所食，是剥未盡而又將復生之象也。然陰陽之生，皆必至於其極而後止。若剥極於上，則上九亦變而爲純陰，不見復有陽之存矣。○「無間可容息也。」史記張耳陳餘傳曰：「將軍毋失時，時間不容息。」索隱曰：「時機之迅速，其間不容一喘息，頃也。」○「聖人發明此理以見」云云，易卦序不以坤次剥，而以復次之。復者，一陽復生於下也。䷗此是聖人所以發明「陽變於上，則生於下」之理也。○「以卦配月，則坤當十月。」配，合也。及以剥盡之象摹之於卦，則不可不畫以純陰，以此配月，則當十月，而固爲純坤無陽之象。蓋卦畫有定體。故他裏面又無見含陽之意，必待復卦一陽之生，然後始見其復生耳。其實非至復之時，一陽頓生，却自十月純坤之時，陽氣已萌於下。惟在卦畫上，此義不可得而見。若以理論之，則正說盡陰中含陽之義。故又曰「以氣消息言，則」云云。○饒雙峰曰：十月雖當純坤之月，而其序介乎剥、復二卦之間。以言乎前半月，則有剥而未盡之陽；小雪以前。以言乎後半月，則有復而方生之陽。小雪以後。剥之陽方盡於上，而復之陽已生於下矣，是烏得爲無陽乎？○此說恐非程子意。

然細論之，則亦如此也已，學者不可不知。○葉注「積三十分而成一爻」之論，本依朱子説，然非本文正意。程子只以理言之，未必論至於此。他是朱子，更依其言以推論之耳。○「故十月謂之陽月。」爾雅曰：「十月爲陽月。」○「陰亦然，聖人不言耳。」其知十月之非無陽，則四月純陽之時非無陰亦可知矣。然陽爲君子，陰爲小人，則聖人於此，不可不致其抑揚之意。故獨發明陽不可盡之理，而於陰不言耳。若言陰亦無可盡之理，是示小人無可盡之理也，豈聖人之言乎哉？

○「**一陽復於下，乃天地生物之心也**」章。○此章解復卦彖傳「復其見天地之心乎」一句，震下坤上爲復，便剥之反對也。爲卦一陽生於五陰之下，陰極而陽復也。物無剥盡之理，故剥極則復來。陰極則陽生，陽剥極於上而復生於下，是一陽之復於下，乃天地生物之心也。苟天地不有生物之心，則又何汲汲陽復於下耶？陽復於下矣，明乎天地以生物爲心也。○朱子曰：伊川與濂溪説「復」字不同。濂溪就坤上説，就回來處説，如云「利貞者，誠之復」；誠心復其不善之動而已矣」，皆是就歸來處説。伊川却正就動處説。如「元亨利貞」，濂溪就「利貞」上説「復」字，伊川就「元」字頭説「復」字。以周易卦爻之義推之，則伊川之説爲正。然濂溪、伊川之説，道理只一般，非有所異，只是所指地頭不同。以復卦言之，下面一畫便是動處。伊川云：

「下面一爻，正是動，如何説静得？」看來，伊川説得較好。○「先儒皆以静爲見天地之心」云云，此乃以「復」爲「復藏」之「復」也。魏王輔嗣謂「寂然至無，乃見天地之心」。蓋他是老氏之流，故其説遂歸於虚無。其意以爲天地之心，寂然而已。雖至春夏之時，以爲發動，而終歸秋冬之收藏。雖有風雲雷雨之變，皆倏忽之際，而終歸湛然之常。此其静者，即天地之本心也，此便老氏之所見耳。老子曰：「萬物並作，吾以觀其復。夫物芸芸各歸其根。歸根曰静，静曰復命，復命曰常。」又曰：「飄風不終朝，驟雨不終日。孰爲之者？天地。」其所來可見已，大抵漢唐以來諸儒皆就「静」上説復，若周子亦猶依之，至程子以復爲動，以動之端爲見天下之心至矣。

○**仁者天下之公，善之本也**。○李氏閎祖曰：天下之公，是無一毫私心。善之本，是萬善從此出。○天下者，極言之。止謂之公，則有一事之公，有一時之公，謂之天下則全體至極之公爾。○朱子曰：伊川云：「四德之元，猶五常之仁；偏言則一事，專言則包四者。」又曰：「仁者天下之公，善之本也。」易傳只此兩處説「仁」，説得極平實。學者當精看此等處。

○「**有感必有應**」章。○感應，只是陰陽。感者，陽也。應者，陰也。天下之理，不能外乎這二端。○朱子曰：感，是事來感我。應，是自家受他感處之意[五]。○愚按：程子説：「凡有動，皆爲感。」此是單指動處爲感。朱子則謂感是事來感我，却就彼此交涉上説感。似二説各異，然其實一耳，何也？凡天下事，不動則已，動則必莫不有感。物以致之應，試之造化，察之人事，皆可以見其真矣。此知程子語中，自帶彼此交涉意思。且味下面「感則必有應」句，其意益明。但依文辭上，朱説較爲明備。○朱子曰：今以鼻息觀之，出則必入，出感入也；入則必出，入感出也，故曰「感則有應，應復爲感，所感復有應」。○又曰：凡在天地間，無非感應之理，造化與人事皆是感應。且如雨暘，雨不成只管雨，便感得箇暘來；暘不成只管暘，暘已是應處，又感得雨來。寒暑晝夜，無非此理。如人夜睡，不成只管睡至曉，須著起來；一日運動，向晦亦須當息[六]。凡一死一生，一出一入，一往一來，一語一默，皆是感應。如古今天下，有一盛必有一衰。聖人在上，兢兢業業，必曰保治。及至衰廢，自是整頓不起；然不成一向如此，必有興起時節。○問：「感，只是内感？」曰：「物固有内感者，然亦不專是内感，固有外感者。所謂『内感』，如一動一静，一往一來，此只是一物先後自相感。如人語極須默，默極須語，此便是内感。若有人自外來唤自家，只是唤做外感。感於内者自是内，感於外者自是外。如此看方周遍平正，只做内感，便偏頗了。」○又曰：「感應」二字有二義：以感對應而言，則彼感而此應；專於感而言，則感又兼應意，如感恩、感德之類。○「知道者，默而觀之可也。」「觀」字所指至廣，造化、人事皆在其所觀也。

○**天下之理，終而復始**。○「終而復始」，要須兼看「始而復終」意。夫天下之事，常不一於終，終則必有始；又不一於始，始則必有終。終則不得不始，始則不得不終。此乃理之所在，而終始相因，如環無端。旁午流行，無以窮極，此其所以恒也。○「**恒非一定之謂也**」至「**乃常道也**」。此章襞初頭已具此意。程子猶恐人之不達其指，故又明言之。恒，常久也，疑指一定者言。然天下之理一定，則有時而息，必不能常久也。如天地只管生，去以無收藏之，則造化有時而勞，乾坤或幾乎息。但其自發生以向收藏，自收藏以至發生，氣機相推，變易不滯，是以常久而無已矣。其於人也，只管動去，以無止息，則必體疲情倦，以難持久。但其當明應接向暗寢息，所以氣體常盛而無窮也。推之萬事，無往不然。故曰「一定則不能恒矣。唯隨時變易，乃常道也」。○朱子曰：「恒非一定之謂」，故晝則必夜，夜而復晝；寒則必暑，暑而復寒，若一定，則不能常也。其在人，冬日則飲湯，夏日則飲水；可以仕則仕，可以止則止，今日道合便從，明日不合則去。又如孟子辭齊王之金而受薛宋之餽，皆隨時變易，故可以爲常也。○「天地常久之道，天下常久之理。」道是大綱說，理自散在乎事物而言。故天地曰道，天下曰理，其實天地有常久之道，故天下有常久之理，初非有二致也。此又受上文以贊其理之高妙。

○**人性本善**。○性理大全三十一卷程子曰：「性無不善，其所以不善者，才也。受於天之謂性，禀於氣之謂才，才之善不善由氣之有偏正也。」○葉平巖曰：才者，性之所能合理與氣而成氣質，則有昏明、强弱之異，其昏弱之極者爲下愚。

所謂「下愚」有二焉：自暴也，自棄也。○出孟子離婁上篇，曰：「言非禮義，謂之自暴也；吾身不能居仁由義，謂之自棄也。」朱注曰：「自害其身者，不知禮義之爲美，而非毁之。自棄其身者，猶知仁義之爲美，但溺於怠惰，自謂必不能行也。」○二「自」字有力，與大學「自欺自慊」之「自」一般。言彼暴棄者，非人之暴棄之，自暴棄之耳。下文「以善自治」「自」字亦與此同。○**仲尼之所謂「下愚」也。**語陽貨篇。子曰：「唯上知與下愚不移。」○此章之意，以謂所謂下愚者，非言昏愚之至。唯其拒之以不信，絶之以不爲者，正是「下愚」已。此言最切於教戒。○**往往强戾。**文選甘泉賦李善注曰：「往往，非一也。」○**商辛是也。**史記殷本紀曰：帝乙崩，子辛立，是爲帝辛，天下謂之紂。紂資辨捷疾，聞見甚敏，材力過人，手格猛獸，知足以拒諫，言足以飾非。○**然考其歸，則誠愚也。**其不知身弑國亡，遺臭於萬年。則資辨材力之過人者，抑奚益矣，非至愚而何？本文「才力」謂才能、力量，如所謂「資辨捷疾，聞見甚敏」皆在其中矣。

既曰「下愚」，其能革面，何也？○此革卦上六「小人革面」之論也。小人不能心化，唯革其面而已。因問，既曰下愚不宜有移，猶其能革面者，何也？○朱子曰：人性無不善，雖桀、紂之爲窮凶極惡也，知此事是惡。○愚謂：自古暴君污吏欲逞其欲，則必先陷正人君子，然後發之。此自知其所爲之不善，而不爲君子所容也。夫既自知其惡，故畏威刑而欲免其罪，則却與人無異。是以内雖無化善之實，亦能革其外面以從上之教令，此又知性之本善且明也。○一説此處未説到自知其惡，只其畏懼有與人同者，就此知其性之本善也。此説却爲直截明白。

○**在物爲理，處物爲義**。○「理」、「義」本一致，但散在事物上，則謂之「理」。人心循其理以處置之，則謂之「義」耳。振古論理、義之分者，未有若此言約且明者也。○朱子曰：「理是在此物上，便有此理；義是於此物上自家處置合如此，便是義。義便有箇區處。」又曰：「且如這卓子是物，於理可以安頓物事。我把他如此用，便是義。」

○**動静無端，陰陽無始。非知道者，孰能識之？**○天地之間，本是一氣流行。唯指其静時曰陰，指其動時曰陽而已。未始有箇兩段氣，而各自流出。且夫二氣之行，才説動便有静底在前，才説静便有動底在前，此是循環物事，故無端無始也。而其所以然者，道已。道即太極，而陰陽、動静一以貫之，此惟知道者可以默識而已。

○**仁者，天下之正理，失正理則無序而不和**。○仁者，本心之全德。天下之理，莫正於此。

人苟失其正理，則其所存私欲而已。如是其接物之際，顛倒而失次序，乖戾而不和順，此理之必然者也。序者，禮之體；和者，樂之本。游氏所謂「人而不仁，則人心亡矣」，禮樂不爲之用也。○朱子曰：程子説「仁者，天下之正理」，固好，但少疏，不見得仁。仁者，本心之全德。人若本然天理之良心存而不失，則所作爲自有序而和。若此心一放，只是人欲私心做得出來，安得有序？安得有和？○又曰：程子此説太寛。如義，亦可謂天下之正理；禮，亦可謂天下之正理。○希竊謂：朱子之論固至矣，但程子以仁專言，則包四者，故特就此稱天下之正理歟！朱子又曰「『仁者，天下之正理』只是汎説，不是以此説仁體。」此説極爲平穩。

○「**明道先生曰：天地生物，各無不足之理**」章。○先生姓程氏，名顥，字伯淳。生而神氣秀爽，異於常兒。數歲誦詩書，强記過人。十歲能爲詩賦，十二三時群居庠序中，如老成人，見者無不愛重。已上見伊川所撰明道行狀。没後，太師文潞公題其墓曰「明道先生」。○「物」字自该人物，但所主在人耳。言天之生人物，全賦斯理，各無不足之道理，但恐人自不能盡其分也。爲人君，不止於仁；爲人臣，不止於敬；爲人子，不止於孝；爲人父，不止於慈之類，此皆不盡其分。試看宇宙之際，幾人盡得乎此？○且若堯之爲君，舜之爲臣，亦只盡在己之分而止，於天理之外未嘗有加一毫者也。天之賦物，元無不足之理，其如是乎？此章之言，文義明白，不煩訓解。而語意深厚涵蓄，一唱三歎，猶有餘味。明道之語，往往如此，學者宜深玩之。○「多少」，多也。

「**忠信所以進德**」○乾卦九三文言文。「**終日乾乾**」○乾卦九三爻辭。○朱子曰：忠信主於心者，無一念之不誠也。○又曰：忠信，便是意誠處。如惡惡臭，如好好色，然後有地可據，而無私累牽擾之患，其進德也孰禦？○蔡虚齋曰：忠信所以進德也，惟心之所主者一於誠，則德之在內者進矣。○又曰：忠信所以進德者，以其實也。若非有是實心下工夫，則是理無自而得。○程子曰：健而無息之謂乾。○「君子」當連下讀，不可連上句「乾乾」讀。上二句是易中成語。周公所繫爻辭曰：「君子終日乾乾。」孔子又從論之曰：「忠信所以進德。」蓋明有箇實心而後能體所謂「乾乾」者也。程子嘗曰：「終日乾乾，大小大事，却只是『忠信所以進德』，爲實下手處。」此見孔子釋經之意。然則「忠信」「乾乾」者，便是君子之道，而其原實自天道來。夫天之道無他，只是實理無息而已矣。此「君子」所以當「對越在天」也。君子，成德之名，即九三所謂君子也。「當」字只作「合」字看，不是用力字意。○**對越在天**。○此一句出詩周頌清廟之篇。對，猶配也。越，於也。天者，理而已。「對越在天」言配於天理也。○**蓋上天之載，無聲無臭**。○詩大雅文主篇之辭。朱傳曰：「載，事也。」愚謂「載」雖訓「事」，其曰「上天之載」，則事即道也，此二句謂天道之微妙。○「無聲無臭」，即所謂「無極」也。蓋於斯地無所容言，若夫可名言者，下文所説是已。○**其體則謂之易**。○朱子曰：體，是「體質」之「體」，猶言骨子也。易者，陰陽錯綜交换代易之謂，如寒暑晝夜，闔闢往來。天地之間，陰陽交錯，而實理流行，蓋與道爲體也。寒暑晝夜，闔闢往來，而實理於是流行其間，非此則實理無所頓放。猶君臣、父子、夫婦、朋友[七]，有此五者，而實理寓焉。故曰「其體則謂之易」，言易爲此理之體質也。○按：朱子曰「體是體質之體」，則知不是「體用」之「體」。蓋理本無聲臭，陰陽氣也，氣却有體象，此乃天理之體。所謂「無聲無臭」之理，得此爲體矣。而以其氣相爲交錯代换，故謂之易。○**其理則謂之道，其用則謂之神**。○朱子曰：「其理則謂之道」，在人則性也；「其用則謂之神」，在人則情也。○又曰：春夏秋冬便是天地之心，天命流行有所主宰，其所以爲春夏秋冬便是性，造化發用便是情。○又曰：若以能爲春夏秋冬者爲性，亦未是。只是所以爲此者，是合下有此道理。如以鏡子爲心，其光之照見物處便是情，其所以能光者是性。今把木板子來，却照不見，爲他元没這光底道理。○又曰：至於所以爲陰陽，爲古今，乃是此道理。及至忽然生物，或在此，或在彼，如花木之類驀然而出，華時都華，實時都實，生氣便發出來，便是神。○又曰：説此一段，從「上天之載，無聲無臭」説起。雖是無聲無臭，其闔闢變化之體，則謂之易。然所以能闔闢變化之理，則謂之道；其功用著見處，則謂之神。此皆就天上説，及説到「命于人則謂之性，率性則謂之道，修道則謂之教」，是就人身上説。上下説得如此子細，都説了，可謂盡矣。○此一段嚟緊言天人之理一，以見君子所以「終日對越在天」者，唯其天人一理，故君子能盡其道，斯當「對越在天」也已。

孟子去其中又發揮出浩然之氣，可謂盡矣。○去，猶言脱出其中，即上文所説名目是也。言其脱出前聖説理之中，而又發明浩然之氣，到此理氣交備，故曰盡矣。○葉平巖曰：浩然，盛大流行之貌。蓋天地正大之氣，人得之以生。此言天人之氣一，所以「終日對越在天」者也。

「**故説神如在其上**」至「**不過如此**」。○口講當云：夫天人之理一，既如上文所言，故中庸説鬼神之流動充滿，以爲發見昭著如此。「大事」而下文結之「只曰誠之不可揜如此夫」。誠者實理，即所謂忠信之體也。抑鬼神之幽，人道之明，都不外乎實理。則天下之間，徹上徹下，豈有過此者哉？上文所謂易也、道也、神也、性也、道也、教也，名雖不同，只是一實理而已。益知天人一理，而所謂君子之「忠信」「乾乾」者，當「對越在天」也。○朱子曰：「神如在其上，如在其左右」，又皆是此理顯著之跡。看甚大事小事，都離了這箇事不得。上而天地鬼神離這箇不得，下而萬事萬物都不出此，故曰「徹上徹下，不過如此」。○「大小大」三字一串，蓋是洛之方言。葉氏斷了「大小」二字解之，未深考也。「大小大」只是大也。

「**形而上爲道**」至「**道亦器**」。○上文分説理氣，此又引繫辭語以明理氣混融未嘗相離也。○須著如此説。○「此」字指繫辭言。蓋世儒之論往往離了箇氣，更説那理，是故理氣爲判然二物。如彼繫辭所説，不除「形」字，就他只以上下言之，則可以見理氣混融無間。而誠非如後儒舉此遺彼也，故須著如此説已。○「器亦道，道亦器。」○不曰「器即道，道即器」，只曰「器亦道，道亦器」。「亦」字好看，深玩此字則見道器固無間，而又不相混殽，嗚呼，精乎哉！○薛文清曰：金剛經只欲説形而上之道，以形而下者爲幻迹，此所以偏於空虛也。聖人則道器合言，所以皆實。○真西山曰：凡天地之物有形有象者，皆器也，其理便在其中。大而天地，亦形而下者，乾坤乃形而上者，日月星辰、風雨霜露亦形而下者，其理即形而上者；以身言之，身之形體皆形而下者，曰性曰心之理，乃形而上者，至於一物一器，莫不皆然。且如燈燭者，器也，其所以能照物，形而上之理也。且如椅卓，器也，而其用理也。天下未嘗有無理之器，無器之理，即器以求之，則有性情之理。精粗本末，初不相離。若舍器而求理，未有不陷於空虛之境，非吾儒之實學也。○愚按：真氏之論，丁寧明白，固無容議者，但其對性與心之理做兩事説者，略可疑耳，或有字誤歟。

但得道在，不繫今與後，己與人。○此言頗難看。蓋謂物各得此道而在，不問今古人己，無往而非道理之所在矣。見得有器則必有道，道必附在那器，道器決然無間隔也。如此看，方與上文相屬。葉氏添説若干字，恐非正意。按：朱子曰：「形而上者，無形無影是此理；形而下者，有情有狀是此器。然有此器則有此理，有此理則有此器，未嘗相離，却不是於形器之外別有所謂理。亘古亘今，萬事萬物，皆只是這箇。所以説『但得道在，不係今與後，己與人。』」細考朱説，正與愚見合，却無葉注人體道之意。○此章之言最多頭緒，文不相蒙，而意實相貫。發明道體太深切，學者宜深認焉。

○「**醫書言手足痿痺爲不仁**」章。○痿痺皆濕病，手足冷痿氣不生也。前漢書哀帝紀贊曰「即位痿痺」。○素問風論曰：衛氣有所凝而不行，其肉有不仁也。○「仁者，以天地萬物爲一體，莫非己也。」蔡虛齋曰：「此一句亦可當一篇西銘。」○此非有意於爲一體。蓋仁者之心，無一毫之私欲。故天下之物，一視同仁，如吾身體之無不愛，此自以天地萬物爲一體也。○「認得爲己，何所不至？」○陳新安曰：仁者之心，視人物即己身也，體認得人物皆爲己，則此心之仁，周流貫通，何所往而不至乎？○「若不有諸己，自與己不相干。」○「不有」論語集注作「不屬」。○陳新安曰：又反言之，若視人物爲人物，而不屬於己，自不相干。○「如手足之不仁，氣已不貫，皆不屬己。」○陳新安曰：雖是己身，然其氣既不周流貫通，則手足亦不屬己矣。○齊氏曰：手足不屬己，氣之不貫也。天地萬物不屬己，心之不貫也。身與手足一體也，外邪間之，故與氣不相貫。己與天地萬物一體也，人欲間之，故與心不相貫通。○「故博施濟衆，乃聖之功用，仁至難言。」○「博施濟衆」是就事上説，却不就心上説。他是聖人之功用，遍及四海者也，以此求仁，愈難而愈遠矣。固不可就此求之，然仁道至大精微，又未易言，只當知仁者之心耳。故曰「己欲立而立人，己欲達而達人，能近取譬，可謂仁之方也已」。此乃上文所謂「以天地萬物爲一體」之意，絶是無物我也。○朱子曰：「立」字、「達」字之義皆兼内外而言。謂如在此而住得穩便是立，如行要到便是達，如身要成立亦是立，學要通達亦是達，事事皆然。又曰：立是安存底意思，達是發用底意思。○能近取譬，可謂仁之方也已。○此句程、朱之見各不同，不須混看。程子則自上句「己欲立」至此句爲一串説下，謂「以己及物，便仁者之心」。今己之所欲，皆以及人，則能近取譬者，而正是仁之方也已。程子之意恐只如此。蓋譬者以此比彼，仁者之以己及物，物我相比，亦有似譬也。朱子則截斷「達人」已上，以爲説「仁者之心」，「能近取譬」却爲恕之事，而求仁之方術，故「譬」訓「喻」，「方」訓「術」。二説雖異，各有所當，然朱子爲密。但方講此章，不可雜入朱子之意。○二程全書首卷明道曰：「語仁而曰可謂仁之方也已者，何也？蓋若便以爲仁，則使不識仁，只以其言爲仁也。但曰仁之方，則使自得之以爲仁也。」按：此語意又與本文異，豈前後之見有不同歟？不須將彼言來參雜此章，從是本文「方」字只做「道」字説。○「仁之體。」○體者，體段之體，猶言模樣。

○生之謂性，性即氣，氣即性，生之謂也。○此與告子語同而意異。告子直即人物之所知覺運動者説性，明道則發明理氣合一之義，所見大不同。然此「生」字，「生存」之「生」，不是「生出」之「生」，此則却近告子之意。但明道雖就生上説性，然性之所指，則自有在而不相亂。通看全章，可以見其意。○人才有生則就有性，苟無是生，則亦無有是性。此生與性初爲一體物事，故人之有生，此之謂性，是「性即氣，氣即性」，而斷不相離了。「生之謂也」，只是申第一句意言「性即氣，氣即性」，則所謂性者，生之謂也。「氣」字當「生」字看，方分明。○**人生氣禀，理有善惡**。○朱子曰：理只做「合」字看。○愚謂：凡動於氣者，必有偏正之不同，驗諸造化事物可見。此知人生氣禀，合有善惡也。○**有自幼而善，有自幼而惡**。注：「后稷之克岐克嶷。」○見詩之大雅生民篇。○朱傳曰：岐、嶷，峻茂之貌。○按：岐嶷言氣象端偉，誕實匍匐之時，已有岐嶷之狀。而觀此狀貌之不類，亦足指禀性之非凡矣。○子越椒始生，人知其必滅若敖氏。○左傳宣公四年：楚司馬自良生子越椒，子文曰：「必殺之！子文，子良之兄。是子也，熊虎之狀而豺狼之聲，弗殺，必滅若敖氏矣。諺曰『狼子野心』，是乃狼也，其可畜乎？」子良不可。後果叛逆，滅其族。

然惡亦不可不謂之性也。○朱子曰：此是氣質之性。○又曰：既是惡，便也牽引得那性不好。蓋性只是搭附在氣禀上，既是氣禀不好，便和那性壞了。所以説濁亦不可不謂之水。水本是清，却因人撓之，故濁也。○又曰：性本善，而今乃惡，亦是此性爲惡所汩，正如水爲泥沙所混，不成不喚做水。○葉平巖曰：原天命賦予之初，固有善而無惡。及氣禀拘滯之後，則其惡者謂非性之本然則可，謂之非性則不可，性一也，所指之地不同耳。○「**蓋生之謂性**」至「**已不是性也**」。○此重明章首第一句意。是段甚難看得，世儒之説都不分明，須要潛心看出正意。○人生而静。○樂記曰：人生而静，天之性也。○朱子曰：人生而静以上，即是人物未生時。人物未生時，只可謂之理，説性未得，此所謂「在天曰命」也。「纔説性時，便已不是性」者，言纔謂之性，便是人生以後，此理已墮在形氣之中，不全是性之本體矣，故曰「便已不是性也」，此所謂「在人曰性」也。大抵人有此形氣，則是此理始具於形氣之中，而謂之性。纔是説性，便已涉乎有生而兼乎氣質，不得爲性之本體也。然性之本體，亦未嘗雜。要人就此上面見得其本體元未嘗離，亦未嘗雜耳。○又曰：性者，渾然天理而已。纔説性時，則已帶氣矣。所謂離了陰陽更無道，此中最宜分别。○又曰：今人却言有本性，又有氣質之性，此大害理。○愚初讀此節，深疑之。蓋「人生而静」以上是人物未生時，固不容説性；才説性時便是人生以後，此理已墮在形氣之中，又不是性之本體。然則本然之性，將於孰地説之乎？當初他疑終不能釋然，看來看去，蓋亦有年，近來似略得其指，此只恐後人語性遺了形氣，單説箇性，終做懸空底物事，以大失其精義也。故章首特挑出「生之謂性」，丁寧反復以述其意。以此觀之，單説本然之性處初都無之，才説性時則既不能不兼氣質，至此所謂「生之謂性」者，可以見其實矣。振古説本然性者，只是就其氣質中摘出一段至善者以名之耳，初非説别有本性也。故下文曰「凡人説性，只是説繼之者善也」云云。程子此論，蓋前賢之所未發，其有大補於後學，於此亦可見焉。○「凡人説性」至「猶水流而就下也」。○「繼之者善也」，此與易意大不同。易是説天命之流行，程子指人心之發用言，假彼以明此。葉注專就天命解之，不是此處。朱子語類辨之最詳，宜考之。○自古人之説性，只就其發之善以名其本原耳。如孟子言性善，亦是因發處説，故曰「乃若其情，則可以爲善矣」，乃所謂善也。此就其發之善以知其本無不善，猶沿流而泝源也。蓋才説性，則已帶氣質而善惡分矣。然而古人説性，不説其發之或惡者而獨説其善者，故曰「説繼之者善也」。夫孟子亦未嘗不語氣質之性，曰「犬之性猶牛之性，牛之性猶人性與」，曰「動心忍性」，曰「君子不謂性」，此皆指氣質之性。唯及其道性善，則單就發處之善以名其本體，又不論氣質雜揉之性，此是孟子之深意，蓋明其本善也。○「猶水流而就下也」。○人心發動之始，無不善者，猶水流而無不下也。「水流」應「繼」字，「就下」應「善」字。○自「凡人説性」至此句分爲一節，不可以連下文。下文更受此句以設譬喻，細論氣質之不同，自爲一節。葉注聯之下文，失條理甚矣。○朱子曰：此一段當作三節看，「生之謂性」是一節，「水流就下」是一節，「清濁」又是一節。

「皆水也」至「不可以濁者不爲水也」。○此受上文以設譬喻重論前段。善固性也，惡亦不可不謂之性，分明與上文意不相屬。故世儒或謂此間疑有缺文，雖未足爲據，亦見得其不相屬也。○「不是將清來換却濁。」○水本清也。唯治其濁則依舊清而已，故「不是將清來換却濁」，既清則濁自消，故「亦不是取出濁來置在一隅也」。○「水之清，則性善之謂也。」○此句爲最切要。前面既説「惡亦不可不謂之性也」，然深要其歸，則只是善而已矣。猶雖不可以濁者不爲水。然究其原，則却一箇清而已也。苟不有此言，則吾見其後人瞀瞀焉不明性善之理，終所惑善惡混之説矣，故妄意謂此句爲最切要。○葉平巖曰：不知性之本善，則不能自勉以復其初；不知性有時而陷於惡，則不能力加澄治之功。二説蓋互相發明。○「此理天命也。」○「理」字指性。此將中庸名字來説之，翻却「天命之謂性」句曰「此理天命也」。可見，「理」字指性，而所謂「性即理也」。○「各得其分，則教也。」○中庸章句曰「修品節之也」，便是言貴賤上下各得其分。○「自天命以至於教，我無加損焉。」天命之性，已全有生之始，以至循此而修之，各得其分，亦只盡在我之理而已，其焉有加損耶。○「此舜有天下而不與焉者也。」此與論語意大不同。語之意蓋言其不以位爲樂，此則言雖聖人而有天下，亦循天理以盡其分而已，未嘗加毫髮於其間矣。孟子所謂雖大行不加焉是也，亦斷章取義者。「舜」字、「有天下」字俱有力，不與者無所加損之意。○此章并言理氣以明本然之性終不離得氣質，故求本性不可離氣而求之矣。猶浩然之氣固是德義之勇，而非血氣之勇，然求浩然之氣，不容離血氣而别求之也。所謂「器亦道，道亦器」，「論性不論氣，不備」者，於是乎可見矣。

○**觀天地生物氣象**。○此章最好看，葉注未切看。夫春陽之候，雲淡霞輕，日煖風和，品物油然萌芽，是箇氣象温和順適光潤嫩美，便是仁底意思。若能就此觀之，則自足以養德性、發良心焉。明道有感於此，故發是言，使人就這裏養其良心。讀者要須體認人心仁愛之意，與那生物氣象一般。「觀」字重看。○如此章言，徒得之口耳便淡了。且須體驗静養，自當得他滋味而已。○氣象就天地而言之乎，抑是就萬物而言之乎，是蓋兼看爲是。春陽和煦之時，萬物發生之始，皆可以觀其氣象也。○注曰：周茂叔看。○看，猶言所見。周子窗前草不除去，問之，云「與自家意思一般」。此又周子見得物之與我有一脉氣味，故不必欲厭以除去也。平日非有深察天地生物氣象，其能看得然乎哉？○朱子曰：天地以生物爲心者也，而人物之生，又各得夫天地之心以爲心者也。

○「**萬物之生意最可觀**」章。○生意，生出意思。「意」字帶言，不可説得重。○朱子曰：萬物之生，天命流行，自始至終，無非此理；但初生之際，淳粹未散，尤易見爾。只如元亨利貞皆是善，而元則爲善之長，亨利貞皆是那裏來。仁義禮智亦皆善也，而仁則爲萬善之首，義禮智皆從這裏出爾。○愚謂：萬物始終，無所逃於天地生物之心。然至暢達茂盛，却不易見。唯其油然始生之際的可見天德也已。蓋物之初生，只一條生意而未至繁散。大抵天下之理，煩者難看，簡者易看，故唯此處最可觀也。此章正盡上章未盡之意，抑天地生物氣象，歸在萬物生出，上所謂「元者善之長也」，在人則所謂仁也。見得此章，上章之旨始明，故並叙之。

○滿腔子是惻隱之心。○朱子曰：腔子猶言軀殼。惻，傷之切也；隱，痛之深也。○此與中庸「仁者人也」之言當參看。人身由頂放踵，雖有一針刺著亦必解痛，可見遍身惻隱之心而莫非仁也。此章當深體之。○人之一身纔有所傷，則即痛，此愛育之心無所不貫也，信乎「滿腔子是惻隱之心」，若推此心於物，則奚往而非是仁乎？

天地萬物之理，無獨。○朱子曰：一便對二，形而上便對形而下。然就一言之，一中又自有對。且如眼前一物，便有背有面，有上有下，有内有外。二又各自爲對。且如棋盤路兩兩相對，末梢中間只空一路，若似無對；然此一路對了三百六十路，此所謂一對萬、道對器也。○又曰：天下之物未嘗無對，有陰便有陽，有仁便有義，有善便有惡，有語便有嘿，有動便有静，然又却只是一箇道理。如人行出去是這脚，歸亦是這脚。譬如口中之氣，嘘則爲温，吸則爲寒耳。○問：「天地萬物之理，無獨必有對。」對是物也，理安得有對？曰：有高必有下，有大必有小，皆是理必當如此。如天之生物，不能獨陰必有陽，不能獨陽必有陰，皆是對。這對處不是理對，其所以有對者，是理合當恁地。○**安排**。○陈新安曰：安排者，以私意揣度之，而不順其自然。○**不知手之舞之，足之蹈之也**。○孟子文，猶佛氏言「歡喜踴躍」，此程子得而樂之之意，這箇滋味惟程子深咀嚼得。蓋隨其德之邵，而理致之所感亦別。抑天地間不外乎陰陽二端矣。故萬物之理，決然不得無對，此又與道爲體。

○「**中者，天下之大本**」章。○此指喜怒哀樂未發，本性渾然在中之地而言。「亭亭」，聳立貌；「當當」，至當之意。但此處不可逐字分解。元是俗語，通「直上直下」，總是至正至直，無所偏倚之意。○語類曰：「『出則不是』者，出便是已發。發而中節，只可謂之和，不可謂之中矣，故曰『出便不是』。」又文集六十一卷答林德久書曰：「『出則不是』，蓋謂發即便不可謂之中也。且如喜而中節，雖是中節便是倚於喜矣。但在喜之中，無過不及，故謂之和耳。」○「惟『敬而無失』最盡。」○「無失」不可說「無失中」，此一句本子夏之言。程子引之以爲工夫之標的，「無失」乃不失其敬也。敬者，存心之工夫，心存理得，故惟能敬而「不失」。則方其靜也，立本體之正理，及其動而出，亦無不中節矣。此持敬之所以爲最盡也。此章該動静工夫，説敬元該動静也。

○**伊川先生曰：公則一，私則萬殊。**○心公則自家而國，自國而天下，一視而同仁。民之所好好之，民之所惡惡之，以千萬人之心爲一人之心，所謂天地萬物一體者，故曰「公則一」。若夫私心則人好而我惡，己欲而物違，以至夫妻反目，兄弟鬩牆。一膜之外，皆爲胡越，信乎其萬殊也。○**人心不同如面。**○此一句本鄭子産之言，見左傳。程子引之曰如是者，只是私心也已。

○**凡物有本末，不可分本末爲兩段事。**○朱子曰：「有本末者，其然之事也；不可分者，以其所以然之理也。」今據此言，有本末之別者，事物也。事物有箇形迹，則不得無本末，而其理便亘本亘末，一以貫之。故不可分爲兩段事，蓋理無大小精粗故也。○朱子又曰：洒掃應對之事，其然也，形而下者也；洒掃應對之理，所以然也，形而上者也。自形而下者而言，則洒掃應對之與精義入神，本末精粗，不可同日而語矣。自夫形而上者言之，則未嘗以其事之不同而有餘於此不足於彼也。○洒掃應對，粗底末事，其猶有所以然，則精大本根之事有其所以然也，蓋不待言又可以見。精粗本末皆一理之貫，不可分爲兩段事已。○黄勉齋曰：然猶云如此也，其如此者，洒掃應對之節文。所以如此者，謂有此理，而後其節文之著見者如此也。○按：朱子説以本末爲事，以不可分爲兩段事者爲所以然之理。饒雙峰則以末爲事，而本爲理，二説不同，果誰適從？深味本文語勢，饒氏説恐近是，若朱子説「治心修身爲本，洒掃應對爲末」，又是本文之外添入一句説之。饒氏直就本文上以説本末，恐得正意。然而此章本語子夏對子游之譏之言，就彼看之，則朱子説固當，今當從之。但獨看此章，則終難舍饒氏説。大抵程子之論經，不必拘其本義，只借其言以別説意者儘多。如此章安知非其依本末之言以廣其義，却配之於事理而論之邪？姑存管見，以俟識者之是正耳。

○**揚子拔一毛不爲**。○列子楊朱篇：「禽子問楊朱曰：『去子體之一毛，以濟一世，汝爲之乎？』楊朱曰：『世固非一毛之所濟。』禽子曰：『假濟，爲之乎？』揚子弗聽。」此所謂取「爲我」者也。○**墨子又摩頂放踵爲之**。○朱子曰：摩頂，摩突其頂也。○張南軒曰：摩其頂以至踵，一身之間，凡可以利天下者，皆不惜也，此所謂「兼愛」者也。○**子莫執中**。○朱子曰：子莫，魯之賢者也。知楊墨之失中也，故度於二者之間而執其中。○又曰：三聖相授「允執厥中」，與「子莫執中」文同而意異。蓋「精一」之餘，無適非中，其曰「允執」，則非徒然而執之也。子莫之執中，其「爲我」不敢爲楊朱之深，其「兼愛」不敢爲墨翟之過，而於二者之中執其一節以爲中耳。故由三聖以爲中，則其中活，由子莫以爲中，則其中死。中之活者，隨時隨事而無不中；中之死者，非學聖人之學不能有以權之，而常適於中也。○**安排著**。○著，直略反，語助詞。○中之説，孟子發之於前，程子詳之於後，學者由是得以知聖人大中之義，而不膠柱刻舟之見所惑，此尤有補於後學處。

○**問：時中如何？**○此章就「有方所」處還形容出「無方所」者，以實喻虚，欲人之易曉耳。○時中，隨時以處中也。○「廳」，聽政察訟處。○**三過其門不入**。○楊龜山曰：禹、稷三過其門而不入，苟不當其可，則與墨子無異。顔子在陋巷，不改其樂，苟不當其可，則與揚子無異。○饒雙峰曰：三過其門是禹事，稷是帶説耳。

○**无妄之謂誠，不欺其次矣**。○誠者，渾倫純一之實理，即天理之本體也。有毫末之邪妄，則有欠缺駁雜，而失其本體矣，故曰「无妄之謂誠」。○朱子曰：无妄是自然之誠，不欺是着力去做底。○又曰：「无妄之謂誠」是天道，「不欺其次矣」是人道，中庸所謂「思誠」者是也。○又曰：非无妄故能誠，无妄便是誠。无妄，是四方八面都去得；不欺，猶是兩箇物事相對。○愚謂：不欺是對物而言，故曰「猶是兩箇物事相對」，而「着力去做底」亦隱然在其中矣。不欺雖是美德，未若无妄之自然也，故曰「其次矣」。○注：「李邦直未詳其事實。」○徐仲車，名積，宋楚州山陽人。政和中賜謚曰節孝處士。○「云云」，猶言如此。如此指本文言。○自漢以來，諸儒皆不識誠之義。至程子始曰「无妄之謂誠」，誠之説於此昭昭。後來朱子又加以「真實」二字。蓋此二字於「誠」字義爲最親切也。自歷程朱之訓，「誠」之名義無復餘蘊矣。

○「**冲漠無朕，萬象森然已具**」章。○朱子曰：此只是説「無極而太極」。○此章主人心而言。方其「冲漠無朕」，視之不見，聽之不聞。而彼應事接物，發諸言、著諸行之理，已悉具於其中。「象」猶言體段、摸樣，不是實有形象，以羅列裏面也。未應雖固是先，却後面已應之理既在其中。已應雖固是後，却是未應之時所已具之理而已。由是觀之，謂之先則已有後者具，謂之後則先之已具者，體用一源，顯微無間，不可以先後分也。○森然，衆盛貌。禪語曰「萬象森羅」。○「如百尺之木，自根本至枝葉皆是一貫。」○此受上文設譬，以言體用一貫之意。○「不可道」云云，「教人塗轍」。○塗轍，言所由之路，即人之所當行者，若孝弟忠信之屬是也。未有這事之先已先有這理，正如上文所言。然則「未有這事」上面一段元無形象，無兆朕，空蕩底物事，而却待人安排。此理始生，以引入來爲塗轍耶？斷斷乎無此理也。下「入」字輕帶過，不可深泥看。○朱子曰：「如未有君臣，已先有君臣之理；未有父子，已先有父子之理。」不是先本無却待安排也。○「既是塗轍，却只是一箇塗轍。」朱子曰：「恐是記者欠了字，亦曉不得。」○愚按：此節，朱子既曰「曉不得」，則固不可强爲之説，姑因本文解之。既是塗轍，言見在底道理，如孝弟忠信之屬。雖是見在塗轍，却只是上面「冲漠無朕」之間所已具之道理，而非有二致也，故曰「只是一箇塗轍」。其意若曰見在之理，便與上面之理一般。朱子又曰：「如父之慈，子之孝，只是一條路從源頭下來。」亦是此意。今如是看，文意略通。

○**近取諸身，百理皆具**。○朱子曰：此段爲横渠「形潰反原」之説而發也。○又曰：「近取諸身，百理皆具」，且是人之一身與天地相爲流通，無一之不相似。至下言「屈伸往來之義，只於鼻息之間見之」，却只是説上意一脚。○問：屈伸往來，氣也。程子云「只是理」，何也？曰：其所以屈伸往來者，是理必如此。「一陰一陽之謂道」，陰陽氣也，其所以一陰一陽循環而不已者，乃道也。○愚謂：此段理氣只一套説去，葉注就此分説理氣者，恐不是。○張九韶曰：按張子嘗曰「形聚爲物，物潰反原」者，其遊魂爲變乎？故程子辨其非。○此章明造化之實理。釋氏所謂輪迴之説，與吾儒之見所異，全在這處。讀者於此深識得著，亦可具一雙眼矣。

按：論輪迴之説，詳見理學類編六卷，宜參考。

如復卦言「七日來復」。○「七日來復」，復卦彖辭。○易傳曰：陽之消，至七日而來復；姤五月之卦。陽之始消也，七變而成復十一月之卦，故云七日謂七更也。○主意只在「七」字。「日」字假借，以言變更之意耳。○**其間元不斷續**。○斷續，斷又續也。陽無可盡之理，何斷續之有？○**陽已復生**。○此句緊接上句看，便上文生生之理，自然不息之意。○**物極必返**。○剥極於上，則陽復生于下，物理皆然。○**有生便有死，有始便有終**。○自生至死，自始至終，皆是一貫物事。其間元不斷續，便物極必返之理。○細味「物極必返」句，却含上句「不斷續」意。○此一節與上文意頗不相屬，姑推大意。復者，復生也，不是以歸之往者復爲今之復生，生生之理續續無息，此是上文所説之意，故引易語以申其意歟！

○「**問仁**」章。○「諸公」，當時先生呼門人之辭，猶言二三子也。○孟子曰：「惻隱之心，仁也。」後人遂泥斯言以愛爲仁，不知愛自是情，仁自是性，有體用之分，而不可專以愛爲仁也。孟子云然者，欲使人沿流而遡源也，不是將惻隱之心謂即是仁，故又曰「惻隱之心，仁之端也」。既曰「仁之端」，則不可便謂之仁。可見如此等處，類聚觀之體認，乃知其精義。○「豈可以專以愛爲仁？」○「專」字可味「愛」，固不可謂非仁。然他是仁之發用，未可遽名全體，故專謂之仁則不可。

退之言「博愛之謂仁」，非也。○退之，姓韓名愈，謚文公，唐鄧州人。此語出韓文十一卷原道文。○博愛。仁之功用遠及物者，仁就心上言之，故又不可以功用認仁。譬如米未炊則謂之米，炊則却謂之飯。米固爲飯，然便以飯爲米，則不可。○朱子曰：只爲他説得用又遺了體。

○此章愚意爲二節看。自其引孟子之言至「不可便謂之仁」爲一節，乃言不可以發用爲仁也。自其引退之之言以至章尾爲一節，又言不可以功用爲仁也，如此看庶乎得語脈矣。

○「**問仁與心何異**」章。○「心譬如穀種」，總而言之。語類曰：「包裹底是心。」蓋心統性情也。○黄勉齋曰：心是穀種。心之德是穀種中生之性也，生之性便是理，謂其具此生理而未生也。若陽氣發動生出萌芽後，已是情，須認得性字，不涉那喜怒哀樂去。

○「**義訓宜**」章。○訓，訓解也。「覺」，謂感於物而發其意。以謂常人之心物欲交蔽，以昧其本心，則雖有可感之事，自不能感發。如不忠不孝之人，雖聞忠孝之事，如其不感何，此其心有所蔽也。唯仁者之心，無一毫之蔽。是故天下之事，莫不隨其所觸，以感動覺發矣，故訓之覺。此説固近是，然覺是智之用，未足以訓仁也。朱子曰：「仁是愛之體，覺自是智之用。仁統四德，故仁則無不覺，然便以覺爲仁則不可。」○「訓人」，本乎中庸、孟子，此説亦未嘗不是。但學者於求仁之功，不甚親切耳。○「大槩研窮之。」○大槩，猶大意也。蓋仁道至大，及深得其味，則非真積力久不能也。故要先識得大意以研窮之，如此者二三歲，然後得之，此又未可謂晚也。○愚按：朱子亦曰：「不必須用一字訓，但要識得大意通透耳。」程朱言仁皆引而不發，此其所以深知那仁而切教人也。學者試勉之。

○「**性即理也**」章。○「即」字緊接上而喚下。程子此一句最有功於聖門處，孟子性善之說於斯乎定。如荀子性惡，揚子善惡混，韓子有三品之說。凡失其精義者，皆不待辯而明矣。○朱子曰：伊川謂「性即理也」一句，直自孟子後[八]，惟伊川說得盡。這一句便是千萬世說性之根基！理是箇公共底物事，不解會不善。人做不是，自是失了性。○蔡虛齋曰：「性即理也」似當云「性即人心之理也」。下文云「喜怒哀樂未發，何曾不善？」可見非泛泛言理者矣。○「天下之理，原其所自，無有不善。」○此「理」字當作「性」字看，若已說理則無有不善矣，何待原其所自耶？是蓋上句曰「性即理也」，故直受來以云，然實是「性」字意。○蔡虛齋曰：此即下句「喜怒哀樂未發，何嘗不善」者也。發而中節則無往而不善，所謂情之正也。所謂「乃若其情，則可以爲善」，「惻隱之心，仁之端也」之類也。發不中節然後爲不善，氣用事而理爲所蔽者也。○「凡言善惡，皆先善而後惡」云云。蔡虛齋曰：然亦有不盡然者，如邪正、灾祥、曲直之類，蓋從語音所便也。○愚按：程子此數句誠未粹，虛齋之說極是。只程子便舉今古常談中適得其序一二三言，以證其說耳，不必深究也。

○「**問心有善惡否**」章。○程子又曰：「心也，性也，一理也。自禀受而言謂之性，自存諸人而言謂之心。」程子之説，往往以心性爲一。朱子則曰：「心者，人之神明，所以具衆理而應萬事者也。」性，則心所具之理，較之程説更密。然心性本非判然二物，則如程説，亦不爲不當，此在學者深思之耳。○「心本善。」○心，指本心。若泛言，心則通善惡，不合此章之指也。○朱子曰：疑此段微有未穩處。蓋凡事莫非心之所爲，雖放僻邪侈，亦是心之爲也。善惡但如反覆手耳，翻一轉便是惡，止安頓不著也，便是不善。○又曰：性無不善，心之所發爲情，却或有不善。説不善非心亦不得，却只是心之本體無不善，其流而爲不善者，皆情之感於物而然也。○李退谿自省録曰：程子心本善之説，朱子以爲微有未穩者。蓋既謂之心已是兼理氣，氣便不能無夾雜在這裏，則人固有不待發於思慮動作，而不善之根株已在方寸中，安得謂之善？故謂之未穩。然本於初而言，則心之未發，氣未用事，本體虚明之時，則固無不善。故他日論此，又謂指心之本體，以發明程子之意，則非終以爲未穩可知矣。○愚按：程子心本善之説，朱子既疑，然而下面曰：「既發，則可謂之情，不可謂之心。」此言最可疑，何也？孟子曰：「惻隱之心，仁之端也。」此便指情爲心，奈何説不可謂之心耶？故語類曰：「此句亦未穩。」又如下文譬喻至流而爲派，亦不可謂之水乎？是譬亦未切，大抵此章多不可曉，不用强解。或有記者之誤歟？抑是程子未定之説歟？程子又曰：「心，一也。有指體而言者，有指用而言者，惟觀其所見如何耳。」張子曰：「心統性情者也。」唯此二説端的明白，周遍無弊，讀者其致思焉。

○**性出於天**。○天者，理而已矣。才者，人之能也。才則有善有不善，以出於氣故也；性則無不善，以出於理故也。

○**性者自然完具，信只是有此者也**。○仁義禮智皆是實有之，此即信也。非於四者之外，别有信也。○朱子曰：四端之信，猶五行之土。無定位，無成名，無專氣，而水、火、木、金，無不待是以生者。故土於四行無不在，於四時則寄王焉，其理亦猶是也。

○「**心生道也**」章。○天地以生物爲心，而人得之以爲心，故人心亦一箇生道而已。所謂天地之大德，而人之所以爲人也。○「有是心，斯具是形以生。」○言有是心，即有是形。未有獨有是心，而不有是形者也。不是先有是心，然後方具是形以生出去。須得意忘言，莫以辭害志。○「惻隱之心，人之生道也。」○凡人才有傷著這生意，則必惻然有隱，那箇不忍人之心，便是天地生物之心。故曰「惻隱之心，人之生道也」。章首泛提題目，至此指出人心之所以生道説。○按：語類曰：「『心，生道也。』此句是張思叔所記，疑有欠闕處。必是當時改作，行文所以失其文意。」朱子之意，蓋章首偶然説起，至末句又曰「人之生道也」，則首句無安頓而文相重複，故疑之歟？今據朱子所疑，嘗竊思之，章首或闕「天地之」三字歟？如曰「天地之心，生道也」，則下句所謂「有是心，斯具是形以生」者，語意順而明。所謂「惻隱之心，人之生道也」者，與此句相照應而不重複，以見天人之一理，而味更爲長。妄意如此，只以淺見輕訂賢傳，罪固不可辭，後學幸備參考，而恕僭逾之咎焉。○葉注所引朱説二條，前説便正解本文。後説只泛論心之體段，與本文意元不相關，讀者勿泥看。然而唯有生物之心，故純粹至善，流行不已，而活底在其中矣，此則不可不知。

「**横渠先生曰：氣坱然太虚**」章。○先生姓張氏，名載，字子厚。初家鳳翔郿縣横渠鎮之南大振谷口，晚年又居於横渠故居，世稱横渠先生。○此章單語氣而理自在其中。語意與中庸專舉費而隱自在其中略相似。蓋欲論道體者，若不就氣而言之，則無容説處。故張子唯以氣語之，而理自不離而已。○性理大全小注曰：坱，霧昧貌，氣之充滿也。○「太虚」，謂天地之間。莊子曰：「道不遊太虚。」○氣之上下曰「升降」，氣行四方曰「飛揚」。○「未嘗止息。」○所謂「坱然太虚，升降飛揚」者，便天地一元之氣而所以生人物者，億萬斯年未嘗止息，但人不察之耳。○「虚實動静」「陰陽剛柔」，此分而言之，則「虚實」以有無言，「動静」以作用言，「陰陽」以氣言，「剛柔」以質言。合而言之，則只是一元氣而已矣。「機」者，發動所由，物之所由以决者，言其所係也。言這坱然一氣，以運出虛實動靜，成立陰陽剛柔，故曰「機」，又曰「始」也。○朱子曰：實與動，便是陽；虛與靜，便是陰。但虛實動靜是言其用，陰陽剛柔是言其體而已。○「浮而上者」云云，陰之濁也。○若日月衆星皆是輕清之氣，所以麗乎天。如其重濁者，必下而著地，故星隕成石；若不成石，則不得隕地也。試之眼前事物，輕清者浮而上，重濁者降而下。凡物皆然，誠不可以一二論。而其輕清者固是陽，重濁者固是陰。就此看之，陰陽之大分明矣。○「其感遇聚結，爲風雨，爲霜雪。」○張子曰：「凡陰氣凝聚陽氣在外者不得入，則周旋不舍而爲風。」蔡虛齋曰：「地中温潤之氣，上蒸而成雲，雲氣濃而重，則下垂爲雨。」又大戴禮曾子天圓篇曰：「陽氣勝則散爲雨露，陰氣勝則凝爲霜雪。」凡此皆莫非二氣之感遇聚結矣。○「萬品之流形。」○流者，流行不滯之意。生生不已，順順長茂，此之謂流。乾卦彖傳曰：「品物流行。」○「山川之融結。」○融者，流通之意。結，締也。融言川，結言山。○「糟粕煨燼，無非教也。」○糟粕，酒滓。煨燼，火餘。言充天地間者，皆是陰陽之變化，道體之流行。開眼即看道，無非至教也。禮記曰：「天有四時，春秋冬夏，風雨霜露，無非教也。地載神氣，風霆流形，庶物露生，無非教也。」亦與此章同意。○此章最好看。此是張子一生學力之所至。如是常人者，雖日見之，不能就以知其味。唯張子深識之，此其所見儘高。古人日用之際，無處而不察道體之趣味也。朱子曰：「此等言語都是經鍛鍊底語，須熟念細看。」

○「**游氣紛擾**」章。○朱子曰：游氣是氣之發散生物底氣，游亦流行之意；紛擾者，參錯不齊。既生物，便是游氣。若是生物常運行而不已者，二氣初無增損也。○又曰：「游氣紛擾，合而成質者，生人物之萬殊」，此言氣到此已是查滓粗濁者，去生人物，蓋氣之用也。「其動靜兩端，循環不已者，立天地之大義」，此説氣之本。○又曰：「游氣紛擾，合而成質」，恰是指陰陽交會言之。「陰陽兩端，循環不已」，却是指那分開底説。蓋陰陽只管混了闢，闢了混，故周子云「混兮闢兮，其無窮兮」。○又曰：只是晝夜運而無息者，便是陰陽之兩端；其四邊散出紛擾者，便是游氣，以生人物之萬殊。某常言，正如麪磨相似，其四邊只管層層撒出。正如天地之氣，運轉無已，只管層層生出人物；其中有粗有細，故人物有偏有正，有精有粗。○紛擾字好看，此可以見氣有清濁偏正之不齊矣。游氣陰陽，陰陽即氣，元非二物，只有體用之分而已。張子欲自發處説起，故先「游氣紛擾」而後「陰陽循環」云。

○**天體物不遺，猶仁體事而無不在也**。○體是骨子之意。蓋物物有箇天理，事事這仁做出來。天之與仁，實爲萬物萬事之骨子。○此「仁」字當主愛意看，如君之仁，臣之志，父之慈，子之孝，孰非是愛？不翅此類。凡一切應事接物，未有以慈愛懇厚不得其當者也，未有以殘忍刻薄得其當者也，此其所以「禮儀三百，威儀三千」，無非仁已。○禮儀，經禮如冠昏喪祭之類，禮之大節目，其條有三百。威儀，曲禮如飲食起居之類，其目至三千條。蓋日用千緒萬端，無不有禮，言此以見仁體事而無不在。○禮之本意，敬而已矣。敬人者，由愛而生。故曰禮則仁之著。○「昊天曰明」云云，「及爾遊衍」。○詩大雅板之篇。曰，語辭；「王」、「往」通；旦，亦明也。衍，寬縱之意，一作「衎」，和樂之意，文義俱通。但以韻考之，旦叶得絹反，衍以戰反，則知作衎者，蓋字誤也。○詩疏義曰：天者，理而已。理無往而不在，故天無往而不鑒。○豐城朱氏曰：「昊天曰明，及爾出王」，言一出入之際，而天必與之俱也；「昊天曰旦，及爾游衍」，言一動息之頃，而天必與之同也。○愚謂：「及爾」，天與爾也。出王、游衍，該平日萬事，所謂「道不可須臾離也」。此詩意味深長，便是道體。

○**鬼神者，二氣之良能也**。○良能者，自然而爲也。○朱子曰：良能是說往來屈伸乃理之自然，非有安排措置。二氣則陰陽，良能自其靈處。○蔡虚齋曰：良能者，其往來屈伸自然能如此處，即其靈也。靈則不待使之然，而亦不能遏其然，乃所謂自然也，乃所以爲靈也。○愚謂：解良能字義，只是自然而爲也一句盡之矣。然須要兼活底意思看，蓋陽之後自然爲陰，陰之後自然爲陽。日往則月來，月往則日來；寒往則暑來，暑往則寒來。續續流行，漸漸相推，抑是死物，果能如此乎哉？若夫死物，則一陰了不能復陽，一屈了不能復伸，豈其屈伸往來互相因相生耶？愚故謂良能當兼活底意思看。朱子曰：「鬼者，陰之靈；神者，陽之靈。」靈即活潑之意，便所謂良能也。先儒説此章，多不除「靈」字，其亦有見於此歟！○朱子曰：伊川謂「鬼神者，造化之迹」，却不如横渠所謂「二氣之良能」。蓋程説固好，但只渾淪在這裏。張説分明，便見有箇陰陽在。○饒雙峰曰：造化之迹，指其屈伸者而言；二氣良能指其能屈能伸者而言。程子只説他屈伸之迹，不説他靈處，張子説得精。○愚謂：如説鬼神之所在，程説既盡之矣。只其鬼神即陰陽，而所自然靈活者尚未説破，及張子其義始備，蓋程子説其皮膚而包其骨肉，張子直説出骨髓來。

○**物之始生，氣日至而滋息**。○至者，進而至也，對下「反」字。「遊」亦「散」意，與「游魂爲變」之「游」同。○日至、日反，皆自然而然，乃所以良能耳。○蔡虚齋曰：至之謂神，反之謂鬼。至而伸，反而歸，止是進退二字耳。要認得正，而實若泥於歸之詞，則異端所謂歸根還原者，亦無得而議矣。

○「**性者，萬物之一源**」章。○萬物，兼人物而言。一源，謂同一本原。○朱子曰：所謂性者，人物之所同得，非惟己有是，而人亦有是；非惟人有是，而物亦有是。○此章重在首二句，下文數句只申言「大人能盡其道」耳。首二句正論道體，故載在此篇。○不可以「盡其道」説「盡其性」。此「道」字受上句言，所謂「萬物之一源，非有我之得私之道也」，故「盡其道」該盡己之性，盡人之性。此句内已含下面意思，下只説開之耳。○「立必俱立」云云。此能盡其道之目。蓋體萬物一源之性，以不有得私者也。○「知必周知，愛必兼愛。」○依上下例，周知使夫人以周知也，兼愛使人皆得所愛也。程子曰：「人各親其親，然後不獨親其親，便是兼愛之意。」○一説周知我無不知也，兼愛我無不愛也。此説亦似是，但以上下句例及通章之義考之，前説終得正意，不可以轉移也。

○一**故神**。○一者，指道理言。天下之間，只是一箇道理，故其能妙萬物而無不通也，不可依葉注做「純一」之「一」。○朱子曰：「横渠此語極精，須當子細看。只是這一物，却周行乎事物之間。如所謂陰陽、屈伸、往來、上下，以至於行乎什佰千萬之中，無非這一箇物事。」○蔡虚齋曰：「『神』字對『鬼』字而言則偏矣。單言神，則當得太極。」○**此所謂「感而遂通」**，「**不行而至，不疾而速」也**。○「此」字指神，此又就人心以證其神也。蓋喜怒哀樂，隨感而應，應則通也。千變萬化皆然，非神而何？○不行而至，不疾而速。○凡物之有所至，必自乎行。疾謂促也，促則可速。惟理則不行而至，不疾而速，可以見神妙之意矣。

○**心，統性情者也**。○朱子曰：　性是體，情是用。性情皆出於心，故心能統之。統，如「統兵」之「統」，言有以主之也。且如仁義禮智是性也，孟子曰「仁義禮智根於心」；　惻隱、羞惡、辭遜、是非本是情也，孟子曰「惻隱之心，羞惡之心，辭遜之心，是非之心」。以此言之，則見得心可以統性情。○又曰：　性是未動，情是已動，心包得已動未動。蓋心之未動則爲性，已動則爲情。所謂「心統性情者也」。○又曰：　凡物有心而其中必虚，如飲食中雞心猪心之屬，切開可見。人心亦然。只這些虚處，便包藏許多道理，彌綸天地，該括古今。推廣得來，蓋天蓋地，莫不由此，此所以爲人心之妙歟。理在人心，是之謂性。性如心之田地，充此中虚，莫非是理而已。心是神明之舍，爲一身之主宰。性便是許多道理，得之於天而具於心者。發於智識念慮處，皆是情，故曰「心統性情」也。

○「**凡物莫不有是性**」章。○凡物之物，兼人物而言。所謂天以陰陽五行化生萬物，氣以成形而理亦賦焉。於是人物之生，因各得其所賦之理，以爲健順五常之德者，此人物之所同也。○朱子曰：　天下無無性之物。蓋有此物，則有此性；　無此物，則無此性。○「通蔽開塞。」○此言氣質之性。通蔽，人之與人對；　開塞，人與物對。但講時於此句上面未可説出，以自有下文也。○「牢」，堅也。○「開則達于天道，與聖人一。」○或學而知之，或困而知之，其知之也。

雖有難易，然及其至則皆通乎天道，與聖人一也。○朱子曰：看來塞中也有通處，如猿狙之性即靈，猪則全然蠢了，便是通蔽不同處。本乎天者親上，本乎地者親下。如人頭向上，所以最靈；草木頭向下，所以最無知；禽獸之頭横了，所以無知；猿狙稍靈，爲他頭有時也似人，故稍向得上。○按：朱子之言，非本文之正意。然足推廣氣質之不能齊，以盡此章之餘意矣，故載其説爾。

【校勘記】

［一］又非宅極之比也　「宅」，性理大全作「它」。
［二］如陽之始生爲水　「爲水」，原倒，據周敦頤諸儒太極類説乙。按，此爲朱子引周氏説。
［三］則只是當初天地所始生之穀粒種子　「穀」，易經蒙引作「數」。
［四］但須於中分得天理　「天理」下，朱子語類卷第九十四有「人欲」二字。
［五］應是自家受他感處之意　「應」，朱子語類卷第七十二作「通」。
［六］向晦亦須當息　「當」，朱子語類卷第七十二作「常」。
［七］猶君臣父子夫婦朋友　「朋友」上，朱子語類卷第九十五有「長幼」二字，當補。
［八］直自孟子後　「孟子」，朱子語類卷第九十三作「孔子」。

近思録説略卷之二

爲學類 凡百十一條

學字兼知行，求己之所未知，求己之所未能，皆學已。蓋明乎道體，知所指歸，斯可究爲學之方術，此次篇之意也。

濂溪先生曰：聖希天，賢希聖，士希賢。○希，望也。此言人隨德學之淺深，而所希望各有高下也。「聖希天」者，蓋聖人之心，以爲天道公平廣博，其功用之至大，斷有不可及者，故常病其德之未如天者，以希望其與天一也。此是聖人不自足之意，所謂「博施濟衆，堯舜其猶病諸」，惟其病諸，所以希天也。○**伊尹、顔淵，大賢也。**論語注曰「伊尹，湯之相也」，而無辨姓名。史記殷本紀注曰：「伊尹，名摯。」呂氏春秋曰：『有侁氏女，採得嬰兒於空桑，後居伊水，命曰伊尹。』尹，正也，謂湯使之正天下。」或曰：「姓伊，字尹，名摯。」愚按：上古之人姓名，事實多不可考，此或後人之附會，莫强辨之可也。涉其怪誕者，最不可信。但書曰「惟尹躬」，據之，尹恐其名也。○説見書之説命及論語雍也篇。此舉士之所當希者，夫「希天」、「希聖」者，皆成德之事，而非學者之所驟及，故獨就希賢之地位以指示其標的。上文泛説至此，又陳兩賢之事迹，而正教士之所希必當以此爾。○「**過則聖**」云云。○過於伊尹則不必如此擔當從容自有效，過於顔子則渾化而無痕迹。○問：「過則聖，及則賢」，若過於顔子，則工夫又更絶細，此固易見，不知過伊尹時如何説？朱子曰：「只是更加些從容而已，過之便似孔子，伊尹終是有擔當底意思多。」○**不及則亦不失於令名**。○以其有爲善之實也，所謂「刻鵠不成尚類鶩」者也。○振古賢者，固不爲不多，然欲逐一希之，則如何做得功？唯伊尹之大志、顔子之實學，便成己成物之道，學者千頭萬緒工夫，其歸果不出此。故周子以斯二賢爲士之所當希，而朱子又以此語置於篇首，其有旨哉！○黄勉齋曰：顔子是明德，伊尹是新民，本非二事。○問：志伊尹之志，乃是志於行？曰：只是不志於私，今人仕宦只爲禄，伊尹却禄之天下弗顧，繫馬千駟弗視也。又曰：此箇道理，緣爲家家分得一分，不是一人所獨得而專者。經世濟物，古人有這箇心。若只是我自會得，自卷而懷之，却是私。

○「**聖人之道，入乎耳，存乎心**」章。○藴，積也。「行之爲事業」下須添一句説，曰「學者必欲如此而已」。○「德行」之「行」却言存乎中者，與「可見之行」之「行」意思相似，其實只是

「德」字意。「文辭」，指聖賢之文辭，如四書、五經之類。「以文辭而已者」，所謂章句訓詁之學也，不必指詩賦文章之學。○韓詩外傳曰：君子之聞道，入之於耳，藏之於心。小人之聞道，入之於耳，出之於口，苟言而已。

○**或問：聖人之門，其徒三千**。○此章伊川十八時在大學所作顏子所好何學論也。時胡安定爲國子監直講，出題試諸生，得此論大驚，異之，即請相見，遂以先生爲學職。○按：此章出伊川文集四卷，而所載者，比是爲詳。此蓋朱子節略取之耳。○朱子曰：此所以爲學之本，惟知所本，然後可以爲學。○史記孔子世家曰：「弟子蓋三千焉，身通六藝者七十二人。」今曰「詩、書六藝，三千子非不習而通也」，舉全數也。

學以至聖人之道也。○饒雙峰曰：道者，方法之謂，言學以至乎聖人底方法也。○「聖人可學而至歟？」○「學」字活，與上「學」字小異。下句「學之道如何」「學」字與此同，是自設問以發其意，下句做此。

天地儲精，得五行之秀者爲人。○朱子曰：儲，儲蓄；精，精氣。天地儲蓄，得二氣之精聚，故能生出萬物。○又曰：只説五行而不言陰陽者，蓋做這人，須是五行方做得成。然陰陽便在五行中，所以周子云「五行，一陰陽也」。舍五行，無別討陰陽處。○「其本也真而靜，其未發也五行具焉。」○朱子曰：本，是本體，真，是不雜人僞；靜，言其初未感物，時五性便是真，未發便是靜。○曰真曰靜曰未發，只反復説之，非各自有意義。○以上原人生之初而言本性之自然，聖賢愚不肖一者也。

「**形既生矣**」云云。○輔慶源曰：心是活物，故外物觸之而動。上言其本靜，故於此言動。○「哀樂」，論語集注作「哀懼」。按：七情連言，初見記之禮運，其亦作「懼」，則從集注爲是。○「情既熾而益蕩，其性鑿矣。」○熾火之初燃，蕩水之飄流，皆假借字。熾者，情之奮動發越；蕩者，情之流蕩放溢。兩字自有前後之別。○朱子曰：「性固不可鑿。但人不循此理，任意妄作，去傷了他耳。」鑿，與孟子所謂鑿一般，故孟子只説「養其性」。養，謂順之而不害。○「**是故覺者**」至「**梏其性而亡之**」。○「約」者，檢束以不使放肆也。「梏」，拘制罪人之械，在手曰梏，在足曰桎，與上「鑿」字意一般。○此節以下漸説入於工夫，「覺」字最重。下文所謂明心、力行、信之篤、行之果、守之固，皆在這裏面。蓋不明「覺」則黑窣窣地將何事之爲？何處之往？此知「覺」字是一章之眼目。○「正其心，養其性。」○正其心則不至蕩，養其性則無以鑿矣。○就此見得，由情之放蕩而不知制之，遂害本性之正。此學之所以不可無，而其所謂好學者亦用力乎此，之外更無方法而已。○胡雲峰曰：程子此段議論皆自周子太極圖説來。「天地儲精」，此「精」字即是「二五之精」，「其本也真而靜」，「真」字即是無極之真，特周子自太極説來，故先真而後精。程子只自天地説起，故先精而後真。「儲」字即是「凝」字，自古言性，未嘗言五性。圖説謂「五行之生也，各一其性」，故此曰「五性具焉」。圖説謂「五性感動而善惡分，萬事出」，此則曰「其中動而七情出焉」。蓋五性感動之後，有善有惡。至於情既熾而益蕩，則全失其本來之善矣。圖説定之以中正仁義而主靜，聖人立人極之事，此曰「約其情使合於中」，學者克己之事也。竊謂「儲」字即是「凝」字，此句恐未是。

「**然學之道**」至「**自明而誠也**」。○朱子曰：「覺者約其情使合於中，正其心，養其性」，方是大綱説學之道。「必先明諸心」云云，便是詳此意。○「明諸心。」○言凡事物之理，先明諸吾心也。○或曰：「明諸心，直謂明其心？」曰：「如此看，則是一句。所謂豁然貫通，吾心之全體大用無不明也。苟到斯地位，是學之成功，不但知而已，而行亦自至焉。若然，則上面一『先』字及下面『知所往』，不容説行，而『力行以求至』亦没緊要。以此看之，是句只指格致之用功而言也無疑矣。」○養，一作「往」。朱子曰：恐「往」字爲是，「往」與「行」字相應。○又曰：「明諸心，知所往」，窮理之事也。「力行求至」，踐履之事也。窮理，非是專要明在外之理。如何而爲孝弟，如何而爲忠信，推此類通之，求處至當，即窮理之事也。○「信道篤。」○「篤」字重下句。所謂「行之果，守之固」，皆自此而來。○「**居之安**」至「**無自生矣**」。○此説聖人之地位。向之所謂學以至聖人之道也，及聖人可學而至之意，至此盡矣。

「故顔子所事則曰」云云。○以上泛論道理而未説及其人，至此舉顔子之事，發其主意，以應問意。○上文曰「覺者約其情使合於中」，顔子「四勿」便是約的工夫。禮，即中也。然則所謂覺者，惟顔子爲當之。○論語集注曰：「非禮者，己之私也。」朱子特下「己」字者，恐後人認得非禮爲外面底物事，如此看則所謂勿視聽者，是閉目塞耳也。豈其然乎？且於勿言動大不説行，此言以己之非禮勿視、聽、言、動也，所以下「己」字。集注又曰：「勿者，禁止之辭。是人心之所以爲主而勝私，復禮之機也。」此知「勿」字，非説與他人而令禁止之之謂，是自禁其私也。○「得一善，則拳拳服膺而弗失之矣。」○朱子曰：拳拳，奉持之貌。服，猶著也。膺，胸也。奉持而著之心胸之間，言能守也。○「不遷怒，不貳過。」○朱子曰：顔子此處無他，只是看得道理分明。且如當怒而怒，到不當怒處，要遷自不得，不是處便見得，自是不會貳。○又曰：是顔子好學之符驗如此，却不是只學此二事。其學全在非禮勿視聽言動上，乃是做工夫處。不遷不貳，是成效處。○「有不善未嘗不知，知之未嘗復行也。」○出下繫辭傳第五章。朱子曰：「今人只知『知之未嘗復行』爲難，殊不知『有不善未嘗不知』是難處。今人亦有説道知得這箇道理，及事到面前，又却只隨私欲做將去，前所知者都自忘了，只爲是不曾知。『有不善未嘗不知，知之未嘗復行。』直是顔子天資好，如至清之水，纖芥必見。」○「拳拳服膺」，「不遷不貳」，「有不善未嘗不知，知之未嘗復行也」，即上文所謂「信之篤，行之果，守之固」者。學之至於斯，非敦篤好之者，其孰能之？故結之曰「此其好之，篤學之之道也」，就見所以獨稱顏子爲好學矣。**所未至者，守之也，非化之也**。○饒雙峰曰：不遷不貳，皆是守而未化之事，若怒自然不遷，心無過可貳，則化而無事於守矣。○「爲學之道遂失。」○學所謂以至聖人之道也。○「博聞强記」四字，出史記淳于髡傳。○此章忽看文字多頭緒，而如無統紀。子細玩之，則前後接續，意義貫通，於論聖學尤爲明備，讀者宜致思焉。○古人亦爲學，今人亦爲學。學之爲名雖同，而所以爲學之實頓異，而其所成就亦天淵矣。然則，學者可不念所以爲學乎哉？

○**横渠先生問於明道先生曰：定性未能不動，猶累於外物，何如？**○朱子曰：明道定性書是二十二時作。○此處要先看得横渠發問之意分明，然後可以識得明道所答之意。此「性」字正做「心」字看，横渠元以定心專爲至静不動工夫，其意以謂「此心常寂然，不爲事物所動，方是定心」。然而心本活物，不能塊然不動，念慮屢發，紛然無已，亦是人之常理。而念慮之發無，未曾因事物之感者矣。是故横渠問欲定其心而未能不動，猶累於外物，今無其累於外物，以静定此心，工夫果如之何。此必横渠嘗閑居静坐，以欲定其心，以其終不能不動，故憂之而問也。○「性」字做「心」字看者，何也？性者，仁義禮智信已定，有生之初，更何定之有？明矣，定性是定心之意也。蓋張子之時，心性之別猶未盡備或通用耳。後來俟程、朱之詳解，而心性之分方大明矣。

明道先生曰「所謂定者」云云，**無内外**。○此「定」字與大學「知止而有定」之「定」不同，他就志意定向之一端而言，此言工夫成就之地。視之大學，尤重此「定」字，該大學之定静安慮得。故朱子曰「定性是正心誠意以後事」。○真西山曰：定性者，理定於中，而事不能惑也。○「所謂」字，受問而言，但「定」字所指不同。明道以謂定者，不獨指静處，是兼動静、貫體用，無適而不有定者矣，故曰「動亦定，静亦定」也。「無將迎，無内外」。將，送也。此二句言定底模様，未説到用功處。事來則應，其往也無將，事之未至，無以迎之，至而後應之。静而存乎中也固定，動而應乎外也亦定，内外一箇定而已，何有内外？味此二句可以見動亦定、静亦定也。○定者，定於理也。猶「止至善」之「止」相似，但口講不當説定於理，須涵蓄説也已。○「將迎」二字出莊子應帝王篇，曰：「至人之用心若鏡，不將不迎，應而不藏。」○朱子曰：明道意言不惡事物，亦不逐事物。今人惡則全絶之，逐則又爲物引將去。惟不拒不流，泛應曲當，則善矣。蓋横渠有意於絶外物而定其内，明道意以爲須是内外合一，「動亦定，静亦定」，則應物之際，自然不累於物。苟只静時能定，則動時恐却被物誘去矣。○又曰：當應便應，有許多分数來，便有許多分数應。這裏自定。○「**苟以外物爲外**」至「**又烏可遽語定哉**」。○「牽己而從之」，言牽强己身而往從之也。是「性」字受横渠之意言亦做「心」字看。蓋横渠欲一切絶外物以定其内，則是以外物爲外，其應物也爲牽己而從之也，如此則以己心爲有内外。夫天下萬事，無不管攝一心之妙用矣，不曰萬物皆備於我乎？今以己心爲有内外者，固既誤也。且若其所見，則當其隨物在外之時，何者爲在内，内果空虛耶？決然無此理已。○真西山曰：夫能定能應、有寂有感，皆心之妙也。若以定與寂爲是，而應與感爲非，則是以性爲有内外也。事物之來，以理應之，猶鏡懸於此而形不能遁也。鏡未嘗隨物而照，性其可謂隨物而在外乎？故事物未接，如鏡之本空者，性也。事物既接，如鏡之有形者，亦性也。内外曷嘗有二本哉？知此則知事物不能累吾性，雖酬酢萬變，未嘗不定也。○「不知性之無内外也。」○上文無内外者，是就定之上面而言其形如此，是處直就心上而言，所指較異。然心本無内外，故其能定亦無内外，則其實一也。○「以内外爲二本。」○本字輕看，二本猶言二件。○「又烏可遽語定哉？」○以内外爲二本者，未知人心之本然，而昧道學之根原，又何可與語定哉？定也者，工夫之極致，成德之能事，豈以不知心之見可遽語之乎哉？此句葉注未切。

「**夫天地之常**」至「**物來而順應**」。○此一節説自然之定，「常」字皆兼體用動靜。但爲關横渠絶外物之見，故正主動上説。此處只言「普萬物而無心者，天地之常也。順萬事而無情者，聖人之常也」，二「以」字不可拘看。○「普萬物」「順萬事」，有物來而順應意；「無心」「無情」，有廓然而大公意。蓋無心無情，則惟是自然，無一毫私意夾襍乎其間矣，非大公而何？廓然，虛大之貌。順者，從容隨順之意。此二句乃學問之極功，雖天地聖人之常理且不能外於此，君子之學其何有若之者哉？○朱子曰：定性一書，首尾只是「廓然而大公，物來而順應」。自後説話，都只是此二句意。○又曰：「廓然大公」者，仁之所以爲體也；「物來而順應」者，義之所以爲用也。○問：此一條，學者卒未到此，奈何？曰：雖未到此規模也，是恁地廓然大公，只是除却私意，事物之來順他道理應之。○黄勉齋曰：心普萬物，情順萬事，便是不絶乎物；無情無心，便是不累乎物。只是此兩意，貫了一篇。

易曰：「貞吉悔亡。憧憧往來，朋從爾思。」○咸卦九四爻辭。「貞」字貼「廓然大公」。易傳曰：「貞者，虚中無我之謂也。」虚中即廓然，無我即大公。「吉」字貼「物來順應」。蓋事物之來，順其當然以應接之，則通行穩利無略有窒礙矣，何吉如之？悔亡者，是申言吉之意。憧憧，屑屑不絶貌。「憧憧往來」，言心中煩擾而安排布置者，此反「廓然大公」。「朋從爾思」正反「物來順應」，蓋惟朋類從其所思，則其所不從者固多，此見所應偏狹，而不能順應萬物也。○「規規」，韻會曰「求計也」，蓋拘拘營度之意。○「規規於外誘之除。」○此便「憧憧往來」者，纔「滅於東而還生於西」，猶朋類纔從其所思，而其所不從者多也。苟如此，則非惟見己用力之日不足，而亦物之生其端無窮，終不可得而除滅也。此又分明言外物之終絶不得已。○「自私而用智。」○自私則不能廓然而大公，所以「不能以有爲爲應迹」，用智則不能物來而順應，所以

「不能以明覺爲自然」。○「自私」難説。按：朱子曰：「常人之私意與佛氏之自私，皆一私也。」看來此自占便宜之謂，如彼佛氏厭事物應接之煩勞，而隱丘壑、絶人倫，欲獨安身心，而於治人成物之道悍然不顧，恝乎無恤，是只自占便宜，不謂自私可乎？張子之欲拒絶外物以獨定其心者，亦是爲我之見，而其流遂至自私。要之，張子之見與佛氏及衆人之私意所趣雖異，而其爲私則一也。故明道發之，以箴其病處。○「不能以有爲爲應迹。」○應迹謂心應事物之迹。有爲乃是心之應迹，則凡應接事物，皆吾心之發用，而非度外事也。惟自私者，則樂無爲以欲安一己，故不能有爲以爲吾應迹。○「不能以明覺爲自然。」○明覺，人心自然之知。如孩提之童無不知愛其親，及其長無不知敬其兄之類，人之有明覺，固是自然。惟用智者，每常安排布置，以不能率其自然。譬如見尊者而恭敬之心生，此是人心之自然。而用智者却億人之以己爲諂，强作不屈之態。凡如此類，皆用智之害自然者也。○「是反鑑而索照也。」○此譬須要見得明白。夫鑑之爲美也，以其能照萬象而已。若外不照萬象，則内雖含光明，將焉用之？心之爲貴也，以其能應萬事而已。若外不應萬事，則内雖具明覺，亦將何用哉？今惡外物而求置心於無物之地，是猶翻鑑而空索照匣底，自失其所以爲美也。君子之誠意正心者，方欲舉而措之於家國天下耳，曷獨照無物之地，以失人心應妙之本然耶？○黄勉齋曰：自私便是求絶乎物，用智是反累乎物。不能以有爲爲應迹，故求絶乎物；不能以明覺爲自然，故反累乎物。

易曰：「艮其背，不獲其身；行其庭，不見其人。」○艮卦彖辭。背者，止之處也。人身四體，耳目口鼻皆動，而惟背不及於用。艮其背，則止於所當止也，不獲其身，不有其身也，是謂忘己。庭者，人之往來必經之地，正有人之處也。今行其庭而不見其人，是忘人也，忘己忘人，則於其身之利害得喪，皆自不恤；於人之是非與奪，又皆自弗顧；此便廓然大公。○**孟氏亦曰：所惡於智者，爲其鑿也。**○惡鑿則必貴循理，以不用智乃物來順應已。○**不若内外之兩忘也。**○此所謂不獲其身，不見其人也。「澄然」，静清之貌。○**定則明。**○所謂止水生明也。曰無事，曰定，曰明，皆由内外之兩忘而生，兩忘則一無私心，所謂廓然大公者，尚何應物之爲累哉？句中便見物來順應意，蓋内明則於天下之理固已判然胸中，故萬物之來于面前，吾皆循乎其理帖然應之，抑何應物之爲累哉！此知能明則物來順應，順應則自不得累物也。此句言外含順應之意，而味尤爲深。

聖人之喜，以物之當喜；聖人之怒，以物之當怒。○此又就聖人喜怒上面以説大公順應。此處大公順應，不須分貼其當喜而喜，當怒而怒，不容一毫私意於其間者，廓然大公也。循物而喜怒者，物來順應也。○「**今以自私**」云云，**爲如何哉**。○自私用智之喜怒，人欲之盛也。聖人喜怒之正，天理之極也，以此視彼，其相戾也。不翅薰蕕冰炭，故君子之學，莫若「廓然而大公，物來而順應」，大率患在於自私而用智而已。

「**夫人之情**」至「**亦思過半矣**」。○此節程子示人以用功處，學者着力緊要唯在此一段，大抵定性書所論皆就成德上而言之，非初學之所驟及也，故於篇末切示下手之方。夫學者欲求大公順應之術，則唯在就其情之發處以用其力耳。要之，七情皆當如此。然其最易發而難制者，獨怒之爲甚，故特以此言之。遽忘其怒者，至大公之術。蓋怒不是必私，然苟徑情而不知制，則必流於私意，故能克其怒者，便爲得大公之術。「觀理之是非」者，至順應之，方惟能燭理，斯可以應物也。其能如此，則外誘不能累之，尚何足惡？且於聖人之道，雖未盡至亦必思過半矣。然則定心之工夫，舍是無他道焉。○朱子曰：舊時謂觀理之是非，才見己是而人非，則其爭愈力。後來看不如此，如孟子所謂「我必不仁也」，「其自反而仁矣」，「其橫逆由是也」，則「曰此亦妄人而已矣」！○又曰：忘怒則公，觀理則順。二者所以爲自反而去蔽之方也。夫張子之於道，固非後學所敢議。然意其强探力取之意多，涵養之功少，故不能無疑於此，程子以是發之，其旨深哉！

○「**伊川先生荅朱長文書曰**」章。○朱長文，吴縣人。元祐中召爲大學博士，有文集三百卷，六經皆爲辨説。蓋好作文務多之學，故此章之言，皆救其弊云。○「聖賢之言，不得已也。」○言字，兼言語文辭。○「未耜陶冶。」○耜所以起土，未其柄也。陶，範土以爲瓦瓮之類者；

治，鑄金以爲鍋釜之類者，皆生人日用不可無者也。○「生人之道。」○道字輕，猶言事也。○「平生所爲」，謂作爲文章。○「乃無用之贅言也，不止贅而已」云云。○贅，人身之疣。贅言，贏餘之言也。莊子曰：「附贅縣疣。」老子曰：「餘食贅行。」○不得學問之本要，則其所言皆偏虛之説，而非渾淪正大之論，遂歸淫邪而害道也必矣。○學者讀此語，尤當思所力。如彼百家衆技之流，自吾儒而視之，其大小高下固不待辨而判矣。然能用其力，則雖小道必底其成，而各適一事之用，偏應當世之務，農圃、醫卜之屬，又未可謂無小補也。苟不致思，則學術雖大，著述雖盛，於吾身無一益。而於家國天下，不足以爲有無。此學遠優於小道，而功却劣於小道，儒士徒誇其業之貴，而終歸聱言剩語，寧無所愧乎？近世學者往往坐此，宜矣取武人、俗吏之笑也。志於道者，奚可不務所本哉。○「來書所謂」云云。按：二程全書章首載朱長文之言，曰：「使後人見之，猶庶幾曰不忘乎善也，苟不如是，誠懼没而無聞焉。」○「疾没身無善可稱云。」○莊周謂「名者，實之賓也」。蓋名實相須，必有其實而後名從之，是故天子疾没身無實善之可稱云爾，非徒謂疾無名也。○「汲汲」，趨求之貌。漢書揚雄傳曰：「不汲汲于富貴。」

○**内積忠信**，「**所以進德也**」。○朱子曰：伊川説「内積忠信」，「積」字説得好。蓋以一時一事之忠信，非可驟進德，只積累日久而後自可以進也。下一「積」字工夫大備，有道者言槩如此。○忠信只是真箇好善、真箇惡惡是已，他處曰忠信，多是發己自盡循物無違之意，此則有内外之別。此處以德對業，則忠信全屬心。信字只解做以實之謂，伊川特下内字，蓋欲使知此義也。○朱子曰：「『忠信』便是意誠處。『如惡惡臭，如好好色』，然後有地可據，而無私累牽擾之患，其進德也孰禦！」○**擇言**。○朱子曰：「擇言謂修辭。」易所謂修辭者，正是謂無一言之不實也。此於其言，非選擇之精詳者何以能然？○**篤志**。○朱子曰：「篤志謂立誠。」愚謂：此志只是意字，意總言發於心上者。發於心者，必皆篤實而無虚僞，則誠斯立，看來擇言、篤志實相因。苟外不擇言辭，信口而妄説，則心志亦自滅裂以不能篤實。惟能擇其言，則志亦進篤，蓋内外交養之功也。○按：「篤志」即上句「忠信」意，似重複，今將如何看？按：易大全，朱子曰：「『忠信』是知得到真實極至處。若不是真實知得，進箇甚麼？前頭黑窣窣地，如何進得去？既知得，若不真實去做，那箇道理也只懸空在這裏，無箇安泊處；所謂『忠信』，也只是虚底道理而已。」又易蒙引曰：「忠信果是重在知上。謂之德者，以其理之滋味有得於己而言也。德以心言，未説到事上，大抵是從知上來，須要曉得德業是一貫事，但有始終内外之辨。忠信，就初間存主上説。修辭立誠，就後來事到就緒上説。『修辭』之外再無立誠工夫，故承之曰『立其誠』。誠，即忠信。向也誠存於心，而今則見於事，而誠有立矣。」讀此二説，可以見「忠信」、「篤志」重言而不相妨意。○朱子曰：進則日見其新，居則常而不厭。○又曰：居業是常常如此，不少間斷。○愚謂：業者德之事，是一實理之事業而已。苟吾有未誠實則無業之可以居。惟外能擇言，以無一言之不實，内方篤志，以使實理有安泊處，夫然後可以居業而不失焉。○蔡虚齋曰：德業無難分別。中庸章句：「反諸身不誠，反求諸身，而其所存所發有未實也。」所存之實即主忠信也，所發之實即「修辭立其誠」也，内外動静體用備矣。合進德修業，統是中庸之誠身，大學之誠意、正心、修身，夫豈不同條而共貫也哉？○「**知至至之**」至「**故可與幾**」。○朱子曰：「先知爲幾，如人欲往長安，雖未到長安，然已知長安之所在，所謂『可與幾也』。若已到彼，則不爲之幾。幾者先知之謂也。」愚按：幾者，事之先見者也，故曰先知爲幾。○朱子又曰：「可與幾，可與存義」，是旁人説，與「可與立，可與權」之「可與」同。○又曰：「『知至至之』是忠信進德之事。『忠信進德』與『知至至之』，這幾句都是去底字。」知至是知得到至處，至之謂意思也隨他到那處，便可與理會幾微處。○又曰：「知至」便是真實知得，如惡惡臭，如好好色。「至之」便是真箇如惡惡臭、如好好色之地。○蔡虚齋曰：知理之所在而心必之，是爲主忠信。○愚謂：看此等説也，忠信重在知上。可知「知至」是忠信之事，「至之」是進德之事。○「所謂『始條理者智之事也』。」○朱子曰：條理，猶言脈絡。智者，知之所及也。○此只借孟子語以證上文，不必正意。所謂「可與幾」者，方能「始條理」也。下句「終條理」，意亦如此。○「知終終之，力行也。」○朱子曰：「知終終之」是居業之事。「擇言篤志」與「知終終之」「可與存義」都是住底字。知終，是知得到終處；終之，謂意思也隨他到那裏這裏。「可與存義」，存義是守這箇義。○又曰：「知至至之」主知，「知終終之」主終。蓋上句則以「知至」爲重，而「至之」二字爲輕。下句則以「知終」爲輕，而「終之」二字爲重。○又曰：「知至至之」，上至字是至處，下至字是到那至處。「知終」是終處，「終之」是終之而不去。蓋求必終，於是而守之不去也。○「此學之始終也。」○此句通結一章之意。「忠信進德」「知至至之」，學之始也；「擇言篤志」「以居業」，「知終終之」，學之終也。

○「**君子主敬以直其内**」章。○敬者，主一無適之謂，該動静而言。○主，與「主忠信」之「主」同，凡事靠他做主。主字、守字是伊川於易文上添一字説，下得最有力。直是無少邪曲，方是截然齊整之意。○朱子曰：「敬以直内」是無纖毫私意，胸中洞然，徹上徹下，表裏如一。「義以方外」是見得是處決定是恁地，不是處決定不恁地，截然方方正正。○又曰：義是心頭斷事底。心斷於内，而外便方正，萬物各得其宜。○愚謂：直不自直，必由於敬；方不自方，必由於義，故曰「主敬以直其内，守義以方其外」。然又不是要以敬直内，以義方外。敬則内自直，義則外自方，故又曰「敬立而内直，義形而外方」。○蔡虚齋曰：「敬」、「義」是工夫字目，「直」、「方」是成效事目[二]。○「義形於外，非在外也。」○此又程子恐後人誤認，以做義外之説，故云。然只看形字，既知其由乎中而形於外，初非在外也。〇「敬義既立，其德盛矣。」〇敬義既立，則内直外方交養並進，德其有不至盛大者乎？不孤猶言不小，此與論語文同而義殊。〇蔡虛齋曰：不曰直方而德不孤，必曰敬義立而德不孤者，明其德之所以能不孤也。夫不患其不直方，但患其不能敬義耳。〇德至於大，則其所用所施必皆周全而利順，故自不疑其所行也。

〇「**動以天爲无妄**」章。〇「動」字該内外而言，念慮之發事爲之動皆是已。凡人之動一以天理，則爲无妄，若以人欲些毫則妄矣。无妄之義貫内外，該萬善而無非其極者，故贊之曰「大矣哉」。〇不曰動以理，又不曰動以道，必曰動以天者，在易震下乾上爲无妄，震德動、乾象天故云爾，程子非是好奇者。〇「雖無邪心，苟不合正理，則妄也，乃邪心也。」〇朱子曰：有人自是其心，全無邪而却不合於正理。如賢智者過之，他其心豈曾有邪？却不合正理，佛氏亦豈有邪心者？〇又曰：「雖無邪心，苟不合正理」者，實該動静而言。然燕居獨處之時，物有來感，理所當應，而此心頑然固執不動，則雖無邪心，而只此不動處，便非正理。又如應事接物處，理當如彼，而吾所以應之者乃如此。則雖未必出於有意之私，然只此亦是不合正理。既有不合正理，則非邪妄而何？〇「无妄之彖曰。」〇彖謂卦下文王所繫之辭。彖者，斷也，以斷一卦之吉凶。〇眚，據程傳是「過眚」之「眚」，非「灾眚」之「眚」。

○**人之蘊蓄，由學而大**。○句下須添一語説，學者何在？多聞前古聖賢之言與行。○**識而得之**。○識，與「默而識之」之「識」同。言存諸心，此句重人只無識而得之，故聞見雖博，誦説雖多，終不能有以蓄德而成之也。

○**咸之象曰：「君子以虚受人。」**○受人，受於人也。蓋其心虚則能受於人，此言受人之感。人之感我，或以事，或以言，唯吾虚中則隨其所感，以莫不受之矣。○**中無私主，則無感不通**。○中無私主則虚也，苟有私意以爲之主，則中心實而感應之機窒矣。雖事之來，奈其不受哉？通，即應也。天下之理，不應則已，應則斯通矣。○**以量而容之**。○量以氣質分量言。○朱子曰：以量者，乃是隨我量之大小以容之，便是不虚了。○愚謂：若以其本分，則贊化育參天地，平定萬國，甄陶一世，亦皆在我，量其容曷有限哉？愚故謂此以氣質分量言。夫常人之量，固雖有廣狹大小之異，皆未能免氣質拘蔽。故如以其量容之，則所容終有限而一歸不虚了。○**其九四曰：貞吉悔亡，憧憧往來，朋從爾思**。○要知象辭與九四，感有彼此之別，象辭是言物感而我應，故曰「受人」。九四，是取己感而物應，故傳曰「感天下之心」，又曰「感物」。朱子載此兩節，彼此交感之義各舉而無復遺漏矣。○蔡虚齋曰：「憧憧往來」，欲物之我從也。然既有心於感物，則所感者狹矣。故但其朋類從之，而其所感之不及者，不從也。是以君子之道，無若「廓然而大公，物來而順應」。○**感者人之動也**。○感者，取人心之動，非謂事物之動，故直曰人之動也。○**四當心位**。○楊龜山曰：初言咸其拇，二言咸其腓，三言咸其股，五言咸其脢，上言咸其輔頰舌。而九四一爻，由一身觀之，則心是也。○**有所私係，則害於感通**。○私係，便「憧憧往來」也。如此則朋類之外，我欲而彼否，己施而物忤，無有感通者，乃所謂悔也。○此節「通」字與前節「通」字意較異。前節「通」字是屬受感者，感而遂通天下之故者是也。此節「感」字皆屬爲感者。按：咸卦彖傳曰：「天地感而萬物化生。」蒙引曰：「萬物化生，還是天地之感而通處，通屬天地。」此處「通」字，亦似此意，細推文意，决然不得不如此看。○「**如寒暑雨暘**」云云。○暘，日出而明也，此又就聖人上取譬以明之。天地之間，周遍無不應通者，莫若寒暑雨暘。如時乎寒則天下皆受其寒，如時乎暑則天下皆受其暑，時乎雨、時乎暘則天下皆受其潤，天下皆受其暄。無往不通，無處不應，聖人感天下之心，亦正如此也已。○**貞者，虛中無我之謂也**。○我，私己也。無我，便所謂中無私主也。○**若往來憧憧然，用其私心以感物**。○用私心以感物，此是「往來憧憧然」者。○**以有係之私心，既主於一隅一事**。○有所私係，則必主於一隅一事。苟無私係，則廓然周遍而已。○蔡虛齋曰：味九四爻象，大旨只是一正一反說。蓋「貞」者，虛中無我之謂也，「憧憧往來」反之[二]。「吉悔亡」者，感無不通也，「朋從爾思」反是。此蓋霸王之辨也。此爻辭關涉最大而要，分明是心學、心法。

○「**君子之遇艱阻**」章。○艱難阻險有失而致之乎？便孟子所謂「行有不得者，皆反求諸己」之意。○「有所未善則改之，無歉於心則加勉。」○論語「曾子三省」章，集注曰：「曾子以此三者日省其身，有則改之，無則加勉。」其言蓋本於此。

○**非明則動無所之，非動則明無所用**。○朱子曰：徒行不明，則行無所向，冥行而已。徒明不行，則明無所用，空明而已。○愚謂：明足以灼其理，動足以致其用，然後内外相資，體用兼舉，學問之功立矣。

○**習，重習也**。**時復思繹，浹洽於中，則説也**。○饒雙峰曰：「習」字訓「重」，故重險謂之習坎。○吴氏曰：重習者，更互反復之意。繹，抽絲也。思者如之。○朱子曰：「浹洽」二字有深意。如浸物於水，水若未入，只是外面濕，内面依然乾。必浸之久，則透裏皆濕。習而熟，熟而説，脉絡貫通。程子所謂「浹洽」是也。○林同安曰：説處全在時習上。學而時習，則工夫爛熟，義理融會，浹洽於中，略無生疏杆格之患，真有左右逢原之妙矣。學者到此境界，心中豈不喜悦？如今學小藝到得熟後，心中亦自懽喜。○**以善及人，而信從者衆，故可樂也**。○學至於説則既成已，而足以及物矣。所以以善及人且實善在已，則信從者必衆，所謂「德不孤」也。

夫吾所及者善，而人之信從之者衆，則其樂如之何哉？○蔡虚齋曰：夫與人同歸於善者，君子之本心也。故信從者衆，則我之所知彼亦知之，我之所能彼亦能之，有以愜其素願矣，云何不樂？○張南軒曰：樂比於説，爲發舒也。○林同安曰：此二句意相足。語録云「樂其信從者衆」，非是。○**雖樂於及人，不見是而無悶，乃所謂君子**。○「不見是而無悶」，易乾卦文言文。君子，成德之名。○不可説上文説樂未足爲君子，必至不悶正爲君子也。蓋上文未見君子之實，方至此段，足以知其誠爲君子。故虚齋曰：「雖樂於及人，然猶未見其爲君子，以其未處逆境也。必不見是而無悶，則處逆境如順途。而凡一切身外之事，舉皆不足以介其念慮矣。此非成德不能也，乃所謂君子。」説得盡。○林同安曰：今人有一善而不見知於人，尚不能無介於心，况善足以廣及於人乎？非夫德盛於中，在外之得失纖毫不足以動之，不能至此。

○「**古之學者爲己**」章。○蔡虚齋曰：古今所學之事都同，但古今學者之用心則不同。古之學者用心惟欲得之於己，今之學者用心惟欲見知於人。夫惟欲得之於己，則亦少有不見知於人者，然知不知非所計也。夫惟欲見知於人，且虚譽雖隆，而實德則病矣。

○**伊川先生謂方道輔曰：聖人之道，坦如大路**。○萬姓統譜曰：方元寀，字道輔，莆田人。少與程頤同游潤學，書問往復至數十紙。○孟子曰：夫道如大路然。○**學者病不得其門耳**。○子貢曰：不得其門而入，不見宗廟之美，百官之富。得其門者或寡矣。○朱子曰：學者之不進，由無入處，而不知其味之可嗜。○**買櫝還珠**。○韓非子曰：楚人賣珠於鄭，爲木蘭之櫃，薰以桂椒，綴以珠玉，飾以瑰玉。鄭人買其櫃還其珠。○此喻治其末文而遺其本，實下句所謂「誦其言辭，解其訓詁，而不及道」，即買櫝還珠者。○**乃無用之糟粕耳**。○糟粕，酒滓。○莊子天道篇曰：「古人之糟粕。」○林希逸注曰：書載古人之言耳。其人不存，則其不可傳者，何從得之？糟粕之鋪，豈知酒味乎！○**足下**。○蔡邕獨斷曰：陛下者，群臣與至尊言，不敢指天子，故呼在陛下者而告之，因卑達尊之意也。及群臣庶士相與言殿下、閣下、足下、侍者、執事之屬，皆此類也。○酉陽雜俎曰：秦漢以來，於天子言陛下，二千石長史言閣下，父母言膝下，通類相言於足下。○朱子曰：伊川答方道輔書，他只恁平鋪，無緊要説出來。只是要移易他一兩字，也不得；要改動他一句，也不得。

○「**明道先生曰：修辭立其誠，不可不子細理會**」章。○按：語類，此章之言爲蘇季明發。朱子曰：「季明是横渠門人，祖横渠『修辭』之説，以立言傳後爲修辭，是爲居業。明道與説易上『修辭』不恁地。修辭，只是如『非禮勿言』。」○愚謂：横渠蓋以修辭立誠，分爲二事，只云云。「若修其言辭，正爲立己之誠意」又曰「能修省言辭，便是要立誠」，明道謂故有此說。謂深求而玩味是爲一事說了，若做一事看，豈有修飾爲僞之謬哉？○理會。○小學句讀曰：尤之也。○修省言辭。○省者，「省察」之「省」，便修之之實功。明道於易文添箇「省」字示人，切。蓋言辭人之所易過，一有不可言而言，則爲不誠。故欲修其辭者，莫如省察細味。「省」字裏面自含擇言、顧行之意。論語「謹言」，中庸「有餘不敢過」，皆自省字來。○學者須要分辨「修省」與「修飾」之界限，此是生死路頭。葉注曰：「省、飾之間，乃天理人欲之分。」○「若修其言辭」至「義以方外之實事」。○言外修其言辭，正爲內立誠意，乃是合外內之功。心因以存，事因以宜，所謂「敬以直內，義以方外之實事」。體當者以身處其地，而自當其事也。○立誠則心存而內自直；修辭則事應而外自方。○「道之浩浩，何處下手？」○浩浩，盛大貌。道是箇至廣至大底物事，無物不有，無時不然，將何處去下手？獨立己之誠意，纔有可居之處而爲實下手之地，苟有這可居之處則可以居之而已。修業，只是業而居之也，纔有可居之處且慢指示其地，可以修業也，是句方言用功。○「終日乾乾，大小大事。」○此又雜引易文，以結上文之意。「終日乾乾」，就成德上言，所謂「不以人欲害其天德之剛，自强不息」者，湯之「聖敬日躋」，文王「純亦不已」，皆此也已。是乃體浩浩之道，其不至大哉！然要其歸，却只是「忠信所以」云云，爲實修業處。蓋惟立誠，便爲可居之處，於此愈可見矣。○朱子曰：明道論「修辭立其誠，所以居業」，説得來洞洞流轉。若伊川以篤志解立其誠便緩了。○又曰：「忠信所以進德」，爲實下手處。如是心中實見得理之不妄，如惡惡臭，如好好色，常常恁地，則德不期而進矣。誠，便即是忠信；修省言辭，便是要立得這忠信。若口不擇言，只管逢事便説，則忠信亦被汨没動蕩，立不住了。○此章之意，唯是丁寧言立其誠，而味最長。大抵明道之言，卒見泛然如無要領者，細玩則條理分明，甚有意味，讀者宜致思焉。

○「**伊川先生曰：志道懇切，固是誠意**」章。○實理中自有緩急，日就月將不可有一息之間斷者，急也；優游涵泳不可躐等而進者，緩也。學者當循其緩急之則，以急乎可急，緩乎可緩，不可壹是迫切，天地之化亦如此已。○如一樹花，自蓓蕾至開拆，日進不舍，有漸而不遽。凡造物皆然，可知實理有緩急矣。此章恐有爲而發。

○**孟子才高，學之無可依據**。○孟子天資超邁，故其所説多舉成功之地，以寡用功次序之詳，見「知言養氣」之類而可知也。蓋自不費多少工夫，而學已到聖處，故後學無可依據之階梯。顔子才雖未嘗不高，然其學却細膩切實。自博文約禮之功，以至欲罷不能，見其卓爾循循有序，所以學者有用力處。○「**又曰學者要**」云云。○此不必一時之言，只以其意之符合，故朱子附之耳。後書「又曰」者，意皆仿此。○朱子曰：孟子説得粗，不甚子細；只是他才高，自至那地位。若學者學他，或會錯認了他意思。如顔子説話，便可下手做。○又曰：顔子須就己做工夫，所以學顔子則不錯。○注「有準的」。○言博文約禮。

○**明道先生曰：且省外事**。○此必如語類所言，吕與叔自關中來，初見二程時説話。不然首一句鶻突，且是章之意，須因其病痛而施，不可泛與學者語。若正其衣冠，尊其瞻視，「動容貌，斯遠暴慢矣」之類。君子之於文章，固無所苟而已矣。○横渠之教人，每依禮文上面，此又未爲不切要。蓋初學者，不能遽存養，故先自容貌威儀之際，而不做之工夫，則無因而入之地矣。不曰「不重則不威，學則不固」，只整齊嚴肅，則心便一乎，此横渠所以每以禮文教學者之意也。然學者因其教，多用心於外事而不復近裏。此時與叔初見程子，其起居進退之間，必有節文太煩，而見拘迫叢脞之態，故明道誨之曰「且省外事」，此又能因其病痛以箴人之手段。外事，外面底事，威儀文章是也。○**但明乎善，惟進誠心**。○知至而后意誠，如惡惡臭，如好好色，此其意之誠而實自知之明來，故明乎一分善，斯進一分誠心；明乎五分善，斯進五分誠心。若夫明乎善已十分，則誠心之進亦十分了。夫如此，其威儀度數之微雖或未中，大本既立而不至大違道，則亦不足爲害也。若唯用心於外，而所守不要約，則只見泛濫無功而已。泛濫，水延漫貌。

○「**學者識得仁體，實有諸己**」章。○體，「體段」之「體」，不消必説全體。○朱子曰：「識得」與「實有」須做兩句看。「識得」是知之也，「實有」是得之也。若只「識得」，只是知有此物，却須「實有諸己」，方是己物也。○葉注：以「義理栽培」爲得仁後面工夫者，似倒説。蓋仁道至大，若盡其體以實有諸己，則非顔、曾不足以語之。是豈義理未明，經義未分之見，而有卒得之者乎？明矣要義理栽培者，所以識得仁體，而有諸己之階梯，由此而至於彼也。○古者有禮樂之教，皆所以培養心德也。今皆無之，乃所栽培之者，獨有義理在而已。嗚呼！後學欲得其仁，有不因義理之栽培而能得之者哉。

○「**昔受學於周茂叔**」章。○子曰：「飯疏食飲水，曲肱而枕之，樂亦在其中矣。」又曰：「賢哉，回也！一簞食，一瓢飲，在陋巷，人不堪其憂，回也不改其樂。」此孔、顔之樂處也。○「樂處」字連上讀，「所樂」字連下讀，非有異義也。○據先儒説孔、顔之樂，非樂疏食簞瓢，又是非樂道。其非樂疏食簞瓢者，固不待論也，其曰非樂道者，以謂若云然，吾身與道各爲一物，未到渾融無間之地，豈足以語孔、顔之樂哉？妄意竊謂夫聖人者，私欲浄盡，天理流行，胸中廓然，身體寬胖，無時而不安，無處而不樂。苟非以道爲標準，戀戀樂此而已。孔、顔之樂，恐似此歟？然而後學不可妄爲之説，善乎朱子曰：「學者但當從事於『博文約禮』之誨，以至於欲罷不能而竭其才，則庶乎其可以得之矣。」此不説出其樂却深示人以得之之方，非真知實踐者，其誰能説之哉？○或問：孔、顔所樂何事？朱子曰：不要去孔、顔身上問，只去自家身上討。○又曰：孔、顔之樂，大綱相似，難就此分淺深。唯是顔子止説「不改其樂」，聖人却云「樂亦在其中」。「不改」字上，恐與聖人略不相似，亦只争些子。聖人自然是樂，顔子僅能不改。○陳潛室曰：孔、顔之心如光風霽月，渣滓渾化，從生至死，都是道理，順理而行，觸處是樂。行乎富貴，則樂在富貴；行乎貧賤，則樂在貧賤，夷狄患難，觸處而然。蓋行處即是道，道處即是樂，初非以道爲可樂而樂之也。○又曰：心廣體胖，無入而不自得，所樂即是道也。若但以孔顔之樂不可形容，而不知其所樂何事，則將有耽空嗜寂之病。聖賢著實工夫，豈是欲人懸空坐悟？所以濂溪必令二程尋孔顔所樂何事。○真西山曰：程、朱二先生恐人只想像顔子之樂，而不知實用其功，雖日談顔子之樂，何益於我？故程子全然不露，只使人自思而得之。朱先生又恐人無下手處，特説出「博文約禮」四字，令學者從此用力。真積力久，自然有得，至於欲罷不能之地，則顔子之樂可以庶幾矣。

○所見所期不可不遠且大。○程子又曰：「言學便以道爲志，言人便以聖爲志。」又嘗病世之學者，捨近而趨遠，處下而闚高，所以輕自大而卒無得也。正與此章意同，須參看。

○朋友講習，更莫如「相觀而善」工夫多。○公羊傳曰：同門曰朋，同志曰友。○學記曰：相觀而善之謂摩。○吴臨川曰：相觀，謂甲觀乙，乙觀甲。此有未善，觀彼所善而效之，則此亦善矣。○「朋友講習」主致知，言「相觀而善」却是自修工夫，然而每在文會講習間得之，故云然。

○須是大其心使開闊。○邵子曰：「心要能放，能放開闊。」與此意同。○此處未必説到「除盡私意，以充本然之大」，只欲學者規模闊大，不安小成，便前章所謂「所見所期不可不遠且大」之意。○九層之臺。○九層，九重也。老子曰：「九層之臺，起於累土。」

○明道先生曰：自「舜發於畎畝之中」云云。○孫叔敖，一名蔿獵艾，隱處海濱，楚莊王舉之爲令尹。○孟子曰：舜發於畎畝之中，傅説舉於版築之間，膠鬲舉於魚鹽之中，管夷吾舉於士，孫叔敖舉於海，百里奚舉於市，皆發於側陋貧困之中，以當大任重寄者。○陳潛室曰：

「熟」謂義理與自家相便習，如履吾室中。○熟字泛説，不關著舜以下數君子，「這裏」字正指上文言。○朱子曰：只是要事事經歷過。似一條路，須每日從上面往來，行得熟了，方認得許多險阻去處。若素不曾行，忽然一旦撞行去，少間定墮坑落塹也。○輔慶源曰：人不經憂患困窮、頓挫摧屈，則心不平、氣不易，察理不盡，處事多率，故謂人若要熟，須從這裏過。

○**參也，竟以魯得之**。○朱子曰：緣他質魯鈍，不便理會得，故著工夫遂見得透徹。若理會不得，便放下了，如何得通透？終於魯而已。○蔡虛齋曰：魯，遲鈍也，不敏也。人一看曉得，他便着兩三遭看。人一遍記得，他便着兩三遍記。曾子真實是魯，後人見他後來地位高，只管爲之回護，謂參之魯猶回之愚，不知夫子當時以與柴也愚、師也辟並論，則分明是魯矣。分明説是魯，亦何傷？適足以顯其學力之勇。能由學以至聖，而天下之學者，庶乎知所勵也。孟子曰「人皆可以爲堯舜」，亦可見其有此理矣。

○**明道先生以記誦博識爲玩物喪志**。○此章記言者之所述。「玩物喪志」四字，出書旅獒篇。○只緣玩之以爲喪志，病在「玩」字。明道之語本有爲而言，非槩以「記誦博識」爲之不可。若然，致知格物亦不可耶。○注「時以經語録作一冊」，著本文之所從出也。以下面鄭轂之言考之，知其人正是謝顯道。其載胡康侯之言者，以其言之同而足相證，且可以見非一惡記識也。○鄭轂，字致遠，建安人。胡安國，字康侯，建州崇安人，謚文定。○「心中不宜容絲髮事。」○欲無其所作爲繫滯也。○蓋君子之學，莫若「廓然而大公，物來而順應」。○「自負該博。」○自負，自恃也。○「舉史書成篇。」○史書，紀事之書。如史記、漢書之類。成篇，全篇也。○「逐行看過。」○見之詳也。○「不蹉一字。」○預記之也。○「後來省悟」云云。○朱子曰：明道以上蔡記誦爲玩物喪志，蓋爲其意不是理會道理，只是誇多鬬靡爲能。若明道看史不蹉一字，則意思自別，此正爲己、爲人之分。

○**禮樂只在進反之間，便得性情之正。**○此禮樂以退讓恭敬之節、歌謠舞蹈之文言，非論禮樂之理，然理自在其中。○進反。○反字易解，進字難説。朱子曰：「進者，力行之謂。」又曰：「禮主於樽節、退遜、檢束；然以其難行，故須勇猛力進始得，故以進爲文。」又曰：「禮以謙遜退貶爲尚，故主減；然非人之所樂，故須强勉做將去，方得。」詳此三説，可以見進之義矣。○禮以進爲文，進即樂之體也。樂以反爲文，反即禮之體也。此可以知禮樂相爲用，而一進一反之間便得性情之正。

○**父子君臣，天下之定理**。○爲父則有父道，爲子則有子道，爲君則有君道，爲臣則有臣道，此乃天下一定之理。故直曰「父子君臣，天下之定理」，慈、孝、仁、敬是已。○**無所逃於天地之間**。○此一句出莊子人間世篇。天地之間，無處而不有父子、君臣矣，夫焉有所逃乎？○「**安得天分，不有私心**」云云。○朱子曰：「天分」，即天理也。父安其父之分，子安其子之分，君安其君之分，臣安其臣之分，則安得私！故雖行一不義，殺一不辜而得天下，有所不爲。○愚謂：天下至廣，事變至多，而能安得天分，不有分毫私心。則就其中行一不義、殺一不辜猶且有所不爲，看是何等周德！而於所謂「天下之定理」竭盡而無餘，亦自可見矣。然纔有私則時而行不義、殺不辜，或有未免，豈是王者事耶？○此章以下伊川語。

○「**論性不論氣不備**」章。○朱子曰：論性不論氣，則無以見其生質之異；論氣不論性，則無以見義理之同。孟子之言性善者，前聖所未發也。而此言者，又孟子所未發也。○又曰：本然之性，只是至善。然不以氣質而論之，則莫知其有昏明開塞，剛柔强弱，故有所不備。徒論氣質之性，而不自本原言之，則雖知有昏明開塞，剛柔强弱之不同，而不知至善之原未嘗有異，故有所不明。須是兩邊都説，理方明備。○葉注曰「此段疑當在首卷」，極是。蓋曰性曰氣，皆道之體段。而此章獨言性氣之不可以不兼論，而無學問、工夫之説，且此言也，首卷「生之謂性」

一章之綱領也。彼章皆合説性、氣，而其所謂性即氣，氣即性者，又與此章曰「二之則不是」互相發，當在首卷也，無疑矣。

○「**論學便要明理**」章。○體字對制度，文爲指大體而言也。尊賢、親親、體群臣、子庶民之屬，凡治道大節之所係是已。須要知隨處有這大體。○朱子曰：是箇大體有格局當做處。如作州縣，便合治告訐，除盜賊，勸農桑，抑末作，如朝廷，便須開言路，通下情，消朋黨；如爲大吏，便須求賢才，去贓吏，除暴斂，均力役，這箇都是定底格局，合當如此做。○愚蚤歲好看山海經、酉陽雜俎、剪燈新話、餘文序録、稗史、五雜俎等雜書，記得數千言，一無所發明。讀愈多，理愈惑，此知學問之道，不可徒貪多，唯當要明理而已。

曾點、漆雕開已見大意，故聖人與之。○大意，大綱意思。○朱子曰：大意便是本初處。○又曰：他見得這箇大綱意思，於細密處未必便理會得。如千兵萬馬，也只見得這箇[三]，其中隊伍未必知。○愚按：曾點之志，分明説出。他蓋有見天理流行，隨處充滿，故其言志也。即其所居之位，樂其日用之常，有與天地萬物各得其所之氣象。此見其大意，自見於言外。如漆雕開初無一言之論説，將何由知其有見於此。蓋當夫子使他仕之時，直應之曰「吾斯之未能信」。「斯」字太重，若不有真箇有所見得而不安小成之意，安曰斯之未能信乎？故就此言，亦可以知其見大意。

○「**根本須是先培壅**」章。○根本謂心德，壅亦培之意。○朱子曰：涵養持敬，便是栽培。○又曰：此段只如「弟子入孝出弟，行謹言信，愛衆親仁，行有餘力，則以學文」之意耳。先只是從實上培壅一箇根脚，却學文做工夫去。○愚謂：雖有根本培壅，如其趨向不正，則又有厭煩過高之弊。若佛氏往往坐禪入定以清其心，亦近培壅之功。然趨向大不正，故其培壅之行一止空虛無爲之地，而於親義別序之道，修齊治平之業，一無所用，然則何益矣。此其所以説根本培壅，繼之以可立趨向也。

○**敬義夾持直上，達天德自此**。○「夾持」二字下得最好。夾者，中有一物而自兩面挾之也。凡物兩面挾之，則直上而已。如草木之屈曲，兩面更傍木以挾持之，則還不倒東傾西，植植上指。人心敬義，内外交養，亦猶是耳。「夾持」二字，當如此看。朱子曰：「二者相夾持，要放下霎時也不得，只直上去。」又曰：「表裏夾持，更無東西走作去。」又曰：「夾持，如有人在裏面把住，一人在門外把持，不由他不上去。」皆是這意。○朱子又曰：直上者，無許多人欲牽惹也。○天德，謂天理之得我者，不可就天而説。

○**懈意一生，便是自棄自暴**。○程子又曰：人皆可以爲聖人。而君子之學必至於聖人而後已。不至於聖人而自已者，自棄也。

○**不學便老而衰**。○程子又曰：如人少而勇，老而怯；少而廉，老而貪，此爲氣所使者也。若是志勝氣時，志既一定，更不可易。如曾子易簀之際。

○**人之學不進，只是不勇**。○勇者，志氣之强。志氣不强則中道而廢，安能進得？

○**學者爲氣所勝，習所奪，只可責志**。○性理大全四十三卷張子曰：「有志於學者，都更不論氣之美惡，只看志如何。『匹夫不可奪志也』，惟患學者不能堅勇。」○朱子曰：爲學在立志，不干氣質强弱事。○愚謂：氣者，禀於有生之初；習者，染於已生之後。如昏明、强弱是氣也；如浮躁、苟賤、驕侈、吝嗇之屬，此皆習之所移已。只責其志之不立，則自不爲此等所累。

○「**内重則可以勝外之輕**」章。○朱子曰：學者在義理上安頓，無許多胡思亂想，則久久自於物欲上輕，於義理上重。須是教義理心重於物欲，如秤令有低昂，即見得義理自端的，自有欲罷不能之意，其於物欲，自無暇及之矣。

○**董仲舒謂：「正其義，不謀其利；明其道，不計其功。」**○仲舒，漢廣川人。景帝之朝爲博士，武帝時爲江都易王相。此乃對易王之言。○道義只是體用之謂。語類曰：「道是大綱説；義是就一事上説。」又孟子「浩然」章集注曰：「義者，人心之裁制。道者，天理之自然。」二説相須。蓋天地間，物物自有天理而存，此所謂「道」，以其總括言之，故曰「大綱」。吾心循其天理，各各處置之，以使合宜，便是義。所謂人心之裁制者，而就一事上説又可見矣。今欲解道義者，須兼他二意説。○正字難説。朱子曰：「義必正，非是有意要正。」味此之言，只是處置合義十分恰好，便是正之意，其用力處，全在義字上。正其義，猶言正當其義，明其道該行在其中，人只患不明其道耳。苟明乎此，則其行之自不能已矣。○朱子曰：正義未嘗不利，明道豈必無功，但不先以功利爲心耳。○愚謂：處事合義以上則獲君，以下則得民，以内則順乎親，以外則信乎友，無適而不利矣。學以明其道，則八面玲瓏，百務是當，事無不立，業無不成，其有功也必矣。但君子之心，置之度外而不顧而已矣。○程子曰：此言董子所以度越諸子。○朱子曰：仲舒所立甚高。後世之所以不如古人者，以道誼功利關不透耳。○朝鮮李退溪自省録曰：利字初非不好，緣被謀之之心，便成不好了。

孫思邈曰：「膽欲大而心欲小」云云。○思邈，唐京兆人。此答范陽盧照鄰之言，見唐書方技傳。○白虎通曰：膽者，肝之府也；肝者，木之精也。主仁，仁者不忍，故以膽斷也，是以肝膽二者必有勇也。○「大」字内含剛字意，如決然不回顧是膽之大，便帶剛意，所謂「雖千萬人，吾往者」。○天台陳氏小學句讀曰：膽大，謂敢爲。心小，謂畏敬。智圓，謂通變。行方，謂有守。○此語將大、小、方、圓四字對舉言之，字字有深味，宜熟看之。○董子之言舉道義功利，以明取舍之分，此是理欲生死路頭。思邈之説對心志智行，以論其用功，此正修業進德之妙術。秦漢以來，未有若是言之切且盡者也。故程子並稱之，以爲學問之法則焉。

○「**大抵學不言而自得者，乃自得也**」章。○自得，自然得之也。不言而自得者，所謂默識心通也。唯其得之也，出於自然，所以不待言語也。若有安排布置，則只是著意强爲，非真自得者。苟非真自得，居之不安，資之不深，不能取之，左右逢其原，亦未足爲貴已。○輔慶源曰：自得如子貢悟性天道之不可聞，曾子唯吾道一貫之語，此何待於言語而後見。正張子所謂「德性之知，不萌於聞見」者也，豈容更有安排布置哉？○愚謂：自得之不待言語固也，然又豈有偶然自得者耶，學者當求至之之道耳。按：孟子離婁下篇「君子深造」章集注引此言，而下文曰：「然必潛心積慮，優游厭飫於其道，然後可以有得之。」此朱子摭取程説合而爲一，以示學者用力之方，此又不可不知也。○蔡虚齋曰：論自得者，可把牝雞抱卵出雛爲譬。或問朱子曰：「少時見雛將出卵，視之其時已至，自然迸裂而出，全不用彼着力，有時見其難梢以手助之，其子出來，便不長進。學而進於自得者，其理正如此。」

○「**視聽、思慮、動作，皆天也**」章。○言人生日用視聽、思慮、動作，皆其自然而不容已，非待人爲而後然者，故曰「天也」。但人之有是也，順理則爲真，從欲則爲妄，故學者於其中要識得兩間，以知所去取爾。○此章之言，乃爲顏子「四勿」之根基，蓋識得真妄分明，然後可以禁止，非禮而復禮矣。苟不於此看破，將何者爲非禮，何者爲禮而禁之復之乎？然則欲學聖人者，必當於此着力而已。

○**明道先生曰：學只要鞭辟近裏著己而已**。○辟，音闢，「鞭辟近裏」是洛中俗語。此四字只一串意，非鞭辟於彼而近裏著於此。譬如市中人，四面散在，一鞭辟之，則皆歸著一方，可以意會近裏底説。著，語助辭。○林希元曰：鞭辟者，以鞭辟人也。「鞭辟近裏著己」者，凡人爲學多務外不着己，故要鞭辟使近裏著己也。○**故「切問而近思，則仁在其中矣」**。○凡曰在其中者，皆不求而自至之辭。○陳新安曰：此致知之鞭辟近裏著己者。○「**言忠信**」至「**夫然後行**」。○朱子曰：蠻，南蠻；貊，北狄。二千五百家爲州，二十五家爲里，其者指忠信篤敬而言。衡，軛也。轅，端横木以駕馬領者。○蔡虚齋曰：蠻貊可行，則近者可知；州里不行，況於蠻貊乎。行舉其遠，見其無處不可行也；不行舉其近，見其無處而可行也。「參前倚衡」，是説未行未言之先能如此。夫然後言自然忠信，行自然篤敬，而蠻貊可行也。「參前倚衡」，只是此心不忘到處相隨之意。○陳新安曰：此力行之鞭辟近裏著己者也。○林希元曰：「只此是學」者，此指「切問近思」至「參前倚衡」，皆鞭辟近裏著己也，故曰是學，言此是個正當學問也。

「**質美者**」至「**及其至則一也**」。○質美者，謂上知之資。○林希元曰：此言於切問、近思、忠信、篤敬，這等工夫一時俱盡到也。「明盡」是行了，不但知而已。「明得盡」這工夫極大，不是小可，故曰「查滓便渾化」。查滓，痕迹也。言知行勉强未到自然地位，皆是查滓；到不思不勉從容中道，則查滓渾化矣，故曰「與天地同體」。不如此説，安能與天地同體？論語小注查滓作人欲説，未是。○胡氏曰：莊主容，敬主心。内外交致其力，常常操守以涵養之。

○「**忠信所以進德**」章。○説見前，其他葉注備矣。

○**凡人才學，便須知著力處**。○言人不學則已，才學則須知何地正是自己著力處。且既學之，則又須知自得力處。「既學」對「才學」説，是既「知著力處」以後事，不然何以言得力。○「須知著力處」，此是最初學急務。夫爲學而不知用力之地，則茫乎終無得入道之端矣。如此終身爲學，抑何益乎！及既學之，又不自知其得力處，則無驗造道之能否，於日新之功恐有所疏，故又曰「既學，便須知得力處」。○朱子曰：爲學須覺今是而昨非，日改月化，便是長進。

○「**有人治園圃**」章。○種果木曰園，種蔬菜曰圃。○「振民育德。」○吴臨川曰：振者作興彼之善，新民之事也。育者培養己之善，明德之事也。○「二者爲己爲人之道也。」○爲，猶成也。○朱子曰：役智力於農圃，内不足以成己，外不足以治人，是濟甚事！

○「**博學而篤志，切問而近思**」，**何以言**「**仁在其中矣**」？○此章論子夏之言。博學不止讀書，是要事事都理會。篤志，心一於是也，仍受上面「學」字言。切問，切於己之問也，所問皆他力量能到處，及日用當做底，正是「切問近思」者。以類而推，如由孝而思忠、由弟而思順之屬，凡此皆致知之事，未及乎力行而爲仁也。而子夏却言「仁在其中矣」。故程子提其語，以欲人之思得之。○朱子曰：從事於此，則心不外馳，而所存自熟，故曰「仁在其中矣」。○林希元曰：

仁者，心之德也。心不外馳而所存者熟，則心存而理得矣，故曰「仁在其中矣」。〇東嘉史氏曰：「『徹上徹下』，是自始學至成德之謂。『博學篤志，切問近思』四者，本只是學者致知之事，所謂『徹下』者也。然從事於此，則心不外馳，而所存自熟，故曰『仁在其中』，所謂『徹上』之道。

〇**弘而不毅，則難立**。〇弘是量，謂心能寬容，不以一善自足。毅是守，謂堅執，不以半途自廢。〇注：西銘言弘之道。〇言欲知弘之道，則西銘一書盡之。

〇「**伊川先生曰：古之學者，優柔厭飫**」章。〇「優柔厭飫」四字出杜預左氏傳序。優柔，優游不迫也。厭飫，浹洽饜足之意。今日明一理，明日明一理，今日行一善事，明日行一善事，日將月就，無急迫之患而有浹洽之功者，所謂「優柔厭飫」也。〇優柔厭飫，用功之實，「只做一場話説」者反是；有先後次序，是不躐等而進，務高者反是。務高，言處卑而闚高也。〇常愛杜元凱語「若江海之浸，膏澤之潤」云云。〇杜預，字元凱。西晋武帝時人，作春秋左氏經傳集解，此其序中語也。脂之澤者爲膏，言雨之爲潤，若脂膏然，故稱膏澤。〇林氏曰：如江海以水深之故，而所浸者遠；如膏澤以雨多之故，而所潤者博。〇愚謂：此兩句言「優柔厭飫」之意。〇「涣然冰釋，怡然理順。」〇林氏曰：涣然解散，如春水之釋。怡然喜悦，而衆理皆順。

○愚謂： 此兩句所謂豁然貫通地位，當兼知行看。

○**修養之所以引年**。○修養，黄老之術。長生久視之道也。人生殀壽係於天之氣數，然道家之士常使精氣保煉以無勞耗，乃可以過期延年矣。譬如蠟燭置之風前只管摇動，則蠟速盡；置諸密室而不爲風所動，則蠟之盡遲，此修養家之引年，分明有是理也。○**國祚之所以祈天永命**。○國祚，人君有國之福祚也。「祈天永命」一句，書召誥文，祈，求福也。國祚之修短，亦自有數。然有賢明之君，行仁義，正風俗，存綱紀，結人心，則保治於將亂，存安於將危，可以挽回天意也，可以膺受永命也。祈者，非有意祈之之謂，但能得其道，則自永保國祚，那裏有不祈之祈存。○**有此應**。○應字指引年，祈天永命，及至於聖賢言。○此章三事工夫一般，只君子之所由，則在下二事而已矣。

○**忠恕所以公平**。○此「所以」字爲有次序之言看，蓋由忠恕而後至公平也。公平即是仁，忠恕工夫所盡乃是公平，忠恕所以公平也。忠恕，猶著意做公平則自然耳，非仁而何？此又可見忠恕違道不遠也。○**造德則自忠恕**。○造者，進而至也。人能盡己以及於物，以上則忠君，以下則仁民，以内則孝親，以外則弟長，仁義、忠信必由此而後有得於己。苟不忠恕，事皆無實，將何之行以得之於己耶？明矣，造德則必自忠恕也。○**其致則公平**。○致，極致也。德逐行上説公平，德之渾全者。

○**仁之道，要之只消道一「公」字。公只是仁之理**。○「理」字難看，是與「堯舜性之」之「性」字意思相似。蓋公只是仁底自若道理，仁則有情，公則無情，故又未可將「公」便喚做「仁」。夫仁主愛，若公而已，而不得有愛意，則豈足語「仁」耶？故公而又要以人體之，便爲仁也，蓋人身便是仁。所謂「滿腔子是惻隱之心」，是故以人體之，則物我兼照之中，自有惻怛慈愛之意，論仁之道於斯乎全矣。○此章程子説得精密。蓋説仁之道，只一「公」字爲最的當。然公只其理而已，未見活潑流行之意。仁實是發生底物事，故曰以人體之。先儒論仁，未有深切如此者，嗚呼，精矣哉！○體，猶言骨子，如「體物不可遺」之「體」，「體之」「之」字，語類多指「公」字説。若據愚見，是指「人」字，蓋仁之名不從公來，正從人來，故「人」字爲尤重。朱子曰：「緊要在『人』字上，仁只是箇人。」又曰：「仁是人心所固有之理，公則仁，私則不仁。未可便以公爲仁，須是體之以人方是仁。」當以此等言爲定説。○朱子又曰：「世有以公爲心而慘刻不恤者，須公而有惻隱之心，此功夫却在『人』字上。」是説好認，可以見得本文明白。如今有獄吏刑人，當其可則固公已，然其處之，須有哀矜惻怛之意，如此始是仁。漢張歐上具獄事，爲涕泣而封之，暗得此意。若言可殺而直殺之，己却恝然；則雖殺之當理，未可謂之仁，所謂「不可將公便喚做仁」。公而以人體之，故爲仁者由此觀之。○又按：文集五十八卷答陳器之書曰：「以公爲仁似未精。伊川先生明言：『仁道難言，惟公近之，非以公便爲仁。』」又云：「公而以人體之故爲仁。」竊詳此意，「公之爲仁」猶言去其壅塞，則水自通流。然便謂無壅塞者爲水則不可。更以此意推之，可見仁字下落也。

「只爲公則物我兼照」至「**仁之用也**」。○兼照，兼及也。不可泥照字而該智上説。「故仁」二字自爲一句，受上句「物我兼照」言。○朱子曰：仁之發處自是愛，恕是推那愛底，愛是恕之所推者。若不是恕去推，那愛也不能及物，也不能親親仁民愛物，只是自愛而已。若裏面元無那愛，又只推箇甚麽？如開溝相似，是裏面元有這水，所以開著便有水來。若裏面元無此水，如何會開著便有水？若不是去開溝，縱有此水也，如何得他流出來？愛，水也；開之者，恕也。○又曰：恕之所施，施其愛爾，不恕則雖有愛而不能及人也。○又曰：仁如水，愛如水之潤，恕如水之流。○又曰：「施」、「用」兩字，移動全不得。蓋恕是推己，只可言施。如此等處，極當細看。○愚謂：上文雖曰「不可將公便喚做仁」，然公是「物我兼照」底物事，未有不如此而能惻怛慈愛者也。苟知有己而不知有物，則其於人何慈愛之有？故曰「只爲公則物我兼照，故仁」。朱子所謂「公則仁，私則不仁」者是也。故仁裏面既帶「以人體之」之意，是故下一句曰

「所以能恕，所以能愛」。

○**今之爲學者，如登山麓**。○廣韻：「麓，山足也。」又陸佃曰：「林屬於山，爲麓。」○此只譬以登山者，「麓」字帶言耳。○「迤邐」，連接不峻絶也。○後學讀書講義於平易處，則進而爲之；稍至難處，便倦而不勤。便己之事，則勇而勉之；勞力之行，則憚而懈之，此皆坐剛決不足，故曰「人之學不進，只是不勇，須是要剛决果敢以進」。

○**人謂要力行，亦只是淺近語**。○人要力行，固不是不好事，只夫能致知而强要摸捉着，亦是淺近底事而已。蓋知之已至日用之際，於其所當爲之事的然見得，則不待著意而自不容已矣。到這地頭，所謂「如决江河，沛然莫之能禦」也。苟不如此，徒逐事用智，屑屑爲之，此是人爲之私而一點意氣耳。夫自然而爲者，用之無竭，行之不窮；勉强爲之者，有時而體疲志倦，以不能時久也，必矣。故君子莫急於致知。程子又曰：「學者須是真知，纔知得是，便泰然行將去也。」

○「**知之必好之**」章。○知之者，知有此道也。好之者，嗜好其道也。求之者，求得之於己也。一節深於一節，直歸之得而後已。然「知」字尤重，人但真知得，則好之求之得之皆相因而生，猶大學知止而后定、静、安、慮、得相連而來也。○始於知之而終得之，此古人爲學之次第，而終身之事業也。「果能」以下，所以誘進學者不可須臾離已。○此章當求所知、所好、所求、所得爲何物，又須求所以知之、好之、求之、得之之道，方於己分上有得力處。

○**古之學者一**。○言唯儒者之學，而無他道也。文章之學，如司馬相如、曹植之類。訓詁之學，如鄭玄、馬融之類。

○**吕與叔詩云：學如元凱方成癖**。○此與叔贈劉户曹之詩。與叔，名大臨，張、程門人。晋杜預，字元凱，作春秋左氏傳集解。嘗對武帝曰：「臣有左傳癖。」癖，嗜好之病。此句戒訓詁之學。○**文似相如殆類俳**。○司馬長卿，字相如，漢武帝時人。俳，雜戲。○葉平巖曰：司馬相如作子虚、上林等賦，徒衒文詞，務以悦人，故曰類俳。○此句戒文章之學。○「**獨立**」云云。○此二句言儒者之學。「無一事」，無訓詁文章等事也。○「心齋。」○齋，潔淨純一之意。莊子人間世篇曰：「顔回曰：『敢問心齋？』仲尼曰：『道集虚，虚者心齋。』」○輸，不如之意，凡以物贈之曰輸，是物歸於彼也。不如之義，可以意會，言雖孔門無許多般事，而元凱之學、相如之文却不如顔子得心齋，可見訓詁文章之學，徒勞而無功，煩而無益也。且如此，則志局於此而其害道也必矣。○**其他則不學**。○所謂「孔門無一事」也。○「**今爲文者**」云云。○凡作文害道，蓋不專意則不工故也。而後世爲文者，專務悦人，此是俳優之流，而違道尤甚。

且如「觀乎天文以察時變，觀乎人文以化成天下」。○問者之意，似以文一爲詞章之文，故引易賁卦彖傳文以明之。其意若曰：所謂文者，不可一槩，且看易語，有天文者，有人文者，此豈必言詞章之文乎？引用之意，獨在此耳，非取其義也。

○**涵養須用敬，進學則在致知**。○此章言内外交養之道，不是以動静對言。涵養，收斂此心之意，敬則常存養提撕，以不使放肆，該動静言。進者，日新之意。蓋知之一分，則學之進亦一分。知之十分，則學之進亦十分。學之進否，只顧致知如何耳。故曰「進學則在致知」。夫養而不進，則窒而不通，進而不養，則終無有諸己，此是内外交養之功，猶車輪鳥翼，兩兩相扶持，不可以相無也。朱子曰：「主敬以立其本，窮理以進其知，二者不可偏廢。使本立而知益明，知精而本益固，二者亦互相發。」此説宜參看。

○**莫説道將第一等讓與別人，且做第二等**。○第一等指至道聖域而言，世人或云：「聖人不可企及，必也天資高邁之人，而後可以望之，吾儕且得爲君子斯可矣。」此便將第一等讓與別人，且做第二等之説。才如此説，便是自棄而已。人皆可以爲堯舜，而今自畫，非自棄而何。○**言學便以道爲志，言人便以聖爲志**。○「道」字虛，「聖」字實，故學曰道，人曰聖。道者聖之所由，非聖則無以盡道矣。○顔子曰：「舜何人也，予何人也，有爲者亦若是。」學者立志，亦當如此耳。○問：周子曰「士希賢」，程子曰「以聖爲志」，意似相齟齬。曰：周、程立言，其趣各不同。周子恐人不量其力，躐等好高終不切於己，故欲使人循循以進耳。程子乃憂人之用功不勇，苟安於小成，故言如此。只知其旨趣之所在，則見二説並行而不相悖焉。程子嘗曰「所見所期，不可不遠且大。然行之亦須量力有漸」，須以此言曉之。

○「**問：必有事焉，當用敬否？**」章。○朱子曰：「『必有事焉』，有所事也。『問』意謂孟子曰『必有事焉』，此當以敬爲事否。不知敬者存心之謂，而涵養一事也，以此爲有事之本可也，以此便爲有事不可。○『必有事焉，須用集義。』○以集義爲事也。○朱子曰：集義，猶言積善。○蔡虛齋曰：集義者，今日行義，明日行義，行之又行，行而不已，此所謂集也。○「中理在事，義在心。」○此與前篇「在物爲理，處物爲義」之言當參考。理者，散在事物。義者，人心之裁制，義制於此而後理中於彼。義，猶發矢也。中理，猶中鵠也。此等議論縝密、明快，斷前儒之所不及也。

○**問：敬、義何別？**○此章大意與上章同。○「守著一箇孝字」，譬守一箇敬。○**侍奉當如何，温凊當如何。**○譬「集義」。此二句便上句所以爲孝之道。此二句正是爲孝之事，只所以爲孝之道，所該自廣，不止此二事而已。

○**學者須是務實，不要近名方是。**○輔慶源曰：爲吾之未能事親也，故學事親；爲吾之未能事長也，故學事長；爲吾之未能正心誠意也，故學正心而誠意；爲吾之未能齊家治國也，故學齊家而治國，是之謂務實。欲吾之有孝名也，故勉焉以爲孝；欲吾之有忠名也，故勉焉以爲忠；欲吾之有廉名也，故勉焉以爲廉；欲吾之有信名也，故勉焉以爲信，是之謂務名。務名而學，則惟欲其名之有聞而已。○**大本已失，更學何事？**○言學不爲之用也。○**爲名與爲利。**○好名之人，能讓千乘之國，視之貪財干録之人，清潔污濁之相去，實有不可同日而語者，然皆有爲而爲，便是自占便宜，非利心而何。

○「**回也，其心三月不違仁**」。○朱子曰：三月，言其久。仁者，心之德。○蔡虛齋曰：

仁者，心之德，非吾心之外又有所謂仁。心之所存者，即仁之所存也。○**有少私意便是不仁**。○人之所以不仁者，私欲害之也，蓋心德與私欲不兩立。而所謂不仁者，不止謂殘忍暴賊，只是有少私意，便非仁之全體。既非仁之全體，則不得不謂之不仁。末二句是反言，以申明不違仁之意。

○「**仁者先難後獲**」。○朱子曰：先其事之所難，而後其效之所得，仁者之心也。○又曰：董子所謂「仁人者，正其誼不謀其利，明其道不計其功」，正謂此也。○蔡虛齋曰：先難後獲分明是心一於理，而無私欲之蔽，故爲仁。先後，猶緩急。○**古人惟知爲仁而已**。○而已字有力，言其心獨在此而無他也，那裏自含先難後獲意。

○「**有求爲聖人之志，然後可與共學**」章。○學者之患在立志不高，苟安小成耳。故只以聖爲志之人，而後可與共學。然此只有志要學的人，全未有一滴工夫，只是説可學，其實未曾爲學也。「善思」，既是有工夫在。○**可與立**。○立者，立於道也。程子又曰：「可與立者，篤志固執而不變也。」○**立而化之，則可與權**。○化者，無痕迹之謂，使其立者，泯然無復可見之迹，則不思不勉，從容中道，斯可以權天下之事矣。此學問之極功，故以是終焉。○愚按：論語小注及許白雲、蔡虚齋、林同安皆以「權」單爲處變，然大注曰：「『可與權』，能權輕重，使合義也。」看此言不是指處變一偏，且孟子亟説權皆泛言之。然則小注等説，恐未可爲據。妄意竊謂權即時中，是貫常變之名。若鄉黨一篇，皆是權耳。乃至堯、舜禪授，湯、武征伐，亦權中之事，不唯處變而後始謂之權也。如此説，似義理周遍且吻合於集注，不知後君子以爲奈何。○「可與立」者，事事守著規矩，猶用勉强，且未免有少過不及。「可與權」則縱横逆順、窮達存亡從容處之，皆不失其中，此立與權之別也。

「**古之學者爲己**」。○伊川之説與前章明道之意異。此所謂「爲物」，言善俗安民之類。後世學者未能致知，而先欲教人；未能修身，而遽欲治人者儘多。所謂「舍己之田，而耘人之田」者也。如此等人徒務外而遺内，故其終至喪己之性，是又自一義。若夫爲物説，只是外面粉飾以欲見知於人，則合下既喪己，何俟其終而見其失焉。○至於成物，則其成己可知矣；喪己則不能成物也，亦不待言已。○朱子曰：明道之説是低底，爲人只欲見知於人而已；伊川之説是好底，爲人却是真箇要爲人。然不曾先去自家自己上做得工夫，非惟爲那人不得，末後連己也喪了。

○**君子之學必日新。日新者，日進也**。○新之與進，非有異義。但字意略不同，只須如此造言。○**不日新者，必日退**。○不日新者，怠惰而已。一自怠惰，則智自此而昏，行自此而虧，其退也速矣。○**唯聖人之道，無所進退**。○若論聖人之心，則初不自足，猶有自進之意。如曰「我已造極，不消復進」，便不是聖人。只自傍人論之，則聖人自止大中至正之道，不見有其進退耳。

○**明道先生曰：性静者可以爲學**。○性，謂氣質之性。爲人浮躁輕忽，則其學必膚淺，而終無深造也。此言最宜服膺焉。○諸葛武侯戒子書曰：學須静也，非静無以成學。

○**弘而不毅，則無規矩**。○規所以爲圓者，矩所以爲方者，無規矩，無法則也。

○**知性善以忠信爲本**。○「知」字重，是真箇見得性之善也，不然孟子以來，人誰不知性善，豈皆謂之知之大耶？○真知性善，知之大；以忠信爲本，行之大。

○**伊川先生曰：人安重則學堅固**。○安，安静。重，厚重。此就資質説，全未説到學上。必有是資，然後學可固也。苟躁擾輕浮，所學安能堅固？學字兼知行。○蔡虚齋曰：「安重」

雖就外面說，其實亦與内面相關，故曰「整齊嚴肅，則心便一」。

○「**博學之，審問之**」章。○葉注以明辨就事物應酬上說不是明辨，亦是就心上言。思是搜索義理，辨是又就其所思者剖决是非也。學問思辨，皆就知上言，篤行獨屬行。○朱子曰：五者無先後，有緩急。不可謂博學時未暇審問，審問時未暇謹思[四]，謹思時未暇明辨，明辨時未暇篤行。五者從頭做將去，初無先後也。

○**張思叔請問，其論或太高**。○思叔名繹，程子門人，河南壽安人。○此章之言，學者不須放下。河洛之學，獨得孔孟之正脉，此類是也。

○**明道先生曰：人之爲學，忌先立標準**。○此與前章言人便以聖爲志之言各不相妨。「以聖爲志」，有奮然弗至不措之意。「先立標準」，有計功望效之心，這箇理欲路頭，學者宜明辨焉。○朱子曰：學者固當以聖人爲師，然亦何須得先立標準。才立標準，心裏便計較思量，幾時得到聖人處，聖人田地又如何，便有箇先獲底心。顔淵曰：「舜何人也，予何人也，有爲者亦若是也。」只是如此平說，教人須以聖賢自期，又何須先立標準，只恁下着頭做，少間自有所至。

○又曰：此如必有事焉，而勿正之謂。○立木爲表，繫綵於上，曰「標準」。表，則也，蓋謂期望之地。循循，有次序貌。

○「**尹彦明見伊川**」章。○彦明，名焞，程子門人，河南人。○授以大學者，只看大學，小序其意可見；授以西銘者，朱子曰：「也是要教他知，天地間有箇道理恁地開闊。」○又曰：「尹和靖從伊川半年後，方得見西銘、大學，不知那半年是在做甚麽？想見只是且教他聽説話。」曾光祖云：「也是初入其門，未知次第，驟將與他看未得。」「豈不是如此？」○又曰：「也是教他自就切己處思量，自看平時箇是不是，未欲便把那書與之讀。蓋且養他氣質，淘潠去了那許多不好底意思。」○今人爲學，惟知讀書而已。於變化氣質修正身心之功，漠然付之不問。觀此等事可認，古人所謂學者，不獨在讀書也。

○「**有人説無心**」章。○無心乃佛氏之説，葉注未得其要。所謂無心不是要槁木死灰也。抑人心之靈常活而不死，苟强欲無心，則只是死而後得其求。此亦佛氏之所明知，而元不説如此。蓋彼所謂無心者，但無執著之念耳。禪語曰：「山是山，水是水。」此便無心之説，言山知其山，水知其水而已。若就這裏添一點喜好厭惡之念，則是執着而非無心也。僧惠能曰：「何爲無念？若見一切法，心不染着，是爲無念是已。」佛氏之見如此，而伊川乃以謂唯説無心則無所把捉，不如無私心之却有規矩也。由此觀之，君子之道，不貴無思念而貴無私心。是吾儒之所以正大而有規矩，佛氏之所以偏隘而終歸空無也。○按：佛氏説「無心」，「心」字便儒所謂「意」也。

○**謝顯道見伊川**。○顯道，名良佐，程子門人，上蔡人。○**天下何思何慮**。○下繫辭傳第五章文。○吳臨川曰：思者，心之用也。慮者，謀度其事也。○朱子曰：所謂「天下何思何慮」，正謂雖萬變之紛紜，而所以應之各有定理，不假思慮而知也。○「天下何思何慮」，此與佛氏「無心」言頗相似，而其實大不同。此是聖人仁熟義精，從心之所欲不逾矩之地位。雖曰「從心之所欲」，然有矩而自存。朱子所謂「各有定理」也。如佛氏初無規矩，一以不添念慮爲是，此其所以異也。○**賢却發得太早在**。○謝氏見得大體亦好，但欠許多下學之功，伊川抑之是矣。○**伊川直是會鍛煉得人**。○此記者稱贊之言。葉注曰：「鍛煉，治工之治金，言其善於成治人也。」○「恰好」，好也。已説了又必道「好著工夫」者，蓋要鞭辟近裏，著己而已。

○**謝顯道云：昔伯淳教誨**。○只管，俗語，猶言一向。○**醉漢**。○漢，人也。事物紀原曰：「演義曰今俗駡人曰漢。蓋晋末胡亂中原，故胡人駡中國曰漢起，南人駡北人爲胡爲虜。」○愚按：謂人爲漢，雖本起駡詈之言，然後世只泛用，如禪録往往稱漢可見。○朱子曰：上蔡因有發於明道「玩物喪志」之一言，故其所論每每過高，如「浴沂御風」、「何思何慮」之類，皆是墮於一偏。

○**橫渠先生曰：「精義入神」，事豫吾内，求利吾外也。**○下繫辭傳第五章曰：精義入神，以致用也；利用安身，以崇德也。過此以往，來之或知也；窮神知化，德之盛也。○朱子曰：「精義」二字，所謂義者，宜而已。物之有宜有不宜，事之有可有不可，吾心處之，知其各有定分而不可易，所謂義也。精義者，精諸此而已。所謂精云者，猶曰察之云耳。精之至而入於神，則於事物之所宜，毫釐委曲之間無所不悉，有不容言之妙矣。○愚謂：「精義入神」俱就知上言。於事物之宜審一審，去層層研究，此謂「精義入神」。與「窮神」不同，入神即精義之極致，有這不容言之妙處是已。○朱子曰：「事豫吾内」，事未至而先知其理之謂豫。○又曰：義至於精，則應事接物間无一非義。不問小事大事，千變萬化，改頭換面出來，自家應副他，如利刀快劒相似，迎刃而解，件件判作兩邊去。○愚謂：朱子説得「利」字極明白，宜理會。「利吾外」就事上言，此一截言内之養外，外之由内也。○**利用安身**。○利用即利外也，只其利用，故能安其身。若其用有所窒礙難澁，則亦不能泰然安胖矣，此皆以行言。○**致養吾内也**。○蔡虚齋曰：外邊事事都能迎刃解將去，則胸中所得益深，所造益遠矣。○愚謂：「素利吾外」依舊是「利用安身」，只申言以起下句養内，主知言也，此又外之養内，内之由外者。○朱子曰：精熟義理而造於神，事素定乎内[五]，而乃所以求利乎外也；通達其用而身得其安，素利乎外，而乃所以致養其内也。蓋内外相應之理。

「**窮神知化**」。○横渠嘗曰：氣有陰陽，推行有漸爲化，合一不測爲神。○朱子曰：化是逐些子挨將去底，一日復一日，一月復一月，節節挨將去，便成一年。神是一箇物事，或在彼，或在此。當其在陰時，全體在陰；在陽時，全體在陽。都只是這一物，兩處都在，不可測，故謂神。○蔡虚齋曰：推行有漸爲化，繇陽變而爲陰，繇陰變而爲陽，漸漸化將去。所謂「化」也，主二氣之迭運者言。「合一不測爲神」，此與「兩在故不測」同。惟其兩在，所以合一，只是合陰陽而爲一，所以爲神，主一理之妙於二氣者言，即太極也。○又曰：不合不謂之一。不一不謂兩在，不兩在不謂不測。合者，兩者之合也。神化非二物也。故曰「一物兩體也」。○又曰：「窮天地之神，知天地之化。」只是説與造化吻合無間。○又曰：吾之神妙乎天地之神；吾之化通乎天地之化。神以存主處言，化以運用處言。○愚按：虚齋後一説，當初以爲未是。子細看之，然後知此説却是也。蓋所謂「窮神知化」是聖人事，不如此説，則不足以語聖域也。○

乃養盛自至。○「養」字該知行。養盛謂義之精者益精，以至於耳順之境。用之利者益利，以至於從心之地。夫如是，然後自然窮知神化焉。○朱子曰：「事豫吾内，求利吾外；素利吾外，致養吾内。」此下學所當致力處。過此以上，則不容計較[六]。所謂「窮神知化」，乃養盛自至，非思勉所能及，此則聖人事矣。○**故崇德而外，君子未或致知也**。○繫辭所謂「崇德」即此章「養内」，亦主知言。謂之德者，以義理之有得於心也。非謂自崇德之外，君子舍而不治，但不容力得也，故易曰「過此以往，未之或知也」。

○「**形而後有氣質之性**」章。○言有是形而後性安頓在氣質，所以隨氣質之清濁純駁而有明闇偏正之異也。○朱子曰：天地之性，則專指理言；氣質之性，則以理與氣雜而言之。氣質之性，即此理隨在氣質之中耳，非别有一性也。○「善反之，則天地之性存焉。」○反如湯武反之之反。○蔡虚齋曰：謂始初天地之性雖爲氣質所濁，但經克治則初性復還矣。是但謂復其初也，不是謂未反以前，而天地之性不存焉也。○葉注以「善反之」爲以善道自反。如據愚見，不如「善」字只做「能」字看之，語順意穩也。但「善」字甚重，大學「明明德」，中庸「思誠」者，善反之教也。顔子克己，仲弓持敬，善反之功也。○論語集注曰：「善事父母爲孝，善事兄長爲弟。」陳新安曰：「深意在『善』字上。善事之中，有無限難能之事未易言也。此章『善』字亦如此看。」○真西山曰：張子有言「爲學大益，在自求變化氣質」，此即所謂善反之也。○「君子有弗性者焉。」○陳新安曰：文勢如君子弗謂性也。君子既善變化其氣質之性，而復其天地之性矣。故氣質之性，君子弗以爲性也。○愚謂：此章「善反」二字乃爲學之要領，故載在此篇。

○朱子曰：性只是理。然無那氣質，則此理没安頓處。但得氣之清明則不蔽固，此理順發出來。蔽固少者，發出來天理勝；蔽固多者，則私欲勝，便見得本原之性無有不善，只被氣質有昏濁，則隔了。學以反之，則天地之性存矣。故説性，須兼氣質言之方備。○又曰：氣質之説，起於張、程，極有功於聖門，有補於後學，言之使人深有感。如退之説性三品，也是，但不曾分明説是氣質之性耳。孟子説性善，但説得本原處，却不曾説得氣質之性，所以亦費分疏。使張、程之説早出，則諸子説性惡與善惡混等，自不用争論。故張、程之説立，則諸子之説泯矣。

○**德不勝氣，性命於氣**。○陳潛室曰：德，謂義理之性。氣，謂血氣之性。學問之道無他，不過欲以義理勝血氣。○愚謂：德者道心，氣者人心，德勝其氣。所謂使道心常爲一身之主，而人心每聽命焉也，其不勝者反是。語類以此一節爲其禀受之初便如此者，恐未是。何也？若爲禀受之初，難著箇「勝」字，且方其時所謂於氣、於德，亦未容説。以此思之，是却就已生之後而言。管見如此，識者試擇焉。○於氣，從氣也。於德，從德也。立言如是，而其實性命即德也。性命於德，猶言德其德也。

窮理盡性。○出易説卦傳第一章。○朱子曰：「窮理」，是理會得道理窮盡；「盡性」，是做到盡處。如能事父，然後盡仁之性；能事君，然後盡義之性。○又曰：「窮理」是知上説，「盡性」是仁上説，言能造其極也。○愚謂：盡性，本該人己，但此處單就盡己之性説。○**性天德，命天理**。○性者，就人之所受得名，故繫之德。命者，就在天者得名，故繫之理。然所謂命者，是自賦予人物而言，則此命字亦就人而看。「性命」二字，爲從來有此二名，故此又對言耳。其實命亦性也。○窮理盡性，則性命皆依舊爲天，故曰「天德」、「天理」。○**修夭**。○修，長命。夭，短命也。

○「**莫非天也**」章。○首一句統下面「陽明陰濁」而言，二者皆受於天也，猶「善固性也，然惡亦不可不謂之性」之意相似。陽便清明，陰便昏濁。陽言明，陰言濁，互文也。稟陽之多者，明而不暗，故本然之理順發出來。稟陰之多者，濁而不清，故物欲得而誘之耳。「陽明勝」「陰濁勝」，此却就稟受之初而言。○「領惡而全好。」○出禮仲尼燕居篇。領，治而去之也。○劉氏曰：領惡，猶言克己也。所以克去私己之惡，而全天理之善也。

○**大其心則能體天下之物**。○人心具衆理而應萬事，其量本至大而無外也。一有私意所蔽，則物我間隔，而此心始狹隘矣。「大其心」者，是絶私意而全本體也。體，體物而不可遺之「體」，所謂一心貫萬事者也。葉注所存朱子説，恐是未定之見，何也？能體天下之物，是大其心之功效，自然而然者，若謂將自身入事物之中，究見其理，則是猶有工夫在，而與上句意不相應，此是却大其心已前事。○朱子又曰：「體，猶『仁體事而無不在』，言心理流行，脉絡貫通，無有不到。苟一物有未體，則便有不到處。包括不盡，是心爲有外。蓋私意間隔，而物我對立，則雖至親，且未必能無外矣。」此説明白的當，蓋定論也。○**世人之心，止於見聞之狹**。○言唯見聞一事知得一个道理，心便止此而不能他及，乃是私意而已。○**不以見聞梏其心**。○梏，所以拘罪人者，只拘滯於見聞上，而不能盡本心之大，此謂「以見聞梏其心」。○「**孟子謂盡心則**」云云。○朱子曰：「蓋盡心，則只是極其大；心極其大，則知性知天，而無有外之心矣。此亦是横渠之意。然孟子之意則未必然，孟子之意，只是説窮理之至，則心自然極其全體而無餘，非是大其心而後知性知天也。」○愚按：孟子之意，「知性」在「盡心」之先。此章之意，則「知性」却在「盡心」之後，蓋張子引之，以應上文「大其心則能體天下之物」也。

○「**仲尼絶四**」章。○始學者用力，必當以「絶四」爲要，而語成德之地亦不外乎「絶四」，此便竭兩端之教也。兩端，猶云兩頭，始學至卑，成德至高，此爲兩端。○葉平巖曰：横渠先生解「絶」、「毋」皆爲禁止之意，故以此爲聖人設教之道。○「意，有思也。」○程子曰：意是發動處。○愚謂：意者，私心萌動之始，故曰「有思」。意字不必不好底字，唯此處爲私意看，蓋仲尼之所絶而與必、固、我連言，則意之爲私意也，不待説矣。○「必，有待也。」○朱子曰：期，必也。○「固，不化也。」○執滯而不變通。○「我，有方也。」○物我相形，故彼此局定而有方也。○胡雲峰曰：「意」似微雲點翳，「我」則昏霾之甚矣。○「與天地爲不相似也。」○陳新安曰：天地大公而已，四者才有一，則累於私小，無復大公氣象，何由與天地相似。

○**上達反天理，下達徇人欲者歟！**○林希元曰：上達，是達向上去；下達，是達從下來，俱有日新不已之意，不是一下便了。○蔡虚齋曰：此「達」字兼知行。○反，即「善反」之「反」，失而復之也。此張子指出上達下達之實事，以示人焉。歟者，疑辭，謙退不敢質言也。

○「**知崇天也，形而上也**」章。○上繫辭傳曰：知崇禮卑，崇效天，卑法地，天地設位而易行乎其中矣。成性存存，道義之門。○知之崇如天之崇，則崇之極也。而是知也初藏于心，以無形象之可見，故曰「形而上也」。晝夜，陰陽之象。通晝夜而知者，知陰陽之道也。天地之間，何事不是陰陽，既通陰陽而知，則是無不知也，無不至也，誠哉其知崇矣。朱子曰：「大學所説『格物致知』，是知崇之事。」○「而不以禮性之。」○性者，渾全底物事，實得諸己而離不得者，蓋禮是行處，件件都着實，靠理之節文做將去，及其動容周旋中禮，則是以禮性之也。苟不如此，雖知及之而終非己有已。○「故知禮成性而道義出。」○惟以禮性之，而後所知者，始爲己有。此禮之所成，便亦知之所成也，故合言之曰「知禮成性」。「成性」之「性」，即「以禮性之」之「性」，與「成」字一串看去，「道」是統言，「義」其條件也。言知禮成性，則百行萬善，自此而出焉。「出」字，解易「門」字。○「如天地位而易行。」○「天設位乎上，地設位乎下」者，天地位也。「易」，陰陽升降變化不窮之名。繫辭曰：「知崇禮卑，崇效天，卑法地。」此知知禮成性，猶天地位也，而道義由此而出，猶易之行乎其中也。

○**困之進人也，爲德辨、爲感速。**○繫辭傳曰：困，德之辨也。○朱子曰：辨，猶子細；感速，言我之感發速也。○困，本有進人之理，故易曰「困亨」。困何用德辨？蓋人處窮困則危懼之心切，悔悟之念深，故其見理也明。此德字只作理字看，何用感速？大凡人情善心之發，每由有所激，如見孺子將入於井而有惻隱之心，由蹴爾嗟來之食而有羞惡之心是也。人處患難以感發之速，亦可由而知矣。○**德慧術智**。○朱子曰：德慧者，德之慧。術智者，術之智。○蔡虛齋曰：德字廣，慧特其一端，如仁德之愛也，義德之宜也，禮德之節也，信德之實也。術字亦廣，術之智，猶言術之巧也。術本正，凡在心之理謂之德，處事之方謂之術。慧者，其見之敏，有以灼於事之未然。智者，其見之明，有以鑑其理之當然。○輔慶源曰：疢疾，則非真是病，猶災患也。

○「**言有教，動有法**」章。○君子非仁義、忠信、孝弟、慈祥之屬，不敢出口。此是先王之法言，而「言有教」也。動必以禮者，「動有法」也。鷄鳴而起，孳孳爲善者，「晝有爲」也。方中夜静時，此心益湛然，便有工夫長進者，「宵有得」也。氣之出入爲息，目之開闔爲瞬。○朱子曰：「息有養，瞬有存。」言一息之間亦有養，一瞬之頃亦有存，如「造次顛沛必於是」之意，但說得太緊。○此章言最周密，即古人爲學之道。

○**横渠先生作訂頑曰**。○訂，有證正訛舛之義。左傳曰：「心不則德義之經曰頑。」李退溪西銘考證講義曰：「頑者，不仁之名，不仁之人，私欲蔽錮，不知通物我、推惻隱，心頑如石，故謂之頑。」○朱子曰：西銘要句句見理一而分殊。愚謂讀此篇者，自首至尾要須將斯語做骨子看，庶乎可見其條理矣。

乾稱父，坤稱母。○朱子曰：「天，陽也，以至健而位乎上，父道也。地，陰也，以至順而位乎下，母道也。」此就形體而帶性情以説其有父母之道。而其下面曰：「然不曰天地而曰乾坤者，天地其形體也，乾坤其性情也。乾者，健而無息之謂，萬物之所資以始者也。坤者，順而有常之謂，萬物之所資以生者也。是乃天地之所以爲天地而父母乎萬物者，故指而言之。」此專以性情論之，而明其所以爲父母之實焉。○以乾則稱父，以坤則稱母，可以見其分之殊矣。此豎説底分殊。○不曰「乾父也，坤母也」，而曰「乾稱父，坤稱母」，稱字下得最好。只謂之稱，則見與自家父母自有分別，此是横説底分殊，語録曰「厲聲言『稱』字」，意可見矣。○此以分殊言之，固如上所説。然乾之稱父，坤之稱母，則知乾坤父母，其理一也，此又所謂理一已。下文節節須以此例看矣。○朱子曰：西銘自首至末，皆是理一分殊。乾父坤母，固是一理，分而言之，便見乾坤自乾坤，父母自父母。惟「稱」字，便見異也。○又曰：須子細看他説理一而分殊。而今道天地不是父母，父母不是天地，不得。分明是一理。「乾道成男，坤道成女」，則凡天下之男皆乾之氣，凡天下之女皆坤之氣。從這裏便「徹上徹下」，都即是一箇氣，都透過了。○薛敬軒曰：理一，猶一大城子，無不包羅。其中千門萬户，大衢小巷，即所謂「分殊」也；「理一」所以統夫「分殊」，「分殊」所以分夫「理一」，其實一而已矣。○愚按：説卦傳曰：「乾，天也，故稱乎父；坤，地也，故稱乎母。」書泰誓曰：「惟天地萬物父母。」張子言本於此。

予茲藐焉，乃混然中處。○李退溪曰：「予」字及録中九「吾」字固擬人，人稱自己之辭。然凡讀是書者，於此十字，勿徒認作横渠之自我，亦勿作讓與别人之謂我，皆當自任以爲己事看方得。○藐，與眇通用。眇焉，小貌。宋范茂明心箴曰：「茫茫堪輿，俯仰無垠。人於其間，眇然有身。」與是藐焉意同。○朱子曰：「混然中處」，言混合無間，蓋此身便是從天地來。○又曰：以乾爲父，坤爲母，便是理一而分殊；「予茲藐焉，混然中處」，便是分殊而理一。○愚謂：混合無間者，固理一也。而予字、中字對乾坤而言之，則又可見理雖混合無間，而分自有殊也。○曰「乾稱父，坤稱母」，而繼之曰「予茲藐焉，乃混然中處」，乃知人之爲子道也。此四句一篇之綱領。○真西山曰：「西銘推事親之心以事天，蓋父母生我者也。而所以生之者，天地也。父母固我父母也，天地亦我父母也。」朱子曰：「父母者，一身之父母也。天地者，人與物、己與人皆共以爲父母者也。父母之生我也，四肢百骸無一不全，必能全其身之形，然後爲不忝於父母。天地之生我也，五常、百善無一不備，必能全其性之理，然後爲不負於天地。故仁人事親如事天，事天如事親。」此又西銘之妙指，不可以不知也。

故天地之塞，吾其體；天地之帥，吾其性。○朱子曰：張子此篇，大抵皆古人説話集來。「塞」與「帥」字，皆張子用字妙處。塞，乃孟子「塞天地之間」；體，乃孟子「氣體之充」者；有一毫不滿不足之處，則非塞矣。帥，即「志氣之帥」，而有主宰之意。此西銘借用孟子論「浩然之氣」處。若不是此二句爲之關鈕，則下文言「同胞」、言「兄弟」等句，在他人中，物皆與我初何干涉！其謂之「兄弟」、「同胞」，乃是此一理與我相爲貫通。故上説「父母」，下説「兄弟」，皆是血脈過度處。○又曰：緊要血脉盡在「天地之塞吾其體，天地之帥吾其性」兩句上。上面「乾稱父」至「混然中處」是頭，「民吾同胞，物吾與也」，便是箇項。下面便撒開説許多。「大君者吾父母宗子」云云，盡是從「民吾同胞，物吾與也」説來。到得「知化則善述其事，窮神則善繼其志」，這志便只是那「天地之帥吾其性」底志。爲人子便要述得父之事，繼得父之志，如此方是事親如事天；便要述得天之事，繼得天之志，方是事天。若是違了此道理，便是天之悖德之子；若害了這仁，便是天之賊子；若是濟惡不悛，便是天之不才之子；若能踐形，便是天地克肖之子。這意思血脉，都是從「天地之塞吾其體，天地之帥吾其性」説。緊要都是這兩句，若不是此兩句，則天自是天，我自是我，有何干涉！○性理大全小注：問：「天地之塞吾其體」。塞者，日月之往來，寒暑之迭更。與夫星辰之運行、山川之融結，又五行質之所具、氣之所行，無非塞乎天地者。曰：「塞」字意得之。○愚謂：味此一節，便見天地之所以爲父母，而吾混然中處之實。夫「天地之塞吾其體」，則是吾形體從天地來；「天地之帥吾其性」，則是吾心性亦從天地來，此豈不父母之道而混合無間者乎？而必以天地與吾對説，此亦其分殊處。○帥字，即天地之性情。故此不復言乾坤，而直言天地耳。○薛敬軒曰：朱子解西銘「天地之帥吾其性」曰

「乾健坤順」，此天地之志，爲氣之帥，而人物之所得以爲性者也。蓋乾坤之健順，即「元亨利貞」之德，賦於人物爲仁義禮智之性也。

民吾同胞，物吾與也。○民，亦人也。下文所謂「大君」以至「惸獨鰥寡」皆在其中。胞，生兒裏也。詩小弁注曰「獨不處母之胞胎乎」，故謂兄弟爲同胞。漢書東方朔傳曰：「同胞之徒，無所容居。」字蓋出於此。○問：「物與吾也」，莫是「黨與」之「與」否？朱子曰：「然。」○又曰：通是一氣，初無間隔。「民吾同胞，物吾與也」，萬物雖皆天地所生，而人獨得天地之正氣，故人爲最靈，故民吾同胞，物則亦我之儕輩。孟子所謂「親親而仁民，仁民而愛物」，其等差自然如此。○愚謂：一曰同胞，二曰吾與也。此固直說底分殊。反覆味之，上提民字物字，而中隔以吾字，則是與自家兄弟黨與，又各有別而不相混，此是横說底分殊。然其理之一者以貫，直說横說，而未嘗不在其中，讀者宜致思焉。○真西山曰：凡生於天壤之間者，莫非天地之子，而吾同氣者也，是之謂理一。然親者吾之同體，民者吾之同類，而物則異類矣，是之謂分殊。以其理一，故仁愛之施無不遍；以其分殊，故仁愛之施則有差。○此一節最可見仁之體。薛敬軒曰：「讀西銘，有天下爲一家、中國爲一人之氣象。」又曰：「讀西銘，不敢慢一人，輕一物。」又曰：「讀西銘，則知小智自私誠可恥也。」其亦深有得於此者歟。○莊子德充符篇曰：「自其同者視之，萬物皆一也。」此唯知理之一，而不知分之殊，故言。則近道而終歸於失道，是其所以爲異端也。惟如此篇而後爲無弊，差之毫釐，繆以千里。甚矣立言之難也。

「**大君者，吾父母宗子**」至「**而無告者也**」。○易師卦曰：「大君有命。」大君，謂天子。宗子，猶長子也。○李退溪曰：朱子曰：「此正以繼禰之宗爲喻爾。」繼禰之宗，兄弟宗之，非父母之適長子而何？蓋既以天下之人爲吾兄弟，則自當以繼禰之宗爲言。若繼祖以上之宗，則皆非吾親兄弟矣。○「高年。」○揚子法言曰：年高德卲。○「所以長其長，所以幼其幼。」○孟子曰：「人人親其親，長其長，而天下平。」又曰：「幼吾幼，以及人之幼。」此各掇一句來説，而變「吾」作「其」，「其」即「吾」也，小有主賓之異耳。○「聖其合德。」○易乾卦文言傳曰：夫大人者，與天地合其德。○「疲癃。」○史記平原君傳曰：「臣不幸有罷癃之病。」索隱曰：「罷癃皆疾，言腰曲而背隆高也。」與此「疲癃」同。○「惸獨鰥寡，皆吾兄弟之顛連而無告者也。」○惸，困悴貌。詩小雅正月之篇「哀此惸獨」。○孟子曰：「老而無妻曰鰥，老而無夫曰寡，老而無子曰獨，幼而無父曰孤。此四者，天下之窮民而無告者。」此節略其文説。顛連，顛沛連綿也。○既曰大君，曰大臣，而分配吾宗子家相，則亦不是自家宗子家相，只假此以曉彼耳。乃至高年孤弱，亦對其長幼言，則各自有分而不相亂，皆是分殊處。○自篇首至此都狀仁之體，讀之便見天地萬物爲一體，而天下無一人之可慢，無一物之可憎者也。薛敬軒曰：「讀西銘，如見天之大。」蓋有見於此也已。下面自「于時保之」以至篇終，皆説求仁之方，一篇大指不外乎這兩意矣。○朱子曰：西銘狀仁之體，元自昭著，以昧者不見，故假父母宗子家相等名以曉譬，初未嘗謂與乾坤都無干涉，而姑爲是言以形容之也。

于時保之，子之翼也；樂且不憂，純乎孝者也。○詩周頌我將之篇曰：「畏天之威，于時保之。」翼，敬也。大雅文王有聲之篇曰：「貽厥孫謀，以燕翼子。」上繫辭傳曰：「樂天知命，故不憂。」左傳曰：「潁考叔，純孝也。」○朱子曰：若言「同胞吾與」了，便說著「博施濟衆」，却不是。所以只教人做工夫處只在敬與恐懼，故曰「于時保之，子之翼也」。能常敬而恐懼，則這箇道理自在。○吴臨川曰：保者，持守此理而不敢違，賢人也。樂者，從容順理而自然中，聖人也。○愚按：「于時保之」，畏天者也；「樂且不憂」，樂天者也。孟子分明以畏天爲智者之事，以樂天爲仁者之行，且以保其國、保天下分之效驗，則吴說誠是也。而保者敬也，樂者愛也。事親之道，千緒萬端，而要不外於此兩事矣。大抵是篇推事親之心以事天，故用功之首說此兩事而已。○樂如何屬愛？蓋樂天者，事事安於天理而無所勉强，此其以循理爲樂者也。猶以柔順父母爲樂，非愛而何？不止愛而已，此愛之至者也，故曰「純乎孝者也」。○口講當云：畏天以保之者，天之子之能敬者也；樂天而不憂者，天之子之純至乎孝愛者也。○自「于時保之」以至「勇於從而順令者，伯奇也」，皆上面說事天之道，下面以事親之事明之。

違曰悖德。○違，違於天理也。孝經曰：「不愛其親而愛他人者，謂之悖德。」○**害仁曰**

賊。○論語曰：「志士仁人，無求生以害仁。」孟子曰：「賊仁者，謂之賊。」○**濟惡者不才**。○左傳曰：帝鴻氏、少皞氏、顓頊氏有不才子。此三族也，世濟其凶，增其惡名。○**踐形惟肖者也**。○孟子曰：「形色，天性也，惟聖人然後可以踐形。」集注曰：「人之有形有色，無不各有自然之理，所謂天性也。」踐，如踐言之踐。蓋衆人有是形，而不能盡其理，故無以踐其形；惟聖人有是形，而又能盡其理，然後可以踐其形而無歉也。○書説命篇曰：「説築傅巖之野，惟肖。」言高宗夢見賢弼繪象以求于天下，得説於傅野，與所夢之賢相似也，然此特明「惟肖」二字所從來處耳。若肖字本義，則韻會云「骨肉相似也」。人言不似其先，曰不肖，如孟子言「丹朱之不肖」是也。又前漢刑法志曰「人肖天地」之類，此等便是肖字本義。○真西山曰：天之予我以是理也，莫非至善。而我悖之，即天之不才子也。具人之形而能盡人之理[七]，即天之克肖子也。○愚謂：違者於一事上違於天理，此猶罪之小者；害仁戕滅全體，罪之大者也，是二句自相對。濟惡，惡之成者，踐形，善之成者，此二句又相對。

知化則善述其事，窮神則善繼其志。○下繫辭傳曰：「窮神知化，德之盛也。」中庸第十九章曰：「夫孝者，善繼人之志，善述人之事者也。」○化者，天地之大用，如日月寒暑之往來，雷霆風雨之屈伸，與動物之有終始，植物之有榮悴之屬是已。知化之實如何？知一箇時而已。抑天地之用，有往必有來，有始必有終，便是變化所在。而凡往也，來也，始也，終也，皆與時偕行耳。蓋往則不得不來，往而必有可來之時；來則不得不往，來而必有可往之時。始則不得不終，始而必有可終之時；終則不得不始，終而必有可始之時。時往而爲之往，時來而爲之來；時始而爲之始，時終而爲之終。凡天下之千變萬化，皆莫非其時矣。此是天地之大用，而滿目之實體也。唯衆人之蚩蚩，日用而不知。必也上知之資而後能默識之，夫如是，則天地之用在我，而吾之所以應事接物，亦惟其時而已。時飢而食，時渴而飲，時出而出作，時入而入息。時乎事君則盡箇忠，時乎事父則盡箇孝。凡日用之千條萬緒，亦莫非其時矣。此之謂「善述其事」。○神者，天地神明之德，陰陽動靜兩在，曲存而不可測者也。言聖人通達神明之德，則能心天地之心，故曰「善繼其志」。○朱子曰：聖人之於天地，如孝子之於父母。○又曰：如知得恁地便生，知得恁地便死，知得恁地便消，知得恁地便長，此皆是繼天地之志。隨他恁地進退消息盈虛，與時偕行，小而言之，飢食渴飲，出作入息；大而言之，君臣便有義，父子便有仁，此都是述天地之事。化底是氣，故喚做天地之事；神底是理，故喚做天地之志。窮神者窺見天地之志，這箇無形無迹，那化底却又都見得。○愚謂：朱子說宜潛玩。夫死生消長，天地之化，而所以恁地死生消長者，乃所謂神也。能知得之則爲繼天地之志，然則窮其神者，知其化也。故曰「那化底却又都見得」。○聖人能窮天地之神，而知天地之化矣。夫如是，吾之神妙乎天地之神，吾之化通乎天地之化，非繼志述事而何！

「**不愧屋漏**」至「**爲匪懈**」。○詩大雅抑之篇曰：「相在爾室，尚不愧于屋漏。」爾雅曰：「室西北隅謂之屋漏。」按：古人室之户在東南隅，爲人所出入，則西北隅爲室之深隱處。言視爾在室中之時，猶當戒懼謹畏，使無愧於屋漏深隱處也。司馬温公曰：「吾平生所爲，未嘗有不可對人言者耳，可謂不愧屋漏者矣。」○小雅小宛之篇曰：「夙興夜寐，無忝爾所生！」言無作不善，忝辱其父母也。此引用之意，則曰是爲天之無忝之子也。○「存心養性。」○孟子曰：「存其心，養其性，所以事天也。」○「爲匪懈。」○大雅蒸民之篇曰：「夙夜匪懈，以事一人。」詩人本謂仲山甫能盡忠事君，孝經引之，以爲卿大夫盡忠事君，乃所以爲孝。故横渠又以是爲不懈乎事天。

「**惡旨酒**」至「**錫類**」。○孟子曰：「禹惡旨酒而好善言。」集注曰：戰國策曰：「儀狄作酒，禹飲而甘之，曰：後世必有以酒亡其國者。遂疏儀狄而絶旨酒。」○崇，國名，伯，爵也。禹父鯀封於崇，故國語謂之崇伯。○孟子以好飲酒而不顧父母之養者爲不孝，故横渠謂禹之「惡旨酒」，乃遏人欲而存天理，猶人子不好飲酒，而能顧父母之養也。○理欲不兩立。從人欲則忘天理，遏人欲則從天理，故以遏欲爲顧天之養。○孟子曰：得天下英才而教育之。○潁考叔，鄭莊公臣，爲封疆之官，故謂之封人。莊公以弟共叔段叛，寘母于城潁鄭地，誓曰：「不及黄泉無相見。」既而悔之。考叔聞之，見公，公賜之食，舍肉羹，曰：「請以遺母。」公曰：「爾有母，我獨無。」考叔問：「何謂也？」公告之，故對曰：「掘地及泉，隧而相見，誰曰不然。」公從之，母子遂如初，其樂融融。君子曰：「潁考叔，純孝也。愛其母，施及莊公。詩曰：『孝子不匱，永錫爾類。』其是之謂乎？」事見左氏傳隱公元年。錫，與也。○此一節兩事相對，遏人欲修己也，育英材治人也，修己治人，事天之道備矣。

不弛勞而底豫，舜其功也。○論語曰：「顏淵曰：無施勞。」横渠「施作弛看」，故此云然。○孟子曰：舜盡事親之道，瞽瞍底豫。○**無所逃而待烹**。○莊子曰：無所逃於天地之間。○**申生其恭也**。○晉獻公用驪姬之譖，欲殺其太子申生，或勸之自明不可，勸奔他國亦不聽，遂自殺。謚曰恭。事見左氏傳僖公四年。待烹，猶言鼎鑊且不避也。○朱子曰：天不到得似獻公也。人有妄，天則无妄。若教自家死，便是理合如此，只得聽受之。

體其受而歸全者，參乎？○孝經孔子謂曾子曰：身體髮膚，受之父母。○禮記樂正子春稱夫子之語曰：父母全而生之，子全而歸之。○論語子曰參乎。○伯奇，周尹吉甫之子也。○黄巖孫曰：「履霜操，伯奇之所作也。吉甫聽後妻之言，逐之。伯奇編水荷而衣，採楟花而食，清朝履霜，自傷無罪見逐，乃援琴而歌，曲終投河而死。」又家語曰：「曾參遣妻告其子曰：『高宗以後妻殺孝己，尹吉甫以後妻殺伯奇。』」伯奇事後母至孝，而後母譖之，伯奇乃亡走山林。○性理大全小注：問：「申生之不去，伯奇之自沉，皆陷父於惡，非中道也。而取之與舜、曾同，何也？」曰：「舜之底豫贊化育也，故曰『功』。申生待烹，順受而已，故曰『恭』。曾子歸全，全其所以與我者，終身之仁也。伯奇順令，順其所以使我者，一事之仁也。伯奇之事，不知據何書爲實，自沉恐未可盡信。然彼所事者人也，人則有妄，故有陷父之失，此所事者天也，天豈有妄而又何陷邪？西銘大率借彼以明此，不可著迹論也。」已上朱子説。○自「惡旨酒」以至「勇於從而順令」，歷舉古聖賢之迹，以明吾事天之道，皆理一而分殊也。

富貴福澤，將厚吾之生。○朱解曰：「富貴福澤」，所以大奉於我，而使吾之爲善也輕。「大奉於我」句貼「厚吾之生」，使吾之爲善也輕，此句因其推其理之所必然。蓋人有恒産因有恒心，故吾之生厚則其爲善也輕，此其理勢之必然也，此知「厚吾之生」字内，自有使爲善之意。○**庸玉汝於成也**。○庸，用也。詩大雅民勞之篇曰：「王欲玉女。」集傳曰：「玉，寶愛之意。」愚按：如詩之本義，則集傳固爲當。但張子之意，恐不做寶愛説，只是取全美之意，言使汝之成德也如玉已。朱解曰：「貧賤憂戚，所以拂亂於我，而使吾之爲志也篤。」亦無見寶愛之意。○天地無心而成化，其於人也，實非有愛惡之情，然而富貴則爲善也輕，貧賤則增益其所不能，此皆自然之勢。而以此觀之，暗有天地使然之理也。朱解曰：「天地之於人，父母之於子，其設心豈有異哉？」蓋因其理之一而言之耳。

存，吾順事；没，吾寧也。○此一節統言仁人事天之至以終一篇之意。○上文富貴貧賤相對，此生没相對，皆直説底分殊。而上文朱解曰：「君子之事天也，以周公之富而不至於驕，以顔子之貧而不改其樂；其事親也，愛之則喜而弗忘，惡之則懼而無怨。」此處又曰：「孝子之身存，則其事親也，不違其志而已，没則安而所無所愧於親也；仁人之身存，則其事天也，不逆其理而已，没則安而無所愧於天也。」皆取事親以對事天，就見横説底分殊，而理一自在其中矣。

「明道先生曰：訂頑之言，極醇無雜。」○醇，不澆酒也。醇者，謂義理渾厚無雜，謂些毫之弊不雜乎其間。雜則不醇，醇故無雜。○「又曰：訂頑一篇，意極完備。」○西銘發明天地萬物爲一之意，看何事不備於此。○「乃仁之體也。」○陳北溪曰：非指與萬物爲一處，爲仁之體。乃言天理流行無間，爲仁之體也。○學者其體此意。○上句「體」字是「體段」之「體」，此「體認」之「體」。○陳北溪曰：見得此理渾然無間，實有諸己。後日用酬酢，無往而非此理，更有何事，更何用窮高極遠？○愚謂：「自别有見處」，當從北溪之意解，不可必依葉注「有見於大本一原之妙矣」之説。○「又曰：訂頑立心，便達得天德。」○葉注曰：普萬物而無私，天德也。○「又曰：游酢得西銘讀之，即涣然不逆於心，曰此中庸之理也。」○游酢，字定夫，建安人。程子門人也。○此就中庸首章以見其意，而一篇之意自在其中矣。中庸本乎天命之性，而終篇之意無非欲以盡那性，而無過不及也。西銘本乎乾父坤母，而終篇之意亦只不過欲順此理，而無違逆而已。且彼所謂戒慎恐懼謹獨，即此所謂「于時保之，不愧屋漏，存心養性也」；其曰「致中和而天地位、萬物育焉」者，乃「不弛勞而底豫」之謂也。若夫觸類而長，則一篇之義理，適相符合者，亦可以見矣。

楊中立問曰：西銘言體而不及用。○楊中立，名時，將樂人，程子門人也。○體言理，用言義。楊氏以爲西銘只因其理之一以天地爲父母，人物爲同胞吾與，而其隨物處宜，各有節制者，闃無見之。此單言體而未及用也，故恐其流遂至於墨氏愛無差等。○「横渠立言，誠有過者，乃在正蒙。」○以清虚一大爲萬物之原等説，伊川既辨是非。○「推理以存義。」○此句應言體而不及用之問。此書推理之一，以至於萬物爲一體，却使人就此推吾老以及天下之老，推吾幼以及天下之幼，各各處得而皆合其宜者，自在其中。此其裏面有義而存，豈可謂不及用乎？○「擴前聖所未發。」○歷選前聖之書，其所以明「理一分殊」之旨，未有若此之周遍且明切者也，故曰「擴前聖所未發」。○「西銘明理一而分殊。」○此語朱子深有取焉。蓋總括一篇之主意而無復餘蘊矣，於虖簡矣哉、盡矣哉。○「墨氏則二本而無分。」○墨氏愛無差等，則是視其父母無異於路人。不知人物之生，各本於父母而無二也，非二本而何？如此，則無親疏厚薄之分，又何以知分殊？是與西銘其意實相反，豈有至於兼愛之弊哉？○注：老幼及人，理一也。○所謂「尊高年，所以長其長；慈孤弱，所以幼其幼」，此老幼及人者，而可以見理一矣。而味及人字，分明有分殊之意在。○「分殊之蔽」云云，無義。○此承上文以起下文，言不可徒知分之殊而不知理之一，又不可徒知理之一而不知分之殊也。○「分立而推理一，以止私勝之流，仁之方也。」○張南軒曰：天地位而萬物散殊，其親疏皆有一定之勢。然不知理一，則私意將勝。而其流弊將至於不相管攝而害大仁，故西銘因其分之立而明其理之本一，所謂「以止私勝之流，仁之方也」。雖推其理之一，而其分森然者自不可亂，義蓋所以存也。○方，術也。○「無父之極。」○「極」字就指無父，言其極至於此也。○兼愛，則視其父無異於路人，故孟子指爲無父。○「子比而同之。」○孟子文。比，次也。

且彼欲使人推而行之。○彼指西銘。蓋此書之旨，欲使人「老吾老以及人之老，幼吾幼以及人之幼」。推而行之天下，其用莫大焉，奚謂不及用耶？伊川此說，議論周密，條理分明，有大功於西銘，讀者當細玩。

又作砭愚曰。○砭，以石刺病也。○李退谿曰：人之愚病，莫甚於長傲遂非，横渠之銘，極言其失於毫釐之間而痛改之，正如針治其病而去之，故曰砭愚。○朱子曰：横渠學力絶人，尤勇於改過，獨以戲爲無傷。一日忽曰：「凡人之過，猶有出於不知而爲之者，至戲則皆有心爲之也，其爲害也尤甚。」遂作東銘。

發於聲。○戲言。○**見乎四支**。○戲動。○言者，心之聲；動者，心之迹。既發於聲見乎四支，謂非出於吾心，豈其明者之言耶？○**欲人無已疑，不能也**。○疑，不信也。戲言、戲動謂非己心，而欲人亦信之，難乎得其信也。

或者謂出於心者，歸咎爲己戲。○上文以「戲言」、「戲動」與「過言」、「過動」兩脚説起，此以下合説以深戒之。○**長傲**。○傲，怠慢也。此從出於心者，歸咎爲己戲來。○**遂非**。○從失於思者，自誣爲己誠來。○**不智孰甚焉**。○戲言、戲動，人之所易忽；而過言、過動，人之所憚改者，惟知者能知戲之出於心而必戒之，知過之非誠而速改之，此知長傲遂非者，乃不智之所爲也。

「伊川曰：是起争端。」○争，諠譁也。與「時靡有争」之「争」同。學者拘名題義，則將有論辨穿鑿之煩，是起争端也。人能潛心全篇，則訂頑、砭愚之義，可不待題名而知，不可必拘於此也。故伊川改之，只以其書西牖曰西銘，以書東牖曰東銘。

○「**將修己，必先厚重以自持**」章。○厚重，專就容貌言，是未説到學上。○「德乃進而不固矣。」○論語本文「固」，堅固之固，張子乃做固滯説去，自是一義，故學字亦與本文有死活之異。據張子説學，學之也須爲活字看。○既曰「德乃進而不固矣」，又曰「忠信進德」，何也？蓋忠信不爲之主本，則雖一旦有進，而其退也可立而俟已，故唯忠信可以保其進焉。○張子以此章爲一串説下，亦非論語正意，讀者不可不知。

○「**橫渠先生謂范巽之曰**」章。○巽之，名育，張子門人。○「存意之不忘。」○常常存意於斯也。○「有一日脱然如大寐之得醒耳。」○曉得所謂不及古人之病源也，實知病源則必治其病，病已治則何古人之不可及哉？此知其病源者，亦學者之急務。今之學者，果知此否！○此章之言，引而不發。宋儒教人，此類儘多。蓋得諸言者淺而闊，得諸心者深而切故也。

○**未知立心，惡思多之致疑**。○知向背取舍之方，一定于心而不移者，是謂立心。未到如此，徒然多思，是非或錯亂將惹得許多疑惑起，如這地頭只須要建立是心，下面所謂「急於可欲者」，便立心之方法。○「講治之思，莫非術内。」○講治之精，有思在其中，學者不可不思。只勤思乎術内，而莫爲徒然之多思。○「所以急於可欲者，求立吾心於不疑之地。」○孟子曰：「可欲之謂善。」集注曰：「天下之理，其善者必可欲。」○大學之格致，中庸之明善，皆急於可欲之事。○朱子曰：「所以急於可欲者」，蓋急於可欲之善，則便是無善惡之雜，便是立吾心於不疑之地。人之所以有疑而不果於爲善者，以有善惡之雜；今既有善而無惡，則若决江河以利吾往矣。○「遜此志，務時敏，厥修乃來。」○書説命下曰：惟學遜志，務時敏，厥修乃來。○此

「遜」字與書本意不同。書之義則謙抑其志，如有所不能也。此則言低下是心，以順道理，即上文「立心」也。蓋將是心順他道理，猶心麗道理之下相似，故曰「遜志」。○蔡九峰曰：務，專力也。時敏者，無時而不敏也。○此謂講治之功。如是，則所修日進，如泉始達，源源乎其來矣。○「今持不逮之資。」○不逮，不及也。不逮之資，較之仲尼之才之美，奚翅天淵？而徐徐以聽其自適，比敏以求之者，其勤怠之不同，又謂之何哉？如此而後曰有得，豈其所聞也哉！○「非所聞也。」○言無此理也。

○**明善爲本**。○不明乎善則不知所之，故學以明善爲本。立者，德性堅立之謂。擴，推廣之意，言由此推充其本然之量，則塞乎天地之間，何其大哉！苟以容易之心視之，則止於一事一端之善，將見其小，唯在人之能弘之而已。

○「**今且只將尊德性而道問學爲心**」章。○「尊德性而道問學」，出中庸第二十七章。○朱子曰：尊者，恭敬奉持之意。德性者，吾所受於天之正理。道，由也。尊德性，所以存心；道問學，所以致知也。○「於問學者有所背否？」○此不必説吾所行者與其所學相背馳，只言問學上面，恐有義理之背違也。如此看正爲博文下學之事，且於下句「德性有所懈否」意思自相對。

○「此義亦是博文約禮，下學上達。」○葉注曰：「尊德性」則是約禮上達之事，「道問學」則是博文下學之事。○警策。○策，可以擊馬者，亦警動之意。

每日須求多少爲益。○「益」字句絶，不可從葉注連下説，此一句兼德性問學而言，下方分説，所以爲益。曰「此德性上之益」，曰「此問學上之益」。二「益」字與此「益」字相照應。○**知所亡**。○亡，無也。「知所亡」，知也；「改得少不善」，行也，都是「尊德性」之方法。○今以「尊德性」對「道問學」，則「尊德性」主行，「道問學」屬知。然「尊德性」上面實包知行，故横渠於此并言知行，及其説問學上單就知上言。○**編書須理會有所歸著**。○歸著，猶言著落，凡聖經賢傳必有這著落處。大學以明德爲綱，中庸以誠爲要，詩之道性情，書之道政事，禮之敬，易之時，皆是這著落處。後人編書，徒事博洽，紀録泛濫無統，所謂無用之贅言也，雖多亦奚以爲。○**多識前言往行**。○易大畜卦大象文。○章内曰「一年」，曰「三年」。此横渠自履實驗處，非虚設課程。學者須體察焉。

○**爲天地立心**。○此章歷言聖人之心事，以爲學者之標的。夫天地以生爲心，聖人亦以生爲心，故「親親而仁民，仁民而愛物」，群生莫不由此而得其所、遂其生矣。此其所以參贊化育，而爲天地立心也。

○「**載所以使學者先學禮者**」章。○一副，當猶言一段，蓋關中之俗語也。副，音富。○脱洒。○洒，沙下反，汛水也。○明道曰：子厚以禮教學者最善，使學者先有所持守。○伊川曰：横渠教人以禮爲先，大要欲得正容謹節，其意謂世人汗漫無守，便當以禮爲地教他就上面做工夫。

○**須放心寬快公平以求之**。○邵子曰：「心要能放。」此「放心」與邵子之意同，而與孟子所謂「放心」意思大異。○羅大經曰：能放者，開闊也。○「寬快公平」，便放心之體段。道字泛説。「窮神知化」，乃見道之至。○不寬快公平，則不足以見道，且人之德性，本自廣大，又不可以不寬快公平也。

○**人多以老成則不肯下問，故終身不知**。○此謂自驕者不肯下問。○**又爲人以道義先覺處之，不可復謂有所不知，故亦不肯下問**。○此謂人所推者，亦不肯下問。以下都説不問之弊，學者當謙遜以好問而已。

○「**多聞不足以盡天下之故**」章。○「天下之故」四字，上繫辭文。故，謂事也，不可必説所以然也。○「道足以酬其所嘗知。」○道，天下之道，知，己之所知也。○朱子曰： 記問之學，則無得於心而所知有限。○愚謂： 聖賢之接人應事，豈必先億其事之來，以豫爲之應乎？但義理爛熟於中，融會貫通，洞然無涯，故其於天下之事，四方八面，縱横曲直，隨問而答，隨感而應，各得其情，曲盡其道，而未嘗初經於心焉，驗之語、孟可見。如夫徒事多聞者，苟其所感偶以其所知，則猶或能應之。若卒然臨之以其所不知，則必窮而不能通，其焉應天下無窮之變哉？故爲學者，譬如掘井，至掘之深，而泉自中生，則用之不窮。若只從外引水以蓄其中，則所實者有限，而所及不廣矣。世儒多以義理委於書，而不知得之於心，故每有此患。張子之言，可謂切於後學者矣。○上章戒不下問者，是章又言多聞之不足貴。蓋非問則無以知道理，而人獨事多聞而無得之於心，則此理終死了，不能酬酢萬變。兩章之言，用功有先後，而不可以偏廢，故朱子次此於上章歟。

○**爲學大益，在自求變化氣質。**○呂氏曰： 君子所以學者，爲能變化氣質而已。○程子曰： 學至變氣質，方是有功。

○**文要密察，心要洪放。**○中庸曰： 文理密察。○此文字指經傳文字言。密，詳細也。

察，明辨也。「洪放」之「放」與前章「放心」之「放」同，寬大之意。

○**不知疑者，只是不便實作**。○實作，是真箇做將去，專就行上而言，不是兼知上説。蓋泛論理則若無容疑者，而及欲行之始有不行處，且如曲禮一篇，文義多少分明，無所可疑。然必欲行之於今，豈能一一而無所窒礙耶？既有不行處，必思如何處置，乃是疑也。纔知所疑則就識者而正，曲盡其義而止。此疑者悟之機，故疑之於人所係最大。

○「**心大則百物皆通**」章。○人心本大，只爲被物欲蔽，則狹窄了。須去其蔽，則此心自寬平弘遠，於事物之理宜無所不通。其不然者反是。○病，難澁不通也。○孫思邈曰「心欲小」，張子則曰「心小則百物皆病」。蓋所指之地頭各不同也，猶曰「求放心」，又曰「心要能放」。○朱子曰：通，只是透得那道理去。病，則是窒礙了。

○**人雖有功，不及於學，心亦不宜忘**。○此章曰「實行」，曰「俗事」，初非二事，但顧心之忘不忘何如耳。心不忘，學則爲善之實在己。夫如是，雖堪世間俗事，然心有物而爲之，即是實行，莫非道也。心若忘之，則雖終身由善，亦徒然偶中耳。此只是俗事，未足爲道也已。

○**合内外，平物我，此見道之大端**。○人心之理，妙應天下之事。天下之道，管攝一心之中，蓋道本無内外也。異端之説，是内而非外，唯貴寂滅心地而一抛却外事。俗儒之習務外而遺内，徒鶩記誦文辭而不用力於内，此皆不知内外合一之道也。如世人知有己而不知有物，厚於己而薄於物，此是物我不平，其又知天下公共之道乎？故有合内外之功，平物我之心者，此便見道之大端也。○「合内外」，葉注不甚切。

○**既學而先有以功業爲意者**。○功，功效。業，事之已成。葉注曰：功業，立言、立事皆是也。○**創意**。○創，始造也。自我造意，而附會作爲者。○**是代大匠劉**[八]。○老子曰：夫代大匠斲者，希有不傷手者矣。

○「**竊嘗病**」章。○諸儒囂然。○囂，韻會曰：「喧也。」○「勇於苟作。」○謂好立言立事者。○「如見肺肝然。」○文林貫旨曰：肺肝，只是見透他心裏的事。○「多見其不知量也。」○論語集注曰：多與祗同適也。○創，懲也。艾，治也。○「日力不足。」○日力，日之力也。孟子曰：「窮日之力。」

○**學未至而好語變者，必知終有患**。○「好語變者」，不好常行者也。此其學術已不正，終必有流於邪誕之患。

○**凡事蔽蓋不見底，只是不求益**。○蓋，覆也，此泛言世人有此一等。○**有人不肯言其道義所得所至**。○此言學者有此一等，此是無言論者。若顔子默識心通，不俟疑問，而於聖言無所不説者，與是跡如略似而實大不同也。○「所得所至」，葉注分屬知行，亦不妨。

○「**耳目役於外**」章。○役，用也。攬，取也。蓋務外者必遺内，故惟逐見聞上，以攬持外事者，實是自廢墮，不肯自治也。攬外事者所該廣，如記誦文辭功利技巧之類，皆是已。

○**學者大不宜志小氣輕**。○大者，太甚之意。○氣輕則信口而説，無自驗其實，故卒然「以未知爲已知，以未學爲已學」，惟厚重之人而後自無此蔽耳。

【校勘記】

［二］直方是成效事目　「事」，易經蒙引作「字」。

[二] 憧憧往來反之 「之」，易經蒙引作「是」。

[三] 也只見得這箇 「也」，朱子語類卷第四十作「他」。

[四] 審問時未暇謹思 「謹」，朱子語類卷第一百二十一作「慎」。按：本節下同。恐因襲宋本避諱改「慎」爲「謹」。

[五] 事素定乎内 「素」，朱子語類卷第九十八作「業」。

[六] 則不容計較 「較」，朱子語類卷第七十二作「功」。

[七] 具人之形而能盡人之理 「理」，大學衍義作「性」。

[八] 是代大匠劉 「劉」，據本條下句「斲」、葉采近思録集解元刻本當作「斲」。

近思録説略卷之三

致知類 凡七十八條

爲學一篇，兼知行説。此篇以下細分學問之目以教學者，而學莫先於致知，故以此存於存養、克己之前。

伊川先生答朱長文書曰：心通乎道，然後能辨是非，如持權衡以較輕重，孟子所謂「知言」是也。○權，稱錘也。衡，稱之平也。○知言，即辨是非也。而唯孟子能之，所謂「心通乎道，然後能辨是非」也。○雖使時中。○中，去聲，若如字讀，則大害義，大抵釋古言，此等字音不可略。

○「**伊川先生答門人曰**」章。○諸君，指門人言。○「於頤言纔不合，則置不復思。」○師説纔與己見異，則付之不思。此其不敢信師而信自己，學何由而進乎？所以終不及古人也。

○「放下」，猶言舍置。

○「**伊川先生答横渠先生曰**」章。○此章之言爲横渠説，非初學之所驟望也。○「有苦心極力之象，而無寛裕温厚之氣。」○今熟味横渠之言，亦見有這象，只以二程之語比之則可見矣。○「非明睿所照，而考索至此。」○無所不見曰明，無所不通曰睿。睿者，智之深徹於微之名。明睿所照，猶日月繫天而萬方自明；考索至此，猶取燭火而逐處照之，明於此則暗於彼，「故意屢偏而言多窒」。○只於意有所偏，故其言有窒而不通也。○「小出入時有之。」○「出入」與「小德出入可」意同。言出入於義理，考索以至，則其已知者，得合於理；其未知者，或出於義理之外。○注：約見仿佛。○約見，大約見之也。班固幽通賦曰：「覿幽人之仿佛。」張銑文選注曰：「仿佛，似有不分明貌。」

更願完養思慮，涵泳義理。○涵泳義理，便「完養思慮」之實事。條暢，明睿開發也，至這地頭，不用煩考索了。

○「**欲知得與不得，於心氣上驗之**」章。○「思慮有得，中心悦豫，沛然有裕者」，優柔厭飫而自得者；「思慮有得，心氣勞耗者」，苦心極力而强揣度耳。○「嘗有人言：比因學道，思慮心虛。」○言爲學道，故勞思慮而心氣虛耗。○「然未聞自古聖賢因學而致心疾者。」○學所以養心性，今因學道而致心疾者，非所聞也。

○**今日雜信鬼怪異説者，只是不先燭理**。○學者信道不純，而雜以怪異之説者，只是坐見理不明，中心無主耳。○「於事上一一理會」者，與大學「格物」異。「格物」者，都於學上以窮至事物之理也。「於事上一一理會」者，逐事安排欲以得其指也。夫天下之事無窮，若欲一一理會，勞心極慮，將有甚盡期？只於學上理會，則心通理明。於凡天下之事，一以貫之，如鬼怪之事，妖妄之説，奚足惑之耶？○近時，洛下有一學士，予忘其姓名。博聞强記絶人，而尤長於講説，當時靡然以稱大儒。嘗游奥州會津，有士人爲厭狐妖之符章者，人家用之間有效驗，洛之學士大信之，就學其術以竊用之。予在會津之日，或人語之於余，而爲解頤。俗人且知其不可信，況於學士乎？此蓋雖出其性之怯懦，而苟見理之明，則胡有此等惑耶？則其學亦皆徒於事上考索，而未嘗燭理也。程子之言，可謂確論矣。

○**學原於思**。○書洪範曰「思曰睿」，周子曰「不思則不能通微，故思者，聖功之本」，朱子曰「思所以起發其聰明」，可見學之原於思者。

○**所謂「日月至焉」**。○朱子曰：日月至焉者，或日一至焉，或月一至焉，能造其域而不能久也。○**久而不息**。○指三月不違者。○**規模**。○蔡虚齋曰：規所以爲圓者，是一箇大圈子。模，鑄金之模，空郭也，皆以其大綱言。○**其意味氣象迥別**。○張子曰：「始學之要，當知『三月不違』與『日月至焉』，内外賓主之辨。」朱子曰：「『三月不違』者，仁在内而我爲主也；『日月至焉』者，仁在外而我爲客也。」學者因此可以索其意味氣象之别處。○玩索，謂玩其辭，索其理。○**學者不學聖人則已**。○此以下因上文泛論學之道，如讀一部論語，須以這意爲主。○「名上」，謂文辭上面。中庸章句曰「文謂書名」，「名」字與此同。

○**問：忠信進德之事，固可勉强，然致知甚難**。○言内積實心以進德者，力行之事，固可勉强而爲之，然如致知，是俟他豁然貫通，不可以强而至。○**學者固當勉强**。○此受問而專指力行上言。○**覷却**。○覷，七餘反，伺視也。○**怎生**。○怎，音津。怎生，俗語，如何也。○苟明有所不至，徒規規然學堯之行事，假令有一兩事得似他，如何得如他動容周旋皆自中禮？○**如子所言，是篤信而固守之**。○勉强而行之者，是篤信而固守也。夫篤信而固守之，實不是不好事，然非從容而自得者，則難持久。此所以不可不先致知也。故曰未致知便欲誠意，是躐等也。勉强行者，安能持久？○忠信存於心者，無一念之不誠也，即是意誠之事。心有所未明，則認是爲非，認非爲是，或不真知夫是之所必當爲而不容不爲，與夫非之所必當去而不容不去。或雖曰好之，然無見其可好之實；雖曰惡之，然無見其可惡之實。夫如此者，方寸之間，真僞錯襍而不自知，雖欲勉强以誠意，而拒之牽之者由中而生，安能持久？故曰欲誠其意者，先致其知；未致知便欲誠意，是躐等也。○**除非燭理明，自然樂循理**。○除非，讀曰只此，言力行之本乎致知，自然樂循理，即上文所謂固有之也。夫人之於事，如見其理分明，則何苦而不樂循之乎？且人性本善，今循理而行者，是吾性分之所固有，宜無難者，但其知之不至，而臨事安排，是以苦其難而不知其樂耳。○**知有多少般數，煞有深淺**。○知有數段深淺，此有多少般數也。○**學者須是真知**。○「真」字重。葉注「真知者，知之至」是也。蓋雖知有深淺，而分數不同。要之，真知者鮮矣，故未樂循理。若真箇知得其是，便泰然行去，尚何難之有？○「**某年二十時**」云云。○此見知有深淺，而程子能真知者也。

○**凡一物上有一理**。○所謂有物，必有則也。○**窮致其理**。○窮致之功尤難，是言即物而至其理十分極處。○葉注曰：「三者，窮理之目，當隨遇而究竟。然讀書講明義理，尤爲要切，而觀人處事之準則，要亦於書而得之。」此説極是，後學當謹依焉。○此章論格物之工夫，極爲明白詳密。朱子大學補傳，全本於此意來。○「**又曰所務於窮理者**」云云。○此段與上條不是一時之言而意正同，故記者附之章下耳，後皆倣此。

〇「**思曰睿**」。〇書洪範文。語意若曰思則睿也，睿者謂通理之微妙，而無所遺也。此是思之效驗，故曰「思慮久後，睿自然生」。程子下「久後」二字，發書文言外之意，而甚切於人。蓋睿之自然生，豈一朝一夕之思所能致乎？只其久後，自有此效耳。〇**若於一事上思未得，且別換一事思之**。〇李退溪自省録曰：窮理多端，不可拘一法。如窮一事不得，便生厭倦，遂不復以窮理爲事者，謂遷延逃避可也。不然，所窮之事，或值盤錯肯綮，非力索可通；或吾性偶闇於此，難强以燭破。且當置此一事，別就他事上窮得。如是窮來窮去，積累深熟，自然心地漸明，義理之實漸著。目前時復拈起向之窮不得底，細意細擇，與已窮得底道理參驗照勘，不知不覺地并前未窮底一時相發悟解，是乃窮理之活法，非謂窮不得而遂置之也。若延平說一事融釋脱落，而後循序少進者，即是窮理。恒規當如是，其意味尤爲淵永，與程子之言初不相妨也。

〇「**問人有志於學**」章。〇「知識」，猶目之視。「力量」，猶足之行。視之明，則足力自進此。

○**問：觀物察己，還因見物反求諸身否？**○察，與「察人倫」之「察」同，言觀物理以明吾心之理。「觀物察己」，蓋古有此語，未考其出何書。○**物我一理，纔明彼即曉此。**○大學曰「致知在格物」。蓋隨格物之多少，知亦至之，無略先後之可言，此可以見物我一理，纔明彼即曉此矣。○黃氏洵饒曰：「彼與此皆是物，明與曉皆物格知至之事，非謂明彼爲物格，曉此爲知至也。」此說與上下文意不相應，不可從。而黃氏又曰：「合内外指成物言。」此說特不可曉，黃氏蓋據朱子合内外之説，然朱子之言與程子意自別，不可將彼解此也。朱子説，見大學或問小注。

又問：致知先求之四端如何？○求之四端者，正察如何是惻隱之心，如何是羞惡之心，如何是辭讓是非之心，以詳知其理是已。○**然一草一木皆有理，須是察。**○朱子曰：伊川意雖謂眼前無非是物，然其格之也，亦須有緩急先後之序。如今爲學而不窮天理，明人倫，論聖言，通世故，乃兀然有心於一草木器用之間，此是何學問？○羅整庵困知記曰：「格物莫若察之於身，其得之尤切。」程子有此言矣，至其答門人之問，則又以爲「求之情性，固切於身。然一草一木亦皆有理，須是察」。蓋方是時，禪學盛行，學者往往溺於「明心見性」之說，其於天地萬物之理，不復置思，故陷於一偏，蔽於一己，而終不與入堯舜之道。二程切憂，於是表章大學之書，發明格物之旨，欲令學者物我兼照，内外俱融，彼此交盡。○「**又曰自一身之中以至**」云云。○朱子曰：一身之中是仁義禮智，惻隱羞惡，辭遜是非，與視聽言動，皆所當理會。至夫萬物之榮悴，與夫動植小大，這底是如何使，那底是如何用，車之可以行陸，舟之可以行水，皆當理會。○盧玉溪曰：至豁然覺處，則一身之理與夫萬物之理，通貫而爲一矣。

○「**思曰睿**」，「**睿作聖**」。○蔡九峰曰：聖者，無不通也。○愚按：睿者通乎微之名，此是竪說。聖便兼縱橫說。

○**問：如何是「近思」？曰：以類而推**。○朱子曰：「以類而推」，只是傍易曉底挨將去。如親親便推類去仁民，仁民便推類去愛物。如這一件事理會得透了，又因這件事推去理會那一件事。只管恁地挨將去，只管見易，不見其難，前面遠處只管近。如第一級便要跳到第三級，舉步闊了便費力，只見難，只見遠。○「近思」不是止思近小底，而於遠大之事終置不思。但求之近，則其遠者可以馴致；求之遠，則遠者未可得而合其近失之，此近思之所以爲貴，若以類而推，則思雖極高遠之地，依舊是「近思」耳。此句包高下、近遠，而味儘爲深長，學者宜熟玩之。

○**學者先要會疑**。○朱子曰：無疑者須要有疑，有疑者却要無疑。○此章主意欲會得可疑處，然既會疑，則疑自此而釋，亦是致知之要本。張子曰：「不知疑者，只是不便實作。」此知學者須要會疑也已。

○「**橫渠先生答范巽之曰**」章。○有實形而異常曰「物怪」，如季桓子穿井獲墳羊，李叔堅家狗人立行之類。無實形而爲妖曰神姦，如伯有爲厲、趙王如意爲祟之類。○「當源源自見。」○言多少本源都自見得也。○「諸公所論，但守之不失。」○諸公，指古之聖賢。○朱子曰：「守之不失」，且要收那定底。如「精氣爲物，游魂爲變」，此是鬼神定説。又如孔子説「非其鬼而祭之，諂也」，「敬鬼神而遠之」等語，皆是定底。其他變處如未曉得，且當守此定底。○「異端不必攻。」○攻，如「攻城」之「攻」，與語「攻異端」之「攻」不同。○「不逾朞年，吾道勝矣。」○朞年，周一歲也。吾道勝者，不爲怪妄所眩也。○「若欲委之無窮，付之以不可知。」○委，猶投也，言不能以正論爲主，徒投心於事變無窮，付意於不可知之地，則學爲群疑撓，智爲事物昏。撓之昏之者，交來塞于胸中，卒無以自存立，而溺於怪誕邪妄也必矣。此橫渠所以不語物怪神姦也。○委之，付之，二「之」字虛，然如推其意，則不可不説委付心意耳。

○**子貢謂：「夫子之言性與天道，不可得而聞。」**○朱子曰：性者，人之所受之天理。天道者，天理自然之本體，其實一理也。○論語集注曰：「至於性與天道，則夫子罕言之，而學者有不得聞者。」橫渠則曰：「是居常語之矣，必以了悟爲聞，又是自一義。」○**以仁爲己任**。○爲己任者，蓋欲真知而實得也。篤實如此，不以聞見之知爲得，必以深徹其理爲聞，故有是説。欲致知者，宜認此意而已。

○「**學不能推究事理，只是心麤**」章。○此章極言以勵學者，故不得已而抑顔子，然充其類，誠如是而已。○學不能推究事理，是知之不及，如顔子未至於聖人，又是行之不及，彼此似不相倫，何也？曰：「此不必泥，大抵知行一理，不能到其極者，皆是因心之麤，故舉之耳。」○問：「顔子心麤之説，恐太過否？」朱子曰：「顔子比之衆人純粹，比之孔子便麤。如『有不善未嘗不知，知之未嘗復行』，是他細膩如此。然猶有這不善，便是麤。伊川説『未能不勉而中，不思而得，便是過』一段説得好。」

○「**博學於文**」者，**只要得**「**習坎**」「**心亨**」。○習，重習也。坎，一陽陷於二陰之間☵，故其德爲陷爲險。「心亨」「習坎」卦辭，此借來以言人之爲學，其始困心衡慮而多不達處，透得此關而後其心可以亨通，博學於文者，正要如此耳。蓋人之處世，身經憂患，備嘗艱難，然後處事也熟，慮患也深，而其所以反身修德者，自無所不至矣。此所謂「習坎」心通者。而博學窮理亦猶是已。

○**義理有疑，則濯去舊見，以來新意**。○義理有疑，所見有未安者也。若必滯於舊見，則致穿鑿牽强。且當洗濯舊見，以別來新意，却有所開。學者濯去舊見尤難，百端思索，離那見不得，乃至换一事思之。舊見猶自若如此者，於窮理上極有害，不可不察。程子曰：「若於一事上思未得，且别换一事思之，不可專守著這一事。」與此章之言，皆爲致知之活法，當每記之。○**劄記**。○劄，韻會曰：竹洽反，刺著也。」○**不思則還塞之矣**。○不記則思不起，向之所開終還塞之。○薛敬軒曰：余讀書至心有所開處，隨即録之，蓋以備不思而還塞也。○葉注以此章爲專論讀書之法，若據愚見，此只泛論致知之方，而讀書之法在其中耳。

○**凡致思到説不得處，始復審思明辨，乃爲善學也**。○言者，心之聲。事有説不得處者，是心之所得未深也，故善學者到此更加「審思明辨」之功夫，然後所得者深，而所説者不窮。若告子則不知言之原諸心，失之於外而遂遺其内，果何所得乎哉？○葉注曰：此以上總論致知之方，以下乃專論求之於書者。

○**伊川先生曰：凡看文字，先須曉其文義。**○易傳序曰：得於辭而不達其意者有矣，未有不得於辭而能通其意者也。

○「**學者要自得**」章。○六經，謂周易、尚書、毛詩、禮書、樂書、春秋。樂書亡，後爲「五經」，而後世猶言「六經」者，蓋依古也。○「路徑」「門庭」皆假借字。詩以道性情，易以道陰陽之類，此是其路徑；於先儒之論、師友之説，各擇其可者以爲之據，此謂立門庭。立得一箇門庭，立得箇一大規模也。若子朱子經義便宗二程，易學便本邵子，此亦各自立得一箇門庭已。○「歸而求之，可矣。」○門庭既立，後歸而求之經旨也。○先曰「見得路徑」，而後曰「各自立得一箇門庭」，最得讀書之法。如未見得路徑，則所立之門庭亦多錯繆，而終失其本義。若王陽明以陸氏爲門庭，而卒墜異端之見，此由不見得聖學之路徑也。○朱子曰：此章是讀書之法，緣當時諸經都未有成説，學者乍難捉摸，故教人如此。

○**凡解文字，但易其心，自見理。**○易，平易也。○**周道如砥。**○周道，謂大路。砥，礪石。如砥，言其平也。○**或曰：聖人之言，恐不可以淺近看他。**○或謂如以常人平易之心解文字，則是以淺近看書也。聖人之言，高深精微，恐不可如此看。○「**曰聖人之言，自有近處，自有深**

遠處」云云。○此答似欠看深遠處一脚，蓋當時之言，偶不及之耳。至其深遠處，亦只易其心以味之，則自見得他是深處，然後優柔厭飫於其間，則何有不至之理，此又豈强要穿鑿耶？此意雖未説出，而亦理之所必然，可推而知之矣。○「揚子曰」云云。○揚子名雄，字子雲，西漢人，著法言。是語出法言六卷五百篇。○聖人之言，其遠如天，其近如地。○即上文所謂「聖人之言，自有近處，自有深遠處」也。

○學者不泥文義者，又全背却遠去，理會文義者，又滯泥不通。○此二事古今學者之通病，全背却遠去者，是粗略之弊。滯泥不通者，却用意之太深，不能活看。二者雖詳略不同，其害於文義也一矣。○孟子只答他大意。○不論其有無，只因所問之事以説「仁人友愛之心」而已，此答他大意也。

○「凡觀書不可以相類泥其義」章。○如充實之謂美，與詩之美不同。○此舉一例以見其餘。「充實之謂美」，出孟子盡心下篇。詩之邶風簡兮之篇曰：「云誰之思，西方美人。」又齊風盧令之篇曰：「其人美且仁」。所謂詩之美，蓋指此類。充實之美，指德而言；詩之美，指容而言，此所以不同也。葉注曰：「充實之美在己，詩之稱美在人。」爲不可曉。

○「**問：瑩中嘗愛文中子**」云云。○瑩中姓陳，名瓘，謚忠肅，宋劍州人。隨人王通〔一〕，字仲淹，門人私謚曰「文中子」，因名其書亦云然。○**子曰：終日乾乾，可也**。○此一句文中子語，以下瑩中稱之之言。○中庸第二十六章引詩曰：「於乎不顯，文王之德之純。」蓋曰文王之所以爲文也，純亦不已。○**據此一句，只做得九三使**。○九陽爻，三陽位，以剛居剛，故有「終日乾乾」之象，此只九三一爻之分而已。○「**若謂乾乾是不已**」云云。○此即所謂只管節節推上去也。如此説行，四書、六經之言，孰處不是盡？但聖賢之立言，因事而發，各有所歸。學者當曉其文義，得其歸趣而止，此便理之當然。必欲漸漸推去，則失其本指以涉牽强，理元不如此已。

○「**子在川上曰：逝者如斯夫！**」○吴氏曰：逝者不指水，斯字方指水。○**言道之體如此**。○體，體段之體。○**這裏須是自見得**。○此言引而不發，正程門教人之一法。蓋欲不止文義而真箇見得，若要究其實，則朱注盡之矣。○水流而不息，亦道體之一端。而尤指而易見者，故就這裏以示諸人，非假彼明此之謂。○**固是道無窮**。○道，言也。説之無窮則認言爲道不要默識心通，所以未輕許也。

○**大抵讀書只此便是法**。○受上文言，凡讀書當以是法而已。○輔慶源曰：程子言雖近，而意則切。使讀書者自知所以求益，不至虛費工夫也。須是熟讀涵泳，使之通貫浹洽，然後有日新之功。如是，則氣質變化月異，而歲不同矣。

○「**凡看文字**」云云。○輔慶源曰：此等聖人度其時可矣。蓋致知格物之極功，不啻如燭照而數計，非臆度之謂也。

○**凡解經不同無害**。○若二程、張、朱之解經，固不同者多矣。然至其緊要處，如合符節。

○「**焞初到，問爲學之方**」章。○此章蓋尹彦明之所記，故自書其名。○「書肆」。○市書之肆。揚子法言吾子篇曰：「好書而不要諸仲尼，書肆也。」○「貪多」。○韓文十二卷進學解曰：貪多務得。○貪多，則不暇細看入心，所以多忘了。

○**初學入德之門，無如大學**。○陳天台曰：德之爲言得也，行道而有得於心也。門以比大學之書，蓋入德必繇乎大學。譬之入室，必繇乎門也。○蔡虛齋曰：「能格物致知，以至治國平天下者，德也。而此書則開示人以其途轍次第，故爲入德之門。」味此一句，見學者當先讀大學書矣。

○**學者先須讀論、孟**。○丈尺，尺度也。○朱子曰：語、孟只熟讀玩味，道理自不難見。如今學者，若先讀得語、孟二書十分透徹，其他書都不費力，觸處便見。○陳新安曰：理義可以別是非，如尺度可以量長短，權衡可以稱輕重也。

○**讀論語者，但將弟子問處便作己問，將聖人答處便作今日耳聞，自然有得**。○耳聞，吾耳親聞聖人之言。○陳天台曰：讀書當體認歸己，不徒誦説而已。○朱子曰：孔門問答，曾子聞得底話，顔子未必與聞；顔子聞得底話，子貢未必與聞。今却合在論語一書，後世學者豈不幸事！但患自家不去用心。○輔慶源曰：「將來涵養成」，謂後來涵養成就也。○胡雲峰曰：氣質得於有生之初。此曰「甚生氣質」，何也？曰：生來氣質有好有不好，涵養成後，生氣質無不好者。此生字非自禀賦中來，乃自學問中來也。○陳新安曰：甚生氣質，謂愚者。明柔者强生出好氣質也。○又曰：今學者看程、朱先生語録，皆當以此法看之。視問辭如出吾口，聽答辭如入吾耳。○愚按：「甚生氣質」若雲峰、新安説，至上「成」字句絶。此一句又別看葉注，則連上句看，文義皆通，但雲峰、新安直如字説下，似可從。

〇**凡看語、孟，且須熟玩味，將聖人之言語切己**。〇陳天台曰：孔孟之言，皆實理也。熟讀其辭，玩味其理，而著之於己，則終身用之，不能盡矣。〇朱子曰：論、孟不可只道理會文義得了便了。須子細玩味，以身體之，見前後晦明生熟不同，方是切實。〇又曰：讀論、孟須是切己。且如「學而時習之」，切己看時，曾時習與否？句句如此求之，則有益矣。〇又曰：大抵觀書先須熟讀，使其言皆若出于吾之口。繼以精思，使其意若出於吾之心，然後可以有得爾。〇輔慶源曰：切己之説甚有力。讀書者，能將聖人言語切己體察，則定無枉費工夫。一日當有一日之功，若欲只做一塲話説，則是口耳之學耳。

〇「**論語有讀了後全無事者**」章。〇胡雲峰曰：讀論語者，有此四等人。初是全無知者，第二是略能知者，第三是知而好之者，第四是好而樂之者。〇輔慶源曰：嗜之而飽餐，充足其樂，有不可形容者，是以見於手舞足蹈也。〇愚謂：「手之舞之足之蹈之」，不必真箇舞蹈。凡人樂意外著，則有舞蹈。此言真樂氣象，發見於動容之間，而不自知也。

〇**學者當以論語、孟子爲本**。〇朱子曰：語、孟工夫少，得效多；六經工夫多，得效少。〇陳新安曰：「『既治』之『治』，去聲。『不治』之『治』，平聲。」按：鄒晋昭曰：「此字本平聲，借用乃爲去聲，故陸氏於諸經中平聲者，並無音。去聲者，乃音直吏反。平聲者，修理其事，方用其力也。去聲者，事有條理，已見其效也。今自此以後，亦依陸氏例云。」○又曰：語、孟既治，學正識精，由是而治六經，根本正而易爲力矣，非謂真可不必治而自明也。○「**讀書者當觀**」云云，**所以未得者**。○輔慶源曰：聖人作經之意，不過欲發明此理以曉人。其所以用心而至爲聖人者，則二書固無不具也。至於吾之所以未至聖人之地，未得聖人之心者，亦惟用心與二書背戾而不合耳。○愚按：程子此言泛論讀書之要，而輔氏專就二書説之者，蓋深明當以論、孟爲本之意。○陳新安曰：當味五箇「所以」字。○**句句而求之**。○求之，求其文義也。○朱子曰：平其心，只是放教虚平；易其氣，只是放教寬慢；闕其疑，只是莫去穿鑿。今人多要硬把捉教住，如何得有箇難理會處，便要刻畫百端討出來，枉費心力。少刻只説得自底，那裏見聖人意。○陳氏曰：平其心者，是虚其心，如衡之平，不可先立一箇定説。纔先把一説爲主於中，便如秤盤先加一星子，到秤物時如何得銖兩之正？易其氣者，欲見得聖人真意時，須是和平其氣，雍容和緩，自然而得之，乃能默契。

○**讀論語、孟子而不知道，所謂雖多，亦奚以爲？**○輔慶源曰：讀語、孟而不知道，則是口耳之學。未嘗著心玩味，未嘗至誠涵泳，未嘗切己體察也。故讀雖多，何益於事？○雖多，直指語、孟而言。蓋二書所載千言萬語而盡讀之，不爲不多也，不必泛言博學。

○**論語、孟子只剩讀著便自意足**。○剩，石證反，多餘之意。剩讀，猶言熟讀。著，陟略反，語助辭。○意足，意思厭飫滿足而無遺欠也。○**二書文字**。○文字，謂解説也。○**又似剩**。○此與「剩讀」之「剩」字義同，而意有是不是之異。○**先儒錯會處**。○魏何晏作論語説，後漢趙岐作孟子解之屬。

○**問：且將語、孟緊要處看，如何？**○緊要，切要也。浹洽，沾潤周足之意。○朱子曰：論語中有緊要底，有泛説底，今且要著力緊要底，便是揀别。此最不可。若如此，則孟子一部可删者多矣！聖賢言語，粗説細説，皆著理會教透徹。蓋道體至廣至大，故有説得易處，説得難處，説得大處，説得小處。若不盡見，必定有窒碍處。○又曰：某解語、孟和訓詁注在下面，要人精粗本末，字字爲咀嚼過。○輔慶源曰：人纔只將二書緊要處看，便只是要求近功速效，與天理已不相似。所謂固是好者，蓋姑取其向學求道之意耳。正使其有近功速效，亦必至於偏枯寒澁，豈復有「優游厭飫」、「貫通浹洽」之意？○「**蓋吾道非如釋氏**」云云。○禪家一悟本分，則空萬法，此「一見了便從空寂去」。須逐一去理會，方是實學。

○「興於詩」者，吟詠情性，涵暢道德之中而歆動之。○詩本情性，故吟哦諷詠，夫詩則是吟詠性情也。「涵暢道德之中」，程子之意蓋以詩大抵爲諷哦，道德其本于情性故也。歆動者，悠然自得而善心喜動之意。此處即春風和氣，萬物一體之氣象，正是曾點浴沂詠歸之心地，故曰「有吾與點之氣象」。○「涵暢道德之中」，此句影吟詠情性説道德，不可就自家上面説。○詩是道情。然性者，情之本體；情者，性之發用。言情則性在其中，故曰「吟詠情性」。○「又云興於詩」云云，「皆是此意」。○「汪洋」，廣大貌。詩人之詞，寬平忠厚，其哀樂美刺皆有餘裕而不狹隘，故能讀之者，興起其善意之廣大。「皆是此意」，通兩節言，皆是「興於詩」之意，是二節必是一時之言。

○「謝顯道云：明道先生善言詩」章。○優游玩味，讀詩也。吟哦上下，吟詠之也。上下，謂吟聲之高下。優游玩味則涵之熟，得之深，故其吟哦上下際，自然使人有感得處。○「瞻彼日月」云云，「曷云能來」。○邶風雄雉之篇，此詩婦人以其君子從役于外，故思之而作也。朱傳曰：「悠悠，思之長也。見日月之往來，而思其君子從役之久也。」○「終曰百爾君子」云云，「何用不臧」。○終，謂末章。朱傳曰：「言凡爾君子，豈不知德行乎？若能不忮害，又不貪求，則何所爲而不善哉！憂其遠行之犯患，冀其善處而得全也。」○「思之切矣，歸于正也。」此明道解詩之言，偶舉其一以例其餘也。○此章須做兩截看，自「他又」字至「使人有得處」是一截，言不下一字訓詁，但吟咏之際，却能使人有得處。「瞻彼日月」以下又是一截，謂其有時添之一句，以斷盡其義也。總之皆見其善言詩者而已。大抵看詩，與他經不可同。如尚書、易、春秋，字字皆實，故讀之者必須章解句釋，不可敢使片言隻字有不分明。詩則不然，只曉其主意，玩其情性，深得一篇之體，則所詠之名物事實，雖不逐一研究，亦不害爲得詩。然則明道之治詩，後學皆可以爲法矣。○問：「明道善言詩，而又不曾章解句釋，朱子作傳，則字字句句未嘗有不詳説曲解者，何也？」曰：「明道之言詩者，便爲門人也。朱子之作傳，則爲天下後世也。夫程門數君子，平日讀書窮理而不致思者矣，故凡經書文字章句，雖或未全，然於大義各無不曉知，是以獨使玩其情、要其歸而已。若夫天下後世，安有皆通其文義而不謬其章句乎？且文義章句猶未分明，則雖欲得其意，亦末由也已。故至朱子，則必句句詳訓，使人解其辭而遂達其意也。此其詳略各有爲，而自後人觀之，則朱子之功爲居多矣。」○「又云：伯淳常談詩，並不下一字訓詁，有時只轉却一兩字。」○詩大雅烝民之篇曰：「天生烝民，有物有則，民之秉彝，好是懿德。」孔子釋之曰：「有物必有則。民之秉彝也，故好是懿德。」此只添兩三字，以解其意，如是之類便是轉却。轉，遷轉之轉，凡於本文上或添或減，以斷其義，皆是轉却。○「點掇他。」○點檢，掇拾也。世儒或連上句讀，愚見便連下「念過」字，爲是言人點掇。明道所轉却者，而念過之也。○「便教人省悟。」○省，直訓察，不用省己之解。○「又曰：古人所以貴親炙之也。」○如上所言，不是親炙以耳聞之，則未易感得，宜矣古人貴親炙也。今既不及親炙，而其言詩亦全然無聞，才因是語以想像之而已，可勝嘆哉！

○**明道先生曰：學者不可以不看詩，看詩便使人長一格價。**○格，猶級也。○吴氏曰：長一格，謂學有進也。○愚謂：學進一級，則人品高一等，猶賈價加貴，故曰「長一格價」。○夫子曰：「詩可以興，可以觀，可以群，可以怨，邇之事父，遠之事君，多識於鳥獸草木之名。」朱子曰：「詩本人情，該物理，可以驗風俗之盛衰，見政治之得失；其言温厚和平，長於風諭，故誦之者，必達於政而能言也。詩之益於人也如此。」故讀是經者，於學必有進也。然則讀詩，其學猶自若，雖多亦奚以爲！

○「**不以文害辭**」章。○此句出孟子萬章上篇，蓋千古讀詩之活法。○「如有周不顯。」○見詩大雅文王之篇。○「自是作文當如此。」○不顯，猶言豈不顯乎？言其顯也。但辭上入「豈」字，則句法自不順。故意雖然，作文却不得不如此。夫有周之德，不宜有不顯。如今獨拘不顯文字，殆有解不行，旋一遷就入豈字説，則文義明白，無有所礙，此其不以一字之文，害一句之辭也。

○**看書須要見二帝、三王之道**。○通經渾要如此。如「二典即求」云云，是單舉二典以例其餘也。治民事君，即道之所在。○「所以」字不可太泥，如今二典所載，便是此覆上句意。

○**中庸之書，是孔門傳授**。○此章與中庸小序宜參看之。「孔門傳授」，即所謂孔門傳授心法也，成於子思、孟子，所謂子思筆之於書，以授孟子也。其書雖是雜記，所謂中散爲萬事也。○朱子曰：孟氏爲能推明是書，以承先聖之統。○格庵趙氏曰：中庸深處多見於孟子。如道性善，原於天命之性也，存心、收放心，致中也。擴充其仁義之心，致和也。「誠者，天之道。思誠者，人之道」一章，其義悉本於中庸，尤足以見淵源之所自。○**雜記**。○如戒懼慎獨，達道達德，九經三重，及夫大孝、達孝、天道、人道之屬。○**一衮**。○衮者，謂衮同無别。○**今人語道**。○體用本末，一貫不相離者，道之體也。若單説高，便遺却卑；説本便遺却末，自是與道不相似。此知中庸之書，更不分精粗。「一衮説了」者，即是道體實然，真孔門傳授也。○黄勉齋曰：中庸與他書不同。如論語是一章説一事，大學亦然。中庸則大片段，須是衮讀方知首尾，然後逐段解釋，則理通矣。今莫若且以中庸衮讀，以章句子細一一玩味，然後首尾貫通。

○伊川先生易傳序。○述經曰傳，伊川既著易傳，遂爲之序。○**易，變易也**。○首「易」字指書而言，此一句解其字義，「隨時變易以從道也」。此明其所以名書之意，姑就乾、坤二卦論之。乾之與坤，義各不同；乾之初與坤之初，又各不同。至其二三四五上，亦各如此。以一卦言之，乾之初九與九二異，九二又與九三異，至四二上亦然，看是隨時變易。而初也潛，二也見，三也惕，四也躍，五也飛，上也亢，固皆理之當然，以無不合道者。六十四卦，三百八十四爻，無處而不然矣。○朱子曰：隨時變易以從道，主卦爻而言，然天理人事皆在其中。今且以乾卦「潛」、「見」、「飛」、「躍」觀之，其流行而至易者易也，其定理之當然者道也。故明道亦曰：「其體則謂之易，其理則謂之道。」而伊川又謂「變易而後合道」，易字與道字不相似也。又云：「人隨時變易，爲何？爲從道也。」此皆可以見其意矣。易中無一卦一爻不具此理，所以沿流而可以求其源也。○吳臨川曰：凡陰陽變易，道理便在其中，元不相離，直以「道」字解「易」字則不可。而易之所以爲易者，道也。○愚按：此「變易」與易本義首所謂「變易」義各不同。彼以占筮言，蓋方揲蓍求卦之時，老陽變爲少陰，老陰變爲少陽是已。此所謂變易，以卦爻言其義，如向所論伊川初不以易爲卜筮之書也。

其爲書也，廣大悉備。○「廣大悉備」，繫辭傳文。廣，是横言。大，合横直言。○蔡虛齋曰：廣大，統言之也。悉備，析言之也。

順性命之理。〇説卦傳文。天所賦爲命，物所受爲性，其實一理而已矣。〇朱子曰：性命之理，便是陰陽、剛柔、仁義。〇蔡虚齋曰：昔者聖人之作易也，將以發揮乎性命之理而已。順之爲發揮者，蓋是依他模様而傳寫出來，不謂之順而何？如今人教小兒，按本帖影出字來，亦謂之順字，即此義也。

通幽明之故。〇通，通明之也。「幽明之故」，亦繫辭文。〇朱子曰：「故」是幽明之所以然者，晝明夜幽，上明下幽，南明北幽，高明深幽。〇愚謂：幽陰明陽，易以道陰陽，此其將以通明幽之所以爲幽，明之所以爲明而已。

盡事物之情。〇情字所該者廣。繫辭傳曰：「庖犧氏始作八卦，以通神明之德，以類萬物之情。」此處「情」字兼所謂神明之德，萬物之情。凡天下事物，逐項皆有箇情，易中固無不模盡矣。

「**開物成務**」〇此四字亦繫辭文。〇朱子曰：物只是人物，務只是事務。〇據伊川意，只言易書逐卦逐爻開示吉凶，便是使人辨别臧否，成趨避之務也，不可主卜筮説。

去古雖遠，遺經尚存。〇古者，指作易之聖人之時。遺者，其人既往而其物猶存之謂。〇秦始皇三十四年制，燒詩、書、百家語，而所不去者醫藥、卜筮、種樹之書。此遺經所以幸存也。

前儒失意以傳言，後學誦言而忘味。〇前儒皆失易之精意，妄解以傳斯言。後學徒誦言辭，而莫知其味者，是以自秦而下，此學終無傳矣。前儒如王輔嗣、韓康伯專依老、莊説易。

予生千載之後。○伊川作此序，在宋元符二年，上去孔子卒年千有五百六十三年，謂之千載者，舉大數也。○**沿流而求源**。○程子曰：流者，傳之辭也。源者，易之理也。因辭以求理，所謂沿流而求源也。

「**易有聖人之道四焉**」至「**尚其占**」。○此亦皆繫辭文。○程子繫辭解曰：言所以述理，以言者尚其辭，謂以言求理者，則存意於辭也。以動者尚其變，動則變也，順變而動，乃合道也；制器作事，當體乎象；卜筮吉凶，當考乎占。○蔡虛齋曰：以言者尚其辭，謂取其辭以發言也。以動者尚其變，謂取其變以舉動也。以制器者尚其象，謂取其象以制器也。以卜筮者尚其占，謂取其占以決所疑也。○曰辭，曰變，曰象，曰占，皆易之用而人之所取則者，故曰「易有聖人之道四焉」。○言動、制器、卜筮，不係易説爲是。其辭，其變，其象，其占，正是指易卜筮，如何爲不係易？曰：「此卜筮不要實説，是假借意義字樣，只是以占事決疑之義看。不然則須卜筮後方得占，如何乃取占以用之於卜筮乎？」此義蔡虛齋易蒙引辨之詳，可以參考。○辭，謂文王、周公所繫之辭。變，謂陰陽老少之變，與向所謂「隨時變易」之「變」不同。器者，有定理之意，便動之有成者，不必指器物而言，繫辭傳曰「形乃謂之器」，即是此意。象，乃卦爻形象，亦變之有成者。葉注以爲天地、山澤、雷風、水火之類，不是，此「象」字與所謂「八卦成列，象在其中」之「象」同。〇蔡虚齋曰：「尚辭與尚占如何分別？」曰：「人之發言處事處，自有兩樣。有止議論道理，不及吉凶，泛應事物不關利害者，則尚其辭以言而已矣。亦有事關成敗之兩途，而須用決擇，幾涉善惡之兩端，而須爲剖析者，則當尚其占以斷其疑矣。繫辭云『繫辭焉，所以告也；定之以吉凶，所以斷也』，於此可見尚辭、尚占之别矣。」〇又曰：譬如在官處事，亦有常行事例，不待思索裁度，只管據見成之法而施者，此是尚象以制器也。亦有忽然一事來前，是非、利害兩途未決，須費商量裁處，則當隨機應變，析理不眩，期底於是，不納於非，此是以動者尚其變也。

「**吉凶消長之理**」至「**在其中矣**」。〇上文引易以言辭變象占各有尚從，此以下更歸重於辭。蓋所傳者辭也，故語爲輕重，然而要其理實亦如此。〇「推辭考卦，可以知變。」〇辭發卦爻義，便所以考卦也。言平居推辭考卦，以盡其理，則臨事之際，其變之所趨亦可因而明矣。象存於卦，占著於辭，故推辭考卦，則象占亦在其中矣。〇推辭考卦不須平説，蓋推究其辭，然後卦可以考，重在推辭上。

「**君子居則**」云云，**玩其占**。〇亦繫辭文。此中言其重獨在辭占，謂其所值吉凶之决，其實亦辭而已。〇朱子曰：易有象八卦六爻，然後有辭卦爻之辭，筮有變老陰老陽，然後有占變爻之辭。象也，變也，在理而未形於事者也；辭則各因象而指其吉凶，占則又因吾之所值之辭而决焉，其示人也益以詳矣。故君子居而學易，則既觀象矣，又玩辭以考其所處之當否。動而諏筮，則既觀變矣，又玩占以考其所值之吉凶。○又曰：觀者一見而决，玩者反覆而不舍之辭也。○柴氏中行曰：居者，静而未涉於事也。動者，涉於事也。

「**至微者理也**」至「**辭無所不備**」。○「上天之載，無聲無臭」，非理之至微乎！陰陽之位，剛柔之質，粲然可觀，非象之至著乎？理，象之體，象，理之用，雖有箇體用之分，然「冲漠無朕，而萬象森然已具」，非是先有體而後有用也，故曰「體用一源」。象爲顯，理爲微。雖有箇顯微之别，然象中即有此理，初不判然，是顯微無間也。有事則有理之會，有會則有其通。若夫觀會中之通，以行典常之理，則於卦爻之辭，無所不備也。○朱子曰：言理則先體而後用，蓋舉體而用之理已具，是所以爲一源也。言事則先顯而後微，蓋即事而理之體可見，是所以爲無間也。○又曰：「至微者理也，至著者象也。體用一原，顯微無間。觀會通以行其典禮，則辭無所不備。」此是一箇理，一箇象，一箇辭，然欲理會理與象，又須就辭上理會，辭上所載，皆觀會通以行其典禮之事。○又曰：會，謂理之所聚而不可遺處。通，謂理之可行而无所礙處。○又曰：觀會通，是就事上看理之所聚與其所當行處。○又曰：一卦之中自有會通，六爻又自各有會通。且如屯卦，初九在卦之下，未可以進，爲此屯卦之義。乾坤始交而遇險陷，亦屯之義。似草穿地而未伸，亦屯之義。凡此數義，皆屯之會聚處。若盤桓、利居貞，便是亦個合行處，却是他通處也。典禮，猶常禮常法。○蔡虛齋曰：觀會通、行典禮，且就天下之事上説，未着在易。然後却把此理以係之於易。會通，會中之通也。聖人便把那通處，做箇常法典禮。只是時義，即所謂通也。○又曰：「觀會通，以行典禮」，語録云：「如有一事，關着許多道理也。有父子之倫，也有君臣之倫。若父子之恩重，則便得身體髮膚受之父母[二]不敢毀傷之義，而委致其身之説不可行矣。其不可行者，非通；可行者，便是通。通，便行典禮之所存者。若君臣之義重，則當委致其身，而不敢毀傷之説不暇顧，而委致其身處便是通，通則典禮所存也。」○又曰：典，常也。禮，即理之所當行者也。

故善學者求言必自近。○求言，謂由言以求其意，近即指辭，易傳皆去聲。○此序節節歸重於辭，以言近之不可易，及卒結之曰：「由辭以得意，則在乎人焉。」此又見得讀易者，當由辭以得意，不可徒得於辭不達其意也。

○「**伊川先生答張閎中書曰**」章。○伊洛淵源録十四卷門人部曰：張閎中，不詳其名。○「毫忽。」○忽，亦微細也。十忽爲一絲，十絲曰毫。漢書注曰：「忽，蜘蛛網。」○「術家。」○焦贛、京房之屬。

○**知時識勢，學易之大方也**。○時勢如何分別？曰：請以進退言之，時于可進，時于可退，是時也。其不容不進，不容不退者，勢也。就此可例其餘矣。○易之爲道，不可爲典要，惟其時勢而已。君子不後時而果退，又不違勢而苟進，以其能學易也，故曰「可以無大過矣」。今讀易書，而不能知時識勢，所謂雖多，亦奚以爲？

○**大畜初、二，乾體剛健**。○畜，止也。乾下艮上爲大畜，以艮畜乾。艮，陽卦也，陽爲大，所以唤作大畜。初、二兩爻，乾體剛健，而却爲四五陰柔所畜，故初九辭曰「有厲利已」，九二曰「輿説輹」，皆言不可進也。○乾體，以卦體言；剛健，以卦德言。惟乾體，故剛健。

○**中則不違於正，正不必中也**。○如堯、舜揖遜，湯、武征伐，中而已矣，而自不違於正。如伯夷不與惡人言，高柴不徑不竇，固不可謂不正，只恐未中也。故曰伯夷隘，柴也愚」。自程子有此論，中正字義始有下落。非正學精義，誰能辨之？

○「**問胡先生解**」云云。○胡安定，海陵人。仕爲蘇、湖二州教授。○「只看如何用。」○讀易者，每卦爻只看如何用之，不可豫立則例也。○儲貳，東宮也。唐書曰：「國之儲貳，四海屬心。」〇此章最是看易之活法，欲學易者，先不可不知此義。

〇**看易且要知時**。〇胡雲峰曰：「時」之一字，是三百八十四爻之要。〇**凡六爻，人人有用**。〇朱子曰：易如一箇鏡相似，看甚物來，都能照得。如所謂「潛龍」，只是有箇象，自天子至於庶人，看甚人來，都使得。〇**厚德載物**。〇坤卦大象之辭。

〇**易中只是言反復往來上下**。〇反復，只是循環字樣。亂者復治，治者復亂；凶者復吉，吉者復凶，此是反復。若剥盡則爲復、夬盡則爲姤之類。往來上下箇陰陽之往來上下也。就卦變看，如乾之上來居坤之下，坤之初往居乾之上爲隨；乾之初九上而爲上九，坤之上六下而爲初六爲蠱之類是已。「往來上下」實是一意，而今並舉如兩義者，何也？曰：以易言之，則固無異義。但以事變言，則往來上下各有不同，所以互言之。反復往來上下，本是實體上物事，易中自具之耳，故曰「易中只是言反復往來上下」，讀者要須活看。〇易之於卦變，做往來看亦得，做上下看亦得。〇此章葉注多不可曉，其末曰：「皆陰陽變易之道，而易之所以爲易也，無復容議者。」

○**作易，自天地幽明至於昆蟲、草木、微物，無不合**。○「昆」與「蜫」同，蟲之總名。○昔者，聖人之作易也。大而天地，微而昆蟲草木。幽而鬼神，明而人事，無適而不吻合矣，其故何也？易者，陰陽變易而已矣。自所謂天地幽明，至于昆蟲草木微物，不外乎一陰陽之變化焉。此其所以無不合也。吾人看易，真箇見得恁地否？

○「**今時人看易**」章。○「添一德。」○「德」字輕，猶言一事。○「丌子」，兩脚踞床。

○**游定夫問伊川「陰陽不測之謂神」**。○繫辭上傳文。○蔡虛齋曰：陰陽不測之謂神者，即陰而道亦在陰，即陽而道亦在陽。陰陽只管迭運，而道無不在焉。凡一屈一伸，一往一來，一進一退，行乎十百千萬之中，無非這箇物事。其莫測如此，此其所謂之神也，故曰「神無方」，神即道也。○此章正是不憤不啓、不悱不發之遺意。

○**伊川以易傳示門人，曰：只説得七分**。○是伊川自知如此，不必謙辭，蓋義理無窮，書不盡言，體究以得，本領則在其人耳。

○「**伊川先生春秋傳序曰**」至「**天道成地道平**」。○「天之生民。」○詩蒸民之篇曰：「天生蒸民。」此句本此，民亦人也。○「出類。」○出孟子公孫丑篇。出類之才，謂聖人也。○「治之而争奪息。」○厥初無所統一，民不知所遵守，互争迭奪。有聖人者起，以治其弊，發政明刑，然後民各歸命遵法，而争奪之俗息矣。○「導之而生養遂。」○所謂「五畝之宅，樹之以桑。雞豚狗彘之畜，無失其時。百畝之田，勿奪其時。老者衣帛食肉，黎民不饑不寒」也。○「教之而倫理明。」○所謂「謹庠序之教，申之以孝悌之義，頒白者不負戴於道路矣」也。○書大禹謨曰：「地平天成。」○三辰循行，風雨守時，天道成也；山川奠位，品物遂生，地道平也。天道成，地道平，極其效而言，蓋天人相與理之必至者也。○自章首至此泛論帝王之道，以爲下文之張本。及下面方舉其世而實之，所謂「隨時有作」，「因時而立政」，及「子丑寅之建正」，「忠質文之更尚」，都無出於治之、導之、教之之外矣。

三重既備。○中庸第二十九章曰：「王天下有三重焉。」吕氏曰：「三重，謂議禮、制度、考文。」○四書直解曰：以其至重之事，故曰三重。

子丑寅之建正。○子十一月，丑十二月，寅一月也，皆謂斗柄初昏所建之辰。建正，建以爲正，不是建辰之建。○朱子曰：天開於子，地闢於丑，人生於寅，故斗柄建此三辰之月，皆可以爲歲首。而三代迭用之，夏以寅爲人正，商以丑爲地正，周以子爲天正也。○又曰：初間未有物，只是氣塞，及天開此子後，便有一塊查滓在其中，漸漸凝結而成地，初則溶軟，後漸堅實。今山形自高而下，便如水漾沙之勢。以此知必是先有天，方有地，有天地交感，方始生人物出來。邵子言到子上方有天，未有地；到丑上方有地，未有人；到寅上方有人。子、丑、寅，皆天地人之始，故三代建以爲正。

忠質文之更尚。○更，代也。尚，上之也。○朱子曰：忠，只是樸實頭白直做將去；質，則漸有形質制度，而未有文采；文，則就制度上事事加文采。然亦天下之勢自有此三者，非聖人欲尚忠、尚質、尚文也。夏不得不忠，商不得不質，周不得不文。彼時亦無此名字，後人見得如此，故命此名。○蔡虚齋曰：忠不離乎心，質却是於制度上致意。然猶是大槩，未有許多曲折也，至文則曲折備矣，此忠質文之分也。

人道備矣，天運周矣。○此二句通受上四句，不可以分貼看，「曁」字總下四句可見。蓋此二言，雖是平説，然就「人道備」上見得天運之周也。夫聖人之道，順天而制法，因時而立政，故必徯三王之迭興而後文物畢舉，人道斯備矣，而所謂「天運周矣」者，亦不外乎此。○自二帝而上至此，言古昔聖王之政，乃春秋之所本也。

以建亥爲正。○事見史記始皇本紀二十六年。○蔡虚齋曰：斗柄於夜初昏，隨十二月分各指十二月辰位。建者，立也，柄之所豎也。○丘瓊山曰：夏正建寅爲人統，商正建丑爲地統，周正建子爲天統，是則三代所建之正法，三才之道也。秦不師古而以建亥之月爲歲首，果何統乎？抑何所法乎？證也。**以智力持世**。○智力，私智威力。漢宣帝曰「漢家自有制度，本以霸王道雜理之」，亦其一證也。○「自聖王既」至「先王之道也」，言帝王之道之衰，春秋所以爲作也。言及秦、漢者，欲見事之繆戾一至于此耳。

「**夫子當周之末**」至「**百世以俟聖人而不惑者也**」。○至此一節，正說春秋之作。○闕里誌年表曰：周靈王二十一年，魯襄公二十二年，孔子生。○「順天」，應上文「順乎風氣之宜，不先天以開人」。「應時」，應「各因時而立政」。○「所謂考諸三王而不謬」云云。○出中庸第二十九章。○朱子曰：此天地只是道耳，謂吾建於此而與天地之道不相悖。○蔡虛齋曰：合乎理則合乎天地，天地惟理而已矣；合乎理則亦合乎鬼神，鬼神亦惟理而已矣。合乎理則亦合乎三王，三王亦惟理而已矣；合乎理則合乎百世之聖人，百世聖人亦惟此理而已矣。其曰「考三王」「建天地」，又曰「質鬼神」「俟後聖」者，只是言無往不合，無適而不見其善耳。○林同安曰：言天地而復言鬼神，更深一節，言不但天地不悖，雖鬼神之至幽，亦吻合而無疑也。

先儒之傳曰：「游、夏不能贊一辭。」○史記孔子世家曰：孔子至於爲春秋，筆則筆，削則削，子夏之德，不能贊一辭。○唐李善文選注引史記曰：「子游、子夏之徒，不能贊一辭。」今本無「子游」二字。○準的，猶法則也。○林同安曰： 自古帝王定歲首，頒正朔，教民作事，皆必有時。夏之時則用建寅之月，商之時則用建丑之月，周之時則用建子之月。然周之建子生物之功未著，商之建丑改歲之義未明，獨夏之建寅三陽始備，盛德在木，以時則正，協氣已至，陽氣發生，以令則善，斟酌於三者之間，惟夏之時爲可行也。自古帝王乘載出入，皆必有車。然其略者，或等威之不辨，其詳者，又過侈而易壞。惟商輅朴素渾堅，而等威已辨，是商輅所當用也。冕之爲制，自黄帝以來已有之。制度儀等，至周始備。其爲物小而加於衆體之上，雖華而不爲靡，雖費而不及奢，是周冕所當用也。至於樂，自黄帝以來，聖王有作，莫不爲之，而盡善盡美者，莫如韶。故樂自當用韶，而及其舞也。○又曰： 孔子告顔淵，斟酌四代之禮樂，立萬世常行之道、百王不易之法，作春秋，誅亂賊，遏人欲，存天理，定天下之邪正，立百王之大法，其事不同，其意同也。故伊川序春秋曰「斯道也，惟顔子嘗聞之」。

後世以史視春秋。○史者，史官紀事之書，史記、漢書之類。

義理之安。○只是義理正當也。凡事正當則安穩而不危殆，故下箇「安」字。○**文質之中**。

○葉注曰： 不華不俚，此似指文辭上而言。然觀上下文義，此句不可説做文辭上，是亦言春秋之義，都得乎文質之中也。○模範，鑄金之空郭也。鑄瀉金汁必入模範來，以成之器，故借爲法則之義。○葉注曰： 權衡者，酌一時之輕重。模範者，立萬世之軌則。○愚謂： 制事揆道却在春秋之外，權衡模範，正指春秋。○「或抑或縱」云云，揆道之模範也。即所謂經世之大法者，而所謂微辭隱義，時措從宜者，亦不外乎此。

觀百物，聚衆材。○「百」字、「衆」字有力。

故作傳以明之。○「之」字指聖人之志。蓋其學不傳，則聖人之志不明。聖人之志不明，則百世終無善治。此伊川所以悼惜，而是傳之所爲作也。

通其文而求其義，得其意而法其用。○文，謂文辭。或抑或縱，或與或奪，或進或退，或微或顯是也。義自寓乎其中，宜抑宜縱，宜與宜奪，此其義也。意者，聖人筆削之精意。用即存於筆削上，通其文而求其義，自表而裏；得其意而法其用，自裏而表。上二句屬知上，下二句兼行上説。○**得其門而入矣**。○語子張篇文。

○**詩、書載道之文**。○程子外書曰：詩、書、易，言聖人之道備矣，何以復作春秋？蓋春秋聖人之用也。○「**所謂不如載之行事**」云云。○言載聖人之志於行事之迹也。○史記太史公自序曰：子曰「我欲載之空言，不如載之行事，深切著明者也」。索隱云：「按孔子之言見春秋緯。」○**征伐盟會**。○孟子曰：「征者，上伐下也。」左氏傳曰：「凡師有鐘鼓曰伐。」周禮曰：「國有疑則盟。」禮記曰：「涖牲曰盟。」鄭氏疏曰：「割牲左耳，盛以朱盤、玉敦，用血爲盟書。

書成，乃歃血。」

○**五經之有春秋，猶法律之有斷例也**。○法度律令，豫設之法以應其事，如不孝當誅、竊盜當刑之類。斷例，謂斷罪之條例，不孝即誅、竊盜即刑之類，因事以用其法。此是斷例，此與上章取譬意同。

○**學春秋亦善，一句是一事**。○春秋句句無非行事，纔有事則是非存於其際，而爲明白較著，故於窮理爲要。○「**且先讀論語、孟子**」云云。○語、孟，聖學之要領，義理之淵藪。學者先讀此二書，以明其理，又更讀一經，以通考參酌，則彼此相發而義理益通明。然後看春秋，足以察人事得失之機，識聖人裁制之權矣。苟後彼而先此，則猶不知藥方而學治病也，如何有得乎哉？故學莫先於語、孟。○**手足胼胝**。○胼，蒲眠反。胼胝，皮堅厚也。列子曰：「禹惟荒土功，身體偏枯，手足胼胝。」○**閉户不出**。○謂顔子居陋巷，孟子以閉户喻顔子，故云然。○**二者之間取中**。○此便孟子所謂「子莫執中也」，與時中之義大相悖。○**權之爲言，秤錘之義也**。○性理字義曰：「『權』字乃就秤錘上取義。秤錘之爲物，能權輕重以取平，故名之曰『權』。權者，變也。在衡有星兩之不齊，權便移來移去，隨物以取平。亦猶人之用權度，揆度事物以取其中相似。權只是時措之宜，君子而時中，便是權。〇**義也，時也**。〇義者，宜也。但爲一「義」字不盡權之意思，故更添「時」字，義以時措，然後盡權之説。〇**義以上更難説**。〇義以上指時而言，義者事之宜固是可説，唯其時措從宜者，未易以言盡之，却在人之即事應時，自看如何耳。愚説與葉注不合，然細味之，此説較似明快，故敢存管見，後君子其擇焉。

〇**春秋傳爲按，經爲斷**。〇按，考也，驗也；斷，決也。〇「傳爲按」一句輕，此學者皆可能。「經爲斷」一句重，非深識聖人裁制之精意，未易及也。此是程子之所獨。〇注「黄聲隅」[三]，未詳其傳。

〇「**凡讀史，不徒要記事迹**」章。〇治亂安危，興廢存亡，皆是行事之迹，布在史策者，其理則自存乎其間矣。〇讀史固要記事迹，然徒記其事而不要其理，則終無益於致知，須要識得其理。〇「漢家四百年。」〇西漢十二帝二百十四年，東漢十二帝百九十六年，通計四百十年。

〇**先生每讀史**。〇成敗所該廣，所謂「治亂安危，興廢存亡」，皆是料其成敗，豫度其終也。史中有應成而却敗者，有應敗而却成者，此又料其成敗而有不合處。〇**煞**。〇按：字書「煞」

與「殺」同。殺字有太甚之意，看笑殺、愁殺等辭可見。

○**讀史須見聖賢所存治亂之機**。○機者，弩牙爲發動之所由，故物之所由以決，此之謂機。傳曰：「其機如此，亦言其所係也。」蓋聖賢所存則治，其所不存則亂，是聖賢一身便治亂之機所在已。

○**元祐中，客有見伊川者**。○元祐，哲宗年號。印行，板印之書。唐鑑，范淳夫所著。紀唐一世之事，以附議論于其下，其說盡本於程子意。

○**横渠先生曰：序卦不可謂非聖人之藴**。○「緼」與「藴」同。○序卦「非聖人之緼」。韓康伯說：「蓋序卦之作，只略釋卦名，以明相序之意，於其本體大義皆未說及。故以謂其義粗淺，非藴奥所存也。」○朱子曰：先儒以爲序卦非聖人之藴，某以爲謂之非聖人之精則可，謂非易之藴則不可。周子分「精」與「藴」字，甚分明。序卦却正是易之藴，事事夾襍都有在裏面。○又曰：如序卦中亦見消長進退之義，此正是事事夾襍有在裏面，正是藴。○**須遍布細密如是**。○「如是」二字緊受上「遍布細密」而看，不是指序卦而言。○**大匠豈以一斧可知哉！**○大匠，工師也。言雖有大匠，唯以一斧削斲之功，未可遽知其能，必待工事之成，然後其能始可見。如觀聖人之書，亦必遍布細密，而後其意方可見也。今只見其一偏，遂以謂非聖人之緼，非知言者也。

○**天官之職，須襟懷洪大方看得**。○此讀周禮天官之要。○周建六官，曰天官，曰地官，曰春官，曰夏官，曰秋官，曰冬官。天官爲冢宰，以統理邦國内外之政，小大之事無所不統也。○二「此心」意同受襟懷洪大而言。○**致曲**。○曲，一偏也，出中庸。○此節言欲看洪大之事，須以洪大之心處之。○**釋氏錙銖天地**。○説文：十黍爲絫，十絫爲銖，八銖爲錙。錙銖，微小之意。釋氏謂「六合在虚空中特一塵芥子耳」，此是錙銖天地也。○「**然不嘗爲大則**」云云。○釋氏實不嘗爲天下國家之大業，則其所論無用之空言，而自爲事不得。若畀之一錢微物，亦辭受之際失其所宜，而錯亂也必矣。不是言悦一錢，而其心亂了。○此言釋氏之大與冢宰之大不同。○**又曰：太宰之職難看**。○太宰，即冢宰也。○**蓋無許大心胸包羅，記得此復忘彼**。○包，容也。羅，網羅之羅。此與上文「不得此心，欲事事上致曲窮究」當參看。○混混，湧出之貌。○**捕龍蛇，搏虎豹**。○韓退之作毛穎傳，柳子厚讀而奇之，謂若「捕龍蛇，搏虎豹」，是言出此。但柳氏贊文之雄健，張子譬難制之意，蓋各不同耳。○**止一職也**。○地官以下，一官各爲一職，不如太宰總括衆職。

○**古人能知詩者唯孟子**。○以意逆志，孟子看詩之要法。此其所以能知，而就是言又可以見其能知詩之實矣。○**已喪其本心**。○人心本爲平易，才艱嶮則已失吾心之本然。○張子又曰：詩人之志上平易，故無艱險之言，大率所言皆目前事，而義理存乎其中。以平易求之，則思慮以遠，愈艱險，則愈淺近矣。○「詩人之情性温厚，平易老成。」○老成，只是言温厚平易之氣象。葉注曰「老成而無輕躁」，恐未切。○「崎嶇」，猶艱險也。埤蒼曰：「崎嶇，不安之貌。」○以崎嶇求之，則私意横于胸中，故狹隘了。

○**尚書難看**。○尚，訓爲上。漢孔安國書序曰：「以其上古之書，謂之尚書。」○如今學者，何由得胸臆之大，莫如致知格物。

○「**讀書少則無由考校得義精**」章。○朱子曰：張子云「書所以維持此心，一時放下，則一時德性有懈」，是説得維持字好。蓋不讀書，則此心便無用處。今但見得些子，便是不肯去窮究那許多道理，陷溺其心於清虚曠蕩之地，却都不知，豈可如此！○「讀書則此心常在。」○心存則理得，此心常在，則德性每匪懈者亦自可知。○不讀書，則内無以維持此心，外無以考校之資，義理其可見得乎？

○**書須成誦**。○此句且慢説，未論看得義理如何。○**但貫通得大原後，書亦易記**。○大原，謂理義乃群書之大原也。心通乎道，則凡書中所説之義理，皆與吾心符合，書所以易記也。如今讀一篇文，吟一首詩，其能合吾心者，其辭易記。其不合者，其辭難記，須以此槩之。○**於不疑處有疑，方是進矣**。○大凡讀書，乍見若無可疑者，子細求之，則或有窒礙而多解不得處，此却由熟讀詳味來，而疑則必思，思則必得，故曰「於不疑處有疑，方是進矣」。○横渠嘗曰：「不知疑者只是不便實作，既實作則須有疑。」此是横渠自曾經歷，故其言之不一而止。愚亦近覺稍如此，益信其言之切且實也。

○**六經須循環理會**。○環，圓物也。以其週而復始，旋轉不停，故曰「循環」。○陳天台曰：此理會謂深求玩味也。長一格，謂學有進也。學進則所見益高矣。

○**如中庸文字輩**。○輩，猶等也。○熊氏曰：一句有一句之義，其初須是逐句理會。然一書先後之言，皆互相發，又必參互考之，方見大指也。○朱子曰：張子之言，真讀書之要法，不但可施於中庸也。

○**春秋之書，在古無有**。○饒雙峰曰：春秋雖因魯史而修之，然實却是作。蓋賞罰天子之事，非王不能正其賞罰。故春秋爲之褒善貶惡，以誅亂賊，是即匹夫而代天子行賞罰也。此事前古所無，孔子始創爲之。○**惟孟子能知之**。○程子曰：孟子曰：「王者之迹熄而詩亡，詩亡而後春秋作。」又曰：「春秋無義戰。」又曰：「春秋天子之事。」故知春秋者莫如孟子。○朱子答孫敬甫書曰：近思録中横渠夫子所論讀書次第最爲精密。試一考之，當得其趣。

【校勘記】

［一］隨人王通　「隨」，當作「隋」。

［二］則便得身體髮膚受之父母　「便」，易經蒙引作「使」。

［三］注黄聲隅　「聲」，葉采近思録集解作「聱」。

近思録説略卷之四

存養類 凡七十條

孟子曰「存其心，養其性」，「存養」二字本於此。○存養之功，貫乎知行。蓋能存養，則所知者益明，而日可見之行。不然，則雖勉强知之，而不能實有諸己，終無爲力行之地矣。故朱子以此卷列之於致知克己之間，其有旨焉哉！○存養之功，其要何在？曰敬而已矣。唯敬則心斯存，心存而不外馳，則尚何賊性之有？故此卷所論皆以敬爲骨子，存養工夫舍此而無他道也。

或問：聖可學乎？濂溪先生曰：可。○言聖可學也。「可」字面既含通章之意，只講時於此未容説出，下文自明。○**一者，無欲也。**○無欲則本體自若，純一而不雜，非一而何。○一者，無欲之體段，静虚動直由無欲而得。○静虚，言無物實於其中也。○**動直。**○直，無所枉屈。○**静虚則明。**○此便莊周所謂「虚室生白」也。○**動直則公。**○人能不爲人欲所撓，則其動也無不公矣。公則無偏黨。天下之廣，民生之衆，一視而同仁，此是溥博底氣象。○曰明，曰通。只言虚中有是具，不是指應事上面言。不如此看，於静字相礙。○黄勉齋曰：静虚動直。「動」字當就念慮之萌上看，不可就視聽言動上看。念慮之萌既直，則視聽言動自無非禮。今以視聽言動爲動直，則念慮之萌處有所略矣，故動静當以心言也。「虚直」兩字亦當子細體認。虚者，此心湛然，外物不能入，故虚直者，循理而發，外邪不能撓，故直。○又曰：通者，明之極。溥者，公之極。○愚謂：此章之言最爲高大。夫純一而不雜爲聖學之要也，固矣。然而所謂一者，殆是私欲浄盡，天理渾全之地，而存養之成熟，克己之極至，在學者如何遽望之乎？而周子言之者，只是使人爲之標的，而必求至於此耳。於其進修之方，猶未説破，後來程子以「敬」字教學者，爲尤要切而有可據守處，所謂一之地位，亦可由而致焉。故朱子曰：「周子只説『一者，無欲也』。這話頭高，卒急難湊泊，常人如何便得無欲！故伊川只説箇『敬』字，教人只就『敬』上推去。庶幾執捉得定，有箇下手處。」○葉注所載朱子説，斷取通書注文，於存養之功不相干涉，講時不雜解此意，可也。

○「伊川先生曰：陽始生甚微」章。○此章元論復卦一陽復生之義。然陽爲善，故其在人爲善端方萌之地。此卷所載，却主此意。○譬如小兒始生，必安静以育之，然後漸長，若當初免母胎驟勞動之，其能不夭札乎？於善端之萌亦然，必静以養之，方能盛大。如其心慮紛亂，而不能寧静，其梏亡之也必矣。

○**動息節宣，以養生也**。○動與息對，節與宣對。節者，「節制」之「節」。宣者，發暢舒緩之意，猶語所謂「申申」字意相似。如人之儼然危坐者，節也；悠然便坐者，宣也。蓋人身動而不息，息而不動，節而不宣，宣而不節，皆傷其生。醫書言「久立傷骨，久坐傷肉，久行傷筋，久寢傷氣」是已。只其一動一息，一節一宣，變化循環，而後其生自養也。○此章歷言存養所在，蓋存養工夫所該廣，日用之際凡有養者，皆存養之一端，故并舉言之。

○「**慎言語**」**以養其德**。○言者，心之聲也。外不能慎言語，信口説出，則心德隨而荒矣。故欲養其德者，必自「慎言語」始。

○「**震驚百里，不喪匕鬯**。」○震卦彖辭傳。○蔡虛齋曰：「『震驚百里』是以雷言，不是以『震』當『雷』字也。○又曰：古云千里風，百里雷。蓋風來自天，故能千里；雷起自地，故只百里。」項平庵曰：「千里不同風，百里不同雷。震驚百里，極震鳴所及之遠也。」蓋雷之震迅者。○又曰：匕鬯，兩物。匕，匙也，故本義云「匕，所以舉鼎實」，程傳曰「匕，以載鼎實而升之於俎」，則尤爲明矣。鬯，以秬黍酒和鬱金，所以灌地降神者也。秬，黑黍也。秬、黍只是一物。詩經圖序云：「秬，黑黍也。鬱，鬱金草也。鬯，暢也。釀秬黍爲酒，以鬱金草煑而和之，使芬芳條暢，酌而灌神也。」○又曰：震驚百里，意謂可懼之大者也。不喪匕鬯，意謂能不失其常度也。○問：伊川言：「臨大震懼，能安而不自失，惟誠敬而已。」處震之道，固當如此，若出於不測，驚動莫不害事否？朱子曰：「若誠敬至，自是不驚。驚則自是有間斷。」

○**人之所以不能安其止者，動於欲也**。○此艮卦象辭傳。「安其止」，止即至善之地，如君之仁、臣之忠之類，是止字死字，以下止字皆活，止於所不見者，非屏視聽，只是不見可欲耳。○朱子曰：伊川説「艮其背」，是止於所不見，其意如説「閑邪」，如所謂「制之於外以安其内」，如所謂「姦聲亂色，不留於聰明；淫樂慝禮，不接於心術」。

○「**不獲其身**」至「**謂不交於物也**」。○據伊川意，是言能艮其背，則内不見其身，外不見其人也。上文止於所不見且寬説，却於下面不見其身，不見其人實之。○「庭除。」○門屏之間曰除。○不交於物，亦非絶物也，蓋謂不誘於外物耳。

外物不接，内欲不萌，如是而止，乃得止之道。○人己兩忘，内外各定，然後能得其止，而無私邪之奪矣。所以得止之道，而爲无咎也。○朱子曰：明道云「與其非外而是內，不若內外之兩忘也」，説得最好，便是「不獲其身，行其庭，不見其人」。不見有物，不見有我，只見所當止也。如「爲人君，止於仁」，不知下面道如何，只是我當止於仁；「爲人臣，止於敬」，不知上面道如何，只是我當止於敬。只認我所當止也，以至父子兄弟夫婦朋友，大事小事，莫不皆然。○問：恐外物無有絶而不接之理，若拘拘然務絶乎物，而求以不亂其心，是在我却無所守，而爲外物所動，則奈何？朱子曰：此一段亦有可疑，外物豈能不接，但當於非禮勿視、聽、言、動四者用力。

○**明道先生曰：若不能存養，只是説話。**○學者所以講習討論者，將以反成己耳。苟從事於外面而不能存養，則其所學只是一場説話，雖聞見博，於己無益，所謂雖多亦奚以爲也。○大抵漢儒以來，其用意多在記誦文辭之際，而於所謂存養之功，則冥然不知也。及二程出，使人專用力於心上，以操存涵養爲要。吾道之所寄，至是始正，人皆得知聖學之所本，程子有大功於萬世，於斯亦可見矣。

○「**聖賢千言萬語**」章。○陳天台曰：約，猶收也。下學而上達，下學人事，而上達天理也。○朱子曰：所謂「反復入身來」，不是將已縱出底收拾轉來，只是知求則心便在，便是反復入身來。○又曰：只是莫令此心逐物去，則此心便在這裏。○又曰：不只是求放心便休，看「自能尋向上去」，這是存得此心，方可做去，必不是塊然空守得這心便了。○愚謂：「自能尋向上去」，此句連上文讀。蓋心不外馳，則志氣清明，義理昭著，而可以上達矣。古之聖賢，每每欲人之收放心者，爲是故耳。不然則使空捉得定一箇心何爲，故曰「聖賢千言萬語，只是欲人」云云。「自能尋向上去，下學而上達也」，此又引成語，以繳上文。收放心，下學也。能尋向上去，則說上達。大學或問曰：「不習之於小學，則無以收其放心、養其德性，而爲大學之基本。」可見收放心，便是下學之事。

○「**李籲問每常遇事**」云云。○李籲，字端伯，程子門人，緱氏人。○「耳之於樂，目之於禮。」○樂有鐘鼓管籥之音，以入於耳。禮有俯仰揖遜之容，以接於目，皆莫非所養矣。○盤，盥類沐浴之器。○盂，飯器。說文「飲器也」。○几，古人凭坐者，又案也。○銘，名其器以自警之辭，如湯之盤銘，武王諸銘。○戒，如坐右戒之類。○「但存此涵養意。」○存涵養意，正是理義養心之方，而其實功，所謂「敬以直內」是也。蓋敬則心存于中而無邪曲，心存則理得，理得而後心益正，見得方無事時，欲存養得者，舍此而無他道矣。

○**呂與叔嘗言患思慮多，不能驅除**。○驅，逐也，策馬謂之驅。○「四面空疏」謂中無主，不可泥四面字而説外面事。蓋屋無主則四面自無備，猶中無主則一心都空虛也。夫四面空疏，盜之招也，及盜之入，遽欲作得主定，而亦無緣也已。○此章言學者須要存心，不可强有意閑邪。

○**邢和叔言：吾曹常須愛養精力**。○和叔，名恕，程子門人，河東人。按：二程類語「邢」字上有「與」字，然則是亦程子之言。而遺書所記，正與此書同，未知孰是。○此章所言自是一義，世人多爲誠意不足，而厭倦之意生，此是非精力之不足，不真好之也。又有一種人雖有好之，而精力不足，則自不得不倦，如此常須愛養精力而爲用功之資耳，亦存養之一事也。○精力。○增韻曰：「精神所及處皆曰力。」如心力之類。

○**明道先生曰：學者全體此心**。○朱子曰：此亦只是言其大槩，且存得此心在這裏。「若事物之來，不可不應」，且隨自家力量應之，雖不中不遠矣。更須下工夫，方到得細密的當，至於至善處，此亦且是爲初學言。○又曰：學者全體此心，只是全得此心，不爲私欲汨没，非是更有一心能體此心也。此等當以意會。○「全體」二字難看，朱子説可深玩。此只大槩存心而不放散之意，若説得太深，則與下文不相貫。夫一心全體者，乃存養之成功，何言學未盡耶？

又何不中之有？故此當以意會，不可泥文字上看。○存心而不放散，亦在初學未易驟得，此謂學者初必當以此爲任也。○分限，學力之分限也。若事物之來，須隨吾學力分限應之。苟心存則理從而明，雖有不中，亦不甚遠矣。○此章且是爲初學言，未以此爲極至，學者須更下工夫，日入細密處，直到義精仁熟而後已矣。若唯安那地頭，而無復進步之功，則所存乎中不熟。私意萌於其間，終亡其所存而至不中之遠也必矣。語類曰：「如龜山却是恁地，初間只管道是且隨力量恁地，更不理會細密處，下梢都衰塌了。」以龜山之學，而猶有此弊，學者不可不勉。

○**居處恭，執事敬**。○蔡虛齋曰：居處，未嘗應事接物。居是居室，處是未動也。此説是正與執事相對，先儒多兼動静説，不是。若然則此一句都盡，何更説執事乎？○朱子曰：「恭主容。」又曰：「恭見於外。」然程子曰：「只是整齊嚴肅，則心便一。」是恭雖主容，而敬自在其中也。○**徹上徹下語**。○吴氏程曰：「徹上徹下」言通乎上下，自始學至成德無二致也。○**聖人元無二語**。○聖人之言，語遠而不遺近，語近而遠者在其中矣，此謂無二語。若常人之言，遠則高遠，近則淺近而已，是語有二等也。○「居處恭，執事敬」二句，内外動静備矣。然是皆就一身而言，加以「與人忠」一句，然後處己處人之道兼舉而無不盡矣，所以爲聖人之語也。

○**伊川先生曰：學者須敬守此心，不可急迫。**○急迫，如持敬於旦夕之際而遽欲存得此心，學者固須敬守此心，但不可如此急迫已。○**當栽培深厚，涵泳於其間。**○栽培，謂持敬深厚。今日持敬，明日持敬，至久而不息也。其間直受栽培深厚而言，當涵泳此心於栽培深厚之間也。○**但急迫求之，只是私已。**○栽培久，則存乎中者熟，蓋不期然而然。若急迫求之，則著意强爲而不任其自然，便是私己而已。如此則自與道背馳，而終不足以達之，假令拘束得心在此，又復奚益？

○**明道先生曰：「思無邪」，「毋不敬」。**○「思無邪」指動時言，「毋不敬」該動静言。「思無邪」是成功，「毋不敬」是用功。故朱子曰：「『思無邪』是心正意誠，『毋不敬』是正心誠意。」由此觀之，二句雖是平説，而實以「毋不敬」爲本。

○「**今學者敬而不自得，又不安者，只是心生**」章。○生者，「生熟」之「生」。朱子曰：「心生，言只是敬心不熟也。」○心生，是持敬之功未深也。「太以敬來做事得重」，言持敬之過重，一是過，一是不及心生，故不自得。「太以敬來做事得重」，故不安也。然不自得則不安，不安故不自得，二者其勢又相因。○「恭而無禮則勞。」○出語泰伯之篇。○「恭者，私爲恭之恭也。」○

夫子以恭對禮而言，故明道以爲恭者，人爲之恭也。○「禮者，非體之禮。」○禮孔子閒居篇曰：「威儀棣棣，不可選也。」無體之禮也。程子之言，蓋本於此。非體，謂無形象之可摸捉。蓋「禮」字解雖曰「天理之節文，人事之儀則」，其實只是自然底道理，道理何曾有形體耶？此又以禮對恭而言故已。○「恭而安。」○出語述而之篇。「安」字與語之意小異。彼則謂聖人德容恭，中自有從容不迫之意，蓋就外面所見而言。此處「安」字專就心上而言，夫恭敬皆循理，則無厭倦劬勞之意。如今儼然危坐，只管著意强爲，須臾之際，心倦意闌，而終無從容自在之意。若知理之不可以不危坐循而爲之，則心安意肯，無復有厭倦，此恭而安也。有若曰「禮之用，和爲貴」，亦是此意。

○「**今容貌必端**」至「**循理而已**」。○或曰：「獨善其身」言如鄉原所爲也，其説大謬。所謂「獨善其身」，本不是不好事，只些毫有意於此，則是安排而不自然，故非之耳。若彼鄉原則亂德之小人，君子所深絶者也，豈其足論焉乎？○或又曰：此與孟子所謂「窮則獨善其身」異，此説却是孟子之意，只從傍人説，不是君子自道善其身也。○此一節申言「恭而安」之意，容貌必端、言語必正者，恭也，無私意而循理則安。是言君子之心事，以示學者。

○今志于義理而心不安樂者，何也？○剩，餘也，猶言添却。○**便是「必有事焉」而正之也**。○明道之意以有事當箇敬字。夫常持敬而無失者，便是必有事也。然而持之太甚，此又正之也。蓋其持之大甚者，是著意而作，纔著意作之，便是「正之」。○**亦須且恁去**。○且，姑也。恁，如此也。此句受正之言，夫正之者，固君子之所不取也。然如初學，姑自這裏做去亦可。蓋不著意而安之者，苟非天資高邁之人，未足語此。若一切棄絶著意，則初學無下手之處，故曰亦須且恁去，必有是説而後人人可依守矣。明道教人懇到而不迫切如此。○**如此者只是德孤**。○此又承上文而推其本。孤字、鄰字皆與語之意不同。孤者，單薄之意；鄰，亦謂德之以類相從。下面所謂「德盛」即「德不孤」也。「左右逢其原」，謂有鄰之意。○林同安曰：左右是不一之辭，猶詩言「左之右之，君子宜之。右之左之，君子有之」一般。○愚謂：「自無窒礙」就心上言；「左右逢其原」就事上言。此言有這道理充胸中，則心自無窒礙，左右前後，四隅八面，隨吾所爲，無不逢個本原底道理矣。夫如此，又何不安樂之有，而尚煩助長正之之有哉？

○**敬而無失，便是「喜怒哀樂未發謂之中」**。○「敬」字兼動静。葉注偏爲静時工夫説，非也。此蓋泥下句「喜怒哀樂未發謂之中」而云，然不知其引中庸文者，只是言本體之存耳，不應就此言敬亦未發工夫。蓋敬之貫動静，其説久矣，且有「無失」二字在，何單爲静時説乎？○「敬而無失」，本子夏之言，亦該動静説。○動静持敬而無間斷，則不偏不倚之本體，無往而不存矣，便是喜怒哀樂未發謂之中也。○朱子曰：「敬而無失」，本不是中，只是「敬而無失」，便見得中底氣象。此如公不是仁，然公而無私則仁。○又曰：中是本來底，須是做工夫，此理方着。○語類：「問：『敬而無失。莫是心純於敬，在思慮則無一毫之不敬，在事爲則無一事之不敬？』曰：『只是常敬。敬即所以中。』」愚謂：「常」字亦可見是該動静而言也。

○司馬子微嘗作坐忘論，是所謂「坐馳」也。○司馬子微，名承貞，謚貞一先生。○按：天隱子養生書，司馬承貞所著。其目有八，曰神仙，曰易簡，曰漸門，曰齊戒，曰安處，曰存想，曰坐忘，曰解神。其坐忘論曰：坐忘者，因存而忘也。行道而不見其行，非「坐」之義乎？有見而不知其見，非「忘」之義乎？何謂不行？曰：「心不動故。」何謂不見？曰：「形都泯故。」○坐忘，坐馳，皆出莊子。曰：「墮枝體，黜聰明，離形去知，同於大通，此謂坐忘。」出太宗師篇。又曰：「吉祥止止，夫且不止，是之謂坐馳。」出人間世篇。○朱子曰：他只是要得恁地虚静，都無事。但只管要得忘，便不忘，是馳也。○愚按：「坐忘」二字共言虚静無事之意，不是謂坐而忘其坐也。坐馳謂身坐於此而心馳於外，然此只言其外馳而已。「坐」字意不太重，蓋常有意於忘，則心拘滯於此，而中無存主，是要忘而不忘，心却馳了。藉令坐忘得，亦只是放心，卒歸坐馳而止。

○「**伯淳昔在長安倉中**」云云。○長安，西京。廊，殿下外屋。以意數，不指點也。越，猶爰也，語辭。○此章地位儘高，正是明道分上事，非初學之所議。凡事循於念慮之發，而不用著意者，殆是從心之所欲不逾矩之地頭。在學者，則不可以不反覆審思，苟唯從其初念而不致丁寧意，吾見其欲動情勝，以至離道之遠矣，可不念哉！○大抵人心善端之發，多在初念。且若惻隱之心，乍見孺子將入井，倏爾發動，這箇便是天理之著。如那上面才著之意，則或欲内交於孺子之父母，或要譽於鄉黨朋友之意雜出其間，此亦著意，却亂其心者也。如推此類而以意會，則又可爲今日之受用，是不可不知也。○此章之意大似禪家，但彼所見則外道義而空嫌著意，明道還恐心爲妄動而有失道義，此其所以不同已。

○「**人心作主不定**」章。○作主，持志以作主也。○「自上著床便不得思量事。」○是謂中夜寢息之時，蓋數年間，不應晝夜絶思量，故知是特指寢息之時已。○「須强把他這心來制縛。」○須，用也，下「須」字同。此句通晝夜而言。○「亦須寄寓在一箇形象。」○此猶釋氏常見鼻端之法，常常寄心於一箇形象上，而欲不少背馳。夫只管欲不思量事，强把這心來制縛，又寄寓在一箇形象，皆是安排强爲，非理之自然也。○「君實自謂吾得術矣。」○程子曰：君實嘗患思慮紛亂，有時中夜而作，達旦不寐。其後告人曰：「近得一術，常以中爲念。」只是於名言之中揀得一个「好」字。與其爲中所亂，却不如一串數珠之愈也。夜以安身，睡則合眼，不知苦苦思量箇甚，只是不以心爲主。○朱子曰：明道説「張天祺」云云。他是不思量事，又思量箇不思量底，寄寓一箇形象在這裏。如釋氏教人，便有些是這箇道理。如曰「如何是佛」云云。愚按：如洞山麻三斤之類。胡亂掉一語，教人只管去思量。又不是道理，又别無可思量，心只管在這上行思坐想，久後忽然有悟。「中」字亦有何形象？又去那處討得箇「中」？心本來是錯亂了，又添這一箇物事在裏面，這頭討「中」又不得，那頭又討不得，如何會討得？天祺雖是硬捉，又且把定得一箇物事在這裏。温公只管念箇「中」字，又更生出頭緒多，他所以説終夜睡不得。又曰：「天祺是硬截，温公是死守，旋旋去尋討箇『中』。伊川即曰『持其志』，所以教人且就裏面理會。」○張天祺，名戩，横渠之弟。詳見伊洛淵源録。君實，司馬温公之字。○「持其志。」○孟子之言，敬以持守其志，不爲氣所亂，則是心作主定。○「聖賢必不害心疾。」○聖賢心清氣定，胸中自然安静，何心疾之害哉？

○明道先生曰：某寫字時甚敬。○此欲天理之無少間斷也。學問之道無他，常存天理而不失而已矣。篤於持敬，雖苟且細微之際不敢忽之，則無時而非天理之存矣，故曰「只此是學」。○讀書録卷二曰：「程子作字甚敬，曰『只此是學』。蓋事有大小，理無大小。大事謹而小事不敬[二]，則天理即有欠缺間斷。故作字雖小，事必敬者，所以存天理也。」

○**伊川先生曰：聖人不記事，所以常記得。**○聖人無心記事，則其心湛然無所繫著，故能常記。今人著心强記，故其心躁擾，愈不能記。然「不能記事」與「處事不精」，二者又皆出於養之不完固。蓋存養完固，則其心虛明，而天下之理備於方寸之間，故不記事而常記得，又且處之精。當以此觀之，所謂聖人不記事，正就這上面言。今夫中無所養，徒然遺事以欲其能記得，則萬無此理也。

○「**明道先生在澶州日**」云云，**心不可有一事。**○問：凡事須思而後通，安可謂「心不可有一事」？朱子曰：事如何不思？但事過則不留於心，可也。明道肚裏有一條梁，不知今人有幾條梁柱有肚裏。佛家有「流注」，想水本流將去，有些滲漏處便留滯。○李退溪自省録曰：「事無善惡大小，皆不可有諸心中。」此「有」字泥著係累之謂，正心助長、計功謀利，種種病痛皆生於此，故不可有。若如三省之類，有事於心，即孟子所謂「必有事焉」之有，此豈所當無耶？如欲并此而無之，則自堯、舜、禹、湯精一執中，顔、冉請事斯語皆可廢。而必如佛老枯槁寂滅，而後爲學之至也，奚可哉？此「一事」亦難看得，如延平先生所謂非著意非不著意，即此「事」字之意也。

○**伊川先生曰：入道莫如敬。**○入道，猶言通乎道，以知言。朱子注論語學而之篇首曰：「入道之門，積德之基。」積德以行言，可見入道以知言也。○非敬則心不存，心不存則中空虛，將何由察理致知乎？○**今人主心不定。**○以心爲主宰，而不爲事物所奪者，唯敬能之。今人不能持敬，其心紛擾，爲事所累。故視其心如寇賊險阻而不可制。此是似事來以累其心，然事物元無心，曷敢累人心，自是我心妄動而爲事所累耳。若心主乎中，湛然不擾，隨事之至，吾以其當然處之，則何事物之累哉？夫如是，而後當知天下之物各有法則，而無合少得者，不可惡也。

○**人只有一箇天理。**○程子又曰：人之所以爲人者，以有天理也。天理之不存，則與禽獸何異矣。

○**人多思慮，不能自寧，只是做他心主不定。**○做心主定，以心爲主也，不是心中又做一箇主。心本是一身之主，只人自不爲主，故被思慮紛擾，不能自寧，猶將帥不定，卒徒騷動，不能安也。○「止於事」，止事之所當止也。葉注曰：「止者，事物當然之則。」是以死字解活字，且與下面所説不相應，似欠分曉。○是章伊川别發存養工夫，蓋要做心主定，而强拘束箇心以使不動，則必歸於偏滯枯槁而失靈活之體，此謂做得心主可乎？故要其能恁地，只須外面止於事，凡事惟顧當然如何，從而止於此，則内自静安，然後心主可定，雜慮可掃。伊川此論，前人所未發，爲尤深切而有下手處。○**爲人君止於仁之類**。○此舉其止之一端，餘可例求，故曰「之類」。○**如舜之誅四凶**。○此又明止於事之實迹，蓋舜之誅四凶，可惡者在彼，舜從而誅之耳，何容心於其間耶？「舜何與焉」一句更推一步説，便下文所謂「物各付物」之意。○**物各付物**。○物各任其物理，吾不與於其間，此謂「物各付物」。其道則無將無迎，物來而順應是已，如彼爲物所役反是。

○**不能動人，只是誠不至**。○孟子曰：「至誠而不動者，未之有也；不誠，未有能動者也。」○**於事厭倦，皆是無誠處**。○嘗見好棋者，方其對棋，自朝至夕，終不知倦。如於他事，未必不倦，因想於事厭倦皆是無誠處。

○**静後見萬物自然皆有春意**。○「静」字是一章之骨子。蓋其存養成熟，胸中灑落，無許多紛擾躁雜之累者，這箇地位極高。此必非程子分上未易及之。春意，天理流動之意。春者，生氣流行之始。萬物萌動之時，天理最著顯處，故曰「春意」。夫一心養得而不略有私意躁擾之累，然後見萬物，如彼日月代明，寒暑錯序，雲行雨施，雷震風起，火炎水流，鳶飛魚躍，草生木長之類，無處而非天理之流動矣，便是春意。邵子易卦詩「三十六宮都是春」，「春」字亦與此同。○「静」字自己而言，春意就萬物言。然要吾心先有這春意，夫然後見萬物春意活潑以感中心，苟己未有春意，自與他不相干。雖萬物日目擊，茫乎不知此味也。吾心有春意者何如？私欲浄盡，而天理流行者是已，故曰「此必程子分上事」。細味此章，有所謂「萬物皆備於我」之氣象。○此章程子蓋有所感而發。○此章之義，其爲至高也固矣，然又不可説絶不干於常人。今試静坐一室，熟存那意，以見事物彷彿如有春意，但其所見得，倏然之際而已。纔及應事，無復見他意思，蓋人心虚静時極寡，躁擾者常多也。是故學者之功，莫善於静坐，中心躁擾最害於學。

○「**孔子言仁只説**」云云。○大賓，是有德有位的賓客。大祭，是如郊祭廟祭之類。○出門使民，要包未出門使民之時看，有諸中而後見於外。觀其一出門而都如見大賓，及使下民，猶如承大祭，則前乎此者敬可知矣。苟平日不持敬，必臨出門使民之時，然後欲其如此，未有能之者也。此知斯二句，動静縱横自莫不該矣。只聖人之言，姑就動時説起，欲人之有所持循耳。○「看其氣象」云云。○胖，安舒也。夫動静縱横，内外巨細，無適不敬，則天理常存，而無一毫邪曲之累。夫然故仰俯無所愧怍，而其心寬平廣大。心已寬廣，則體必安舒。其至須動容周旋，自然中禮，持敬之功，其大到此，唯人不居敬，故不能得是效耳。○惟慎獨便是守之之法。○陳新安曰：「又恐人外貌如此，而中心不如此。必如一念萌動，己所獨知之處而致謹焉，便是持守此敬之法。」此以出門使民爲外，恐非正意。蓋出門使民，既該得動静内外，而程子特發之者，一念幾微之際，人之所易忽於此。不謹則敬意間斷，而人欲暗長，惟慎其獨則持守縝密而無滲漏，然後能盡聖人所説之旨，以馴致上文許多效驗。不是以出門使民爲獨説外貌而未及内，故又添「慎獨」二字也。○蔡虚齋曰：有諸中而後見於外。其實見賓承祭亦非全是外，只明其敬之見於應事者。○又曰：守之，謂守着敬心也。

○聖人「修己以敬」。○敬者，主一無適之謂，聖人之心，自少而壯而老純焉，天理無有一息之間斷，便是敬己。聖人自有這般敬，而身無不修矣，故曰「聖人修己以敬」。書贊堯之德曰欽明，贊舜曰温恭，及成湯聖敬日躋，文王緝熙敬止。可見聖人亦無非箇敬者。只聖人之以敬與學者之持敬，氣味迥別耳。○蔡虚齋曰：「修己以敬」，兼内外動静而言。人惟敬則百事皆當，不敬則百事皆不當，此修己以敬，所以有安百姓之理。百姓舉天下而言。○**篤恭而天下平**。○出中庸第三十三章。○蔡虛齋曰：「修己以安百姓」、「篤恭而天下平」兩句一意，可以相發明，故兼舉之。○聖門説敬多就用處發，如敬事而信、執事敬之類，蓋欲人有所依據也。若求其全體，「修己以敬」、「篤恭而天下平」，惟斯二語而已，故程子兼舉之。○「**惟上下一於恭敬則**」云云，**四靈何有不至？**○禮運曰：何謂四靈，麟鳳龜龍謂之四靈。○林同安曰：上指君，下指臣民，上能修己以敬，則下而臣民皆感之而恭敬，而上下一於恭敬矣。上下一於恭敬，尚在安百姓天下平上。○蔡虛齋曰：「惟上下一於恭敬」，則和氣充塞於兩間。是以天地位、萬物育，而和氣之精英又鍾爲四靈，如禮運所謂「鳳凰麒麟皆在郊藪，龜龍皆在宮沼」者。○**此「體信達順」之道**。○朱子曰：信是實理，順是和氣。體信是實體此道於身，達順是發而中節，推之天下而無所不通也。○蔡虛齋曰：「體信達順」都在「敬」字内，兼體用言，即所謂「致中和」也。中庸「致中和」，只是一箇敬，舉其極功而言，故曰致耳。能致中和便天地位、萬物育，此自然之理。程子此言，學者須把做箇第一大題目看。○**聰明睿智由是出，以此事天饗帝**。○蔡虛齋曰：「是」字、「此」字皆指「體信達順」，體信達順即敬也。○又曰：「聰明睿智由是出」者，誠則無不明矣。心胸越開朗，義理越明瑩。以此事天享帝，「文王陟降，在帝左右」。惟聖人爲能享禘之於天下也，其如「視諸斯乎」之義。○胡雲峰曰：「聰明睿智皆由是出」，夫敬又非塊然自守，而自能安人及物也。蓋惟敬則私欲不作，心體日明，所聞無所溺，所見無所蔽。睿聖通徹，智燭且廣，所以事事處其當，物物得其情，則百姓人物無不安者。且可以此事天饗帝，况在人物有不可格者乎！○愚按：吾儒以「敬」之一字爲用功之第一者，其説自程子始，而秦漢以來儒者絶所不及也。近世俗儒或駁之，以謂「敬之貫動静，徹上下」之説，孔門之所不言。不知「修己以敬，篤恭而天下平」，此言便見敬之貫徹動静上下。程子每提「敬」字切教人者，蓋有見於此而已，豈謂違聖教乎哉？○修己。「修」字所該廣，大學誠意、正心、修身皆在其中。夫唯能敬而後意可誠也，心可正也，身可修也。未有不敬而能意誠、心正、身修者，故曰修己以敬、安百姓，該齊家治國平天下。看何等事不統於這敬，此知敬之貫動静徹上下，其義不始於程子而出於孔子焉。朱子曰：「『敬』之一字，聖學之所以成始而成終者也。」其亦本於此歟。學者知此，可以辨世儒之雜論矣。

○**存養熟後，泰然行將去，便有進**。○存養成熟，則無許多係累扞格之患，便其所行不待十分勉强，泰然長進，所謂本立而道生也。

○**不愧屋漏，則心安而體舒**。○「屋漏」義見第二卷。「不愧屋漏」，亦存養成熟之地位。

○**心要在腔子裏**。○陳天台曰：腔子，猶言身子耳。○朱子曰：心之爲物，至虚至靈，神明不測，常爲一身之主，以提萬事之綱，而不可有一刻之不存者也。一不自覺，而馳騖飛揚，以徇物欲於軀殻之外，則一身無主，萬事無綱。雖其俯仰顧瞻之間，蓋已不自覺其身之所在矣。○又曰：敬便在腔子裏。○**只外面有些隙罅，便走了**。○「外面有隙罅」，謂行之有欠缺。蓋内外一致，未有外面放肆而心存者，故外所行有些欠缺，則心隨而走了。是以存心之功，亦當就外面用力耳。程子此言，欲使人内外交養也。

○**人心常要活**。○朱子曰：「活者，不死之謂。」愚謂：心無所繫著，則常活而不死。如此則不失其具衆理而應萬事之體，所以「周流無窮而不滯於一隅」。

○**明道先生曰：「天地設位，而易行乎其中。」**○繫辭傳文。○此章要須見得明白。易書本旨，正説天地造化。程子還就那上面見有箇敬底道理，因借來就人心上説。夫天崇地卑，設位於上下，而自一定建立者，便是敬之體。而變易流行之道，行乎其中者，便是敬之用。若就天地言之，其理亦如此耳。其於人心身心收斂而專一静定，此是天地設位氣象，而能若是，則動静語默皆一天理之流行而已，所謂「易行乎其中」者可見。此語只是敬底意思，如此看方分明。葉注所引朱子説「天地亦是有箇主宰」云云。主宰字不甚切，恐是非定説也。○**敬則無間斷**。○敬則天地常位，易常行乎其中，亦要就人心上看得。○此章借經文周旋來極妙，將天地造化説却就人心言之，乍見其義如不相干，而細求之其理實一，而其論決不可換，可謂精義入神者矣。

○「**毋不敬**」，**可以對越上帝**。○越，於也。○上帝，即天理也，能敬則天理存，故常持敬，則天理在我而無間斷，此可以對在天。○或曰：「毋」字，曲禮爲禁止辭，此須爲無字。解未必然。蓋「毋不敬」則無時而不敬，此自有對於上帝之理也，然則亦爲禁辭看何妨。大凡讀書無害於義，則從舊説可矣。

○**敬勝百邪**。○天理人欲，勢不兩立。天理存而人欲亡，人欲未勝則天理隨而有缺，敬則此心虚静光明，天理自得，以群邪不得撓之，蓋胸中瞭焉。故一有邪欲，則必知之，猶白紙上一點黒子。然則衆邪何得隱伏其間？只常人不持敬，則其心全昏了，故雖邪欲生乎中，不自知之。百邪日滋長，以遂滅其天理。夫能敬者反是，所以勝百邪也。此章學者當爲省察之凖的，雖曰持敬，邪欲未克，則是存養之不熟也，必克盡百邪，而後方知其成熟已。

○「**敬以直内，義以方外」，仁也**。○此「仁」字須將當理而無私心説看。○語類：問：程子曰：「敬以直内，義以方外，仁也。」如何以此便謂之仁？曰：亦是仁也。若能到私欲浄盡，天理流行處，皆可謂之仁。如博學篤志，切問近思，能如是則仁亦在其中。如「克己復禮」，亦是仁；「出門如見大賓，使民如承大祭」，亦是仁；「居處恭，執事敬，與人忠」，亦是仁。看那路入，但從一路入，做到極處皆是仁。○**若以敬直内，則便不直矣**。○如今有意以敬直内，則是出於期必計效之私，所謂正之也，安得直乎？○朱子曰：敬立而内自直，若欲以敬要去直内，則非矣。○「**必有事焉而勿正」，則直也**。○「有事」，且虚説其意，則以敬爲事而已。

○**涵養吾一**。○涵養，則本心常存。本心常存，則外邪不雜於其中，故一。

○「**子在川上曰**」章。○此見聖人之心，純亦不已矣。○林同安曰：天道運行不息，聖人之心亦然，故曰「此見」云云也。○天德，王道。○蔡虚齋以爲大學之誠意正心修身，天德也；本此以齊家治國平天下，王道也。愚謂：王道者，純一大公之謂。二帝、三王之道皆然，有些毫私意，則是霸術而非王道。天德、王道本無二致，自天理得於心而無間斷言之，則曰「天德」。自其有化天下之具而言之，則曰「王道」。惟有純然不已之德，而後可語化天下之道耳。○「其要只在慎獨。」○朱子曰：人多於獨處間斷，才不慎獨，便去隱微處間斷了。能慎獨，則無間斷，而其理不窮。若不慎獨，便有欲來參入裏面，便間斷了，如何便會如川流底意！○林同安曰：天理在人，亦無間斷，但人於隱微之中，私欲一萌，則天理於是間斷矣，故其要只在謹獨。謹之於隱微之中，以禁其私欲之發而極夫充養之功，則吾心之理接續無間，聖人之純亦不已在我矣。

○「**不有躬，無攸利**。」○此二句蒙卦六三爻辭。程子斷取説去，非解易上正意。大抵立本直内，是程門之學流，故屢提此意。立己，内立得主宰定之謂。化物，化於物也。化者，轉化之意。撓，亂也。○如今讀書固是好事，然内立主宰不定，徒從事於書策之間，則泛濫無統紀。讀這書而未達，又去欲讀那書，這義未明，那義又生疑惑，心下煩煩擾擾，無定見者，此皆爲物所化。萬事都然，只己立後，天下萬物之理了然於胸中，而無不得其當矣。禪家説「心悟轉法華，心迷法華轉」，其義暗合。○「了當」，心了其理而處置當可也，以内外言。○朱子曰：己不立，則在我無主宰矣。雖向好事，亦只是見那事物好，隨那事物去，便是爲物所化。

○伊川先生曰：**學者患心慮紛亂，不能寧靜**。○患，猶病也。此與孟子所謂「人之患，在好爲人師」之患一般，不是謂學者自患之也。「公病」，猶言通患。○**學者只要立箇心**。○立心，即上章立己也。能立得箇心，則自寧静。心慮紛亂，蓋有不俟治而治者矣。而此上頭又是一難事，須用許大商量而已。

○「**閑邪則誠自存**」章。○程子又曰：敬是閑邪之道。閑邪、存其誠，雖是兩事，然亦只是一事。閑邪則誠自存矣。天下有一箇善，一箇惡。去善即是惡，去惡即是善。○注曰「閑邪之意即是誠也」，雖於理無礙，而與本文語勢不相合。程子之意，猶言去惡則有善，葉注猶言欲去惡者，即是善也。可見語意小不同。解聖賢語，唯可順其正意，不須有分毫差。○閑邪之與存誠，只是一事，閑邪之外無復存誠工夫。故程子發之，使人知其一意，但不當説「閑邪之意即誠也」耳。○役役，爲物所使也。庄子齊物論曰：「終身役役而不見其成功。」○「故孟子言性善皆由内出。」○誠者，人之實心，初存乎中，只爲外邪所蔽以失其真耳，故孟子言性善無非由内而出矣。如孩提之愛親敬兄，見孺子入井而有怵惕惻隱之心是已。此只爲誠之初存乎中也，見得閑邪則誠自存，不是外面捉一箇誠將來存著。○「動容貌，整思慮。」○動，聳動之意。動容貌，所謂正衣冠，尊瞻視，頭容直，手容恭之類，聳然奮立，無有怠惰者。動之字面含肅敬意。整，齊。整齊，紛亂之反，此二事是閑邪工夫。蓋敬本閑邪之道，如今只管聳動容貌，整齊思慮，則敬心自然生，無外邪可入之機，閑邪工夫舍此而無他道矣。

敬只是主一也。○「主」字輕，「一」字重。程子又曰：「主一，只是專一。」可見主字只是帶言。蓋專一而不雜，則便自有主意。○問主一。朱子曰：做這一事，且做一事；做了這一事，却做那一事。今人做這一事未了，又要做那一事，心下千頭萬緒。○又曰：身在是則其心在是，而無一息之離；其事在是，則其心在是，而無一念之雜。○又曰：主一，兼動靜而言。○陳北溪曰：無事時，心常在這裏，不走作，固是主一。有事時，心應這事，更不將第二第三事插，是主一。○「**既不之東，又不之西**」至「**如是則只是內**」。○此只反復言之，以明「主一」之體段，非有異義也。葉注分動靜，不是，中字只是直字意。其言中者，自東西字而來，蓋不散之東西則在中央，在中則直而不枉。○**存此則自然天理明**。○「此」字指主一。○**將敬以直內涵養此意**。○「此意」二字，緊受上句而言。○注「尹彥明曰」云云。○按：此尹氏答祁寬之問，見伊洛淵源録。此説指出「主一」意思尤分明，人人須於這上理會。

○**閑邪則固一**。○語類曰：「只是覺見邪在這裏，要去閑他，則這心便一了。」此却前章葉注「閑邪之意即是誠也」之意。然玩本文之意，亦只言閑其私邪，則心專一而無雜矣。○朱子曰：「『主一』似『持其志』，『閑邪』似『無暴其氣』。『閑邪』只是要邪氣不得入，『主一』則守之於内。二者不可有偏，此内外交相養之道也。」愚按：朱子以「主一」「閑邪」兩平説下，固切日用工夫。但如此章之意，則歸重主一。前章云「中有主則實，實則外患不能入，自然無事」，亦是此意。○「**一者無他**」云云。○陳天台曰：整齊嚴肅，如正衣冠，尊瞻視之類。○内外元一致，故外面整齊嚴肅，則内面便一。内面一，則自無外邪之干，此是内外合一説。○**此意但涵養久之**。○此意即由外面以一内面之意。○自古聖賢言學，多使人自外面有形象處把捉起來，此最是切人。故程子一則曰「但惟是動容貌」，一則曰「整齊嚴肅」，皆欲人之有所摸捉也。

○「**有言未感時，知何所寓**」章。○操則存，舍則亡。○四句都言心之變化不測。○陳北溪曰：忽然出，忽然入，無有定時；忽在此，忽在彼，亦無定處。操之便存在此，舍之便亡失了。○「操」字不是著力把持，只是聳然提起底，即是箇敬，故曰「操之之道，敬以直内也」。

○**敬則自虚静**。○敬則無私邪紛擾之患，而心自然虚静。然虚静是敬之功效，不是用功之謂。敬元持守之名，故不可把虚静喚做敬。○葉注所引朱子説當玩，敬該動静，固離事物不得，此吾儒之所大異於禪也。

○**學者先務，固在心志**。○**絶聖棄智**。○出老子第十九章。○**坐禪入定**。○阿毗曇論曰：「何名禪？答謂斷決正觀名禪。」傳燈録云：「智隍禪師曰：『我入定時，不見有無之心。即是常定，何有出入？若有出入，則非大定。』」○**若欲免此**。○免此，免思慮紛擾也。○「**有主則虚**」云云。○朱子曰：自家心裏，只有這箇爲主，别無物事，外邪從何處入？豈不謂之虚乎？「無主則實」者，自家心裏既無以爲之主，則外邪却入來實其中，此又安得不謂之實乎！○又曰：若無主於中，則目之欲，也從這裏入；耳之欲，也從這裏入；鼻之欲，也從這裏入。大凡有所欲，皆入這裏，便滿了，如何得虚！○又曰：「有主則實，實則外患不能入」，此重在「主」字上；「有主則虚，虚謂邪不能入」，重在「敬」字上。○又曰：程子既言「有主則實」，又言「有主則虚」，此不可泥看。須看大意各有不同，始得。凡讀書，則看他上下意是如何，不可泥着一字。○**凡人心不可二用**。○不可，不得也。人心本一，在此則不及彼，自二用不得。

所謂敬者，主一之謂敬；**所謂一者，無適之謂一**。○朱子曰：主一只是心專一，不以他念雜之，無適只是不走作。如讀書時只讀書，著衣時只著衣。了此一件，又做一件。○又曰：自秦以來無人識「敬」字，至程子方説得親切，曰「主一之謂敬，無適之謂一」。○蔡虚齋曰：「敬」訓「主一無適」而實不膠滯。若做此事方主一於此，忽又一事有重於此者，則又當移其主一之心於彼矣。初亦不害其爲主一而無適也。○**且欲涵泳主一之義**。○義，意義也。○**不一則**

二三矣。○可見思慮紛亂者，只是由不敬也。

○**嚴威儼恪，非敬之道**。○「嚴威儼恪」四字，出禮之祭義。嚴，嚴肅。威，威重。儼，儼正。恪，謹恪。皆外貌致恭者，敬存于中。如外面單致恭，則未是敬。然凡工夫必自外而内，自粗而精，且外面整齊嚴肅，則心便一，故又曰「但致敬須自此入」。○愚聞之師曰：敬之義尤難辨，要在學者深察體認，世儒於此多未分曉。蓋心不飛揚、不沉落之間，便是敬之地位。飛揚則輕浮粗躁，固不是敬；沉落則心便死了，亦不是敬。只喚醒此心，常使不揚不沉者，此是敬已。二帝、三王、周公、孔子自然有此心也，顏、曾、思、孟、程、朱勉强存此心也。奉宗廟，臨朝廷，此心行之也。接賓客，交朋友，此心以處之也。修一身者，此心以守之也。爲一天下者，此心以推之也。看應事接物，百行萬善，莫非此心之貫矣。故曰「敬之一字，聖學之所以成始而成終」者也。如此看，庶幾似得其要領矣。

○「**舜孳孳爲善**」。○出孟子。朱子曰：「孳孳，勤勉之意。」○**嘿然無言**。○「嘿」與「默」同，此一句謂空寂之意，如老佛之徒是也。○陳新安曰：未接物時，敬以直内以立其本；及接物時，義以方外以達其用。此動静交養、内外夾持之功，皆所謂爲善也。必如是，而後爲善之功始密矣，不然則未接物時，爲無所用其爲善之力乎！

○**問：人之燕居**。○燕居，閒暇無事之時。○「箕踞」，展其兩足形如箕也，不可必分解。○**六月中來緱氏**。○六月，溽暑難勝之候。緱氏，地名。○**危坐**。○陳天台曰：危坐，猶正坐也。

○「**思慮雖多，果出於正，亦無害否**」章。○「主莊」以容言，「主嚴」以事言。主嚴如周亞夫以軍禮見天子之類。莊嚴雖是以外言，然其所主之乃有思慮存。○「如發不以時」。○如居喪思樂、立朝憶家之屬。○「紛然無度。」○言彼此雜糅而無法度也。葉注此句做兩段説，恐破碎，直須一氣讀下。

○「**蘇季明問**」章。○季明，名昞，武功人。初横渠門人，而卒業於程子者。○問意以爲喜怒哀樂未發之前，即是中之所在，故要就斯地求中底氣象，不知既思求之，其思即是已發，不可以論未發也，故伊川曰云云。○中庸只言喜怒哀樂者，約文而言之，其實包愛惡，欲而在其中。既思求之即是屬欲，非已發而何？○「纔發便謂之和，不可謂之中也。」○竊謂：喜怒哀樂未發之中，如就動上看，亦似不妨。何也？今人日用應接之際，不喜不怒，不哀不樂，淡然無偏之時，往往有之。當是之時，心雖已動，而未涉於喜怒哀樂，則就這裏説中，亦不爲無意義。如從此説季明之問，還未可謂不可。然伊川言纔發便謂之和，不可謂之中也。蓋中庸下文曰：「中也者，天下之大本也。」此見所謂喜怒哀樂之未發，必指一念未萌之地也。夫唯一念未萌，故天下之事由此而出，所以爲大本已。若夫纔萌只是一事，不可謂之天下之大本，故伊川斷乎云然，從中庸精意也。○人心發動之始，雖固有未涉喜怒哀樂者，究竟無逃於七情，驗之自己可知。且就動上説未發，則欠心體本原之一層，意終不周匝。此可以見程説之精當渾全矣。

「**又問呂學士言**」云云。○呂與叔爲大學博士，故曰「呂學士」。○存養，便戒慎不睹恐懼不聞的工夫，此却不害其爲未發。大抵戒慎恐懼，不要大段著力把捉，只提撕此心令常惺惺者，即是朱子曰「戒慎恐懼不須説得太重」。此只是略略收拾來便在這裏，其意可見。故伊川曰「若言存養於喜怒哀樂未發之前，則可」。

「**又問學者於喜怒哀樂發時**」云云。○季明蓋未深察上文存養之言，以謂雖未發之前，亦不可瞑然不省，然纔思之則又不可謂之未發，這裏當如何用功，因有此問也。○「**只平日涵養**」云云。○蓋心體立而後有用行，故及其久則喜怒哀樂發自中節。此便上文「存養於喜怒哀樂未發之前」之意。但曰「平日」，則不單指未發，而自包得未發。

「**曰當中之時，耳無聞，目無見否**」至「**見聞之理在始得**」。○朱子答呂子約書曰：「『目之有見，耳之有聞，心之有知未發』與『目之有視，耳之有聽，心之有思已發』不同。」此説好看，上三句三「有」字重，即程子所謂「見聞之理在」也。下三句「視」「聽」「思」字却重，便是正視聽思去。○「見聞之理在。」○「在」字重，言存之於中，只常涵養，則此理自有在。

「**賢且説靜時如何**」至「**怎生言靜**」。○程子此論頗有可疑。季明之意，蓋謂靜中不宜有一物，然心本是靈活底物事，故這裏自有知覺處，此説最的當。且與上文「雖耳無聞，目無見，然見聞之理在始得」，及下文「靜中須有物始得」之言，自相吻合。不知程子何故非之，豈以季明説爲就發用而言歟？然味其語勢，季明亦非就發用言，即朱子所謂知覺不昧者，初不害説靜處，程子却非之者，何哉？可疑，可疑。語類曰：「此恐伊川説得太過。若云知箇甚底，覺箇甚底，如知得寒，覺得煖，便是知覺一箇物事。今未曾知覺甚事，但有知覺在，何妨其爲靜？」○今且解本文只當説程子偶以季明語爲涉發用，故言如此而已。○「**人説復其見天地之心**」云云。○復之卦下面一畫，一陽方生，便是知覺運動底意思，安得謂之靜？此與今所論意義相同，故引之爾。

或曰：莫是於動上求靜否？○言未發之前殊無可下手，只於其動上求靜底意否，此是近主靜之意，故程子與之曰「固是」。○**釋氏多言定**。○定，禪定也。釋氏禪定亦兼動靜，不是一向空寂了，其言曰：「行亦禪，坐亦禪。語默動靜體安然。」此其言定爾。但彼所謂定者，一事禪定而不問理之當否，終無益於斯人耳。然而程子主意全不在此，只彼言定，此便言止，雖有得失邪正之異，大抵皆動上得靜之意，故并舉之而已。○「**遇事時**」云云，**便自不出來也**。○心如重名，則爲名之事出來；如重利，則爲利之事出來。乃至聲色臭味之屬，皆無不然，此其所以動而不能止。若能物各付物，心無偏重，却有甚事出來？如此則雖應接萬端，而止其所止，以无妄動之患矣。

然靜中須有物始得。○朱子曰：「此只是言靜時那道理自在，却不是塊然如死底物也。」又曰：「有聞見之理在，即是靜中有物。」○愚謂：「有物」二字下得最妙，唯曰「有物」則固未涉已發，又不是空虛死物，且看伊川不恁地説破，更何人能説得端的？○**這裏便是難處**。○難，難知也。○**能敬則知此矣**。○不是能敬則莫知其真者，所以爲難處已，亦惟深求而後正知其爲難處。

或曰：敬何以用功？○「如麻」，言繁亂也。○**須是習**。○習字重，須著精神。○朱子曰：而今學問，只是要一箇專一。若參禪修養，亦皆是專一方有功。修養家無底事，他硬想成有；釋氏有底，硬想成無，只是專一。然他底却難，自家道理本來却是有，只要人去理會得，却甚順，却甚易。

○**人於夢寐間，亦可以卜自家所學之淺深。**○卜者，所倚以取決者。言人就夢寐間，亦可以決其學之淺深也。「顛倒」，謂反常理，衆人夢寐往往然。○胡氏曰：聖人誠存，則其夢治。他人思慮紛擾，則所夢亦亂。或邪或正，與日晝所爲等爾。善學者謹其言動，而又必驗諸夢寐之間也。○朱子曰：魂與魄交而成寐，心在其間，依舊能思慮，所以做出夢。○愚按：魂魄，氣之動静充滿形體者，心是氣之精英，故其神妙靈明，以爲一身之主，此心與魂魄之別也。○魂魄字義難明。禮記注鄭氏曰：「口鼻之呼吸爲魂，耳目之聰明曰魄。」又左傳昭公七年鄭子産曰：「人生始化曰魄，既生魄，陽曰魂。」又淮南子注高誘曰：「魂者，陽之神。魄者，陰之神。」又韓詩外傳曰「招魂續魄」云云，魂曰招，以其爲出動之氣也，魄曰續，以其爲靈静之精也。又理學類編鬼神門：「或問：『草木土石有魄而無魂否？』朱子曰：『易説「精氣爲物」，則是有精氣方有魂魄。草木土石不可以魂魄論，但出底氣便是魂，精便是魄。譬如燒香，烟便是魂，燒出漿汁來便是魄。魂者，魄之光燄；魄者，魂之根本。』」此可以參考。

雖是善事，心亦是動。○言方中夜偃息之時，心宜静定，思慮非其時也。如心有所繫著，而夜夢見之，則是寐中猶有思也。故其事雖善，而未免擾動也。○伊川此論亦竊有疑。若然，則孔子夢見周公亦謂之妄動乎？只如夢寐顛倒，固是妄動，可以卜心志不定，操存不固。若有事可深思者，而念念思量之，至夜夢亦見之，則又何害？伊川之說，恐似太過。頑陋之資、膚淺之學，妄議前賢，實可謂僭逾之甚者矣。然以孔子之事考之，自不得不怪，敢存疑，以俟君子之是正焉。○論語大全：問：「夢周公是真夢否？」朱子曰：「當初思欲行周公之道時，必亦是曾夢。」曰：「恐涉於心動否？」曰：「心本是箇動物，怎教他不動。夜之夢，猶晝之思也。思亦是心之動處，但無邪思可矣。夢得其正，何害！心存這事，便夢這事。」○愚謂：朱子之說正大無礙，讀此本文者，不可不兼知之。○**凡事有兆朕入夢者却無害**。○如夫子夢奠於兩楹之間，歷史所載此類儘多。雖未知其信否，驗之今人，間有似此者，則理或有之。此是兆動於彼，而吾心初不關如是，則無害已。○**今人都由心**。○由心，任心也。○**曰：心誰使之**。○如欲不任心，則須有使他者始得，故問「心誰使之」。○**曰：以心使心則可**。○語類：問：「以心使心，此句有病否？」曰：「無病。其意只要此心有所主宰。」○葉注曰：「以心使心，非二心也，體用而言之耳。」此說不是以心使心。蓋該體用動靜，如今要戒慎恐懼，要戒懼者是此心，所以戒懼者亦是此心。如要慎獨，要之者是此心，所慎獨者亦是此心。無體用，無動靜，心有主宰而不使放肆，此以心使心之謂也。

○「**持其志，無暴其氣**」，**内外交相養也**。○朱子曰：人固當敬守其志，然亦不可不致養其氣。蓋其内外本末交相培養也。○愚謂：「持其志」者，雖所守在于中，然中能有所持，則其氣自盛。「無暴其氣」者，雖所養在于外，然外無所害，則其志愈固，故曰「内外交相養」。

○「**問出辭氣，莫是於言語上用工夫否**」章。○曾子曰：「出辭氣，斯遠鄙倍矣。」今止曰出辭氣者，從省文也。○此章之意，欲内外兼用其力，而又要見得這裏有本末輕重之等，蓋心猶印文也。印文正，打過千張紙、萬張紙俱正。若印文不正，則千張萬張俱不正。故唯中有所養，而後發於外者自然罔悖，然又不可謂用力于中，則於言語上全不省，故曰：「若是愼言語不妄發，此却可著力。」

○「**先生謂繹曰**」章。○校，比校也。○忘生徇欲。○謂逐功利以勞耗心氣者，食色伐性則不假言也。程子所恥在是，則不爲徇欲以傷心氣，此自有養耳，非强欲保生也。○伊川歸自涪州，氣貌容色髭髮皆勝平昔，人問何以得此，曰「學之力也」，宜與此章參看。

○**大率把捉不定，皆是不仁**。○「把捉不定」，言心不存。心之所以不存，固非一端，或爲名利，或爲聲色，或爲遊宴，或爲玩好。所放雖多端，率之皆是牽私意而已。一有私意，則心德從而亡，非不仁而何？○語類曰：「惟其不仁，所以致把捉不定也。」亦自不妨。只味文勢，前説稍穩順，且切於存養工夫，恐似可從。

○**伊川先生曰：致知在所養**。○通前數章皆伊川語，此又書「伊川先生曰」，蓋衍文也。○首一句且虚説，下面正説，出講時於首句不可添説「寡欲」字。○史記曰「利令智昏」，與此章之言相爲表裏。○朱子曰：欲寡，則無紛擾之雜，而知益明。○又曰：二者自是兩頭説話，本如無相干，但得其道，則交相爲養。○愚謂：二者指「致知」與「寡欲」，其交相爲養之説，發本文之餘意而尤深切。學者須體認焉。

○**心定者其言重以舒**。○朱子曰：言發於心，心定則言必審，故的確而舒遲。不定則内必紛擾，有不待思而發，故淺易而急迫。此亦志動氣之驗也。○愚謂：重則必舒，輕則必疾，但其氣味各不同耳。

○**明道先生曰：人有四百四病**。○孫思邈千金方有四百四病之説。○此又大槩説，如不謹其身而致疾病，則不可謂之不由自家。只病之作，多邪氣從外而入者也。若心便是「操則存，舍則亡」，全然由己，豈可任其所之耶？

○「謝顯道從明道先生於扶溝」章。○「只是學顒言語。」○明道説是處，他亦聞得説是；明道説非處，他亦聞得説非。只管恁地學去，無着身處。故其弊心口不相應，須有箇着實工夫始得。○靜坐，亦存養一事。○問：「程子常教人靜坐，如何？」朱子曰：「亦是他見人多思慮，且教人收拾此心耳。初學亦當如此。」○又曰：孔、孟以上却無此説。蓋初學之人，思慮煩擾，心志由何而定？故二程姑教人靜坐而已。○又曰：舊見李先生常教靜坐，後來看得不然，只是「敬」字好。方無事時，敬於自持。及應事時，敬於應事；讀書時，敬於讀書。便自然該貫動靜，心無時而不存。○又答張元德書曰：明道教人靜坐，蓋爲是時諸人相從，只在學中，無甚外事，故教之如此。今若無事，固是只得靜坐，若特地將靜坐做一件工夫，則却是釋氏坐禪矣。但著一敬字，通貫動靜，自無間斷。○愚謂：此數説，讀本文者不可以不記，正得知二程教人之説，而不偏於靜坐上。

○「横渠先生曰：始學之要」云云。○朱子曰：「三月」，言其久；仁者，心之德。心不違仁者，無私欲而有其德也。「日月至焉」者，或日一至焉，或月一至焉，能造其域而不能久也。

○蔡虚齋曰：「『三月不違』者，仁在内而爲主，私欲在外而爲客也。『日月至焉』者，私欲在内而爲主，仁在外而爲客也。○循循，有次序貌。『勉勉循循』，自始學而欲進日月至焉，自日月至焉而欲進三月不違也。○『過此幾非在我者。』」○朱子曰：「幾非在我。如種樹一般，初間栽培灌溉，及既成樹了，自然抽枝長葉，何用人力？工夫到此，則非我所能用其力，而自然不能已。如車已推而勢自去，如船已發而纜自行。」○蔡虚齋曰：「『過此幾非在我』，非謂過『三月不違』便是聖人也。此承上文『使心意勉勉循循而不能已』而言，能過此勉勉循循之關，則欲罷不能矣，只是此關難過。○又曰：本文『而不能已』四字，只是勉勉循循意。幾非在我，則聖人之地可至矣。○愚謂：『不能已』只是不已也，與『欲罷不能』地位大不同。」

○**心清時少，亂時常多**。○羈束，説文：「羈，馬絡頭也。又制也，束縛也。」○自然恭謹。○恭謹只是不放肆，意不可説得重。試看自己心清時，氣象如何。○如此何也？○承章首二句而言。○客慮，事物從外而入，以動其思慮者。常心，平常底心，對客慮而言。習俗之心，是從來習染偏勝之心。客慮就一時而言，習俗之心以平日言。實心，是義理實然之心。

○「**人又要得剛**」章。○「有人生無喜怒者。」○主意全在「怒」字，「喜」字只是帶説。喜怒，人情所不能無者，又所不可無者也。唯其發於血氣之私，而不出於義理之公者，爲可懲耳。若彼無喜怒者，其實柔懦不能奮發者，故又要得剛。○人生無喜怒者，亦世俗所謂善人而終難進於道，故戒之。

○**戲謔不惟害事**。○戲，兼言動。謔，戲言也。「戲謔」二字，出衛風淇奧之篇。

○**正心之始，當以己心爲嚴師**。○「爲嚴師」，恭敬奉持而不敢忽之意。「知所懼」謂敬畏，凡所動作則必敬畏，而心不苟用，此便以己心爲嚴師之意。○此章之言，横渠必自經歷來，故説得確定。

○「**定然後始有光明**」章。○定字該動静，所謂「動亦定，静亦定」也。光明亦該動静。心定則方其静湛然虛明，及其動也，天下之理無不照矣。大抵艮卦之止本該動静，所謂「艮其背，不獲其身」，静而止也；「行其庭，而不見其人」，動而止也。故張子之言，亦如此看爲是。○問：艮之象，何以爲光明？朱子曰：定則明。凡人胸次煩擾，則愈見昏昧；中有定止，則自然光明。莊子所謂「泰宇定而天光發」是也。

○「**動静不失其時，其道光明**。」○此二句艮卦彖傳之辭，下三句是張子解之。動静所該甚廣，内則心術，外則事業，邇之事父，遠之事君。大而宗廟政教之間，小而起居食息之際，皆動静所在而已。人當動而動，當静而静，動静皆得其時，則道無蔽昧之累，不期光明而後光明。○**見他人擾擾，非干己事**。○擾擾，言失於動者，吉凶悔吝生乎動，人多失於不當動而動。故雖上文皆并舉動静，而此獨就動邊説。如今人見他人擾亂而内自省，則足以知己之擾亂，而動静自是而修，所謂「不善人善人之資」也。若爲非干己事，恬不知省，則己之非，又何由而格耶？○**而所修亦廢**。○此句與上句相對。其於他人不知以此省察在己，則不用修治之功。○**冥冥悠悠**。○悠悠，渺邈無期貌。○此章之言，前後相應。不見進長，則無由光明；冥冥悠悠，則莫識動静。反而觀之，學者必時其動静，則其道乃不蔽昧而明白。

○**敦篤虚静者，仁之本**。○仁字以地位言，私欲浄盡，天理渾然處是也。仁之本，言至於仁之本也，不是以用功言。輕者，浮兀也。蓋心浮兀而無定止，則邪思妄念紛然於其間。輕者，安之由也。繫，繫縛。閡，閉礙。一被物欲繫閡，則心斯昏塞。○**此難以頓悟**。○受敦篤虚静而言。夫敦篤虚静爲仁之本之味，未易驟曉，惟用力之久，真體實驗，而後方知其味而已。若夫旦夕億度之見，安得達於此乎？其引孟子語者，只是申明此意。蓋方知其味，則幾是至於仁，此正力久實體之熟處。

【校勘記】

［一］大事謹而小事不敬　「敬」，讀書録作「謹」。

近思録説略卷之五

克己類 凡四十一條

此篇論力行，蓋格致存養者，將以行之也。故窮理既明，涵養既厚，則推之於行己之間，尤當竭其克治之力。是此篇之所以相受也。○朱子曰：克己固學者之急務。○又曰：克己亦别無巧法，譬如孤軍猝遇疆敵，只得盡力，舍死向前而已，尚何問哉！

濂溪先生曰：君子乾乾不息於誠。○乾卦九三爻辭曰：「君子終日乾乾。」蓋重乾之卦，又以陽爻居於陽位，性體剛健，有能乾乾之象。周子因言君子之乾乾不息處，在於存其實理也。

○懲忿窒欲。○損卦大象文。○程傳曰：君子在修己之道。所當損者，唯忿與欲，故以懲戒其忿怒，窒塞其意欲也。○蔡節齋曰：懲，止也。窒，塞也。忿則陵物，欲則溺己，二者皆所當損。○愚謂：忿則其終至於害身危親，非但陵物而已。○葉注：「激於忿象山之高，必懲創之；溺於慾象澤之深，必窒塞之。」此從本卦山澤之象取義，非易文正意。蓋此四字，只自損字來，不自山澤來，程傳自明白。○按：易大全朱子曰：「觀山之象以懲忿，觀澤之象以窒慾。」又曰：「懲忿如摧山，窒慾如填壑。」此還別發一義，所謂縱横説來都合者，看本義一無這意，就知亦非其本旨也。葉注直將山澤解本文者，非。○**遷善改過**。○益卦大象文。○程傳曰：爲益之道，無若「見善則遷，有過則改」也。見善能遷，則可以見天下之善，有過能改，則無過矣，益於人者，無大於是。○朱子曰：「遷善」字輕，「改過」字重。遷善如慘淡之物，要使之白；改過如黑之物，要使之白；用力自不同。遷善者，但是見人做得一事强似我，心有所未安，即便遷之。若改過，須是大段勇猛始得。○又曰：遷善、改過，是修德中緊要事。蓋只修德而不遷善、改過，亦不能得長進。「君子乾乾不息於誠」，便是修德底事。下面便是接説遷善、改過底事，與論語「德之不修」章意正相類。○葉注此句，亦將風雷來解之，蓋本於易，小注不必從可也。○**而後至**。○乾乾不息者，體也。然必就發動上，有那去惡進善之功，而後至於此，非乾乾不息之外又有所至也。○**乾之用其善是**。○語類曰：「其善是」，「其」字疑是「莫」字，蓋與下兩句相對。若只是「其」字，則無義理，説不通。○葉注以此一句爲指乾乾不息，愚初見亦如此。今細思之，是句指「懲忿」以下八字而言。按通書朱注曰：「乾乾不息者，體也。去惡進善者，用也。」此「用」字意與本文同。蓋去惡進善者，用乾之至善，損、益之大目，是二句一串意思。○周子特以三卦合而言之者，蓋損、益之得名，皆由乾卦之變來。損下乾之一陽以益上坤之上爲損䷨，取其下以自厚則損也。損上乾之一陽以益下坤之下爲益䷩，施其澤以及下則益也。此損、益二卦，皆爲一乾之變用，故合二卦而論之。就此愈知乾之用，指懲忿等而言也。○易中有乾乾不息之體，有去惡進善之用，且損、益之卦體亦是乾之變用，而無非至教矣。「聖人之旨深哉」，此聖人指作易之聖人。

吉凶悔吝生乎動。○此二句下繫辭文。依易，吉凶悔吝，皆爲辭之所命。動，爲卦爻之變動，都主占筮説。周子却就人事上發之，不復拘拘易本旨。○語類：問：此章前面「懲忿窒慾，遷善改過」，皆是自修底事。後面忽説動者，何故？曰：「懲忿窒慾，遷善改過」，皆是動上有這般過失；須於方動之時審之，方無凶悔吝，所以再説箇動。

○**濂溪先生曰**：**孟子曰**：「**養心莫善於寡欲**。」云云。○永嘉陳氏曰：此謂私慾耳。克去私慾，當自寡而至於無。○誠立，賢也。明通，聖也。○對明通則誠立，猶在守之境界。朱子曰：「立，如『三十而立』之『立』。通則不惑，知命而鄉乎耳順矣。」○此章周子恐後人錯認孟子之言，以寡欲爲至善，而終不求無欲地位，故云。然而其所謂欲者，與孟子之所指有淺深之不同，葉注辨之是也。

○「**伊川先生曰：顏淵問克己復禮之目**」章。○朱子曰：克，勝也。己，謂身之私欲也。復，反也。禮者，天理之節文也。目，條件也。非禮者，己之私也。勿者，禁止之辭。○又曰：由中應外，泛言其理如此耳。制外養中，方是説做工夫處。○人之一身作用，只是視聽言動四件而已。制之於外，非禮皆勿，克己養中之目備矣。○顏淵「事斯語」[二]，所以進於聖人。○陳天台曰：事，從事也。進者，進步幾及之意。服，著也。膺，胸也。奉持而著之心胸之間也。

○「箴」與「鍼」同，誡辭之謂箴。

視箴。○心之體雖本虛，而其用則隨物而應。雖隨物而應，又無形迹之可見，所謂「出入無時，莫知其鄉」是已。應物雖無迹，而操則存，舍則亡，亦在操之而已。然操之則有要，惟視爲之則也。○按：此「則」字先儒皆以爲操心之準則，若如此看，是一句爲虛説，必待下文而後方見其意。如據愚見，「則」字即指禮，不是訓「則」爲禮，「則」即禮也。蓋操心之要，當於其視爲之禮則。苟視合其則，則心即存，可見此爲操心之要也。若是説較似切實，只管見未敢自是，後之君子試擇之。○「**蔽交於前**」云云。○蔡虛齋曰：凡非禮之色一接於目，便是一箇蔽也。蔽一交乎前，吾[三]其中動而遷矣。所謂「物交物則引之」而已。此「蔽」字作「死」字看。制之於外，不爲所蔽也。「制之於外」應「蔽交於前」，「以安其内」應「其中則遷」。「克己復禮」，此視上之克己復禮也。「久而誠矣」，此以制外養中説久，則外不待制而自無，内不待養而自存，是爲誠。

制之於外，是克己也，以安其内，是復禮也。久而誠矣，謂從容不勉地位，是仁之極致也。○愚謂：才有勉强，未足語誠，只其不勉而能，此是至實者，故虚齋云「久而誠矣，謂從容不勉地位，是仁之極致也」。

聽箴。○秉，執。彝，常。性即理也。言人之秉彝，乃本乎所稟之正理也。「知」字從知覺上説。「知誘」自我而言，「物化」自物而言。知爲外物所誘，外物遂化我也。樂記曰：「好惡無節於内，知誘於外。」又曰：「人之好惡無節，則是物至而人化物也。」程子之言出此。○胡氏曰：不言聽而言知者，聽者知之初，知者聽之後。因知而此心爲之動，故以知言，其實一也。○蔡虚齋曰：正，即秉彝之性也。閑邪即克己，存誠即復禮。存誠即還其秉彝，而不亡其正也。○朱子曰：「閑邪存誠」，防閑其邪妄於外，而存其實理於内也。○卓，自立貌。非禮勿聽，就先覺而言之，教戒之意在言外。

言箴。○陳天台曰：人心有動於内，因言以宣於外。所謂言者，心之聲也。發，發言也。○陳氏曰：外不躁則内静，外不妄則内專。此一篇關要處。○「人心之動，因言以宣」，此是自然底。「發禁躁妄，内斯静專」，正是用功處，「發禁躁妄」亦是克己，「内斯静專」亦是復禮。○上繫辭傳曰：言行，君子之樞機。○陳天台曰：户之開闔繇於樞，弩之張弛繇於機，人之禍福榮辱繇於言，故比言於樞機。○書大禹謨曰：惟口興戎出好。○左傳曰：禍福無門，惟人所召。○蔡虛齋曰：自「人心之動」至「內斯靜專」，專就理欲上説，是克己復禮正意。「矧是樞機」以下四句，則就利害上説。「興戎出好，吉凶榮辱」是六件，不可分，「吉凶榮辱」貼「興戎出好」。○輔慶源曰：易則心不管攝，故必至於妄誕；煩則心不精一，故必至於支離。○蔡虛齋曰「己肆物忤，出悖來違」，便是「矧是樞機」一段意。「非法不道」只替「非禮勿言」一句，用仄韻爲協耳。「欽哉訓辭」，指「非禮勿言」也。○朱子曰：言箴説許多病痛。從頭起至「吉凶榮辱，惟其所召」，是就身上謹。「傷易則誕」至「出悖來違」，是當謹於接物間。都説得周備。○胡雲峰曰：「易」是輕言，「煩」是多言，「肆」是放言，「悖」則純乎不善矣。朱子以爲是四項病，而諸家只解歸「躁妄」二字，非矣。

動箴。○朱子曰：哲人志士説兩般人。哲人只於思慮間，便見得合做與不做；志士便於做出了方見得。雖是兩般，大抵順理便安裕，從欲便危險。○蔡虛齋曰：朱子曰：「思者，動之微。爲者，動之著。」本文「動」字自兼此。蓋只思處便是動了，所謂「迹雖未形，而幾則已動」也。中庸便指一念之萌處爲動。○陳氏曰：二者雖微顯不同，然循理之公，則皆無餒於中，故裕；逐人欲之私，則易陷於下，故危。○蔡虛齋曰：順理則裕。裕，安也，義中有利也。從欲惟危，利害相因也。造次克念，求誠之於思也。戰兢自持，求守之於爲已。○又曰：哲人志士以己能者言，志士雖見不如哲人之早，然亦不至有非禮之動。「習與性成」，言習慣如自然也。○愚謂：習之久而與自然之性俱成，則賢亦聖矣，故曰「同歸」。不可必引哲人志士來以當聖賢字，蓋「造次克念」以下，皆勉學者之言，提其極致以誘之耳。○「哲人」二字，出書伊訓之篇，「習與性成」一句，出太甲之篇。

○**復之初九曰：「不遠復，無祇悔，元吉。」**○復者，回復之意，乃剥之反對。五陰在下，一陽在上爲剥；五陰在上，一陽在下爲復。陽剥極於上而復生於下，窮上而反下也。○**初，復之最先者也**。○「最先」二字釋「初」之義，而「不遠」之意自見。○易以「不遠復」爲大善，而吉可見。○聖人不貴無過，而以改過爲貴也。○**顔子無形顯之過**。○韓文十四卷顔子不貳過論曰：所謂過者，非謂發於行，彰於言，人皆謂之過而後爲過也。生于其心，則爲過矣。○**夫子謂其庶幾**。○下繫辭傳第五章子曰：「顔氏之子，其殆庶幾乎！」本義曰：「庶幾近意，言近道也。」○**乃無祇悔也**。○此夫子之所以「謂其庶幾」也，下面二句便言「無祇悔」之意。○人非聖人，誰不有過？即知未能不勉而中，所欲不逾矩，是未免於有過也。○**故一有不善，未嘗不知，既知，未嘗不遽改**。○此亦本乎繫辭：「一有不善，未嘗不知者，明也；既知，未嘗不遽改者，剛也。」朱子所謂「非至明不能察其幾，非至健不能致其決」者是已。○「**學問之道無他也**」云云。○朱子曰：最要在「速」字上著力。凡有過，若今日不便改，過愈深則善愈微。若從今便改，則善可自此而積。今人多是憚難過了日子。

○**晉之上九**：**晉其角**。○易傳曰：「晉者，進也。角，剛而居上之物。上九以剛居卦之極，故取角爲象。」言伐邑謂内自治也。○自「人之自治」至「還善愈速」，句句皆由上九以論其理，以陽居上，剛之極也。在晉之上，進之極也。只講時不可必貼下面，至「如上九者」一句，自繳剛進之極。○「**以之自治則**」云云。○此語尤切要。大抵人之自治多畏避退怯，不能果敢強猛。其讀書學問，自髫髪至皓首，於己無益，終下等之人者，每由是耳。故其自治則雖傷於厲而吉且无咎也。○安和，嚴厲之反，不可分貼。○**非中和之德**。○人不可以不剛，又不可以不進。但極則過矣，不是中和也。○「吝」字據程子意難做「羞吝」之義。按：蒙卦六四傳曰：「吝，不足也，謂可少也。」本文「吝」字正如此看。

○「**損者，損過而就中**」章。○「峻宇雕墻。」○書五子之歌文。○蔡九峰曰：峻，高大也。宇，棟宇也。雕，繪飾也。○「酒池肉林。」○史記殷本紀：帝紂以酒爲池，縣肉爲林。○「淫酷殘忍。」○酷，慘虐也。殘，傷害也。○「窮兵黷武。」○出後漢書劉虞傳。黷，猶慢數也。○「凡人欲之過者，皆本於奉養。」○只受宮室飲食而言，不可必泥上文而說。刑罰征討，亦奉養之資。

〇「其流之遠，則爲害矣。」〇「遠」字便是「末」字意。夫宮室飲食，民生之常；刑罰征討，治道之具。此皆天理所在，而所不容無者，但由其末流之勝，而其害始大耳。〇「先王制其本者，天理也。」〇先王於宮室飲食之類，每爲之節制而不使至於流，所以順天理也。後人從流忘反，使末勝其本者，所以徇人欲也。故損之義，亦惟在損人欲，以復天理而已。

〇**夬九五曰：「莧陸夬夬，中行无咎。」**〇易傳曰：夬者，決也。五陽在下，長而將極。一陰在上，消而將盡。衆陽上進，決去一陰，所以爲夬也。五雖剛陽中正，居尊位，然切近於上六。上六説體，夬之外卦爲兑。而卦獨一陰，陽之所比也。五爲決陰之主，而反比之，其咎大矣。故必決其決，如莧陸然，則於其中行之德爲无咎也。「莧陸」，今所謂馬齒莧是也。曝之難乾，感陰氣之多者也，而脆易折。五若如莧陸，雖感於陰而決斷之易，則於中行无過咎矣。〇釋名：夬，決也，有所破壞決裂之也。〇莧陸，程傳以爲一物，而本義亦因之。然朱子語類云：「莧者，馬齒莧。陸者，章陸，一名商陸。皆感陰氣多之物。」又按：證類本草，馬齒莧在菜部，商陸在草部。朱漢上曰：「莧，蕒澤草也，葉柔根小堅且赤。陸，商陸，亦澤草也，葉大而柔，根猥大而深，有赤白二種。」此皆分明爲二物，且本草中未見以莧陸爲馬齒莧。而今程子直以爲一物，且以爲馬齒莧，必別有據，只未知其何出耳。〇朱子曰：「中行无咎」，言人能剛決，自勝其私，合乎中行，則无咎。但能補過而已，未是極至處。○**充實光輝**。○出孟子。光輝，本乎象辭「未光也」，反復出來充實，乃光輝之本。○五心有所比。○所謂「有所好樂，則不得其正」者也。○「**雖行於外**」云云。○不可以「行」字貼「中行」之「行」。易傳曰：「中行，中道也。」

○**方説而止，節之義也**。○兑下坎上爲節。兑，説也。坎，險也。○朱子曰：説則欲進，而有險在前，進去不得，故有止節之義。○人惟説則易流，方説而能止，便是節之義。

○**節之九二，不正之節也**。○節之道當以剛中正，九二以剛居柔，在節卦是爲不正之節。因立此説，以教示之。○「節」字，皆只做「阻節」之「節」看，則文義明白，不煩講解。若做十分好字説，則多窒礙。

○**人而無克、伐、怨、欲，惟仁者能之**。○朱子曰：克，好勝。伐，自矜。怨，忿恨。欲，貪欲。○林同安曰：忿，急恨。緩忿一時就過，恨常藏在心，即忿之留也。○無者，自然而然。克、伐、怨、欲四者約言之，只是一箇人欲。若夫天理渾然，自無四者之累，則仁矣。○**斯亦難能也**。○蔡虛齋曰：夫人之常情，克則克耳，伐則伐耳，怨則怨耳，欲則欲耳。作於其心，害於其事，有諸中必形諸外，未有能制之者。今乃能制之不行，豈不可以爲難？○**謂之仁則未可也**。○林同安曰：不行是尚有四者在心，但制之使不行耳。仁則四者都無不待制之矣。○「**夫子答**」云云，**開示之深也**。○聖人之答，唯許其難而未許其仁。蓋欲原憲深察二者之間，使不止不行，而至於自無，此開示之深也。

○**明道先生曰：義理與客氣常相勝**。○客氣，謂飢而欲食，寒而欲衣。凡耳目口鼻之所欲者，以其自外入以動其氣，故謂之客氣。義理是其固有，因可以知客氣之説。○朱子曰：人之一心，天理存，則人欲亡；人欲勝，則天理滅，未有天理人欲夾雜者。學者須要於此體認省察之。

○**人不能祛思慮，只是吝**。○祛，禳也。「吝」字有味，已有思慮紛擾却拘留畏難，不能決去，分明是鄙吝底物事。吝則此氣餒，豈有復盛大流行之氣耶？○祛思慮無他道，持敬而已矣。○許魯齋曰：所思慮者，果求所當知，雖千思萬慮可也。若人欲之萌，即當斬去，在自知之耳。

○**治怒爲難，治懼亦難**。○人情易發而難制者，惟怒爲甚。故治怒最難，而懼次之。蓋人方有所懼，寢不安席，食不甘味。雖强欲息之，然懼氣起乎中，而不可遏，此亦未易治也。而今怒氣恣發者，只是己私，故平日力克己去，則暴怒之氣自不作矣。治怒固是克己中事，然而向來未用克己之功，及其怒時，欲驟治之，則怒不可得而治矣。懼心妄動者，皆是理有所未燭也。若能明物理，則於天下之事，何物爲有？何物爲無？何事爲可惧？何事爲不可惧？皆瞭然於胸中，而無所疑惑。如此，則雖鬼怪接目、戈矛刺膚，於理之不可懼處，泰然不懼矣。近世上杉氏家臣有太田道灌者，猝遇彊敵，身仆於長鎗下，乃神色不異，莞爾而笑，詠倭歌而死。此惟知有喪元之義理，故臨死而不惧，况格物窮理，而尚有非理之惧乎？

○**堯夫解「他山之石，可以攻玉」**。○堯夫姓邵，名雍，謚康節先生。宋之大儒，河南人。○「他山之石，可以攻玉。」詩小雅鶴鳴篇之辭。「他山」謂他方之山，不是山名。詩意若曰彼山石而可以攻此玉，蓋山石多麤礪也。○**動心忍性**。○出孟子，謂「竦動其心，堅忍其性」。性指氣質之性，忍性，忍怒、忍恥之類。○「修省畏避，動心忍性，增益預防」，雖是其勢使然，亦唯君子能之，而學者則當務其如此耳。此邵子立言之意。○謝疊山曰：邪類與善類非同氣，猶玉石不同，山石而攻玉，猶小人謗君子之無德，所以儆君子而進于德。欺君子之無才，所以儆君子而勉爲全才也。

○**目畏尖物，此事不得放過**。○尖，鋭也。是二句一氣讀下，便與以下明道教他處。○朱子曰：人有目畏尖物者，明道先生教以室中率置尖物，便見之熟，而知尖之不刺人也，則知畏者妄，而不復畏矣。○又曰：疑病每如此。尖物元不曾刺人，他眼病只管見尖物來刺人耳。伊川又一處説此稍詳。有人眼病，嘗見獅子。伊川教他見獅子則捉來。其人一面去捉，捉來捉去，捉不着，遂不見獅子了。○按：伊川之言見外書，文義尤明。○此章之言，凡有妄畏懼者，皆須將此義來觸類而推，亦是克己一事。

○**責上責下，而中自恕己**。○恕，「寬恕」之「恕」，與「恕己則昏」之「恕」同。○**豈可任職分？**○言若此等人，上不可以事君，下不可以治民，中不可以善己，將何職分之任耶？葉注「職分」字似與本文意不同，審之。○許魯齋曰：責得人深者必自恕，責得己深者必薄責於人，蓋亦不暇責人也。自責以至於聖賢地面，何暇有工夫責人？○又曰：責己者，可成人之善；責人者，適以長己之惡。

○「**舍己從人**」**最爲難事**。○此程子引孟子言，以教學者不可拘本文正意。故朱子曰：「此程子爲學者言。若聖人分上，則不如此也。」○此章之言太要切，不唯行己之際當勉，凡講書謀事皆須要如此。

○「**九德**」**最好**。○「九德」出書皋陶謨，已見葉注。九德如何最好？總是中而已矣，其曰寬、曰栗、曰柔、曰立之類，皆無非好德矣。然各倚於一偏，則害其事、害其政，而好德却成不好了，只如「九德」所叙，寬猛相濟，剛柔合德，恰恰好好，至中至正，無所略偏倚矣，此其所以爲最好也。○「九德」本皆就已能者而言，在學者則當矯偏遏流，而使一歸于中焉，此最是克己之要術。○寬而栗。○蔡九峰曰：寬弘而莊栗也。○申時行書講義曰：凡人之寬洪者，或流于縱弛，惟寬而又能莊嚴整肅，則寬得其中而不過于寬。○柔而立。○柔，順人也。立，立己也。性柔順於人者，多至失己，惟柔而又能自立不流，此是柔之得中者。○愿而恭。○蔡九峰曰：謹愿而恭恪也。○講義曰：謹厚者或過于鄙朴，惟愿而又能恭而中禮，則愿得其中而不失之野。○亂而敬。○蔡九峰曰：亂，治也。亂而敬者，有治才而敬畏也。○葉注：亂而敬，則整治而不徒事乎文。○愚按：二説不同，而據葉注則「亂」爲著意字，於論德不切，而與上下例不合，當從蔡傳。蘇氏曰：「才過人可以濟大難者曰亂。」才過人者，患於恃才而不敬是也。○擾而毅。○擾，馴也。擾者馴良調伏。毅有執持意。柔與擾如何分？柔以大體言，都無乖戾之心；擾謂事事承順，不苟立異，略有體用之別。○直而温，簡而廉。○蔡九峰曰：徑直而温和，簡易而廉隅也。○講義曰：　徑直者，或過于峭厲，惟直而又且温和可親，則直得其中。簡易者，過于曰率，惟簡而又有廉隅分辨，則簡得其中。○書金丹曰：　簡，有脱略意，堂隅曰廉，則有修飾、有分辨矣。○剛而塞，彊而義。○蔡九峰曰：　剛健而篤實，彊勇而好義也。○金丹曰：　剛主性，彊主志。○性剛者，或至粗薄矯激；　志彊者，或至忘作恣行。惟剛而塞、彊而義，則剛彊皆得中而無弊矣。○朱子曰：「九德」凡十八種是好底氣質，每兩件一家，鬭合將來。

○**飢食渴飲**。○言飢而食，渴而飲，冬而裘，夏而葛，此人生之自然，而不得不然者，正是天所使而我所稟之職分也。若於其間有些毫私己貪吝之心，欲以極口腹之欲，致身體之美，便是不奉其職分而徇一己之欲。以此思之，用克己之功者，所以事天也。○朱子曰：　天只教我飢則食，渴則飲，何曾教我窮口腹之欲？

○**獵，自謂今無此好**。○此章可見周子教人之深、程子信師之篤。○讀此章見得人之用功，不可徒治其枝葉而遽自是，必當深拔其本、斷其根而已。苟省察不至，則才見其不發於外，以爲克治之功既盡，而不知本根之未除，潛伏于隱微之中。而應接之間，隨其所觸，忽然復動也。是以君子之學，莫若時省而深察焉。○明吴與弼，號康齋，年十九，一見伊洛淵源録，心慨慕焉，及覩明道亦有獵心，乃知聖賢之必可學，遂棄舉業，謝絶人事，日玩四書、諸經、洛閩語録。出明言行録。

○「**伊川先生曰：大抵人有身**」云云。○「理」字，只自其出於自然而言。○此言克己之難能，又言克己之不可無。

○**罪己責躬不可無**。○有過自責，固是善事，然改而已矣。若長有歉悔之意，則心爲滯而不活，無益功用而害應酬，此猶因藥發病也。

○**所欲不必沉溺，只有所向便是欲**。○此與「雖無邪心，苟不合正理則妄也」語意相似，皆是充類以深戒人。程子此等言極精密。

○**明道先生曰：子路亦百世之師**。○陳新安曰：程子深贊子路，欲學者師之，以修身補過也。○注載孟子語，便本文之所從出。

〇「**人語言緊急**」章。〇此章亦是一事上克己，即「非禮勿言」分内工夫。〇吴臨川曰：學不足以變化氣質，何以爲學哉？

〇「**問：不遷怒，不貳過，何也**」章。〇語録，蓋當時門人輯録程子語者。怒甲不遷乙，只是怒此不遷彼之意。甲、乙本相對字，故借言之。〇蔡虚齋曰：甲乙是兩人，若以先後言，便是不中節，不是遷移也。〇「曰：若此則甚易。」〇蓋謂大率人情，非有可怒之事，則怒不必遷，况着之工夫乎？纔用力則皆可能，不是難事也。〇「此莫是最難」，猶言豈莫難也。〇「**如舜之誅四凶**」至「**鏡何嘗有好惡也**」〇「四凶」見書舜典，所謂「流共工于幽州，放驩兜于崇山，竄三苗于三危，殛鯀于羽山」是也。〇此段言雖聖人未嘗不怒，然其怒因物可怒而怒，於己無與焉。此其所以不遷就，見非此心至虚至明無一毫之私意者，未易能也。如顔子雖未敢便道是聖人，然其不遷處，殆庶幾之，豈莫是最難耶？

世之人固有怒於室而色於市。〇「怒於室，色於市」，語出左傳昭公十九年。〇「色於市」，「色」字好看。遷怒不必彼此兼怒，只其怒色較加於他，這便是遷。林同安曰：「或一人有所觸犯可怒，我怒他，到得别人本無可怒，却怒心未息，連他顔色亦不回，這亦是遷。若説怒這一人連那一人亦怒，那一人本無可怒，我怒何自起？果然便是無分曉底人了。」説得好。〇**對那人説**

話。○那人，他人也。○**有能怒一人而不怒別人者**。○如此等人已是過人遠而未易得。况夫因物而未嘗有怒，此豈莫甚難耶？○「**今見可喜可怒之事**」云云。○言人及可喜可怒之事，到於面前更著一分意思。顧理之當否，以陪從奉承他事，此爲役物，而非役於物。然纔有著意，則亦未免爲之勞攘了。唯聖人之心，常湛然如止水，無有一毫喜怒預於己者，不假著意，而怒自不遷，此重見其所甚難。○此章元論顏子之事，却就聖人之心而明之。苟知聖人之心，則顏子不遷怒之味，亦可因而知也。蓋顏子之不遷，不是工夫此已成就時節，然則其不遷處，幾與聖人一般。○朱子曰：「不遷怒，是顏子好學之符驗。」如此却不是只學此事，其學全在非禮勿視、聽、言、動上，乃是做工夫處，不遷是成效處。○陳新安曰：人惟不能克去己私，故遷怒者私意之執滯也。顏子之學，真能克己。故當怒未嘗不怒，既怒則不遷。此克己之功效，而好學之符驗也。

○**人之視最先**。○此只要自家試着一物交前則眼即視，間不容息，一身之用莫速於此。且必有所視而後能聽，聽而後言，言而後動，其序自如此，視爲最先也。故非禮而視，則孾初頭便錯了。「開目便錯了」，蓋舊有此語也。○**次聽次言次動，有先後之序**。○可見聖人說視聽言動，其序亦不可亂也。然此又大槩說人固有聽而後視者，有動而後言者，又有不聽而言而動者。

惟有視而後聽者常多，不聽而言動者常寡。此特論其常耳。○餒者，飢乏而氣不充體也，便心體廣胖，不愧怍之反。

○**聖人責己感也處多**。○性理大全力行部：「程子曰：『厚責於吾所感，薄責人所應，惟君子能之。』」與此意同，而彼所記恐優。其以君子言之，意義最切。○韓文十一原毁篇曰：古之君子，其責己也重以周，其待人也薄以輕。

○「**謝子與伊川別一年**」章。○「去箇矜字」，這工夫尤親切，有補於百世。學者只不能真去此病，雖或遇人，姑爲謙辭，中心實無矜意者斷斷然少矣。才有此病，則顢頇侈肆，淩忽輕慢，其弊有不可勝言者，以此觀之，上蔡工夫可謂深得要領者。而凡學者，宜服膺而不失焉。○王氏曰：程門上蔡去得一矜字。傲生客氣。傲，矜之別名也。傲，凶德。纔傲意氣便驕，聲氣便厲，自處便高，視人便下。傲之反爲謙，謙之六爻無凶德。○「切問近思者也。」○此章恰當「近思」二字，其帶言切問者，爲引成語耳。

○**思叔詬詈僕夫**。○詬，亦詈也。○此章教以懲怒之方。蓋懲怒者，克己之大目，學者之要務，然是工夫尤不易能。人之情易發而難制者，惟怒爲甚。非竦動其心，堅忍其性，則怒終不可懲矣。須要切着身去。○「詬詈」二字，襞頭已不好了，不必問怒之當否，認得聖賢喜怒之正，何至此乎？○**思叔慙謝**。○思叔雖非無過，然一聽明師之教，赧然慙愧，忽焉謝罪，亦可謂不憚改過者。此自是過人一等，所以門人謹記之。

○「**見賢**」便「**思齊**」。○有爲者，即思齊者也。「亦若是」，已亦及之也。○按：此語出二程全書三十一卷外書二，明道語也。今味此章，語簡而有涵蓄，必是明道之言。

○**横渠先生曰：湛一，氣之本；攻取，氣之欲**。○朱子曰：湛一，是未感物之時，湛然純一，此是氣之本。攻取，如目之欲色，耳之欲聲，便是氣之欲。○又曰：攻取，是攻取那物。○愚謂：攻取，是用力取之之意。○**屬厭而已**。○左傳昭公二十八年：「願以小人之腹爲君子之心，屬厭而已。」杜預注曰：「屬，足也。」○屬厭，如食充腹而止、衣蔽膚而止之類。○外物小而末，心德本而大爾。

○「**纖惡必除**」章。○言人雖纖毫過惡必除去之，善斯全矣。成性，只是全成之意。若察其惡未盡，猶不精之米，必是粗了。

○**惡不仁，故不善未嘗不知**。○「惡不仁」，論語文。「不善未嘗不知」，出繫辭傳。張子合而論之，「惡不仁」專就己而言，人能真惡其不仁，則唯恐或有之，必其精察深省，欲搜求不仁事以攻治之，故於不善未嘗不知也。苟徒好仁而不惡不仁，則所謂既習而猶不識其所以然，方行而不能明其所當然也，終無得仁之理矣。蓋稂莠不去，嘉禾不生，其所以未仁者，每爲不仁所病，此惡不仁者，行仁之當然也。○**是故徒善未必盡義**。○善字内有仁意在。仁者，衆善之長也。是字内有義意在，事當其是，此謂義也。言徒好仁而不惡不仁，則雖有爲善之意，而無斷制禁遏之宜，故曰未必盡義。徒惡不仁而不好仁，則雖有去非之意，而於惻怛慈愛之情又有未厚者，故曰未必盡仁。○横渠這箇惡不仁底人，故通章意重在「惡不仁」上，然章末又兼舉「好仁」而明其不可偏廢，説得周備。○性理大全集釋曰：「好仁，仁也。惡不仁，義也。」語不及義，張子推言之。

○「**責己者，當知無**」云云。○「知無天下國家皆非之理」，則知無在我者皆是之理。如此則必務責己，而不至於咎人矣。人惟有非物是我之意，故心騖於外而自遺其内。爲學至于惟務盡己，未嘗咎人，便是學問之極功，聖賢之心事也。

○「**有潛心於道**」章。○揚子法言四卷問神篇：「仲尼潛心於文王。」司馬温公注曰：「潛，深也。」○「忽忽」，紛擾貌。○「朋友之取益爲多。」○琴瑟簡編，皆是无心底物事，養其情性，據其成法，在其人耳。若夫朋友會聚、講學輔仁、德業相勸、過失相規，多方爲之助，此其所以取益尤多也。但樂朋友之來意與論語異。

○**矯輕警惰**。○正曲曰矯。○二句平説，葉注二病相因之説，是餘意耳。學者須要兩致其戒。○此章最切要，今人不輕則惰。學之不成，德之不積，全然賴此。不輕浮則常静，不懈惰則日新。主静而日進，則何古人之不可及哉？○胡敬齋曰：學者之所患最是惰與輕。惰則自治廢，輕則物欲恣，只「敬」一字可以治之。○愚謂：味胡氏説，亦見得克己之功本乎存養，朱子以存養一篇列之克己之前，其有旨乎哉！

○**仁之難成久矣**！○天理人欲不兩立，纔有利欲之心，則與那學相背馳，而天理即亡矣。學也者，欲明天理而得之於己而已矣。此理甚明，人所固知，唯不深體，多做一場話説了，此先覺之所以懇懇告戒也。

○「**君子不必避他人之言，以爲太柔太弱**」至「**於瞻視亦有節**」。○言君子所行必恭謹遜柔，不是畏避人之謗誹，以强爲柔弱之甚，亦只由節而已。○**視有上下**。○此泛言其理如此，未説人有節上。下文「視之上下」意同。○**視下則柔**。○柔者，柔順之意，與「下於帶則憂」意大不同。○**故視國君者，不離紳帶之中**。○此便是瞻視之節，不離紳帶之中，不高而下也。○曲禮下曰：「國君綏視。」字彙曰：「綏，爲小俯之義。」○**先須去其客氣**。○客氣本廣，但此處主下面剛行而言。蓋出於其氣習，而非義理之本然者，皆客氣已。○**剛行**。○行，亦剛强之意。語曰「子路，行行如也」，然此以剛惡而言。若是剛善，學者豈可無耶？言其爲人剛暴，必矜傲疏率，不肯遜志精義以進于道也。○**堂堂乎張也**。○依横渠意，「堂堂」當做高伉貌，引此以明剛行終不肯進之意。○**柔其心則聽言敬且信**。○此心柔者，以有進也。反而視之，愈知剛行終不肯進也。○**今之朋友，擇其善柔**。○陳天台曰：善柔，謂善爲柔媚。○**一言不合，怒氣相加**。○所謂小人之交如醴也。○「**故於朋友之間主其敬者**」云云。○人之於友，以敬爲主。則初雖不褻狎，而其相親之意日深無厭。效，即輔仁之效。

○「**仲尼嘗曰**」云云。○出語憲問之篇。此夫子戒矜傲之言。位，謂正位，尊者所坐也。○**温柔則可以進學**。○心柔則聽言敬且信也。

詩曰：「温温恭人，惟德之基。」○詩大雅抑之篇。○真西山曰：温者，和易之意。○輔慶源曰：人纔温柔，則便是消磨了那客氣。消磨得客氣，則其德方可進。故明道謂義理與客氣常相勝，只看消長分數，爲君子小人之別，消盡者爲大賢。而橫渠亦言學者先須去其客氣，惟温柔則可以進學。○徐光啓詩經六帖曰：温温字重，乃形容恭人之貌。人未有矜高而可以進德者，必要有一段恂恂下人氣象纔好。基，如「基址」之「基」。能温恭聽言，便有箇進德基本。今日聽一善，明日聽一善，從此積向上去便高大。凡人傲物者，客氣未消，則真性未湛而理不明，苟能退，然自下便復湛然虚明，此自日用間可驗。

○「**世學不講**」章。○小學嘉言篇載此章，「世」字上有「今」字。○言世間無學之講，故男女從幼不知恭敬勤勉，便矜驕惰慢，壞其本性也。○「只爲未嘗爲子弟之事。」○「只爲」之「爲」，去聲，此句重言「世學不講」。○「則於其親已有物我，不肯屈下。」○此說其從幼驕惰之意，有物我，猶言分彼此。能爲子弟之事，則自知父兄之當屈下而安意行之，豈得有物我乎？但未嘗爲之，故養成驕惰之性，其弊一至于此。既是病根在己而不能除，則必隨所居而長，至死無愈而已。○「爲子弟，則不能安洒掃應對。」○陳天台曰：安，謂安意爲之。下，謂屈己下之。○「徇私意，義理都喪。」○徇，以身從物之謂。私意者，人欲之私。義理者，天理之公。蓋至此，則惟人欲是從而天理盡喪矣，其原實本乎驕惰之病根不除，故隨所居、所接而長也。○此章欲人深察其病源，力加克治之功。先儒謂病根不去，猶一粒稊稗不除，未有不爲五穀之害也。學者可不念焉哉？

【校勘記】

［一］顔淵事斯語　「事」上，葉采近思録集解有「請」字。

［二］蔽一交乎前吾　「前吾」，當據四書蒙引卷七改作「吾前」。

近思録説略卷之六

家道類 凡二十二條

此篇論措家之道。大學曰：「身修而后家齊。」蓋克己之功至則身斯修矣。可舉而措之於家，相受之序如此。

伊川先生曰：弟子之職，力有餘則學文。○弟子，爲人弟、爲人子者。職，謂其分之所當爲，孝悌是已。○按：論語集注引此語，「弟子」上有「爲」字，此處亦當入一「爲」字看。○孝悌，家道之大本。而此章言孝悌之當先，故以是語置於卷首。

○孟子曰：「事親若曾子可也。」○出離婁上篇。○程子又曰：子之事父，其孝雖過於曾子，畢竟是以父母之身做出來，豈是分外事？若曾子者僅可以免責耳。○輔慶源曰：孟子只平説去，曰「事親若曾子可也」，至程子方看得「可也」二字有深意，以此知讀書不可不熟讀玩味。

○所能爲者，凡力所得爲者。

○「**幹母之蠱，不可貞**。」章。○巽下艮上爲蠱。易傳曰：「蠱，事也。」蠱非訓事，蠱乃有事也。爲卦山下有風，風在山下，遇山而回則物亂，是爲蠱象。蠱之義，壞亂也。在文爲蟲皿，皿之有蟲，蠱壞之義，是爲有事之象。○朱子曰：「皿蟲」爲「蠱」，言器中盛那蟲，教他自相併，便是那積蓄到那壞亂底意思[二]。○幹，木之身，枝葉所依以立者，有主而治之之義。易傳曰：「九二陽剛爲六五所應，是以陽剛之才在下，而幹夫在上，陰柔之事也，故取子幹母蠱爲義。」○貞者，堅貞不柔之謂也。○「不順而致敗蠱。」○未能爲子之道，而遂致敗事，則非其罪而何？○「若伸己剛陽之道」云云。○傷恩人子之大罪，不問其事之成否，所害既大矣。且況如此，則必不能入乎。

○**蠱之九三，以陽處剛而不中，剛之過也**。○九三爻辭曰：幹父之蠱，小有悔，无大咎。○程子惟恐事親之或至矯拂，故謂一過於剛，而有小悔，於巽順之大體雖未嘗有所失，已非事親之至善者也。大抵君嚴而親親，故臣之於君，只患憚威畏刑而不敢犯也；子之於親，只患狎恩恃愛以至於激許也。

○**正倫理，篤恩義**。○家人卦下傳。○倫理，人倫之條理。恩義，只是恩愛，義字帶看。正倫理，則尊卑之分明；篤恩義，則上下之情睦。二者便處家人之道也，然必倫理正而後恩義可篤。

○「**家人上九爻辭謂**」云云。○未有不嚴於身而能嚴於家者，苟持其身未嚴，而徒治家之際强作威嚴，則其所令反其所好，人怨而不服也必矣。大學曰：「欲齊其家者，先修其身。」孟子曰：「家之本在身。」又曰：「身不行，道不行於妻子。」皆是此意。

○**歸妹九二，守其幽貞**。○兑下震上爲歸妹。婦人謂嫁曰歸。妹，少女也。兑以少女而從震之長男，故爲婦妹。○九二爻辭曰：「利幽人之貞。」象曰：「利幽人之貞，未變常也。」○程傳曰：九二陽剛而得中，女之堅貞者，幽静之人也。○此章明女德之常，葉注非正意。

○「**世人多慎於擇壻**」章。○所繫甚重。○司馬温公曰：婦者，家之所由盛衰也。○陳天台曰：婦賢則家道盛，不賢則家道衰。

○「**人無父母**」章。○陳天台曰：念父母鞠育之劬勞，故倍增悲痛。父母俱存曰「具慶」。「可」者，可置酒張樂也。○真西山曰：人子之於生日無父母，當以忌日之禮自處。唐太宗以萬乘之主能行之，學者可昧此哉！○通鑑唐太宗紀：貞觀二十年，帝曰：「今日吾生日，世俗皆爲樂，在朕翻成傷感。今君臨天下，富有四海，而承歡膝下永不可得，此子路所以有負米之恨也。詩曰：『哀哀父母，生我劬勞。』奈何以劬勞之日，更爲宴樂乎？」

○「**問行狀**」云云。○行狀，其人既去而追叙其行事者，此伊川所作明道行狀，詳見第十四卷。○盡性至命。○出說卦傳。○朱子曰：性則是理之極處，故云盡，命則性之所自來處，故云至。○又曰：盡性，是做到盡處。如能事父，然後盡仁之性；能事君，然後盡義之性。○至命，謂合於天道，猶言與造化一般。○**性命孝弟，只是一統底事，就孝弟中便可盡性至命**。○盡性至命，則是聖人。而堯舜之道，孝弟而已矣。然則性命，豈在孝弟之外耶？只就孝弟上面做到其極，則性之理可盡。而於天命之本然，亦吻合無間矣。此處專就孝弟說，未及推廣上。○朱子曰「如舜之孝，王季之友，便是盡性至命事」是也。○說卦傳所謂盡性，却言盡天下人物之性，但伊川論不拘其本意。○「**如灑掃應對**」至「**無有精粗**」。○雖灑掃應對極小，雖盡性至命極大，然理一而已矣。理無本末精粗，故灑掃應對做得到了，亦盡其性而合於天道。蓋天下無性外之事，性即出於命，故曰這箇「亦是一統底事，無有本末，無有精粗」。嗚呼！精矣。○**然今時非無孝弟之人**。○常人之中，固不無孝弟之人，此人性之所以善。然孰若舜之孝、王季之友，謂之盡性至命未也。此雖由之而不深知其道，故不能做到極處。人自由孝弟，則當知孝弟不可不爲之理，又當知如何盡孝弟之道。如此則自有不容已者，而能盡其道矣。○孟子曰：「行之而不著焉，習矣而不察焉，終身由之而不知其道者，衆也。」

○**問：第五倫視其子之疾與兄子之疾不同**。○第五姓，倫名，字伯魚，後漢京兆長陵人。章帝時爲司空，其言見後漢書列傳，又小學善行篇載之。○問意以爲其子與兄子有間，疑未是私也。程子便謂安寢與不寢，其私固也，而未待至之。只不起與十起，既是私也。父子之愛，天性。今十起於兄子，而子疾却不視，豈真情哉？必是避嫌忍爲耳，才著些意做，便是私矣。此是第五倫自未知處，程子却看破出，聖賢議論曲盡精微如此。○**又問：視己子與兄子有間否？**○言當有間否。○**兄弟之子猶子也**。○記檀弓文。**孔子曰：「父子之道，天性也。」**○出孝經。吴臨川曰：「父慈子孝，天性之本然。」○「**若君臣**」云云，**亦豈不是天性？**○君臣兄弟之交，賓主朋友之接，皆仁之所發動，而義之所不容已者，豈不是天性？此義人多不察，須要深體玩味。○「**只爲今人**」云云，**故爾**。○此通説君臣、兄弟、賓主、朋友之類。○「**己之子與兄之子**」云云，**父者也**。○上文充類而言，此又言兄弟之子最可親愛，而與己之子不可有間。○**以兄弟爲手足**。○手足，猶言一體。言爲兄弟異形，恐有間之之意，故古人以兄弟爲手足也。既視之猶其手足，則奚生疏遠之心乎？○晉書邵續傳：「兄弟如左右手。」又李華吊古戰場文曰：「誰無兄弟，如足如手。」○「**又問：孔子**」云云，**以兄之子妻南容**。○金仁山曰：兄，孔子前兄孟皮也。叔梁紇前娶施氏生九女，其妾生孟皮，後字伯尼。○**凡人避嫌者，皆内不足也**。○不知問者必以爲避嫌否，然其意謂聖人厚於兄而薄於己也。夫父子之愛本是公，聖人只與兄子不可有間而已，何容有厚薄？今言厚於彼而薄於此，則是著意做者，正爲避嫌之事。○内省不疚，則何畏人之嫌？避嫌者，只是不自慊，每恐人之有嫌疑故耳。○**求配**。○陳新安曰：配，合也。夫婦皆可以配言。○性理大全四十九卷：問：「程子説『避嫌之事，賢者且不爲，況聖人乎？』若是有一項合委曲而不可以直遂者，這不可以爲避嫌？」朱子曰：「自是道理合如此。如避嫌者，却是又怕人道如何，這却是私意。如十起與不起，便是私，便是避嫌。只是他見這意思，已是大段假工夫，大段會省察了。又如今立朝，明知這箇好人當薦舉之，却緣平日與自家有恩意往來，遂避嫌不舉他。又如有某人平日與自家有怨，到得當官，彼却有事當治，却怕人説道因前怨治他，遂休了。如此等，皆蹉過多了。」

○問：孀婦，於理似不可取，如何？○喪夫曰孀。此章前一節言孀婦不可娶，後一節言孀婦不可再嫁。○吴氏曰：娶婦共承宗廟，以傳嗣續。若娶失節者爲配，則與己之失節同矣。○小學章句曰：人皆有死守節而至餓死，則餓死比之失節爲小矣。失節，則無人道，而不可以立於天地之間，故曰事極大。○此章之言最剴切，豈獨婦人之戒哉？死生亦大矣，非信道之篤，孰能以餓死爲極小事乎？學者幼而讀書，心知其義，口談其説，然而那箇上面果能心甘意肯否？須試思之。此吾所自愧也。

○病卧於床，委之庸醫。○按外書，此章爲明道語。○陳天台曰：委，猶付託也。病者死生所繫，而委之庸醫，是飲藥以加病也。故親有病而委之庸醫，比之不孝；子有疾而委之庸醫，比之不慈。子能知醫，則可以養親且不爲庸醫所誤矣。○問：「人子事親學醫如何？」程子曰：「最是大事。今人視父母病，乃一任醫者之手，豈不害事？必須識醫之道理，别病是如何，藥是如何，故可任醫者也。」或曰：「己未能盡醫者之術，或偏見不到，適是害事[二]，奈何？」曰：「且如識圖畫，人未必畫得如畫工，然他却識别得工拙，如自己曾學。令醫者説道理，便自見得，或己有所見，亦可説與他商量。」

○**程子葬父**。○周恭叔，名行己，程子門人，永嘉人。○此所謂君子不成人之惡者。

○「**買乳婢**」章。○用二子乳，買二乳婢也。蓋一子乳難食二子，故有食己子而殺人子之虞，若二子乳食三子，足以備不足之虞。雖或一乳母病且死，而於己子既不爲害，又無爲己子殺人之子之患，但爲一子買二乳婢，顧有所費耳。然若不幸乳母病且死，致誤己子，害孰大焉？豈論所費乎？此處吾幼處人之幼，兩得其道者。

○**先公太中諱珦，字伯温**。○先公謂程子父。父卒，稱先公或先君。太中，官名，公嘗爲太中大夫。○**任子**。○書言故事八卷陳玩直注曰：父爲官而舉其子謂之任子，大臣得舉其子弟。○父之兄弟曰諸父。孤女，親戚中喪父者。○**伯母劉氏寡居**。○伯母，公之母之姊也。無夫曰寡。從女兄，乃劉氏之女。諸父母之子年長於我者曰從兄，其子，從女兄之子。「姝」與「姪」同，説文：「兄之女也，又兄弟之子皆曰姪。」女兄，太中之姊。甥女，即其女也。爾雅：「兄弟之子爲甥。」○朱子語類：問：取甥女歸嫁一段，與前孤孀不可再嫁相反，何也？曰：大綱恁地，但人亦有不能盡者。○愚謂：太中之學雖不可知，必未若二程之正學精義。然則於理或不能盡者，固當有之。此處未可論其非，唯要看其仁厚之意。○**克己爲義**。○裁抑自己之需，以爲睦族之義也。○**夫人謙順自牧**。○謙卦初六象傳曰：「謙謙君子，卑以自牧也。」程傳曰：「自牧，自處也。」○從叔，謂夫之叔。○**不嚴而整**。○不嚴厲而整齊。「整」字自治家言，不做功效説。○奴婢，臧獲。○奴，男僕；婢，女僕。方言三卷：「臧、甬、侮、獲，奴婢賤稱也。荆淮海岱雜齊之間，罵奴曰臧，罵婢曰獲。」○**夫人男子六人**。○伊川文集曰：長應昌，次天錫，皆幼亡；次顥，次頤；次韓奴，次蠻奴，二人皆夭。○**絮羹**。○陳天台曰：絮，謂羹無味就器調和之。○**惡言**。○戰國策曰：君子交絶，而不出惡言。○**雖直不右**。○史記索隱曰：右，亦上也。○**女子不夜出，夜出秉明燭**。○此二句古詩之辭，未知其何出。出者，出閨門也。○内則：女子夜行以燭，無燭則止。○**房閤**。○説文：「房，室在旁也。」又内則注疏引崔氏曰：「宫室之制，中央爲正室，正室左右爲房。」爾雅：「小閨謂之閤。」又漢書注顔師古曰：「閤者，小門。」○**文章筆札**。○札，小簡。筆札，即書簡也。以文章筆札傳與於人者，乃男子之事，非婦女之業也。

○**横渠先生嘗曰：事親奉祭**。○陳際泰曰：事親者，當自盡其孝順。奉祭者，當自盡其誠敬。豈可使他人代爲之？若代之，則孝敬之心安在？○子曰：吾不與祭，如不祭。○祭統曰：君子之祭，必身親莅之。

○「**舜之事親**」章。○蔡九峰曰：心不則德義之經爲頑，口不道忠信之言爲嚚。○陳天台曰：舜盡事親之道，宜得親之悦矣。而猶不悦者，爲其頑嚚不近人情也。今天下人之父母，若舜之父母者蓋寡矣。事親不悦，何以爲人乎？○「親之故舊所喜者。」○謂故舊中所喜者。○「父母賓客之奉。」○謂父母之賓客奉酒殽之類。○「然爲養。」○言須如此而爲養其志也。按小學嘉言篇載此章，曰「務以悦親爲事，不可計家之有無，然又須使」云云，而無「爲養」二字，文意更爲明快。蓋此只從本録，彼則朱子所删定也。○「苟使見其爲不易，則亦不安矣。」○言苟若是，則雖竭賓客之奉，而父母之心亦有不安，未可謂養志者。

○「**斯干詩言**」章。○斯干，小雅篇名。式，語辭。「厮」，小學作「相」，相、厮蓋通用。鶴林玉露曰：「白樂天詩云『爲問長安月，誰教不相離』，『相』字下自注云『思移切』，乃知今俗作『厮』字者非也。」○輟，止也。○朱子曰：不要相學，言不要相學其不好處，如兄能友其弟，弟却不恭其兄，兄豈可學弟之不恭而遂忘其友？但當盡其友而已。如弟能恭其兄，兄却不友其弟，弟豈可學兄之不友而遂忘其恭？但當盡其恭而已。○又曰：此於詩文義或未必然，然意則善矣。

○**人不爲周南、召南**。○出語陽貨篇。○朱子曰：「爲，猶學也。」此解誠當。但從張子説，則「爲」字似作「行」字看，與「孝弟爲仁之本」之「爲」字同。蓋二南之詩，皆修身、齊家之事，爲之者，乃言爲其事也。此不可拘語之正意，只從本文説爲是。○**正牆面而立**。○書周官曰「不學牆面」，孔子取譬本此。○林同安曰：正牆面而立，正面對牆而立也，曰正牆面，倒用耳。○朱子曰：周南之詩言文王后妃閨門之化，召南之詩言諸侯之國夫人、大夫妻被文王后妃之化而成德之事。蓋文王治岐而化行於江漢之域，自北而南，故其樂章以南名之。用之鄉人，用之邦國，以教天下後世誠意、正心、修身、齊家之道，蓋詩之正風也。○蔡虚齋曰：「不爲周南、召南」，則身且不知修，家且不知齊，不待出門便已動不得了，何望其能經邦而濟世，正君而善俗哉？

○**婢僕始至，本懷勉勉敬心**。○言雖婢僕之賤，其至之始，未嘗不懷敬心勉事，只顧使令之謹慢如何耳。○**慢則棄其本心**。○本心，本初勉敬之心也。此須就今日使僕上面試看，方知其果然耳。○「**故仕者**」至「**德日退**」。○吾師嘗言朝無良材者，時君之恥也，蓋以此知之。然此泛言理勢之必然耳。若學者則當存邪世不能亂之操，豈徇時之治亂乎？○「**只觀在上者**」云云**耳**。○學之爲言效也。不是仕者自觀。夫在上者，下之所視倣，故臣德之進退只在上者有可效、無可效，觀二者如何耳。

【校勘記】

［一］便是那積蓄到那壞亂底意思　「亂」，朱子語類卷第七十作「爛」。

［二］適是害事　「是」，二程遺書伊川先生語作「足」。

近思録説略卷之七

出處類 凡三十九條

葉注備矣。

伊川先生曰：賢者在下，豈可自進以求於君？苟自求之，必無能信用之理。○自求之者，是心急於仕進，失自重之道而爲人所輕侮，豈望其信用耶？諫則不行，言則不聽，必矣。○**致敬盡禮**。○致敬，就心而言；盡禮，就事而言。盡禮，如卑辭厚幣之類，致敬却就盡禮上而見。○「**其尊德樂道之心**」云云。○此三句，孟子之言，出公孫丑下篇。○蔡虚齋曰：德就賢者身上説，道就賢者所抱説。如「仁義忠信，樂善不倦」，其德也。如孟子所舉平治天下之具，其道也。○**不如是**。○指上致敬盡禮，蓋有尊德樂道之心，則致敬盡禮之招，自有不容已者。

○「**君子之需時也**」章。○需，待也。君子固非果於忘世者，故有可仕之義。則應時乃出，只未得其時則安於下而已。此君子之在下以待其時也。○「志雖有須而恬然若將終身焉」。○恬，安也。此最見君子不偏滯之心，如彼隱逸之徒竄身于山壑，而蔑視一世，恬則恬矣，唯無需時之志，故雖有可仕之義而卒不出，亂人之大倫，而與鳥獸同群。又如貪世之士，急於仕進而不能安於卑，雖無可仕之義而亦出焉。此皆失出處之宜，而各倚于一偏，與君子之道大異。○「乃能用常也。」○方下而安於下，便是用常。

○**比**：「**吉，原筮，元永貞，无咎**。」○易傳曰：「比，親輔也。爲卦上坎下坤。以二體言之，水在地上。物之相切比无間，莫如水之在地上，故爲比也。又衆爻皆陰，獨五以陽剛居君位，衆所親附，而上亦親下，故爲比也。比，吉道也，人相親比自爲吉道。」○**苟非其道，則有悔咎**。○若嚴尤於王莽，荀彧於曹操，皆失其所親之道，故終不免悔咎。○「筮」字解作占決，是以意會，占決只是自審以斷之之謂。蓋用筮者，審其吉凶利害，以爲之決斷也。○**元，謂有君長之道**。○教養之法明、仁愛之情厚，此是君人之道。○**永，謂可以常久**。○逐字解之，則是其實。永，即元之永也，所謂居之無倦意。○**貞，謂得正道**。○元者，專就臨下之道而言。貞者，謂凡事得正者。○君子之需時也，必欲得如此之君也，此便親比之道。

○**履之初九曰**：「**素履，往无咎**。」○兑下乾上爲履。○易傳曰：履，禮也。禮，人之所履也。爲卦天上澤下，天而在上，澤而處下，上下之分，尊卑之義，理之當也，禮之本也，常履之道也，故爲履。○素，猶見在也。程子曰：「素履者，雅素之履也。」愚謂：初九方履之時，以陽剛居卦下，故其素履爲安於貧賤者。○**非欲有爲也**。○欲有爲者，不得其時則不出，不由其道則不進，豈苟貪躁而動，求去貧賤乎？若然，則是其志獨在富貴而已。故既得其進以適其素願，則驕溢矣。大抵小人在下黽勉恭謹，及得志則必驕傲放肆，真情盡見，是以往則有咎也。○**其處也樂**。○君子亦非以貧賤爲樂，只安其處而不憂也。君子有不進，進則必格君安民，經邦濟世，故曰「得其進則有爲而無不善」。○吴臨川曰：初九陽剛安於在下，不變所守，素其位而行者也。舜飯糗茹草，若將終身，顔子居於陋巷不改其樂，其斯之謂乎！○**若欲貴之心**。○葉注「欲貴之心勝」，本文未有勝之意，只云「交戰」而意自明。

○**大人於否之時**。○否，閉塞也。否卦六二曰：「大人否亨。」象傳曰：「大人否亨，不亂群也。」

○「**人之所隨**」章。○隨卦六二爻辭曰：「係小子，失丈夫。」傳曰：二應五而比初，隨先於近，柔不能固守，故爲之戒云「若係小子，則失丈夫也」。初陽在下，小子也；五正應在上，丈夫也。

○**君子所貴，世俗所羞**。○賁，飾也。君子所修飾者，守節義也。君子寧處貧賤而不失其所賁，正爲世俗所羞。附勢趨利者，世俗所貴而君子所賤也。○**賁其趾，舍車而徒**。○賁卦初九爻辭傳曰：趾，取在下而所以行也。君子修飾之道，正其所行，守節處義，其行不苟，義或不當，則舍車輿而寧徒行。衆人之所羞，而君子以爲賁也。○白雲郭氏曰：君子以義爲榮，不以徒行爲辱。初九以賤自居，舍車而徒，所謂窮不失義者矣。

○**蠱之上九曰**：「**不事王侯，高尚其事**。」○傳曰：上九居蠱之終，無係應於下，以三亦陽爻也。處事之外，易爻之例，以上爲外居蠱之終，故曰「處事之外」。无所事之地也。以剛明之才，無應援而處無事之地，是賢人君子不遇於時而高潔自守，不累於世務者也，故云「不事王侯，高尚其事」。古之人有行之者，伊尹、太公望之始，曾子、子思之徒是也。不屈道以徇時，既不得施設於天下，則自善其身，尊高敦尚其事，守其志節而已。○**象曰**：「**不事王侯，志可則也**。」○傳曰：其所存之志，可爲法則也。○「偶」，易大全作「遇」。○或問：「知止足之道，退而自保者」，與「量能度分，安於不求知者」，何以别？朱子曰：「知止足，是能做底；量能度分，是不能做底。」○**所處雖有得失小大之殊**。○小大就前三件而看，得失對後一件而看。第一件對第二件，則第一件爲大，第二件爲小。蓋懷抱道德者，仁者之事；知止足之道者，知者之務。懷抱道德者，從容任其所遇；知止足之道者，有箇安排在。第二件對第三件，則第二件爲大，第三件爲小。知止足之道者，是能做底而不敢做；量能度分者，其不能做底而不自做。此小大之别也。雖然此皆得其義者，唯清介自守者，果於隱逸，於義未爲得，但以有高尚之意并舉之耳。東漢諸士多是箇風。○「**象所謂**」云云，**合道者也**。○象傳所言者，便指第一件人。○朱子曰：當此時節，若能斷然「不事王侯，高尚其事」，不半上落下，或出或入，則其志真可法則矣。只爲人不能如此也。

○**遯者，陰之始長**。○遯卦二陰在下，若姤一陰在下，則爲陰之始生，浸進而二則是陰方長也。○**與時行**。○象傳文。傳曰：「雖陰長之時，尚當隨時消息，苟可以致其力，無不至誠自盡，以扶持其道，未必於遯藏而不爲，故曰與時行也。」○**小利貞**。○遯卦辭。傳曰：「陰柔方長，而未至於甚盛，君子尚有遲遲致力之道，不可大貞，而尚利小貞也。」○**區區**。○文選注：勤勤也。○**孔孟之所屑爲也**。○屑，潔也，猶言美之。○**王允**。○後漢書列傳「王允，字子師，太原祁人也。及董卓遷都關中，允悉收斂蘭臺、石室圖書秘緯要者以從。既至長安，皆分别條上。又集漢朝舊事所當施用，一皆奏之。經籍具存，允有力焉。時董卓尚留洛陽，朝政大小，悉委之於允。允矯性屈意，每相承附，卓亦推心，不生乖疑，故得扶持王室於危亂之中，臣主内外，莫不倚恃焉」云云。○**謝安**。○晋書列傳：謝安，字安石。拜吏部尚書。時孝武立政不自己，桓温威振内外，安盡忠匡翼，終能輯穆。

○「**明夷初九**」章。○夷，傷也。初九，明夷之初有見傷之兆而未顯也，其爻辭曰「君子于行」，此便當明夷之初，處之得其宜者。而這箇甚艱，苟非灼見幾微未能行之也。然君子之所爲，小人固不識其傷未顯而速去之，則世俗孰不疑怪？

○**晋之初六，在下而始進**。○晋，進也。在下則位卑也，始進則交淺也，未可取信於上也。○安中，安其心也。此與「不得於君則熱中」反看。○雍容，安和貌。悻悻，怒意也。○「**晋如摧如**」至「**无咎**」。○初六爻辭。傳曰：「晋如，升進也。摧如，抑退也。言遂其進不遂其進，唯得正則吉也。」○「**然聖人又恐**」云云。○聖人，指周公。○**居位者廢職失守以爲裕**。○不見信於上，則其所行必有窒礙，將至廢職失守。然而猶綽綽不去，以爲得寬裕之義，則豈不大相失乎？

○「**故特云初六裕則无咎者**」云云，**故也**。○象傳曰：「裕无咎，未受命也。」程子由此而推其義。○胡雲峰曰：「孟子『我無官守，我無言責，則吾進退，豈不綽綽然有餘裕哉？』即此意也。」○**亦容有爲之兆者**。○朱子曰：兆，猶卜之兆，蓋事之端也。○言居位者，縱有未信於上而不得其職，然又於事有可終行之端，則君子亦未輕去，如孔子見行可之仕是也。此所以説事非一槩，久速唯時。

○**不正而合，未有久而不離者也**。○説苑曰：「以財事人者，財盡而交疏；以色事人者，華落而愛衰。」以此推之，凡天下事，其初不正而合者，未嘗其終之不離者也。○睽，乖異也。○**賢者順理而安行**。○賢者以成德言，故殆至安行之。智者未免勉强爲之，雖所到有淺深，而皆非不正而合者也。○固守還爲智者分内事，何也？蓋知而不守者，非真知也。苟真知之則不得不守之，如鳥喙之不可食，水火之不可蹈。人真知之，故必不犯之。學而未之守者，只是不實知，孟子曰「知之實，知斯二者而不去是也」。

○**君子當困窮之時**。○防慮之道未盡而遇困窮者，自取之也。盡之而不得免，則命也，非己所致也。防慮之道不外乎修身守儉，不是厭困窮以防去之。命以氣數而言，章中命字皆同。

○**推致其命**。○言推而極之也,「致」與「致知」之「致」同。下面知命之當然,推致其命也,行吾義遂其志也。○命者在天,義者在我。在天者不可奈何,而在我者惟我所欲也。不可奈何者,付之於天;而在我者,盡之於己。君子處困窮之道也。○**隕穫於窮戹**。○記儒行篇:「不隕穫于貧賤。」鄭氏曰:「隕穫,困迫失志貌。戹,猶難也。」○程子又曰:大凡利害禍福,亦須致命始得。致之爲言,直如人以力自致之謂也。得之不得,命固已定,君子須知他命方得。不知命無以爲君子,蓋命苟不知,無所不至。故君子於困窮之時,須致命便遂得志,其得禍得福皆是自致,只要申其志而已。

○**寒士之妻,弱國之臣**。○寒士,貧士也。以寒士爲夫,則衣食不給,財用不足;以弱國爲主,則内無供億之具,外有侵侮之患,其貧窮困難可知已。然身既當之,則亦各安其正,盡心竭力,而不宜有他志。若厭貧困羨安富,擇勢而從之,則不義不忠之大者,將不容於一世矣。

○**井之九三,渫治而不見食**。○巽下坎上爲井。傳曰:「坎,水也,巽之象則木也,巽之義則入也。木,器之象,木入於水下而上乎水,汲井之象也。」○九三爻辭曰:井渫不食。渫,息列反,治井謂渫。○傳曰:三以陽剛居得其正,是有濟用之才者也。在井下之上,水之清潔可食者也。井以上爲用，居下未得其用也。○「人有才智」應「渫治」，「不見用」應「不見食」。○**以不得行爲憂惻也**。○象傳曰：井渫不食，行惻也。○**剛而不中，故切於施爲**。○陽之性進，處剛而過中是急切於施爲者，苟切於施爲，則必以不得行爲憂惻也。聖人用舍無與於己，行藏安於所遇，此與他去就大異矣。○同一九三也，自陽剛得正而言，則曰井渫。自剛不中言之，則曰行惻。取義不拘一例，此是易之活法，學者須就那上面知所向背已。

○「**革之六二**」章。○傳曰：爲卦兑上離下，澤中有火也。革，變革也。水火，相息之物。水滅火，火涸水，相變革者也，故爲革也。○「文明則盡事理。」○離一陰麗於二陽之間。陰本暗，得陽而麗之，則明生矣。故其德爲文明。○「中正」以德行言，「文明」以智慧言，「體順」以資質言。○革之六二當變革之時，得九五之應，而又具中正、文明、柔順之美。以時則可，以位則得，以才則足，然猶必待上下悉信而後行己志，君子之重改革而不遽也如此。○才者，人之能也，故專言則該德。○「如二之才德」云云。○進行其道，實兼才德時位，但所重在才德耳。按：易傳「才德」字下更有「所居之地，所逢之時」二句，此蓋朱子節略而存其重，與下句「失可爲之時」互見耳。

○**鼎之「有實」，乃人之有才業也**。○易傳曰：　爲卦上離下巽☲☴。以全體言之，則下植爲足，中實爲腹，受物在中之象，對峙於上者耳也，橫亘乎上者鉉也，鼎之象也；　以上下二體言之，則中虛在上，下有足以承之，亦鼎之象也。　取其義，則木從火也，巽入也，順從之義，以木從火爲然之象。　火之用唯燔與烹，燔不假器，故取烹象而爲鼎。○九二爻辭曰：「鼎有實。」傳曰：「二以剛實居中，鼎中有實之象。」○象傳曰：　鼎有實，慎所之也。○「所趨向」專就從人上看，此篇都論出處之道也。○葉注「反爲才業累」，本文未見此意。

○**士之處高位**。○君子正君拯世之心，無處而不至矣。　只其分則有限，故隨其所遇而事宜不同，有如此者。

○「**君子思不出其位**」。○艮卦大象傳辭。○「**萬事各有其所**」云云。○止者，止其止也。○范氏曰：　物各止其所，而天下之理得矣。　故君子思不出其位，而君臣、上下、大小皆得其職也。○饒氏曰：　如爲人子則思孝，爲人臣則思忠。　素富貴，則思所以行乎富貴。　素貧賤，則思所以行乎貧賤，皆是也。○易文只曰「思不出其位」，程子便就行上說，蓋行成於思，思不出其位，則行亦不出位；　所行出位，則思之出位可知，故推開說去。

〇**人之止，難於久終**。〇如唐太宗即位之初，勵精勉治，言行皆有可觀。迨晚年稍稍怠惰，大異於初政。玄宗開元政事，亦足稱賢君，至天寶末淫蕩昏亂，貽笑千古。歷覽今古人事，勤之於壯而惰於晚，得之於初而失於終者，奚翅相半。此敦艮之所以爲至善而吉也。

〇「**中孚之初九曰**」章。〇兑下巽上爲中孚。孚，信也。此章亦主信從於人上説。〇「志有所從，則是變動。」〇「有所從」謂有所私係。人心本正，一有所私係則變正大之本志，苟以不正之心虞之，如何得其正？士君子立志一失，而萬事尾裂者往往而然，可不察哉！

〇**賢者惟知義而已**。〇按遺書，此章爲明道語。〇賢者所行，獨見義之當然而已，命不足道也。義合進則進，義合退則退，義合生則生，義合死則死。萬事靠他，未必言命。然其位有窮達，時有生死者，乃出於天之氣數，而非人之所致也。故曰「命在其中」。若中人以下於義未精，故又未能安而行之，惟知命之已定而不可易，則亦俛焉處義而已。如見勢不容不進，則知命之通，然後斷然敢進，見時不容不退，則知命之塞，黽勉敢退。此雖未及賢者之精義安行，然視之於世之違命而妄作者，大有間矣。學者方欲希賢，則亦須從這裏始。〇「**如言求之有道**」至「**無益於得**」。〇出孟子盡心上篇。〇蔡虚齋曰：求之有道，不可以非道苟求也。然雖求之，亦未可必得也，得之則有命。○愚謂：以道言之，則不可妄求。以命言之，則不可必得。兩句平對，總是言不可求。○林同安曰：「是求無益於得」，言求之而不可得也。○二程全書二卷又曰：「求之有道，得之有命，是求無益於得。」言求得不濟事。此言猶只爲中人言之，若爲中人以上而言，却只道求之有道，非道則不求，更不消言命也。○若賢者則求之以道。○問：既是求，安得爲道？曰：究竟言不是求也，賢者行道而已，未嘗有求之之意。然修天爵則人爵從之，這裏自有不求之求，故曰「求之以道」，猶子貢説夫子之求之意。○道是大綱説，義是就一事上説。求之以道，以平素所行而言故曰道。得之以義，就臨事上而言故曰義。

○「**人之於患難**」章。○人謀己所當爲者，人謀未盡則失處置之宜。如此而不出患難，正是在己所當患：苟人謀已盡，則在己無歉，亦何病乎？却須安之。○「有人遇一事。」○指患難事而言。○「若不會」云云。○「處置了」即盡人謀也，「放下」即泰然處之也。「無義」，不會處置了者；「無命」，不會放下者。「無命」，不受命也，天命則無不在矣，但我不聽受之，則是在己無命也。

○**門人有居大學**。○蔡人。門人，鄉里之人。戴記，即禮記也，漢戴氏删定之，故又曰戴記。○**決科之利也**。○揚子法言學行篇曰：「發策決科。」吴祕注曰：「漢之明經，必爲難問疑義書之於策，量其大小署爲甲乙之科，列而置之，不使彰顯。有欲射者，隨其所取得而釋之，故曰發策決科。」○此時蔡之鄉舉，蓋以禮記試諸生也。利，謂便利。見決科之利者，實是利禄之心，故程子深抑之爾。○**多見其不信道也**。○多與祇同，適也。理欲不兩立，一於彼則忘此，故信道篤則於貧富豐約之間，自不介于意，纔留情於那裏，便見信道之心疏而已。○語先進之篇：賜不受命，而貨殖焉。

○**人苟有「朝聞道，夕死可矣」之志**。○朱子曰：聞道，不止知得一理，須是知得多有箇透處。○胡雲峰曰：聞道者，此心真有得乎此理。「朝聞道」，朱子所謂「一旦豁然貫通」者也。○學者真有此志，則是所欲有甚於生者，其嗜道也至矣，尚肯一日安於其所不當安耶？何止一日，雖須臾際，亦不能安於不是處。○**如曾子易簀**。○事見記檀弓上篇。○**須要如此乃安**。○如曾子臨終猶易簀，而此見一息之際不肯安於所不安，惟得義理而後可安而已。學者須要安於義理如此。○**只爲不見實理**。○二「實理」之間疑脱「見」字。朱説極是，葉注强爲之説者，非也。○「**若士者雖殺**」云云。○苟爲士者，於穿壁逾墻以爲盗竊之事，則雖以死刧之，必不爲也。然其他事，賣名貪利、獻媚納諛之類，其所可大愧者，又却爲之。且如今世之士，亦知辱之不可受，故惡聲一至必不敢忍，遂相格鬬而致死者往往有之。然臨君親大節守義授命者，何其尠哉！此皆心實不見得，故得諸此而失諸彼，知小節而遺大義，終不能充其善而已。○**軒冕**。○漢書律曆志：「黄帝始垂衣裳，有軒冕之服。」軒，車廂也。卿車曰犀軒。夫人車以魚皮爲飾，曰魚軒。冕，冠也。前有垂旒，旁有黈纊。古者，諸侯大夫皆有冕，但以旒之多寡别耳。天子十二旒，諸侯九，上大夫七，下大夫五。○此軒冕只是富貴意。○**三尺童子**。○琅琊代醉編三十六卷曰「仲尼之門，五尺童子，羞稱五霸」。古以二歲半爲一尺，言五尺，是十二歲以上。十五歲則稱六尺」云云。據此，三尺是言八九歲。○慴慴，恐怖而喪氣也[二]。○程子又曰：昔嘗見有談虎傷人者，衆莫不聞，而其間一人神色獨變，問其所以，乃嘗傷於虎者也。夫虎能傷人，人孰不知？然聞之有懼有不懼者，知之有真有不真也。學者知道，必如此人之知虎，然後爲至耳。若曰知不善之不可爲而猶或爲之，則亦未嘗真知而已。○朱子曰：所以未能真知者，緣於道理上只就外面理會，却未理會得十分瑩浄。○**得之於心，是謂有德**。○實理得之於心，則是非瞭然乎胸中。取彼舍此，自有不容已者，固不待勉强也。○汪氏曰：必先能真實見得，死便定是，不死便定不是，方肯甘心就死，以成就這箇是。若不曾真實見得定合如此，則必不肯甘心就死矣。

○**孟子辨舜、跖之分**。○孟子曰：欲知舜與跖之分，無他，利與善之間也。○程子以「義」字換「善」字，蓋「善」字泛，「義」字切，且對「利」字最的當也。○朱子曰：間是兩者相並，在這裏一條路做這邊去，一條路做那邊去，所以謂之間。○蔡虚齋曰：利與義之間，利不止是貨財，但有私已之心，或有所爲而爲者，皆利也。凡無所爲而爲，只見理之當爲便爲者，義也。若有所爲而爲，則雖其所當爲，亦利也。○又曰：舉舜、跖而言，以見其相去之遠。曰：利與義之分，以見其所争之不遠。所争之不遠者，差之毫釐也。相去之遠者，繆以千里也。○「**只那計較**」云云。○本文自明白。葉注説「計較利害者」差些子。○**命在其中也**。○義當爲，則命亦在爲上；義不當爲，則命亦在不爲上。只聖人則一看義，而命猶不論，故曰在其中。

○**大凡儒者，未敢望深造於道**。○造，詣也。此章猶孔子「不得中道之人而欲狂狷」意相似。深造於道者，是儒者最上極好，足於成已物者。然此等人不可必得，故今且只心之所存正，分别善惡而不迷，識廉恥而不污，得此等人多，亦須漸次開廣道學、化成風俗而已。夫自學廢道微，世乏良材，必欲得十分恰好人，不能終得也，故發是不得已之辭。

○「**趙景平問**」章。○趙景平，伊洛淵源録、萬姓統譜共不録，今不可考。○罕，少也，不是絶不言也。此問蓋謂若是財利之利，則聖人當絶不言。今只曰「罕言」，便這「利」字必有指處，但未知其何所指已。○程子之言唯詳論「利」字以示之，不拘「罕言」本旨。○問：「程子曰：『義安處便爲利。』只是當然而然便安否？」朱子曰：「是也。只萬物各得其分，便是利。君得其爲君，臣得其爲臣，父得其爲父，子得其爲子，何利如之！此『利』字，即易所謂『利者義之和』。利便是義之和處。」○「如釋氏之學」云云。○釋氏不生不滅之說，本乎惡死，坐禪入定之行生於厭事，此其本利心而已，況以生天堂受快樂爲期望乎！

○「**問邢七久從先生**」章。○邢七，即邢恕也。按伊洛淵源録，此謝顯道問也。○「狼狽。」○酉陽雜俎曰：「狼狽是兩物，狽前足絶短，每行駕兩狼，失狼則不能動，故言世事乖者稱狼狽。」又韓文十六答崔立之書注：「狽，獸名，狼屬也。生子或欠一足二足，相附而行，離則躓。」愚按：此章「狼狽」當從韓文注，而做顛躓之義看。○刑恕後來事，其詳不可知。而邵伯温辨誣云邢和叔後來亦染禪學，又邵康節與恕詩云「慎勿輕爲西晉風」，且伊川涪州之行，門人既疑恕傾之，則可以槩見其狼狽焉。○「謂之全無知則不可。」○宋史刑恕傳曰：「其爲人明辨有才，後更曉練世事，其於學亦日月而至焉者也。」雖未必無過譽，然其不可謂全無知明矣。○「只是義理不能勝」云云。○此言最切要，學問之道無他，使其義理勝利欲之心而已。如今學者，自幼而壯，手不釋卷，口不輟講，然而其心果能使義理勝利欲否？吾輩須常深省，以知自愧耳。

謝湜自蜀之京師。○萬姓統譜曰：「謝湜，官至國子博士，伊川高弟。」伊洛淵源録不載謝湜。○**今爾求爲人師**。○謂湜將試教官。○媪，女老之稱。○大抵儒者，苟有學成行立，則名譽自著聞，不待自求而有人必舉之。若或如此而人不知，則還安其素而已，又何求乎？今湜自求試官，既是利心，而失出處之道，所以程子深戒之。

○「**先生在講筵**」章。○「在講筵」，伊川嘗爲崇政殿説書，侍講殿上之時。俸，因職所受之禄也。程子不曾自請，故吏不與俸。諸公，謂當時大臣。廣韻：書版曰「牒」，又官府移文曰「牒」。諸公知吏不致俸，故牒户部問之，以使給也。杜氏通典曰：「吴有户部而晋有度支，皆主算計。後周置大司徒卿一人，如周禮之制。隋初有度支尚書，則并後周民部之職。開皇三年，改度支爲民部。唐修隋志謂之户部。」○支，韻會「分也」。○「前任曆子。」○前任，前所任之官職。曆子，記籍，即注所謂「給料錢曆」也。户部索之者，蓋欲覈前官之俸數，以定新給之多寡也。○注：「廩人繼粟，庖人繼肉。」○見孟子萬章下篇：此王公養賢之禮。

遂令户部自爲出券曆。○字彙曰：「券，約也。以木牘爲要約之書，以刀剖之，屈曲犬牙。」程子既不請俸，又無前任曆子，則給俸數户部不得不自出券曆，總見其俸一任上之所與，而無敢自干之意也。○**不爲妻求封**。○當時之制，有官職者，其妻得封邑也。按：婦人之封，始春秋之時，詳見書言故事。○**范純甫**。○按：伊洛淵源録有范文甫，而無范純甫，未詳。○「**今人陳乞恩例**」至「**動不動又是乞也**」。○書言故事曰：恩例，非定例也。朝廷特有時賜之而已，世人以爲任官職而得恩例，固其本分事，乞之亦不爲害也。不知「乞」之一字，本非士大夫所可道，只爲流俗道得慣却。人皆恬不爲恥，頻自有乞已。○**但云其説甚長**。○封親與封妻，事體不同，顯榮其親，人子之至情，謂之不當乞則不可。但朝廷待賢當不俟其乞，此伊川所以難言之也。葉注所載朱子説宜玩，所謂科舉法，若後世只是陳乞而已。

○**漢策賢良**。○策，有射策、對策。事文類聚前集二十六卷曰：「漢射策與對策不同。」按蕭望之傳：「射，謂爲難問疑義書於策，量其大小署爲甲乙之科，不使彰顯。射者隨其所得而釋對者顯問，以政事經義觀其所對文詞定高下。」○史記列傳曰：公孫弘者，齊菑川國薛縣人也。字季，年四十餘，乃學春秋雜説。○「**若志在富貴**」云云。○志於富貴之人，獨知富貴之爲美而已。故得其志則驕高縱肆，失志則不，茫茫放曠必悢悢悲愁而已。

〇**伊川先生曰：人多説某不教人習舉業。**〇舉業，科舉事業，如記誦文辭是已。及第，謂及甲乙之第。責，猶望也。舉業成則自可以及第，猶人事修則天理得。今若不習舉業而望及第，是責天理而不修人事也，豈有此理乎？故固非欲不教人習舉業，然但舉業既足以及第即已，其得不得有非我者，若那上面屑屑盡力，求必得之道，是用其力於所不當用，非惑而何？程子此言實抑舉業，但語意婉轉而不暴露，與孔子「禄在其中」之言略相似。

〇「**問家貧親老**」章。〇孔子家語致思篇：子路曰：「家貧親老，不擇禄而仕。」〇「爲己爲親，也只是一事。」〇爲己爲親，雖有輕重之差，然得失之有命，不可强求也同矣。〇「不知命，無以爲君子。」〇輔慶源曰：此命指氣而言，謂貧賤富貴窮通得喪一定不可易者，必知此而信之，始見利不苟就，見害不苟避，故全得我之義理，所以爲君子。〇蔡虚齋曰：知命，非特泛泛然知而已，知有命而信之也。是臨利害之際，我知命而一惟命之安，乃爲知命。〇人能知命而信之，則志一定于義，而不爲氣所勝。此章初曰「若志勝自無此累」，終曰「人苟不知命」云云，其相因之意如此。

〇**或謂科舉事業奪人之功。**〇言習舉業，則從事于誦説文辭之間，而無暇做他事，故曰「奪人之功」。○今人所謂學者，不外乎記誦文辭，則亦是科舉事業耳。觀程子言舉業，自舉業而學，自學乃伊洛之所謂學者，可知矣。○朝鮮李珥擊蒙要訣曰：人言科業爲累，不能學問，此亦推托之言，非出於誠心也。古人養親，有躬耕者，有行傭者，有負米者。夫躬耕行傭負米之時，勤苦甚矣！何暇讀書乎？惟其爲親任勞，既修子職而餘力學文，亦可進德。今日之爲士者，不見爲親任勞如古人者，只是科業一事，是親情之所欲。今既不免做功，則科業雖與理學不同，亦是坐而讀書作文，其便於躬耕、行傭、負米不啻百倍，況有餘力可讀性理之書哉！只是做科業者，例爲得失所動，心常躁競，反不若勞力之不害心術，故先賢曰「不患妨功，惟患奪志」。若能爲其事而不喪其守，則科舉、理學可以並行不悖矣。

○「**橫渠先生曰世禄之榮**」章。○禄，采也。似，嗣也。斯干詩曰：「似續妣祖。」○「下比布衣。」○工技能而自售者，布衣小人之事，非大人君子之務也。○「聲病。」○詩律以平、上、去、入爲四聲，以平頭、上尾、蜂腰、鶴膝、大韻、小韻、正紐、傍紐爲八病。工聲病，謂長於詩賦。○「求仕非義。」○仕者，義也。求之者，非義也。○「蔭襲。」○蔭，庇也。襲，因也。父祖官庇子孫曰蔭，子孫嗣父祖爵禄曰襲。○「以虚名爲善繼。」○以得虚譽爲足顯父母而繼家之善者，不知實是辱父母之道也。

○**不資其力而利其有，則能忘人之勢**。○資，賴也。○朱子曰：若資仰其富貴而欲有所取，則不能矣。不能，不能忘也。

○「**人多言安於貧賤**」章。○「若稍動得。」○以富貴勢利觸動其心也。

○「**天下事**」章。○萬鍾，出孟子。朱子曰：「鍾，量名，受六斛四斗。」○君子之道義之所在，則死生饑餓一無所顧。況夫車馬空乏衣食麤惡，豈蒂芥於其胸中乎？若彼畏人非笑之徒，其識趣之卑陋，何足知此義哉？○嘗思此卷論出處之道。然言其退者過半，而及言其進，亦必欲深慮審處，以不輕進而已。此知君子之難進而易退也。夫難進者，非固惡之，惟惡不由其道。苟欲進，必以道而無些毫之失，則其進也自可難已。其易退者，亦非好之也。只其不義而富且貴，不若貧賤而得道之爲自慊也。讀此篇者，須識此味焉。

【校勘記】

［一］懾懾恐怖而喪氣也　「懾懾」，葉采近思録集解作「懾懼」。

近思録説略卷之八

治體類 凡二十五條

出處之義明，則應時而仕，然治道未致，則雖授之以政，而不能悉達矣。故前篇之後叙以治體、治法，合此二卷而政治之本末備焉。○古者學而後入政，則於治道之綱領條目，既可講明於未出之前，只方仕而行道，其迹始可見已。此斯二卷，所以列于出處之後也。

濂溪先生曰：「**治天下有本**」至「**家之謂也**」。○身者，天下之本。故堯、舜帥天下以仁，而民從之；桀、紂帥天下以暴，而民從之。萬國之臧否，繫於一身之仁暴也。家國一理，能齊其家，則可推之於邦國天下矣。君子不出家而成教於國者，其則不在於彼而在於此也。身謂本，家謂則，更移易不得。本者立於此而達於彼之意，則者視於此而推於彼之謂，「本」字比「則」字尤切。

○「**本必端**」至「**和親而已矣**」。○受上文而言。身爲天下之本，則不可以不正。而誠心者，又正身之本也。誠心兼正心誠意而言。家爲天下之則，則不可以不善。而和親族之謂善，則所謂父父子子，兄兄弟弟，夫夫婦婦。夫如此，然後親戚和睦，無乖戾之患矣。

家難而天下易。○閨門之内恩掩義，所以難處；閨門之外義勝恩，所以易處。蓋處親者，有不可一依經常之法，以糾之者舍而不正，則又骨肉之間可不若是恝，須使恩義有斟酌而已，此其所以難處。大舜之於父、弟，衛七子之於母，看是多少難處。○**家人離，必起於婦人**。○婦人之性，多邪佞妬忌，故能間其親。人爲婦人所惑，以傷骨肉之恩者，古今不可枚舉，可不畏乎哉？可不戒乎哉？○常愛柳承翰誡子婦之言曰：「人家兄弟無不義者，盡因娶婦入門，異姓相聚，争長競短，漸漬日聞，偏愛私藏，以致背戾，分門割户，患若賊讎，皆汝婦人所作。男子剛腸者，幾人能不爲婦人言惑？吾見多矣，若等寧有是耶？」可謂真知言矣。○**二女同居**。○兑下離上爲睽。兑，少女。離，中女，故曰二女同居。中女、少女，本自乾坤相索而取義，又就卦體看之，離陰在中，兑陰在終，亦有中女、少女之象。○此二句睽彖傳文。○蔡虚齋曰：二女志不同行，只同居之日便然，不必謂長而各有夫家，乃爲各有睽也。

堯所以釐降二女于嬀汭。○「釐降二女于嬀汭」，堯典文。二女，堯二女，娥皇、女英也。下二女以試之者，蓋夫婦之間，隱微之際，正始之道所繫尤重。故觀人者，於是爲最切也。○通書朱注曰：「汭，水北。」此解本于爾雅。蔡九峰書傳曰：「亦小水入大水之名，蓋兩水合流之内也。」按地志：「河東郡青山中有二泉，下南流者曰嬀，下北流者曰汭。二水異泉，而合流出，西注于嬀。」〇**是治天下觀于家**。〇此見家爲天下之則。〇莊周曰：「二女事之以觀其内。」夫舜能處二女以齊其家，則其處天下也，可就見矣。〇**治家，觀身而已矣**。〇舜能處二女者，非其身之正，何以然乎？此又治家所以觀其身而已。夫治天下觀于家，治家觀身，則身爲天下之本益可見矣。〇**誠心，復其不善之動而已矣**。〇誠者，天理也。不善之動，人欲也。天理人欲相爲消長，故息不善之動之外，無別誠心之工夫。〇復者，回復之復。息不善之動，則那動者漠然無有，猶植物之發生，歸其根也，故謂之復。〇**故无妄次復**。〇程子以前諸儒皆以静爲復，蓋原於老氏歸根復命之説，雖周子亦從之。此處可見程子之論，見第一卷。〇**先王以茂對時育萬物**。〇无妄大象辭。易傳曰：「茂，盛也。茂對之爲言，猶『盛行永言』之比。對時，謂順合天時。天道生萬物，各正其性命而不妄。王者體天之道，養育人民，以至昆蟲草木，使各得其宜，乃對時育物之道也。」〇誠則身端，而其至可以對天道育萬物，故引易文以明之，因贊其旨之深也。〇總論。〇真西山曰：心不誠，則私意邪念紛紛交作，欲身之修得乎？親不和，則閨門乖戾、情意隔絶，欲家之正得乎？夫治家之難所以甚於治國者，門内尚恩易于揜義。世之人固有勉於治外者矣，至其處家則或狃於妻妾之私，或牽於骨肉之愛，鮮克以正自撿者，而人君尤甚焉。漢高帝能誅秦蹙項，而不能割戚姬、如意之寵；唐太宗能取孤隋、攘群盜，而閨門慙德顧不免焉。蓋疏則公道易行，親則私情易溺，此其所以難也。不先其難未有能其易者，漢、唐之君立本作則既已如此，何怪其治天下不及三代哉！夫女二陰柔之性，鮮不妬忌而險詖者，故二女同居則猜間易生。堯欲試舜必降以二女者，能處二女則能處天下矣。舜之身正而刑家如此，故堯禪以天下而不疑也。身之所以正者，由其心之誠，誠者無他，不善之萌動于中則亟反之而已。誠者天理之真，妄者人爲之僞，妄去則誠存矣。誠存則身正，身正則家治，推之天下猶運之掌也。○此章所言乃聖賢大學之道，孔、孟傳授之教，正學淵源，治道綱領，舍此而無他道矣。讀者尤深玩之。

○「**明道先生言於神宗曰**」章。○神宗，宋第六世君，名頊，英宗長子。○得天理之正者，以心言；極人倫之至者，以行言。○「用其私心。」○霸者用心只在富國疆兵、威衆服人而已，全是私心。○「依仁義之偏。」○唯假之於外而内實背之，能飾之於一時，而平日却棄之，此只姑依其一偏耳。○「霸」與「伯」同，長也，謂長諸侯，若齊桓、晋文是也。○「王道如砥。」○詩之小雅大東篇曰「周道如底」，注：「『底』與『砥』同，礪石也，言其平也。」○「本乎人情。」○傳曰：「民之所好好之，民之所惡惡之。」此是王道本乎人情之公者。○「崎嶇反側於曲逕之中。」○所謂行險也，與「如砥」相反，正從傍人説。○伯，音霸，古皆用「伯」字，後人換之以「霸」字。○「誠心而王則王矣。」○上「王」字，去聲，據其身臨天下而言。下「王」字，平聲，自人稱之而言。下句二「伯」字亦以是例看。○「二者其道不同，在審其初而已。」○葉注曰：其道雖霄壤之不侔，然其初但根於一念之公私誠僞而已。○「易所謂」云云。○禮記經解篇：易曰：「君子愼始，差若毫釐，繆以千里。」陳氏注曰：「所引易緯書之言也。」○朱子曰：在學者身上論之，凡日用常行、應事接物之際，才有一毫私心，便非王道，便是霸者之習。此不可不省察也。○「陛下。」○陛，升堂之階級也。○蔡邕獨斷曰：「謂之陛下者，群臣與天子言不敢指斥天子，故呼在陛下者而告之，因卑達尊之意也。」○按：先生熙寧之初，以御史中丞吕公著薦自著作佐郎，除太子中允、權監察御史裏行。上疏首辨王霸之事。夫王霸之辨，乃治道之樞機，政化得失、風俗美惡全然係此，實人君生死路頭。自孟子没以來，千載諸儒無有定見，而王霸之論混爲一途，以司馬公大儒，猶未免此誤。至明道之辨，二者之間判然較然，無復餘藴矣，真有功於千古哉！

○**伊川先生曰：當世之務**。○狃，狎也。近規，淺近規模也。偷一時之安，徇目前之利，及依私恩小惠之類，皆狃滯近規者。

○「**比之九五曰**」章。○「顯明其比道」，非自顯之，只是大公無私，遍及於天下者，如下面所言是已。○「人君親比天下之道也。」○曰天下便見比道顯明意。○「暴其小仁。」○暴，蒲木反，顯示也。○「違道干譽。」○書大禹謨曰：罔違道以干百姓之譽。○「煦煦然。」○煦煦，小惠貌。韓文原道曰：「以煦煦爲仁。」○「若田之三驅」云云。○易傳曰：三驅之禮，乃禮所謂天子不合圍也。成湯祝網，是其義也。天子之畋，圍合其三面，前開一路，使之可去，不忍盡物，好生之仁也。只取其不用命者，不出而反入者也，禽獸前去者皆免矣。○或問：伊川解「顯比，王用三驅，失前禽」，所謂來者撫之，去者不追，與「失前禽」而殺不去者，所譬頗不相類，如何？朱子曰：田獵之禮，置旃以爲門，刈草以爲長圍。田獵者自門驅而入，禽獸向我而出者皆免，惟被驅而入者皆獲。故以前禽比去者不追，獲者譬來則取之，大意如此，無緣得一一相似。伊川解此句不須疑。○朱子説見易大全，而蒙引引此語。「刈草」作「剔草」，義亦通，然語類與易大全同。又按：文獻通考田獵考篇曰「田者大芟草以爲防」，依此正作「刈草」爲是。○蔡虚齋曰：開一面之網，則只三驅矣，其三面置網也。若置網而不驅，亦無從得禽。今之獵於山者，亦皆先置網，而後鑼鼓鎗刀弓箭以遂之也。○「皡皡。」○廣大自得之貌。孟子曰：「王者之民，皡皡如也。」○帝王通曆：「帝堯之時，有老人擊壤於路，曰：吾日出而作，日入而息，鑿井而飲，耕田而食，帝力於我何哉？」此所謂其民皡皡，而莫知爲之者也。○「逢迎。」○逢，亦迎也。孟子曰：「逢君之惡。」○此章推廣易文意極周備，當爲讀書之法。所謂用之與否，在君而已。親己與否，在人而已。皆失前禽之義也。

○「**古之時，公卿大夫而下**」章。○位未稱德，謂位卑於德。○「商賈。」○行貨曰商，居貨曰賈。○「所享有限。」○先王之法，享田不過百畝，分宅不過五畝。既稟稱事，「廛而不征，法而不廛」，此皆所享有限也。○位稱其德，則朝無僥倖之志；所享有限，則民無非分之求。故上下各有定志，而天下之心可一也已。○「億兆。」○十萬曰億，十億曰兆。又萬萬曰億，萬億曰兆。

○「**泰之九二曰**」章。○乾下坤上爲泰。泰，舒泰也。易傳曰：「爲卦坤陰在上，乾陽居下，天地陰陽之氣相交而和，則萬物生成，故爲通泰。」○「政舒緩，而法度廢弛。」○「政」字專言，則該法度。分言則上之所出曰政，下之所守曰法。○「庶事無節。」○溺於聲色，荒於遊宴，好土木之功，窮華靡之觀之類，承平之世多然。○「若無含弘之度」云云。○如魯昭之於季氏，晁錯之於七國，起事暴擾而無深遠之慮，故皆深弊未去而近患已生矣，坐不知「包荒」之義也。○「**自古泰治之世**」至「**因循而然**」。○此正孟子所謂「死於安樂」者，若隋煬帝、唐明皇是已。○**故曰**「**用馮河**」。○馮河，徒涉，以喻剛斷。○「**或疑**」云云。○胡雲峰曰：若有包容而无斷制，非剛柔相濟之中也。必包容荒穢，而又果斷剛決，則合乎中矣。

○**觀**：「**盥而不薦，有孚顒若**。」○坤下巽上爲觀。○易傳曰：風行地上，遍觸萬物，周觀之象也。二陽在上，四陰在下，陽剛居尊，爲群下所觀仰，觀之義也。盥謂祭祀之始，盥手酌鬱鬯於地，求神之時也。薦謂爲獻腥獻熟之時也。○朱子曰：盥，將祭而潔手也。盥只是浣手，不是灌鬯。顒若，尊敬之貌。○君子，以位而言。○人情大抵勤於始，而怠於終。故方厥初雖盡精誠，而其終浸散而不純一，此所以有禘自既灌而往，不欲觀之歎也，故曰「必極其莊敬」云云，既薦之後。○「**天下莫不盡其孚誠**」云云。○人君極其莊敬，一此不懈則是已，既有孚了，上行下效，理勢必然，故其驗亦自至此。○楊龜山曰：古人修身、齊家、治國、平天下本於誠吾意而已。詩書所言，莫非明此者，但人自信不及，故無其效。聖人知其效，必本於此。故於觀曰「盥而不薦，有孚顒若」。

○**凡天下至於一國一家**。○「天地之生，萬物之成」，只是互文。然而句法難言「天地之成」。○言天地之生化，萬物之成就，皆由陰陽之和合而已。遂者，和合之實效。下面「和且治」是「治」字意亦然。○貳，玉篇「離也」。○噬嗑。○震下離上爲噬嗑䷔。易傳曰：「噬，齧也，嗑，合也。口中有物間之，齧而後合之也。卦上下二剛爻而中柔，外剛中虛，人頤口之象也。中虛之中，又一剛爻，爲頤中有物之象。口中有物，則隔其上下，不得嗑，必齧之則得嗑，故爲噬嗑。」

○「**大畜之六五曰**」章。○若豶去其勢，則牙雖存，而剛躁自止。○程子又曰：豕牙最能嚙害人，只制其牙，如何制得？今人爲惡，却只就他惡禁之，便無由禁止，此見聖人機會處。○徐進齋曰：「牡豕曰豭，攻其特而去之曰豶，所以去其勢也。」豕之害物在牙，人不能去其牙之猛利，惟去其勢以絶其剛躁之性，則牙雖存亦不能害物矣。○制天下之惡，不可以力勝也，在得其情而已。故衣食足而民不偷，男女足而民不亂。衣食非止偷之法，男女非懲亂之刑，而民自不至於偷且亂者，順其情治其源也。○「苟不知教，而迫於饑寒。」○不知教則民無恥，迫於饑寒則喪恒心，雖刑殺日施，將見禁於彼而發於此。其能一人之力，以勝億兆利欲之心乎？不知教就君上説。○「有農桑之業，知廉恥之道。」○有農桑之業，所謂「五畝之宅，樹之以桑。百畝之田，勿奪其時」也。知廉恥之道，所謂「謹庠序之教，申之以孝悌之義」是已。夫如是，則飢寒之患遠，禮義之俗興焉。尚何苦而爲惡乎？○聖賢治道，惟是教養二事而已矣。上而二帝、三王之所施，下而孔、孟、程、朱之所論，未嘗出於此。則天下之機會、千載之要務，斷斷乎在此矣。

○**解**：「**利西南**。」○易傳曰：解者，散也。爲卦震上坎下。震，動也。坎，險也。動於險外，上卦爲外。出乎險也，故爲患難解散之象。又震爲雷，坎爲雨，坎象爲水，故又爲雨。雷雨之作，蓋陰陽交感，和暢而緩散，故爲解。○**坤之體廣大平易**。○坤爲地，故其體爲廣大平易。○**濟以寬大簡易**。○亦由坤道而言。上文言坤之體，則曰廣大平易。此就治道言之，則曰寬大簡易，各取其切耳。繫辭傳曰：「坤以簡能。」○嬴秦起於戰國之餘，力能并天下一，收干戈，庶幾生靈始離艱苦，可以少安也。而其爲政，煩苛嚴急，無略寬裕之意，是故人情咨嗟，海内鼎沸，不旋踵而亡矣。漢高入關而盡除秦之苛政，約法三章，生民歡服，争持牛酒而饗軍士，帝業既始於此。以是觀之程子之言，其信乎哉！○「**當修復治道**」至「**是來復也**」。○樂記注云：綱維綱大繩，紀附綱小繩。○朱子曰：伊川以爲天下之難已解，而安平無事，則當修復治道，求復三代之規模，却只便休了。兩漢以來，人主還有理會正心誠意否？須得人主如窮閻陋巷之士，治心修身，講明義理，以此應天下之務，用天下之才，方見次第。○**有攸往，夙吉**。○葉注：張柬之等不殺武三思。○張柬之，唐襄陽人。中宗之時，武太后以大臣薦爲同平章事。武三思，太后之姪，封梁王。○通鑑綱目：唐中宗神龍元年春正月，張柬之等舉兵討武氏之亂，張易之、昌宗伏誅。武氏之亂，謂太后流帝踐祚，改國號曰周。易之、昌宗兄弟，皆太后幸臣。二張之誅也，洛州長史薛季昶謂張柬之、敬暉曰：「二凶雖除，産禄猶在，産、禄，漢吕産、吕禄，以喻武三思。去草不去根，終當復生。」二人曰：「大事已定，彼猶机上肉耳，夫何能爲？」季昶歎曰：「吾不知死所矣。」朝邑尉劉幽求亦謂柬之等曰：「三思尚存，公輩終無葬地。若不早圖，噬臍無及。」不從。上女安樂公主適三思子崇訓。上官儀女婉兒者，没入掖庭，辨慧能文，明習吏事。太后愛之，及上即位，使掌制命，益委任之，拜爲婕妤。三思通焉，故婉兒黨於武氏，又薦三思於韋后。上遂與三思圖議政事，數微服幸其第，柬之等皆受制於三思矣。上使后與三思雙陸，而自爲點籌。三思遂與后通，由是武氏之勢復振。柬之等數勸上誅，曰：「革命之際，宗室誅夷略盡。今陛下反正，武氏濫官僭爵，按堵如故，豈遠近所望邪！」不聽。柬之等或撫床歎憤，或彈指出血，曰：「主上昔爲英王，時稱勇烈，吾所以不誅諸武者，欲使上自誅之，以張天子之威耳。今反如此，事勢已去，知復奈何！」上遂以三思爲司空，同三品。明年，張柬之等爲武三思所害。

〇「**夫有物必有則**」章。〇父子、君臣，物也，慈孝、仁敬，則也。推之萬物庶事，無往而不然矣。〇程子曰：聖人所以應萬變而不勞者，事各當其所也[二]。若鑑在此，而物之妍媸自見於彼。聖人不與焉，時止則止，時行則行，皆止其所也。〇又曰：八元有善而舉之，四凶有罪而誅之，各止其所也。〇朱子曰：程子云：「聖人能使天下順治，非能爲物作則也，惟止之各於其所而已。」此説得止之義却最分明。然能止其所，乃知至物格以後事。

○**兑説而能貞**。○易傳曰：　兑之義，説也。　一陰居二陽之上，陰説於陽而爲陽所説也。陽剛居中，中心誠實之象；　柔爻在外，接物和柔之象，兑卦二五皆陽，故曰陽剛居中。三上皆陰，故曰柔爻在外。易例以上爲外，三内卦之上，上外卦之上，此柔爻在外也。　故爲説而能貞也。○**違道以干百姓之譽**。○此謂説而不貞者。○朱子曰：　説若不剛中，便是違道干譽。○「兑説而能貞」，及「説道之至正至善者也」，二「説」字就我而言，以下「説」字皆就人而言。　蓋我能和柔，則人亦説我，理勢之必然者，故下面遂以民説我説。○君子之説於民，非强求之，唯盡其正道，而自作民之父母。　是以人心感動，莫不説且服矣，其曰「如天地之施」者，言不容心也。○李隆山曰：　内剛而貞者，説之以道也。　若柔見乎外而内不剛，是乃所以爲佞説之説，非和説之説也。　要必剛實在中，外雖和而中有守，是以和而不流。　此説之出于貞，而與天人合也。○胡雲峰曰：　説易於不正，必剛中而後説也，正説之正，則能順乎天而應乎人。　以先民，則民忘其勞；　以犯難，則民忘其死。○此章所論，亦是王霸之辨，爲人上者所當精察而取舍也。

○**天下之事，不進則退，無一定之理**。○進退，陰陽之象，天下一切之事不外乎陰陽二端。試看天地之間，不晝則夜，不夜則晝；　不暑則寒，不寒則暑；　不動則静，不静則動；　不盛則衰，不衰則盛，未嘗有不進不退塊然一定者也。○**濟之終不進而止矣**。○離下坎上爲既濟。○

易傳曰：爲卦水在火上，水火相交，則爲用矣。各當其用，故爲既濟。天下萬事已濟之時也。○既濟，事之既成，故不復進而止矣。○**其道已窮極也**。○「道」字輕，受「濟」字言，「窮極」應「終」字。○丘建安曰：古今治亂之變，何有窮也？治極生亂，亂極生治。此雖天運，實人事也。人之常情，處無事則止心生，止則心有所怠而不復進，此亂之所從起；處多事則戒心生，戒則心有所畏而不敢肆，此治之所由兆。治亂者，天也；所以制其治亂者，人也。既濟之彖曰「終亂」，而傳曰「終止則亂」。止則亂矣，不止亂安從生？玩一「止」字，則知夫子之於贊易也，其旨深矣。○「**唯聖人爲能**」至「**堯舜是也**」。○繫辭傳曰：堯舜氏作，通其變，使民不倦。○蔡虛齋曰：物理必有時而窮，窮則是箇變了，變則必有以通之。如堯舜之時，前頭聖人所以利養斯民，止是生養之義。而無禮義之風，至是民皆厭倦，或將流於澆漓矣，是其窮也。窮則便有事變在面前了，我當有以處之，於是堯舜以禮義之風而通之。此亦理之必然，是變則通也。○又曰：當此之時，風氣日開，人事浸繁。民之賢智者，則有不安於故習之心；而其愚不肖者，又未免漸趨於澆漓。故聖人爲通其變，而民自皆躍然以趨之。○愚謂：通變之機，隨時有之。且如夏尚忠，至其極則人心必厭其無以寓此心，或將有直情徑行之弊，故及殷之起也，以尚其質，於形質制度上致意，使民有所依據，此是一變通也。而至其極，則人又必厭其朴略無文，或將有粗俗鄙略之弊，故及周之起也，以尚其文，曲折盡備使民有所文飾，此又是一變通。及文之極，則必浮靡之風生矣，宜通其變而歸於忠與質。若秦却舉周家制度，一切删之，此其所爲雖大過不中，而不達變通之道，亦其理勢之所在也。凡天下古今間，必有變通之時，又必有變通之道，要在人君隨時而處其義而已。

○爲民立君，所以養之也。○商書曰：「明王奉若天道，建國設都，樹后王君公，承以大夫師長，不惟逸豫，惟以亂民。」周書曰：「亶聰明作元后，元后作民父母。」皆養民之説也。○民力足則生養遂。○孟子曰：「不違農時，穀不可勝食。」言凡有興作，不違耕耘收穫之時，則民力有餘而得盡力於畎畝之中，故穀不勝其多也。此見「民力足則生養遂」也。○生養遂則教化行而風俗美。○孟子曰：「明君制民之産，必使仰足以事父母，俯足以畜妻子；樂歲終身飽，凶年免於死亡；然後驅而之善，故民之從之也輕。」此其生養遂則教化行而風俗美者，所謂禮義生于富足也。○其所興作。○陳喆春秋集解曰：如城城浚洙築臺築囿囿之類。○不時。○隱公七年夏城中丘，莊公二十九年春新延廐，成公十八年秋築鹿囿之類是也。○害義。○莊公爲誇示於齊女，而丹桓宮楹，又刻桓宮桷；襄公聽南遺之姦謀而城費；定公叛晉黨范氏而城莒父及霄；哀公亦黨范氏而比年城啓陽城西郛城毗城邾瑕，凡此之類，皆非義也。○時。○義。○桓公十六年城向，莊公二十九年城諸、防，宣公八年城平陽之類，皆以冬是也。○莊公築王姬之館以勤王事，定公墮郈費以弱私家之類，使民之合於義者也。○吳臨川曰：君之資民者，資其力也；民之報其君者，報以力也。故無事則資其力而用之於農，以足食生財，有事則資其力而用之於兵，以敵愾禦侮，非農非兵而勞民之力，必以其時、以其禮而不敢妄興，不得已而役之，亦必節其力而不盡也。春秋必書重民力也。

「**然有用民力**」云云。**僖公修泮宮**。○僖公，魯君，名申。毛詩小序曰：「泮水，頌僖公能修泮宮也。」○葉注「諸侯之學，鄉射之宮」，此解本乎朱子詩傳。而按諸書，未聞鄉學有泮宮之制，且曰半於天子之辟廱，則泮宮者惟是諸侯之學，而就爲鄉射之宮耳，非謂諸侯之學及鄉射之宮也。然儀禮鄉射禮注疏曰：「射宮者，鄉庠、州序是也。」呂氏曰：「鄉飲酒者，鄉人以時會聚飲酒之禮也。因飲酒而射則謂之鄉射。」又曰：「諸侯之射，大射也。卿大夫士之射，鄉射也。」此皆以鄉射爲大夫鄉里之制，未嘗謂就諸侯之學而行鄉射之禮，朱子之解必有別所據。今按：泮水第三章曰：「魯侯戾止，在泮飲酒。」孔穎達疏曰：「在泮飲酒，謂召先生、長者與之行飲酒之禮。」此是於泮宮行鄉飲酒之禮，則又安知於斯無行鄉射之禮者？文公博聞精義，豈附無徵之說耶？○毛氏詩傳：「天子辟廱。諸侯泮宮。」鄭氏詩箋曰：「辟廱者，築土雝水之外，圓如璧，四方來觀者均也。泮之言半也。半水者，蓋東西門以南通水，北無也。」孔疏曰：「天子之宮，形既如璧，則諸侯宮制當異矣。而泮爲名，則泮是其制，故云泮之言半也。」○**復閟**

宮。○朱子詩傳曰：閟，深閟也。宮，廟也。時蓋修之，故詩人歌詠其事，以爲頌禱之詞。○呂記曰：閟宮者，魯之群廟也。○泮宮者，所以教育賢材。閟宮者，所以尊事祖先。爲國之務，莫先於此，如是而用民力，又何容議？知其所先而重者在於此，則所後且輕者亦自可知已，故曰「人君知」云云。

○**治身齊家以至平天下者，治之道也**。○道以理言，法以事言。蓋其由近而遠，由小而大，以有本末、輕重之序者，乃是爲治之道理。道固貫本末，但對之於法制，則是爲本也。○**建立治綱**。○謂建明三綱五常。○**分正百職**。○謂隨能任事，衆職皆定，如舜之命九官。○**順天時以制事**。○謂因時順節以制耕穫耘耔之宜，及仲春令會男女、至日商旅不行之類。○**創制立度**。○蔡虚齋曰：「制，通舉全法而言；度，則其中之度數、等差之類也。」愚依此説舉其一端，且若使君臣皆冠者，是制也。就其中曰天子之冠如何作，諸侯之冠如何作，卿大夫之冠又如何作者是度也。須推此類而知。○此一章足爲此篇及後篇之小序。

○「**明道先生曰：先王之世**」章。○先王之世非無法度，惟其所主在道，則其法亦道也。若後世不知道，只是法制禁令而已。

○**爲政須要有紀綱文章**。○人君雖徒有愛人之心，而苟無其具，則民不被其澤，不可法於後世，豈足以爲君耶？故曰「爲政」云云，皆不可闕也。○朱子曰：所謂文章者，便是文飾那謹權審量、讀法、平價之類耳。○**先有司**。○朱子曰：有司，衆職也。事必先之於彼，而後考其成功，則己不勞而事畢舉矣。○又曰：先有司，而後紀綱立，而責有所歸。○又曰：凡爲政，隨其小大各自有所司。須先教他理會，自家方可要其成。且如錢穀之事，其出入盈縮之數，須是教他逐一自具來，自家方可考其虛實之成。○葉注：鄉官，如黨正、族師、閭胥、比長之屬。○按：周禮地官司徒：五家爲比，五比爲閭，四閭爲族，五族爲黨。黨正各掌其黨之政令教治，族師各掌其族之戒令政事，閭胥各掌其閭之徵令，比長各掌其比之治。○**讀法**。○州長於正月之吉，黨正於四時孟月吉日，族師於月吉，閭胥於既比，皆行讀法禮。五黨爲州。○**平價**。○司市：「以陳肆辨物而平市。」疏曰：「陳，列也，謂行列其廛肆而辨其物，物異則市賈平，故云平市也。」以上見周禮司徒。○**謹權量**。○漢書律曆志：權者，銖、兩、斤、鈞、石也，所以稱物平施知輕重也。本起於黄鍾之重。一龠容千二百黍，重十二銖，兩之爲兩，十六兩爲斤，三十斤爲鈞，四鈞爲石。量者，龠、合、升、斗、斛也，所以量多少也。本起于黄鍾之龠，用度數審其容，以子穀秬黍中者千有二百實其龠。合龠爲合，十合爲升，十升爲斗，十斗爲斛。○孟子集注、朱子語類，皆權量之間有「審」字。

人各親其親，然後能不獨親其親。○此章之言本因語「仲弓問政」章，故上文就其「先有司」一句以推其類，歷舉政事之大目不可闕者。此節以下遂論其舉賢才之義。○管見以謂此與上文意不相蒙，恐非一時之言，記者以有「先有司」一句，故合爲一章耳。朱子引上一截以解孟子離婁篇首章，此以下獨入「仲弓問政」，注亦可見其意之自別。然朱子於是書不分做二條者，一從舊文而不敢改也。今做二條看，則不煩講説而於文義亦似無所欠，未知是否，姑存臆説焉耳。○陳新安曰：「各親其親」及人「不獨親其親」三句本出記禮運，程子引以爲喻，若曰人各舉其所知之賢才，然後不獨舉其所知之賢才。○「**仲弓曰焉知賢才**」云云。○朱子曰：仲弓慮無以盡知一時之賢才，故孔子告之以此。○又曰：仲弓只緣見識未極其開闊，故如此。人之心量本自大，緣私故小。蔽錮之極，則可喪邦矣。○又曰：人各舉其所知，則天下之事無不舉矣，不患無以知天下之賢才也。興邦、喪邦蓋極言之，然必自知而後舉之，則遺才多矣，未必不由此而喪邦也。程子之意固非謂仲弓有固權市恩之意而至於喪邦，但一蔽於小則其害有時而至，此亦不爲難矣。故極言之，以警學者用心之私也。○饒雙峰曰：仲弓之心不如聖人之廣大，仲弓以自己聰明爲聰明，故有「焉知賢才」之問。聖人則以天下之耳目爲耳目，故説「舉爾所知，爾所不知，人其舍諸？」如仲弓之言則局於所知之有限，如聖人之言則未嘗求其盡知，自無往而不知。雖合天下之賢才舉而用之可也。○蔡虛齋曰：程子「只在公私之間爾」一句，只是以用心之大小爲公私。

○「**治道亦有從本而言**」章。○「格君心之非。」○出孟子離婁上篇。○「正心」至「正百官」。○董仲舒對策之文。○「不救則已」云云。○未詳其出處。

○「**唐有天下**」章。○太宗弑兄而立，爲太子又殺弟而納其妃，所謂三綱之不正已基于此。○「藩鎭不賓。」○藩鎭，藩離鎭主，猶古之方伯也。賓，來賓也。藩鎭不賓，如安禄山、史思明、李師道、吴元濟之徒。○「權臣跋扈。」○後漢質帝因朝會，目梁冀曰「此跋扈將軍也」。○通鑑綱目集覽曰：「跋扈，凶横自恣，陵人之貌。」權臣跋扈，如李輔國、魚朝恩之類。○「陵夷。」○陵，謂頽靡。夷，謂不振。○五代謂梁、唐、晉、漢、周，至此天下壞亂極矣。○或問：貞觀之治，不幾於三代乎？程子曰：關雎、麟趾之意安在？○「唐萬目舉。」○葉注：唐之治目，若世業，若府兵，若租庸調，若省府。○通鑑綱目：唐高祖武德七年，丁中之民，給田一頃，篤疾減什之六，寡妻妾減七；皆以什之二爲世業。○武德二年置十二軍，分統關内諸府，皆取天星爲名，每軍將副各一人，督以耕戰之務。由是士馬精强，所向無敵。○困學紀聞云：唐府兵之數，兵志云：「十道置府六百三十四，而關内二百六十一。」○隋恭帝皇泰二年，唐定租庸調法，每丁租二石，絹二匹，綿三兩； 自茲以外，不得横斂。○集覽曰： 有田則有租，有身則有庸，有户則有調。○按： 租出穀，庸出絹，調出繒、纊、布、麻。○太宗貞觀元年二月，分天下爲十道。○隋末喪亂，豪傑並起，擁衆據地，自相雄長。唐興，相帥來歸，上皇爲之割置州縣以寵禄之，由是州縣之數倍於開皇、大業之間。上以民少吏多，思革其弊。二月，命大加併省，因山川形便，分爲十道。○此言漢、唐及宋之治，皆未盡善也。 必大綱正、萬目盡舉，而後可望三代之治也。 已見得治體治法不可以偏廢也。

○**教人者**。○不曰「消其惡心」而曰「養其善心」，不曰「禁其争奪」而曰「導之敬讓」，學者須要念所以養之導之者，只能養之導之，則惡消争息者蓋有不期然而然者。

○**明道先生曰： 必有關雎、麟趾之意**。○言閨門正、子孫化也。周官即周禮，周公分官職致太平之書也。○朱子曰： 後世論治，皆欠此一意。○愚謂： 此言有治體，然後可行治法。人君知此義，知爲政之先後輕重矣。不然所謂徒法不能以自行也。

○「**昔者孟子三見齊王**」至「**攻其邪心**」。○見荀子大略篇。○孟子不言事而攻邪心者，蓋欲其正色禮容，以熏陶感化之，而自淘汰邪穢也。○**知者能更之**。○更，改也，自君而言。○大人者，大德之人也。○輔慶源曰：所謂大人者，道全德備。譽望足以弭其邪心，容色足以消其逸志，非但取辨於頰舌之間、諫争之際而已也。○饒雙峰曰：大人是伊周之徒，他人當不得。○張南軒曰：後世道學不明。論治者，不過及於人才政事而已，孰知其本在於君心乎？

○**横渠先生曰：道千乘之國**。○夫子之言皆就人君身上而説，未及治具。然必能如是，而後民安其生，方可以爲治爾。

○「**法立而能守**」章。○繫辭傳曰：可久則賢人之德，可大則賢人之業。○德謂得於己者，業謂成於事者。得這個法於心而無間斷，便是德；久行得這個法以開展布施，便是業。大統自法立能守來。○法立、能守是兩重説，而「能守」二字更重。

○「**横渠先生答范巽之書曰**」章。○道學，政術之本；政術，道學之施，元非兩途。有道學而不達於政術，則無實用；有政術而不本於道學，則非王道，如是學與政皆非了。○「孔孟可作」云云。○其所得便道學，推而施諸天下則政術，豈以爲兩途耶？○大都，猶大率也。○「講治之術」云云。○講治之術即政術。此又言政術之本乎道學者。○「巽之爲朝廷言」云云。○夫用人之非、行政之失，固不可謂無害，然要善其本可矣。苟善其本，則這等過失不待責而後無也。治德日新，則無憂行政之失，進者必良士，則無憂用人之非。此惟在使君父母天下而已矣。○人君有仁愛之德，則其所進用者，亦必良善之士，蓋同聲相應、同氣相求也。○「帝王之道」至「而得矣」。○言若上文所説，則不改今日之途，而帝王之道斯成。不殊道學之心，而政術之美斯得。夫豈學與政判然二事乎哉？○此篇大抵言人君躬行心得之道，治邦國天下之本體於是乎立焉。

【校勘記】

［一］聖人所以應萬變而不勞者事各當其所也　「勞」，二程外書卷三作「窮」；「各」，二程外書卷三作「各止」。

近思録説略卷之九

治法類 凡二十七條

説見前篇。

濂溪先生曰：古聖王制禮法。○制禮法，分上下、辨親疏，凡有節文、度數以使等差分明者，皆是也。修教化，建學立師，凡教導生民以使化於善者，皆是也。禮法教化不甚分別，只是政教字樣。○三綱正，九疇叙，皆就上而言。九疇，見書洪範曰五行也，五事也，八政也，五紀也，皇極也，三德也，稽疑也，庶徵也，福極也，是爲九疇。○蔡九峰曰：洪範九疇，治天下之大法。○**百姓大和，萬物咸若**。○此言其功效。若，順也，謂各順適其性，所謂「麀鹿濯濯，白鳥鶴鶴，於牣魚躍」者。

「**乃作樂**」至「**以平天下之情**」。○八風，謂四方、四維之風。○左氏傳曰：夫舞，所以節八音而行八風。○黄氏瑞節曰：東北方條風，東方明庶風，東南方清明風。南方景風，西南方涼風，西方閶闔風，西北方不周風，北方廣莫風。○「平天下之情」，言天下之人聞見之者，皆養其情性，以和而不流也。○通書朱注曰：八音以宣八方之風，見國語。○國語周語：景王二十三年伶州鳩曰：「臣聞之，琴瑟尚宫，鍾尚羽，石尚角，匏、竹利制，大不逾宫，細不過羽。夫宫，音之主也，第以及羽。聖人保樂而愛財，財以備器，樂以殖財，故樂器重者從細，輕者從大。是以金尚羽，石尚角，瓦、絲尚宫，匏、竹尚議，革、木一聲。夫政象樂，樂從和，和從平。聲以龢與和同。樂，律以平聲。金石以動之，絲竹以行之，詩以道之，歌以詠之，匏以宣之，宣，發揚也。瓦以贊之，革木以節之。物得其常曰樂極，極之所集曰聲，聲應相保曰龢，細大不逾曰平。如是，而鑄之金，磨之石，繫之絲木，越之匏竹，節之鼓而行之，以遂八風。」遂，猶順也。

「**故樂聲淡而不傷**」至「**躁心釋**」。○淡者，猶水之無許多滋味也。凡正樂，其聲必淡；淫樂，其聲必妖。試之今俗之聲，若横笛、笙鼓之屬，其聲較淡；若豎笛、三絃子之屬，其聲皆妖，此可以想見古樂之淡矣。淡而不傷，和而不淫者，得理之中正故已。人心感之則各得中正氣象，亦莫不淡且和焉。欲心平者，世味淡薄之意；躁心釋者，心不險躁也。此皆樂聲淡和之效。○朱子曰：古樂以和爲主，周子反欲其淡。蓋今之所謂和者，乃淫哇，非古之和，故以是矯之，乃得其平耳。○愚謂：淡則易至於傷，和則易至於淫。唯其淡而不傷，和而不淫，此其樂之中正處。

「**優柔平中**」至「**古之極也**」。○優柔，寬舒之意。優柔，和也。平中，中也。中和，德之至盛也。中以立體，和以成用，其平天下之情，使民皆化於中德者，使治道之至極，新民之至善也。蓋天賦性命而不能成之，聖人作樂以教天下、化中正，是贊化育、參天地者，在古功化之盛，至此極矣。○朱子曰：配者，合而有助之意。

後世禮法不修。○以下反上文而言。政令繁細曰苛。紊，亂也。妖，巧媚也。○**謂古樂不足聽也**。○魏文侯曰：「吾端冕而聽古樂，則唯恐卧；聽鄭、衛之聲，則不知倦。」後世皆然。○「輕生敗倫」，如狂夫淫婦之爲。○葉注所載朱子注，條理最精密，且見禮樂相爲用之意，讀者宜細玩。

「**嗚呼樂者**」至「**今以長怨**」。○古樂淡且和，故以平心宣化。今樂妖淫愁怨，故以助欲長怨，此合上文兩脚意思以歎之。「宣化」之「化」，疑當作「和」。按：通書繼此章曰「聖人作樂，以宣暢其和心」，其意可見。蓋「化」、「和」聲相近，偶誤之耳。○**不復古禮，不變今樂**。○復古禮，然後可以變今樂；古禮未復，則無本根，何以變今樂？故以復古禮爲先，因謂今俗所尚淫哇之聲，其蕩人心，傷風俗，尤太甚矣。有明王起，必將一切變之，然須先之以禮教使民知所趨，然後漸變之可也已。不然蚩蚩生民，染習既深，心未樂從之也。此知周子之言，爲千載不易之法焉。

○「**明道先生言於朝曰**」章。○正風俗、得賢才，此一章之大指，下文乃詳那意耳。○陳天台曰：風者上所化，俗者下所習，賢有德者，才有能者，二者固治天下之本。然得賢才，斯可以正風俗，則得賢才又正風俗之本也。○禮命，以禮命之也，敬其事之意。近侍賢儒，侍講之類。百執事，百官也。悉，盡也。推訪，推求詢訪也。「充」貼「德」字，「備」貼「業」字。材良以資質言，行修以工夫言。延，引也。延聘，謂迎之以禮，自京師而言；敦遣，謂送之以禮，自鄉里而言。公羊傳曰：「京師者何？天子之居也。京者何？大也。師者何？衆也。天子之居，必以衆大之辭言之。」出桓公九年。

其道必本於人倫。○道者其所由，總小大學而言。○吴氏曰：以言教引曰誘，以手扶持曰掖。激謂激作，勵謂勉勵。漸如水之浸物，摩如石之攻玉。成就，謂成就其材器也。○陳天台曰：誘之、掖之使有進，激之、勵之使無退，漸之、摩之使不苦其難，皆所以成就之。正學不出乎人倫物理而已。灑掃應對，以至周旋禮樂，小學之教也；誘掖激勵、漸摩成就之，成其始也；擇善修身，以至化成天下，大學之教也；自鄉人而至於聖人之道，成其終也。

其學行皆中於是者爲成德。○中，去聲。○「中於是」言合於小學、大學之教，如是乃成德之士也。曰「學行」，曰「學明德尊」，皆以知行言。

擇士入學。○縣，謂縣學。州，謂州學。興，猶舉也。言貴之爲賓，以舉于京師也。周禮大司徒：「以鄉三物教萬民，而賓興之。」○**歲論其賢者能者於朝**。○王制曰：論定然後官之。○「**凡選士之法皆以**」云云。○此非欲必備於一人，只言以是法取士，其中如有得一事者，亦在所不棄已。○朱子曰：明道所論學制，最爲有本。每讀其書，觀其論講學處，未嘗不慨然發歎，恨不生於彼時也。○胡敬齋曰：明道教養選舉法，簡易明白，復古得賢如反掌。○又曰：得賢之道，須如周禮賓興、明道選舉方無所遺。

○**明道先生論十事**。○師傅資以成德，六官依以經世，經界以均井地，而使民皆植其生；鄉黨以正刑政，而使民皆由其道；貢士所以育人材，勤不能；兵役所以修生業，備不虞。民食廣儲蓄之法，四民分職業之事，山澤所以足財用，分數所以辨上下，治國之大法備矣。○**六官**。○天官、地官、春官、夏官、秋官、冬官，各以其義屬之。詳見周禮。○**經界**。○朱子曰：經界，謂治地分田，經畫其溝塗封植之界也。溝，水界也。塗，陸界也。封土堠植種木爲界。○饒雙峰曰：溝塗封植之界，經緯錯綜。直者爲經，横者爲緯。只舉經字，有緯在其中。○愚謂：經界既正，則民之受田各均平齊一，而無有兼并空乏之患，此民所以皆植其生也。○**鄉黨**。○如大司徒以鄉三物教萬民，以鄉八刑糾萬民，及黨正、族師、閭胥、比長各統治教戒者。○**貢士**。○古者鄉大夫論其賢者、能者，以鄉飲酒禮尊之爲賓，而獻其書于王。上章所謂「縣升之州，州賓興於太學」是也。○**兵役**。○古者寓兵於農，無事則治農，有事則用以充軍，故農隙以講武，桑農之夫可以戰，可以守。此先生制兵役之法。○**民食**。○王制曰：「三年耕，必有一年之食；九年耕，必有三年之食。以三十年之通，雖有凶旱水溢，民無菜色。○**四民**。○士、農、工、商曰四民。見管子。○使四民各勤其業而無遊手，及重本抑末之類。本謂農，末謂商。○周禮地官司徒載師職：「凡宅不毛者謂不樹桑麻也。有里布，出一里二十五家之布。田不耕者出屋粟。罰以三家稅粟。民無職事者，出夫家之征。出一夫百畝之稅，一家力役之征。孟子曰：「市廛而不征，法而不廛。」乃其事也。○**山澤**。○周禮有山虞、澤衡之官，俱屬地官司徒。山虞掌山林之政令，物爲之厲而爲之守禁。仲冬斬陽木，仲夏斬陰木。或謂陽木生山南者，陰木生山北者。凡服耜斬季材，以時入之，服，牝服，車之材也。季，猶穉也。服與耜宜用穉材，尚柔韌也。令萬民時，斬材有期日。澤衡掌國澤之政令[二]，爲之厲禁，使其地之人守其材物，以時入之于王府，頒其餘于萬民。王制：「獺祭魚，然後漁人入澤梁；豺祭獸，然後田獵；鳩化爲鷹，然後設罻羅；草木零落，然後入山林。」凡此皆山澤之制。○**分數**。○謂冠昏、喪祭、車服、器用之等差。且如冠冕，天子之衮冕十二旒，旒各十二玉，公之衮冕九旒九玉，侯伯七旒七玉，子男五旒五玉，孤三旒三玉，大夫二旒二玉，士以弁，庶人以冠。推此類可知也。

如生民之理有窮，則聖王之法可改。○蔡虛齋曰：物理必有時而窮，窮則是箇變了，變則必有以通之。如黃帝、堯、舜之時，前頭聖人所以利養斯民，止是生養之義，而無禮義之風，至是民皆厭倦，或將流於澆漓矣，是其窮也。窮則便有事變在面前了，我當有以處之，於是黃帝、堯、舜以禮義之風而通之，此亦理之必然，是變則通也。○愚謂：三代之制因時損益，非好而立異，亦各因其窮而改之也。上文十事乃爲治之大法，此所言者所謂法外意，而所以立此法，又所以通此法也。○**後世能盡其道**。○「能盡其道」，言當改而改之，改而皆合其宜者，此得聖王改革之道。或用其偏，雖未全盡其道，而其一偏得改革之機會者，如漢高除秦苛政而從簡約之類。○「**非大有爲**」云云。○必有蹈襲先王之道，然後可以大有爲，而濟時之極弊而已。

○「**伊川先生上疏曰**」章。○疏，所助反，奏疏也。○書周官曰：立太師、太傅、太保。茲惟三公，論道經邦，燮理陰陽。○防見聞之非，制之於外；節嗜好之過，遏之於內。外內兩致其戒，則德義自進益矣。○「保身體者。」○外適起居之宜，則身體有所養；内存畏慎之心，則身體無毀傷。此保全身體之法也。○「今既」至「皆在經筵」。○經筵，便當師之官。保傅之官不設，則經筵宜備其責耳。○「有剪桐之戲。」○上一截言傅德義，下一截言保身體，此欲經筵備保傅之官也。伊川時除崇政殿説書，侍講經筵，故直以此爲己任也。○注「宦官宫人」。○宦官，閹人，任宫中之事者。○蔡虛齋曰：氣質與德性不同。氣質謂剛柔緩急之氣，涵養之使其中和不偏；德性謂仁義禮智之性，薰陶之使與聖賢同歸也。

○**伊川先生看詳三學條制云**。○三學，下文所謂三舍也。元祐初，伊川充崇政殿説書，同孫覺、顧臨及國子監長貳看詳國子監條制。○**公私試補**。○即三舍升補之法，詳見于下。○陳天台曰：相先，猶相尚。月使之争，謂月有試以較其高下，是使之争競也。○課，程也，謂立學業之課程。○陳天台曰：待賓齋，所以待行能可賓敬者。吏師齋，則通於治道可爲吏之師法者居之。○「檢察」檢，考校也。「行檢」檢，拘檢也。行檢，謂行誼檢法。○**又云：自元豐後設利誘之法，增國學解額至五百人**。○元豐，神宗年號。時以利禄誘士，增國子學解額，故四方來者奔湊。此本雖爲勸學而設，然其弊却已甚。○解，猶貢也。額，猶數也。○去其鄉里而遠遊于京師，則定省曠而音問疏，故曰「捨父母之養，忘骨肉之愛」。○**人心日偷，士風日薄**。○偷，亦薄也。疏於奉養而急於利禄，此所以日偷薄也。兩句一意，但「人心」自中所存而言，「士風」自外所趨而言，葉注分説，不是。○「**今欲量**」云云。○今欲鐫減國學額數，餘分在本州、本郡學舍解額窄少處。○息奔趨流浪之志，則人心漸厚了。○**三舍升補之法**。○宋之國學設三舍，以次補諸生。三舍者，外舍、內舍、上舍也。生徒初入外舍，月一私試，歲一公試，補內舍生；間歲又試，補上舍生，所謂三舍升補之法。○**案文責迹**。○文章事迹。○**有司之事**。○有司，衆職也。有職者，唯取其職之辨治，故止案文責迹亦可，於彼教育人材、評論俊秀之道則未也。○章首曰「舊制公私試補」云云非教養之道，此言試之既非塞其本也；是則曰「三舍升補之法」云云之道，此又言其試之術亦非正其末也。

蓋朝廷授法。○此以下因論治法不得其道，非獨庠序而已。夫朝廷之法，必達乎下，而民皆得周知。然法者立其經而已。若彼因時制宜，隨事正義，長官之所職也。今任非其人，故長吏一守其法而不得有自爲，故在下者假法以作事，雖至行私爲非，還曰我於法無違，曰法制固然，則長官不能决之此事成於下，下得以取必於上而制其長也。是以上之柄輕，下之勢肆，所以上下胥失而不治也。○**或曰：長貳得人則善矣**。○貳，長官之副。防閑，謂法度。先王制法，其人存則其法舉，此法者得其人以任之之法耳，未聞爲不得人而立之法也。且苟長貳非人，不知臨下之道，徒泥文拘法而已，是法之密反害其成材之道，果何益乎？○此一節見得法待人而後行，則長貳或非其人，擇而易之可也。不然，則法之密無爲之益，而反有害之。爲君上者，當務得人，不可徒恃文法之詳密也。

○「**明道先生行狀云**」章。○形狀，没後叙狀其行事者，此伊川所著。孝悌，總言告以人而不可不孝悌也。入所以事父兄，出所以事長上，告以事之之方也。○「度鄉村遠近爲伍保。」○言度其遠近，就近各爲伍保也。患難、水火、盗賊、疾病、死喪皆是也，此便孟子所謂「出入相友，守望相助，疾病相扶持」之遺意。民各相保護，則自不得怠業惱鄰，故姦僞無所容。蓋伍保之法，相恤之中，自有相糾之意在。○「孤煢殘廢。」○孤，幼而無父之稱。煢，困悴貌，兼鰥寡獨而言。殘廢，謂不成人，瞽跛之屬。○「諸鄉皆有校。」○校，學校也。○「句讀。」○讀，音豆。凡書成文，語絶處謂之句；語未絶而點分之，以便誦詠，謂之讀。○「擇子弟之秀者。」○諸鄉皆有校，則閭閻子弟皆可以學，而又擇其秀者，明道自教之。蓋古昔取凡民之俊秀以入大學之意。○「社會。」○二十五家爲社。社會，猶古之鄉飲酒，謂民家會聚。○「旌别善惡。」○旌，表也。蓋善者居前，不能者居後之類。○此章教養之道明且備矣。唯一邑之治，而可推之於邦國天下也，且其事爲平易温厚，見有德者氣象。讀者宜潛玩焉。

○**萃**：「**王假有廟**。」○易傳曰：萃者，聚也。爲卦兑上坤下，澤上於地，水之聚也，故爲萃。假，至也。有廟，猶言有邦有衆，古文多帶言。○群生，謂生民。言天下有生，雖其衆不可窮，而惟於鬼神則歸仰無二而已。○**人心莫知其鄉也**。○「莫知其鄉」，本孔子之語，出孟子言。

忽然在那邊，又忽然在這邊，無有定處也。人心遷轉無常，聚之也難，惟奉鬼神，則能致其誠敬，以聚己之精神。鬼神幽微不測，奈何可聚？惟人能聚己之精神，則洋洋乎來格。以上皆因「假有廟」，以歷言萃聚之道。○「可一其歸仰」，言天下之所聚；「能致其誠敬」，言一心之所聚。

○**至於有廟，則萃道之至也**。○祭祀之報，本於人心之不容已，故王者至於有廟，以盡人心之所同，則天下人誠服而聚於一。蓋同聲相應，同氣相求，理勢之必然，是故唯至於有廟，則萃道之至也。○**祭祀之報，本於人心**。○凡奉祭祀者，皆報其恩惠。不唯祖考，若天地、山川、社稷、五祀，皆其恩惠之所在，故祭以報之。所以曰祭祀之報。但此處主祖考看。○德字輕，只是心字意。○問：祭起於聖人之制作以教人否？程子曰：非也。祭先本天性，聖人因裁成禮法以教人耳。○月令孟春獺祭魚，季秋豺祭獸。祭，薦之于天也。

○**古者戍役，再期而還**。○說文：「戍，守邊也，字從人持戈。」「期」與「朞」同，謂周一歲之月。番，遞更也。疆，界也。圉，謂邊陲。○黄氏佐曰：古者戍役以兩朞爲限，故曰兩朞而還。今年春莫行，明年夏代者至。雖曰代者已至，然前戍尚未歸，故曰「復留備秋」。既畢，方許言歸，故曰「至過十一月而歸」。采薇詩云「歲亦莫矣」，即此時也。然時言歸未即至家，又明年仲春至秋。杜詩云「卉木萋止，征夫歸止」，即此時也。此可見再期而皈之實。春莫遣次戍者，又所以代夏代者之戍。夫前戍者，至過十一月而歸，代戍者，又夏時已至，所以秋與冬初兩番皆在。故曰「每秋與冬初，兩番戍者皆在疆圉，乃今之防秋也」。〇按：小雅采薇朱傳引此語，「中春」之下有「至春莫」三字，黄氏説依之，極得文理。〇許東陽曰：防秋，宋遣戍之名。

〇**聖人無一事不順天時**。〇白虎通曰：冬至所以休兵，不舉事，商旅不行，何？此日陽氣微弱，王者承天理物，故率天下静，不復行役，扶助微氣，成萬物也。〇順天時者，聖王治法之大節。

〇**韓信多多益辨**。〇漢書韓信傳：上問曰：如我，能將幾何？信曰：陛下不過能將十萬。上曰：如公何如？曰：如臣多多益辨耳。〇多多，多而又多也，言隨其益多而益辨治之也。〇分數，不可依葉注分説。分數本是一連字，此只言御衆之分數明白，分數裏面有許多般事，不唯葉注所舉。此章見得人之守官職，須要各認得其分數，分數既明，則處置先定於吾心，成事立功自有不難者。

〇**伊川先生曰：管轄人亦須有法**。〇管，門鍵。轄，車軸頭鐵，皆其所以爲統紀。故統軍之官謂之管轄。○**徒嚴不濟事**。○軍法雖不可不嚴，而又須和以濟之，分勞苦、同歡戚之類是已。苟徒尚嚴而已，則恩意之接薄，而上下之情隔離矣，奚濟事之有乎？○「**今帥千人**」至「**得飯喫**」。○得如此者，亦在豫立其法而已。度行程之遠近，而制糧食之多寡。及至賫之分之，亦皆曲盡其法，然後群下皆得及時食，而免飢乏之患焉。○**亞夫堅卧不起**。○亞夫，西漢人，周勃之子。景帝時爲太尉，以擊吴、楚之反。事見史記五十七卷本傳。軍中無事而夜驚者，亦是節制未盡，人心有未定也。

○**管攝天下人心，收宗族，厚風俗**。○收者，斂束而不放棄之意。收宗族，厚風俗，使人不忘本，便是管攝人心之事。○**立宗子法**。○李京兆曰：按周禮，宗子有五，大宗子一，小宗子四。別子爲祖，繼別爲宗，百世不遷者，大宗也。繼禰之宗，父廟曰禰。繼祖之宗，繼曾祖之宗，繼高祖之宗，五世則遷者，小宗也。皆所以當主祭祀而統族人，如有國有家之重者。程子嘗曰立宗非朝廷所禁，但患人自不能行之。故子朱子既列小宗子法爲家禮。○按：別子是諸侯適子之弟，始別於正室者，其後世以爲始祖。故曰別子爲祖也。別子之後，世世以適長子繼別子，則其族人爲百世不遷之大宗，故曰繼別爲宗。遷，遷易也。所謂繼別之適子雖至百世，族人皆宗之以不遷易，此是大宗子，故曰百世不遷者，大宗也。別子之庶子，其長子繼己而立，則其同父之兄弟宗之，此謂繼禰之宗。傳及其孫，則其同祖之兄弟宗之，此謂繼祖之宗。及其曾孫，則同曾祖之兄弟宗之。及其玄孫，則同高祖之兄弟宗之，此謂繼曾祖之宗、繼高祖之宗，此皆小宗也。五世親盡，故於父之高祖無服，不可統其父同高祖之兄弟，故遷易而各從其近者爲宗，故曰五世則遷者，小宗也。周禮所謂「大宗子一，小宗子四」者，其説如此云。

文公家禮大宗小宗圖

禰所生子爲繼禰小宗統親兄弟，主禰廟祭。　至玄孫五世則遷。

祖傳至孫爲繼祖小宗統從兄弟，主祖廟祭。　至曾孫五世則遷。

曾祖傳至曾孫爲繼曾祖小宗統再從兄弟，主曾祖廟祭。　至其孫五世則遷。

高祖傳至玄孫爲繼高祖小宗統三從兄弟，主高祖廟祭。　至其子五世則遷。

始祖始遷及初有封爵者爲始祖。　長子繼之子孫世世。　爲大宗統族人，主始祖墓祭。百世不遷。

按：　禮經別子法，乃三代封建諸侯之制，於今人家不相合，故今爲此圖，專主人家而言，以始遷及初有封爵者爲始祖，準古之別子，又以始祖之長子，準古繼別之宗。　雖非古制，其實則古人之意也。

希按：　右朱子圖，尤爲明白，直可行於今日人家，學者不可以不記其説據其法也。其於始祖之下曰始遷者，所謂五世則遷者，方有遷易以從其近，則其子孫以此爲始祖也。蓋別子者，是諸侯之庶子，凡民不得有此，故今定以始遷及初有封爵者爲始祖，以準古之別子，此是禮之權。其其於高祖之下，曰至其子五世則遷者，自高祖及己，既爲五世，故至其子則遷易之以從其近。其他皆仿此。父之曾祖於己爲高祖，則父之三從兄弟已無可統之義，故遷之耳。其於高曾祖禰，便曰主廟祭，於始祖獨曰主墓祭者，蓋始祖久遠人家不得立之廟堂，時舉墓祭而已。若初有封爵之始祖在高曾祖之中，則固可以廟祭，此則不待言也。

明譜系，收世族，立宗子法。此雖各言，然譜系明而後世族可收，世族收而後宗子法可立，宗子法立則自今後譜系自明，世族自收。其實反復相因，此法最是名教大關節，故程子屢言之。這法一行，而天下風俗自厚。近世疏於此，於其高曾祖既多不相知者，況始祖乎？若夫三從兄弟，再從兄弟，亦相知者蓋寡矣。風俗如是，安得不薄？可勝嘆哉！○又曰「一年有一年工夫」。○言制法立教，須行之以漸，不可急遽爲之，蓋受上文而言。

○**宗子法壞，則人不自知來處**。○二程全書十六卷程子又曰：「宗子法廢，後世譜牒尚有遺風。譜牒又廢，人家不知來處，無百年之家，骨肉無統，雖至親恩亦薄。」○**親未絶**。○至同高祖之兄弟猶有服，此謂親未絶。○**巨公**。○謂大臣。○**立廟院**。○立廟院，則世世神主可以藏之，人所以知來處也。言此則時無廟制可知。祖業，謂田禄園宅什物皆在其中。言凡祖宗生業，諸子不得分割了，唯宗子一人主之也。如此則人從其宗，重其本而已。○不得分割祖業，則庶子生業將如之何？曰：若庶子方仕，須別受其禄；如不仕者，須以孟子「餘夫二十五畝」之義例使制與之田，或使宗子區處之，如此則庶子不患無生業矣。

○「**凡人家法**」章。○「花樹。」○古人方春花之發，宗族相會，以爲花下之飲，此謂花樹法。唐岑參有韋員外家花樹歌，見唐詩訓解二卷。「韋家宗會法」，今不可考。蓋韋氏家宗族會聚法，古人用之也。○宋劉宰，字子平，號漫堂先生。每月且必治湯餅會族，曰：「今日之集，非以酒食爲禮也。尋常宗族不睦，多起于情意不相通，間言入焉。今月必會飲，有善相告，有過相規，有故相牴牾者，彼此一見，亦相忘於杯酒從容間，豈小補哉？」有不至者，必再三扣之曰：「寧適不來，微我弗顧。」此事深得此章之意，見蘇氏家語。

○**冠昏喪祭，禮之大者**。○陳天台曰：冠以責成人，昏以承宗事，喪以慎終，祭以追遠。理會，謂講而行之也。孟春獺祭魚，季秋豺祭獸，皆有報本之意，可以人而不如獸乎？此字指報本言。奉養，謂奉養其親。○愚謂：冠昏喪祭都不理會，則報本之忽略可知，而此特其重者，故下面專論之。○**某嘗修六禮大略。**○王制曰：六禮：冠、昏、喪、祭、鄉、相見。鄉謂鄉飲酒。相見謂士相見。○**家必有廟。**○遺書本注曰：古者庶人祭於寢，士大夫祭於廟。庶人無廟，可立影堂。○何氏曰：按朱子家禮乃曰「祠堂」者，以程子謂祭時不可用影，故改影堂曰祠堂。○**廟必有主。**○主，木主也。所以依神。○注：「高祖以上，即當祧也。」○祧，説文：「遷廟也。」記祭法「遠廟爲祧」，注：「祧之言超也。超，上去意也。」○遺書本注曰：既祧，當埋於所葬處。○「主式」見文集。○按：文集曰：「作主式。用古尺。作主用栗，取法於時月日辰。趺方四寸，象歲之四時。高尺有二寸，象十二月。身博三十分，象月之日。厚十二分，象日之辰。身趺皆厚一寸二分。剡上五分爲圓首，寸之下勒前爲頷而判之。一居前，二居後。前四分，後八分。陷中以書爵姓名行，曰故某官某公諱某字某第幾神主。陷中長六寸，闊一寸。一本云長一尺。合之植於趺。身去趺上一尺八分，并趺高一尺二寸。竅其旁以通中，如身厚三之一。謂圓徑四分。居二分之上，謂在七寸二分之上。粉塗其前，以書屬稱，屬謂高曾祖考，稱謂官或號、行。號，如處士、秀才。行如幾郎、幾翁。旁題主祀之名，曰孝子某奉祀。加贈易世，則筆滌而更之，水以灑廟墻。外改中不改。」

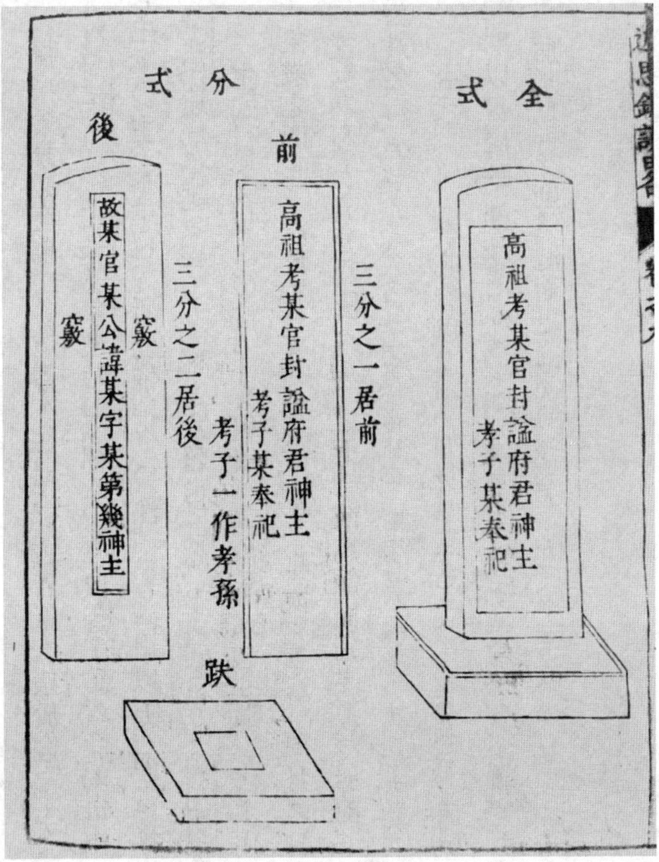

右見二程全書六十四卷文集六

「又云今人以影祭」云云。○此見木主之所以爲善，人家不可不知也。○**月朔必薦新**。○新，謂新物。○輔慶源曰：薦後方食，一飲食不敢忘父母，未薦而遽食新焉，則是死其親而無其心矣[二]。○**時祭用仲月**。○司馬温公曰：「王制：『大夫士宗廟之祭，有田則祭，無田則薦。』注：『祭以首時，薦以仲月。』今國家惟享太廟用孟月，自周六王、濮王廟皆用仲月，以此私家不敢用孟月。」○注「止於高祖」云云。○此本温公說。旁親如伯叔祖父母。伯叔父母有後者，其家自爲祭，無後者，吾不可以不祭，故設別位以祭之。○文公家禮曰：旁親之無後者以其班祔。伯叔祖父母祔于高祖，伯叔父母祔于曾祖。妻若兄弟若兄弟之妻祔于祖，子姪祔于父。○按：此注曰「祭於別位」，家禮則曰「祔」，如有不同而實一也。蓋言別設神主之位，以各相祔也。○**冬至祭始祖**。○程子曰：始祖，此厥初生民之祖也。冬至一陽之始，故象其類而祭之。○問始祖之祭。朱子曰：古無此。伊川先生以義起。某當初也祭，後來覺得似僭，今不敢祭。○丘瓊山曰：按「冬至祭始祖，立春祭先祖」，程子說也。朱子作家禮，多取温公。而此二祭則用程氏焉。楊氏謂朱子初年亦嘗行之，後覺其似僭，不敢祭。然朱子于小學書亦既載程子斯言，借曰家禮未成之書，而小學則已成矣，而不删去之，必有其說。○立春祭先祖，注：「設兩位分享考妣。」○問：何以只設二位？朱子曰：此只是以意享之而已。○又曰：伊川時祭止於高祖，高祖而上，則於立春設二位統祭之，而不用主。○愚謂：始祖唯設一位合享考妣，先祖設兩位分考妣享之者，蓋爲有衆寡遠近之異故耳。○**忌日遷主，祭于正寢**。○鄭氏曰：忌日，親亡之日。正寢，今正廳正堂也，蓋廟中尊者所據，又同室難以獨享也，於正寢可以盡思慕之意。○陳天台曰：月朔，一月之始。四時，天道之變，冬至陽生之始，立春物生之始，季秋物成之始。忌日，親之死日，君子於此必有悽愴怵惕之心，故因之而行追遠之禮，此言祭禮之大略。○**人家能存得**。○存，謂行之久而不廢也。

○「**卜其宅兆**」章。○卜者，先擇而後卜之。○孝經曰：「卜其宅兆，而安措之。」董氏曰：「塚穴曰宅，墓域曰兆。」○「神靈安，其子孫盛。」○程子葬説曰：若培壅其根而枝葉茂，理固然也。地之惡者，則反是。○注「遠井窑」。○窑，音姚，燒瓦竈也。

○**正叔云：某家治喪，不用浮圖**。○浮圖，佛氏也。祖庭事苑曰：「梵語佛陀，或云浮圖，或云部多，或母馱，或没陀，皆五天語。今並譯爲覺。」○袁宏漢記曰：浮屠，佛也。漢言覺，以覺悟群生也。○「浮屠」與「浮圖」同。○洛，水名，在河南。○或問：治喪不用浮屠，或親意欲用之，不知當如何處？朱子曰：且以委曲開釋爲先，如不可回，則又不可咈親意也。

○「**今無宗子**」章。○人既重本，則朝廷之勢自尊。○人各重本，則風俗厚；風俗厚，則上下相維而無渙散離畔之患，朝廷之勢其得不尊大乎！○「漢高祖欲下沛。」○史記高帝本紀曰：沛令閉城城守。劉季高祖，姓劉字季。乃書帛射城上，謂沛父老曰：「天下苦秦久矣。今父老雖爲沛令守，諸侯並起，今屠沛。今共誅令，擇子弟可立者立之，以應諸侯，則家室完。不然，父子俱屠，無爲也。」父老乃率子弟共殺沛令，開城門迎劉季，欲以爲沛令。○「相如使蜀。」○相如，姓司馬，字長卿，漢武帝時人。漢書本傳曰：「相如使時，蜀長老多言通西南夷之不爲用，大臣亦以爲然。相如欲諫，業已建之，不敢，乃著書，藉父老爲辭，而己詰難之，以風天子，且因宣其使指，令百姓皆知天子意。」○移書，猶送書也。○「只有一箇尊卑上下之分。」○父兄尊而上，子弟卑而下。尊卑上下之分有定，則人皆知卑統於尊，下從於上，所以順從而不亂也。所謂宗子法立，然後朝廷之勢尊者，其義亦只如此。○「且立宗子法」至「自然之勢也」。○此又言人有宗子，便自然之勢，而非人之所作爲，不可以不立此法也。○「天子建國，諸侯奪宗。」○天子爲天下之大宗，故得專建國賜土。諸侯自天子而言之，則雖非宗子，然又爲一國之主，以世世傳子孫，則其嫡嗣各自爲大宗，而建宗廟，主祭祀，此謂奪宗。○白虎通曰：諸侯奪宗，明尊者宜之。大夫不得奪宗何？曰：「諸侯世世傳子孫，故奪宗；大夫不傳子孫，故不宗也。」

○「**邢和叔叙明道先生事云**」章。○博大，所謂光被四表是也。以横者而言，悠遠垂及後世；以縱者而言，上下與天地同流，即所謂格于上下也。○「制度文爲。」○記仲尼燕居篇曰：制度在禮，文爲在禮，行之其在人乎！○蔡虚齋曰：以養民之政言，如「夏后氏五十而貢，殷人七十而助，周人百畝而徹」之類，亦其制度文爲也。以教民之政言，如王制「夏后氏養老以享禮，殷人以食禮，周人修而兼用」之類，亦其制度文爲也。○愚謂：制度文爲，即禮中之事耳。然此上別有禮字，則禮以大體言，制度文爲就曲折言。○「斥候。」○通鑑綱目：「漢武帝元光元年，遠斥候。」集覽許慎曰：「斥，度。候，望也。」○文法，刑法之文。簿書，兼載百務，皆吏所執之事。○學者得其本而遺其末，詳其精而略其粗者，未免爲曲士軨才，况忘其本、遺其精者乎？唯若先生本末精粗該貫，而莫所不造其極矣，真可謂通儒全才哉！○章内「默」字、「究」字、「精密詳練」字好看，有皆造其極意。

○**介甫言律是八分書**。○王安石，字介甫，宋臨川人。○語類曰：律是八分書，言八分方是。○又曰：律是八分書，是欠些教化處。○問：介甫言律一條何意也？曰：伯恭以凡事皆具，惟律不説，偶有此條，遂謾載之。○愚謂：伯恭以爲凡事皆具者，指此篇所載而言也。夫律書於治法無不具載，而止曰「八分書」者，意夫欠那「道之以德，齊之以禮」一段，故云爾。此是他見得好處。

○「**横渠先生曰：兵謀師律**」章。○方，版也。策，簡也。方策、簡書，皆謂書籍。○如甘誓曰「左不攻于左，汝不恭命；右不攻于右，汝不恭命；御非其馬之正，汝不恭命」，牧誓曰「今日之事，不愆于六步、七步，乃止齊焉。不愆于四伐、五伐、六伐、七伐，乃止齊」之類，便三王兵謀師律布在方策者。○「志士仁人。」○朱子曰：志士，有志之士；仁人，則成德之人也。○饒雙峰曰：仁人與仁爲一，仁爲我有矣；志士與仁猶二，但有志於爲仁。○「遠者大者。」○謂聖人用兵之精意遠且大者，葉注未切。○讀此章見得戰陣之術，聖人固非好之也，又非廢之也。苟有寇賊姦宄、方命圮族不以討之，則無安生靈、正風俗，此兵所以不可不用。而志士仁人必素求預備，不敢忽忘也。只其用之也，一出於不得已而不爲窮兵黷武耳。後世坐論文而至忘武者，俗儒之偏識，單知尚武，以爲文不假用者，武人之陋見，皆非聖人之道也。

○**肉辟，於今世死刑中取之**。○肉辟，傷肉之刑辟，墨、劓、剕、宫是也。自漢文帝始除肉辟，後世遂廢之。民之有罪皆置之於死刑，故民之死日爲多。今舉肉辟於死刑中可末減者，以有取之則亦足寛民之死過。此以上又當念上失道而民心涣散之久而已。此句甚有味。人君切念是事，則民之犯非却有惻怛哀矜之情，而明禮義教化以維持之自有不容已者，唯世念之者尠矣。○朱子曰：散，謂情義乖離，不相維繫。

○「吕與叔撰横渠先生行狀云」章。○撰，猶述也。○「貧富不均，教養無法。」○經界不正，則富者依勢兼并，貧者失業困乏，是以富益富，貧益貧，貧富大不均。既貧富不均，就是教養無法了。○廣儲蓄，所以備凶旱水溢也。所謂「三年耕必有一年之食，九年耕必有三年之食」之類。菑，謂水旱、蝗疫之類。患，謂人火、盜賊之類。本謂農，末謂商。○張南軒曰：井田，王政之本；而經界又井田之本也。田得其分，則小民安其業，治之所由興也。○語類：問：横渠謂「世之病難行者」至「不刑一人而可復」。不審井議之行於今，果如何？曰：講學時，且恁講。若欲行之，須有機會。經大亂之後，天下無人，田盡歸官，方可給與民。如唐口分世産，是從魏晋積亂之極，至元魏及北齊、後周，乘此機方做得。荀悦漢紀一段正説此意，甚好。若平世，則誠爲難行。○荀悦論曰：古者什一而税。今漢氏或百一而税，然豪强輸其賦太半。官家之惠優於三代，豪强之暴酷於亡秦。文帝不正其本，適以資豪强也。且井田之制，不宜於衆人之時。卒而革之，蓋有怨心，則生紛亂。若高祖初定天下，光武中興之後，人民稀少，立之易矣。今既難行，宜以口數占田爲之立限。人得耕種，不得買賣，以贍貧弱，以防兼并，且爲制度張本，不亦善乎！○語類又曰：橫渠若制井田，畢竟繁。使伊川爲之，必簡易明暢。觀「古不必驗」之言可見。○愚按：張子所議誠有後世難行者，語類所論是也。而此卷載之者，是便三代之遺制，而治法之大要也。雖古今異宜而不可必行，然在學者宜講而存之，况方得其機會，當必舉之而漸行之乎！此是卷之所以不可不載也。

○**橫渠先生爲雲巖令**。○雲巖，縣名，屬丹州。「敦本」不止農務，當從葉注。○「縣庭」，縣令之庭也。○「勸酬」，酬亦勸也。按：主人酌賓曰獻，賓飲主人曰酢，主人又自飲而復飲賓曰酬，則是酬有勸之義。

○**橫渠先生曰：古者有東宮，有西宮**。○儀禮喪服篇曰：有東宮、有西宮、有南宮、有北宮，異居而同財，有餘則歸之宗，不足則資之宗。○異宮義見下面。同財，家事統於尊者也。○「**又異宮**」云云。○喪服篇曰：昆弟之義無分，然而有分者，則避子之私也。子不私其父，則不成爲子。○私者，謂私厚於其親。○**父子異宮，爲命士以上**。○儀禮疏釋曰：按內則云「命士以上，父子異宮」，不命之士，父子同宮。縱同宮亦有隔别，亦爲四方之宮也。○**猶今世有逐位**。○逐位，逐一隔别以作局也，非如分財異居者。○問：此章恐當在家道類。曰：此誠雖爲居家之法，然上不立是制，則下安得悉知其禮乎？然則載于此卷也無害已。

○**治天下不由井地**。○井地，即井田，見孟子注。井田之法不立，則經界不正；經界不正，則貧富不均，欲平不可得也。○**周道止是均平**。○小雅大東篇：「周道如砥。」周道，大路也，以譬大道。砥，礪石，言平也。張子慨然欲由井地者，爲是故也。

○**井田卒歸於封建乃定**。○封建，謂封諸侯、建邦國，二帝三王之制也。張子蓋謂歸於封建，則國有定居，政有定規，故民安守其法。若後世郡縣守令更易不常，則上之見各有異同，民之情各有向背，縱復井田，其苟且紛争之患卒不可定，惟歸於封建而後其法始可定也已。○胡五峰曰：封建之法，始於黄帝，成於堯、舜，夏禹因之，至桀而亂，成湯興而修之，天下以安。至紂而又亂，文王、武王興而修之，天下亦以安。至幽王而又亂，齊桓、晋文不能修，而益壞之，故天下紛紛不能定。及秦始皇而掃滅之，故天下大亂，争起而亡秦，猶反覆手於須臾間也。○朱子曰：柳子厚以封建爲非，胡明仲輩破其説，則專以封建爲是。要之，天下制度，無全利而無害底道理，但看利害分數如何。封建則根本較固，國家可恃；郡縣則截然易制，然來來去去，無長久之意，不可恃以爲固也。○又曰：程先生幼年屢説須要井田封建，到晚年又説難行，想是佗經歷世故之多，見得事勢不可行。○愚謂：時有古今，勢有難易。故如井田封建，後世實有不可行者，雖然他是王者公天下之心，而使斯民盡均平之法也。故爲治者，以此存諸心，則既思過半矣。且縱不能復之於當世，必不至於厚斂傷民。以此觀之，張子之言豈爲無功之論耶？

○胡敬齋曰：封建，乃古聖人擇賢以分治，公天下之心也。使生民各有主，主各愛其民，上下維持，以圖久安至善之法。天子又有慶讓、錫命、征討之法，以統御之，虐民者必更之，立賢主以養其民。秦以天下爲己私，乃立郡縣以爲治，此亦勢使然也。

【校勘記】

［一］澤衡掌國澤之政令　「衡」，周禮地官司徒作「虞」。

［二］未薦而遽食新焉則是死其親而無其心矣　「薦」，禮記集説卷八十七作「嘗」；「無」，禮記集説卷八十七作「喪」。

近思録説略卷之十

政事類 凡六十四條

治體治法，論其素具。此篇方論舉而措之術。對前兩篇，則彼言其體，此見其用。治國臨政之道，丁寧詳審如此。

伊川先生上疏曰：夫鐘，怒而擊之則武。○孔子家語六本篇曰：「鐘之音，怒而擊之則武，憂而擊之則悲，其志變者，聲隨之。故志誠感之，通於金石，而况人乎！」伊川言出於此。○**古人所以齋戒而告君也**。○禮玉藻曰：將適公所，宿齋戒。○齋戒而告君者，所以蓄誠意也。○**徒以頰舌感人**。○易咸卦：咸其輔頰舌。○蔡虛齋曰：舌動則輔應而頰隨之，三者相須用事，皆所以言者。○欲感動君心者，欲以格君心也，一正君而國定矣。此實政事本根，故是篇首載斯言，下章倣此。○按：此章哲宗元祐元年上太皇太后書，見二程全書六十卷。

○「**伊川答人示奏藁**」章。○文草曰藁。○「因懼將爲寇亂，可也。」○民無恒産，因無恒心。苟無恒心，放辟邪侈，無不爲已。故先言百姓饑餓，以丐朝廷哀憐，因説將爲寇亂，則詞順理直，如此可也已。○「告君之體。」○詞順理直，告君之大體也。○祈「之以仁愛」。○祈，請事也。○散財以活人者，固仁政之大要，然求散財而不祈以仁愛，則必不能輕財重民矣。○「古之時得丘民則得天下。」○孟子曰：「得乎丘民而爲天子。」朱注曰：「丘民，田野之民，至微賤也。然得其心，則天下歸之。」○按：朱子注既爲明白，而葉氏説「得乎一丘之民」，不是。○「惟當以誠意」云云。○若懼之以利害而欲其聽從，則是非誠也。一章緊要惟在這上面，苟不以誠意，則雖黽勉言事，無人主感動之理，而於格君救民終無補而已。伊川自言「宿齋預戒，潛思存誠，覬感動於上心」，及告人亦曰「惟當以誠意感動」。處己處人更無二致，可謂爲人謀而忠者焉。○「覬其有不忍之心而已。」○蔡虚齋曰：不忍人，不忍害人也。○愚謂：不忍之心，非由外鑠之，我固有之也。夫人君擅天下之名寵，生殺予奪，惟其所制耳。如不善其政，至使斯民餓且死，非自殺之也一間耳。人主深知之，則惻然不忍之心有自不容遏者。夫如此發政施仁，輕財重民，亦不待開導也。故人臣之告君，惟當以誠意感動，覬其有不忍之心而已。

○**明道爲邑**。○爲，猶治也。周禮：「四井爲邑。」左傳曰：「凡有宗廟先君之主曰都，無曰邑。」○**多衆人所謂法所拘者**。○其所爲與當時之法相違，則難得行，此謂法所拘，言爲法令所拘持，而不得自由也。明道所爲與今之法多不相合，故曰「多衆人所謂法所拘者」。此句頗難看，葉注不可曉。只如此説，文意似通，且與下句意相貫。法所拘，猶言法所不許，不是明道自所拘也。○**謂之得伸其志則不可**。○如明道素志，必欲革盡時政之弊，以復三代之治而後已，豈才有所補可謂之得伸其志哉？○**至謂之狂，則大駭矣**。○應上文衆亦不甚駭。○「**盡誠**」至「**又何嫌乎**」。○嫌，不平於心也。此又可以見其忠厚、正大之情焉。

○**明道先生曰：一命之士**。○陳天台曰：周禮「一命受職」，如今之第九品也。苟，誠也。物，即人也。一命猶然，況居大位者乎？○周禮春官大宗伯「以九儀之命，正邦國之位。一命受職」。注云：「始見，命爲正吏。受職事。」○何氏曰：按周禮凡九命，「一命受職」，謂治職事。至魏文帝元年，始立九品官人之法。周之一命，乃今第九品也。

○**伊川先生曰：君子觀天水違行之象**。○易傳曰：訟之爲卦，乾上坎下。以二象言之，天陽上行，水性就下，其行相違，所以成訟也。○大象辭曰：天與水違行，訟；君子以作事謀始。○契券，以木牘爲要約之書，以刀剖之，屈曲犬牙。按：今世無此事，唯書約誓言以押字爲信，蓋其遺法也。

○「**師之九二**」章。○易傳曰：　爲卦坤上坎下，以二體言之，地中有水，爲衆聚之象。以二卦之義言之，内險外順，險道而以順行，師之義也。○又曰：　師卦唯九二一陽，爲衆陰所歸。五居君位，是其正應。二乃師之主，專制其事者也。○「恃專」，易傳作「將專」。○恃專則失之於過，不專則失之於不及，俱非得道者。九二居中，是所以有得中之象，而爲吉也。○九二爻辭曰：　在師，中，吉无咎。○「凡師之道，威和並至則吉也。」○威者，非强而使畏之，法律嚴整不可敢犯者是已。

○**世儒有論**。○記明堂位曰：　成王以周公爲有勳勞於天下，是以封周公於曲阜，地方七百里，革車千乘。命魯公世世祀周公以天子之禮樂。○程子又曰：　周公之功固大矣，皆臣子之分所當爲。○真西山曰：　臣無君上，則無此爵位已。因君上而有此爵位，則事君自合盡忠，此只是盡其本分當爲之事，非過外也。

○「**大有之九三曰**」章。○乾下離上爲大有。○易傳曰：　爲卦火在天上，火之處高，其明及遠，萬物之衆无不照見，爲大有之象。又一柔居尊，衆陽並應，居尊執柔，物之所歸也。上下應之，爲大有之義。大有，盛大豐有也。○又曰：三居下體之上，在下而居人上，諸侯人君之象也。

○「**人心所從**」章。○「愛之則見其是，惡之則見其非。」○於愛之者，則不擇是非，唯見其是而已。惡之則見其非者亦然。○「出門而交。」○易傳曰：出門，謂非私暱。

○**隨九五之象曰：孚於嘉吉**。○嘉，善也。○**心所悦隨**。○即上章所謂「以親愛而隨之」也。○葉注解「悦隨」二字，依「震，動。兑，悦」義。在易傳則可，此處不可，必説入也。

○「**坎之六四曰**」章。○簋，宗廟盛黍稷之器，外方内圓曰簋。三禮圖曰：「稻粱器也。其制外方内圓，旁有鈕，上覆以蓋，蓋之四隅稜起如雲狀，以瓦爲之。周人飾以金玉，後世範金爲之。」○按：簋之形制，二説不同。然前説見考工記，且與論語大全新安倪氏説合，今且從之。○缶，説文曰：「瓦器，所以盛酒漿。」○葉注「一樽之酒」至「質之至也」，皆易傳文。○易傳又曰：納約，謂進結於君之道；牖，開通之義。室之暗也，故設牖，所以通明。自牖，言自通明之處，以況君心所明處。○約，爲交結之意。○「忠信善道」，影「樽酒簋貳用缶」說，唯忠信可以貼質朴之意。其曰「善道」，由納約言，蓋忠信者納約之本，善道便其所納者；忠信則其所納必善，不告以善道，則無悟君之用，故合言之。「結於君心」貼「納約」，「必自其所明處」貼「自牖」。○如孟子告梁惠王曰「王好戰，請以戰喻」云云，又因齊宣王有不忍觳觫之牛之心，以遂論王道，所謂納約自牖者也。○孟子所謂「成德」、「達才」是也。○朱子曰：此各因其所長而教之者也。○又曰：成就其德，德則天資純粹者；通達其材，材是天資明敏者。

○「**恒之初六曰**」章。○恒之外卦爲震，是四陽爻而與初陰正相應。雖初與四爲位應，如九與九、六與六則爲不應，只一九、一六而後爲正應，易例然。○「爲二三所隔。」○内卦爲巽，故二三皆陽。若是陰爻，則性體虛弱，雖介其間不能爲隔，陽性剛實，故有隔障蔽塞之象。夫初六、九四相應者，常也。四以剛居高，又爲二陽所隔者，變也。卦爲恒，故又有知常而不知變之象。○象傳所謂「始求深也」。「始」字本不虛下，但說此章略過可也。○「世之責望故素。」○故素，故舊也。蓋人情有時而移，常久罕矣，故有初親而終疏，昔愛而今惡者。彼不知變，一有故舊之親，則以爲終身可因也，乃責望之深，而自至取悔咎，所謂「浚恒」之凶也。此事世間頗多，宜切思焉。

○「**遯之九三曰**」章。○蔡虚齋曰：「係遯」，是危邦已不可入，亂邦已不可居，乃顧戀家族妻子及權利之類，而隱忍濡滯不能决去。如是則名節必爲之虧，身家反爲之累。此其疾也厲，孰甚焉？○又曰「臣妾」，僕妾也。○「係戀之私恩」云云。○此小人謂僕隸，言以係戀之私恩纔畜僕妾，則可無疾厲耳。○或問：伊川曰：「係戀之私恩，懷小人女子之道也，故以畜臣妾則爲吉也。」小人女子近之則不遜，遠之則怨。若以私恩懷之，未必不有悔吝，而此爻以爲吉，何耶？朱子曰：此爻不可大事，但可畜臣妾耳。御下而有以懷之，未爲失正，但恐所以懷之者失其正耳。○又問：「君子之待小人，亦不如是」如何？曰：君子小人，便不可相對，更不可與相接。若臣妾，是終日在自家脚手頭，若無以係之，則望望然去矣。

○「**睽之象曰**」章。○問：「君子以同而異」，作理一分殊看，如何？朱子曰：理一分殊是理之自然如此，這處又就人事之異同上説。蓋君子有同處、有異處，如所謂「周而不比，群而不黨」是也。此處伊川説得甚好。○「在天理之常。」○「天理」，一本作「人理」。○只曰「世俗所同者」，便見這裏不必皆合於理，所以「有時而獨異」。○「不能大同者」，言當同而異者；「不能獨異者」，言當異而同者。

〇**睽之初九**。〇初九爻辭曰：「見惡人，无咎。」〇兑下離上爲睽，則初四皆陽，故爲同德相與。易書之例，凡在應位，一陽一陰則爲相應，兩陽兩陰則爲不相應。然又有以兩陽兩陰却爲同德相應者，如此爻是也。易之取義多端，不拘一例如此。〇問：睽「見惡人」，其義何取？朱子曰：以其當睽之時，故須見惡人，乃能无咎。〇張中溪曰：見者，遇而勿絶之辭，非必欲見之也。

〇**睽之九二**。〇九二雖上有六五之應，然當睽違之時，上下方乖戾，故爲君心未合。但九二以剛中之德居下，是賢臣在下也。故必外竭其力，内盡其誠，期使君心信合而已。〇「竭力」以才言，職分之所當爲，無不敢盡也。「盡誠」以心言，如進思盡忠、退思補過，知有君而不知有身，知有國而不知有家是已。君子欲其主之信合，非爲利也。苟不如此，格君安民之功，有不可行也。〇「**至誠以感動**」至「**以誠其意**」。〇此四句因九二剛中之德以推説其道，明本文「巷」字意。〇九二爻辭曰：「遇主于巷，无咎。」傳曰：「巷者，委曲之途也。遇者，會逢之謂也。」當委曲相求，期於會遇，與之合也。」〇「宛轉」字影「巷」字來最切。〇**遇非枉道逢迎也**。〇「遇」字、「巷」字俱不是不好字，只以其有求遇之意，恐或認做强求見容，故又論之。

○**損之九二曰：**「**弗損益之**。」○剛貞，剛正貞固，亦因九二剛中而言。「世之愚者」以下泛説，蓋當損下益上之時，故戒之耳。葉注當九二説者，非。○嘗謂秦皇，天下之暴主也；茅焦，齊國之匹夫也。當秦王取其太后遷棫陽宫，焦犯口沫之威，甘鼎鑊之刑，直言諫王，王乃悔悟。自迎太后歸于咸陽，秦皇免不孝之大罪者，茅焦剛貞之力也，其益上爲奈何？况君不有秦皇之暴，而身居士大夫之列，不自損其剛貞以事其上者乎？此章之言，凡事君取臣者，皆當深知也已。

○「**益之初九曰**」章。○張中溪曰：初九，上應六四。近君之臣，則初受四之任者重矣。故利用爲大作興事，而所作之事必得大善之吉，乃得无咎。○朱子曰：「利用大作」一爻，象只曰「下不厚事也」。自此推之，則凡居下者不當厚事。如子之於父，臣之於君，僚屬之於官長，皆不可以逾分越職。縱可爲，亦須是盡善，方能无過，所以有「元吉无咎」之戒也。○胡雲峰曰：凡在下者，以分言之，本不當爲重大之事，豈能无咎？故必大善而吉，庶可塞咎云耳。

○**革而無甚益**。○史記商君傳杜摯曰「利不百不變法，功不十不易器」，亦與此意相似。

○**漸之九三曰**：「**利禦寇**。」○伊川意以禦寇爲止惡，雖非易文本意，然理則正也。讀者須別做一義看。○艮下巽上爲漸，則九三上下皆陰，故曰「君子之與小人比也」云云。

○「**旅之初六曰**」章。○易傳曰：旅之爲卦，離上艮下，山止而不遷，火行而不居，違去而不處之象，故爲旅也。又麗乎外，亦旅之象。旅之外卦爲離，離德爲麗，故爲麗乎外之象。○又曰：初六以陰柔在旅之時處於卑下，是柔弱之人處旅困而在卑賤，所存汚下者也。瑣瑣，猥細之狀。○猥，亦鄙也。卑屈以丐人憐，貪吝以徇小利之類，所謂「鄙猥瑣細」也。

○**在旅而過剛自高**。○合看兩章，見得惟有廉清之操、以和順謙遜者，宜得處旅困之道，以免灾咎而已。上章是柔惡之爲，此章是剛惡之事。○上章及此章之意可以旁通，不特爲旅言也。凡遇患難窮困者，皆當存是戒。讀書惟貴觸類而長之。

○**兑之上六曰**「**引兑**」，**象曰**「**未光也**」。○兑，説也。未光，只是不光也。象傳多此文法。○上六居卦之極，事理既終，故曰「説既極矣」，又曰「事理已過」，此章蓋欲説之中節也。爲兑卦傳，故單就説上而言。然推其意，要在喜怒哀樂皆不至於引耳。

○「**中孚之象曰**」章。○中孚，中心孚誠也，兑下巽上爲中孚☴☱。易傳曰：「爲卦，澤上有風，風行澤上，而感于水中，爲中孚之象。感，謂感而動也。内外皆實而中虚，爲中孚之象。又二五皆陽，中實，亦爲孚義。在二體則中實，在全體則中虚。中虚，信之本；中實，信之質。」○自内無邪僞而言，則曰中虚；自外不得邪僞之入而言，則曰中實。只是一時事，不可作兩截看。○「盡其忠」、「極於惻」，皆中心之孚誠。

○**事有時而當過**。○石徂徠曰：晏子一狐裘三十年，祭豚肩不掩豆人皆謂之不知禮，獨曾子以爲國奢則示之以儉。蓋齊奢侈之甚，晏子能矯時之弊，是得小過之義。○**大吉**。○小過彖辭文。

○**周公至公不私，進退以道**。○至公不私以心言，進退以道以迹言。夔夔，敬謹之貌。蕩蕩，寬廣之貌。聖人之心，只是存誠而已，所以心裏自寬廣而無慮前顧後之意。人心一有不誠則必有不慊者，豈無顧慮之患耶？故曰君子蕩蕩，小人戚戚。○**危疑之地**。○謂管蔡流言之時，事見書金縢篇。○「**詩曰**」云云。○詩豳風狼跋之篇。舄，屨之類，鄭氏曰：「復下曰舄，禪下曰屨。」○朱傳曰：公遭流言之變，而其安肆自得乃如此，蓋其道隆德盛，而安土樂天有不足言者，所以遭大變而不失其常也。○嚴華谷曰：凡人處利害之變，則舉趾不安。其常懼者，或至於喪屨；喜者，或至於折屐。詩人以「赤舄几几」見周公之聖，其善觀聖人矣。○徐儆弦曰：「赤舄几几」，言公之臨大難而不懼，處大變而不疑，其進退自如，無異周旋廊廟之日也。

○**採察求訪，使臣之大務**。○「採察善惡，訪問疾苦」，是程子説，見詩大全。不知葉注如何不從，而別爲之説耶？○使臣，猶今之巡檢使也。古者王者遣使四方，欲以宣上德而達下情也。故能採察善惡，訪問疾苦，以使副上之意。使臣之務莫大乎此。

○「**明道先生與吴師禮談**」云云。○吴師禮，錢塘人。○「願往復。」○言使其説相往來也。○「此天下公理。」○指其所談者。○此章之言，文義明白，不煩訓解，而可以見其忠誠、懇到、温厚、和平氣象，學者當深味焉。

○**天祺在司竹**。○司竹，監名，見文獻通考。天祺嘗爲司竹監官。卒長，卒徒長也。○天祺所惡在其惡，而不在其人，故有罪則治之無少貸，不以將代之際而忽略之，罪已正矣，無復所惡，故待之如初，略不介意。是不念舊惡之心，可以進乎不遷怒焉，所以程子稱之。

○「因論」云云。○因論，因論他事遂及是言也。此斷章載之，猶存本文耳。韓文十九卷送李愿歸盤谷序曰：「足將進而趑趄，口將言而囁嚅。」孫注曰：「囁嚅，不敢出口也。」○注：「如荆軻於樊於期。」○荆軻，衛人。樊於期者，秦將軍也。初燕太子丹質于秦，秦王之遇太子丹不善，故丹怨而亡歸。歸而求爲報秦王者，國小，力不能。居有間，秦將樊於期得罪於秦王，亡之燕，太子受而舍之。時荆軻亦在燕，而因燕之處士田光先生薦，遂見太子，太子避席頓首曰：「田先生不知丹之不肖，使得至前，敢有所道，此天之所以哀燕而不棄其孤也。今秦有貪利之心，而欲不可足也。非盡天下之地，臣海内之王者，其意不厭。今秦已虜韓王，盡納其地。又舉兵南伐楚，北臨趙；王翦將數十萬之衆距漳、鄴，而李信出太原、雲中。二人秦將。趙不能支秦，必入臣，入臣則禍至燕。燕小弱，數困於兵，今計舉國不足以當秦。諸侯服秦，莫敢合從。丹之私計，愚以爲誠得天下之勇士使於秦，闚以重利。秦王貪，其勢必得所願矣。誠得劫秦王，使悉反諸侯侵地，若曹沫之與齊桓公，則大善矣。曹沫，魯人。齊魯之會，沫執匕首劫齊桓公，使盡歸魯之侵地。則不可，因而刺殺之。彼秦大將擅兵於外而内有亂，則君臣相疑，以其間諸侯得合從，其破秦必矣。此丹之上願，而不知所委命，唯荆卿留意焉。」久之，荆軻曰：「此國之大事也，臣駑下，恐不足任使。」太子前頓首，固請毋讓，然後許諾。於是尊荆卿爲上卿，舍上舍。太子日造門下，供太牢具異物，間進車騎美女，恣荆軻所欲，以順適其意。久之，荆軻未有行意。秦將王翦破趙，虜趙王，盡收入其地，進兵北略地，至燕南界。太子丹恐懼，乃請荆軻曰：「秦兵旦暮渡易水，則雖欲長侍足下，豈可得哉？」荆軻曰：「微太子言，臣願謁之。今行而毋信，則秦未可親也。夫樊將軍，秦王購之金千斤，邑萬家。誠得樊將軍首，與燕督亢之地圖督亢，燕膏腴之地。奉獻秦王，秦王必說見臣，臣乃得有以報。」太子曰：「樊將軍窮困來歸丹，丹不忍以己之私而傷長者之意，願足下更慮之。」荆軻知太子不忍，乃遂私見樊於期，曰：「秦之遇將軍可謂深矣，父母宗族皆爲戮没。今聞購將軍首金千斤，邑萬家，將奈何？」於期仰天太息流涕曰：「於期每念之，常痛於骨髓，顧計不知所出耳！」荆軻曰：「今有一言可以解燕國之患，報將軍之仇者，何如？」於期乃前曰：「爲之奈何？」荆軻曰：「願得將軍之首以獻秦王，秦王必喜而見臣，臣左手把其袖，右手揕其匈，然則將軍之仇報而燕見陵之愧除矣。將軍豈有意乎？」樊於期偏袒搤腕而進曰：「此臣之日夜切齒腐心也，乃今得聞教！」遂自剄。見史記八十六卷刺客傳。○葉注所載朱子説，讀此章者不可以不知。○須是「聽其言也厲」。○「聽其言也厲」，子夏之言，出語子張篇。朱注曰：「厲者，辭之確。」○黄勉齋曰：厲者，義精而辭確。○饒雙峰曰：確者，是是非非，確乎不易之義，形容言厲最切。○須知言厲必本乎精義。○葉注以言厲對囁嚅説，恐非正意，讀者詳之。

○「**須是就事上學**」章。○程子見後世惟以讀書爲學，而不知就事上用力，故發是語以示人。○「蠱『振民育德』。」○蠱者，有事也，説見第二卷。蓋天下一切事不屬修己，則屬治人，二者之外更無他事。振民，即治人也。育德，即修己也。○「有所知後，方能如此。」○須要就「振民育德」上知其所以振是如何，所以育又是如何，所謂「就事上學」也。如此，然後方能行之。若只虚以讀書爲學，則無著實工夫而失學問之本指，未足爲學也。「何必讀書，然後爲學」，此語於子路則爲有病，以其以仕爲學，無本末先後之序也。在程子則義理渾淪，無所容議矣。蓋欲學者不徒恃讀書上，而使本末事理兼至也。

○**先生見一學者忙迫**。○學者固不可使有俄頃閑度，然太急迫則却害事。○宋張觀常持綏字曰：「世間甚事不因忙後錯了。」其亦知所戒矣。

○**安定之門人**。○小學以此爲伊川語。○陳天台曰：門人如劉彛、錢藻、孫覺、范純仁、錢公輔是也，何有言不難也？○稽古則爲政之法明，愛民則爲政之本立。○何建安曰：按言行録載，公在蘇、湖二州教學者，必以明體適用爲本。初公與孫明復、石守道同讀書泰山，攻苦食淡，終夜不寢，一坐十年不歸。得家問，見上有「平安」二字，即投之澗中，不復展讀。其在湖學經義治事有齋。仁宗朝劉彝賜對，上問曰：「卿師何人？」彝對曰：「少從學於安定胡先生瑗，瑗以道德仁義教東南諸生。臣聞聖人之道有體、有用、有文。君臣父子，仁義禮樂，歷世不可變者，其體也。詩書史傳，垂法後世者，其文也。舉而措之天下，能潤澤其民，歸于皇極者，其用也。國家累朝取士，不以體用爲本，而尚聲律浮華之詞，是以風俗媮薄。臣師瑗當寶元、明道之間，以體用之學授諸生。故今學者明夫聖人體用，以爲政教之本者，臣師之力也。」

○「**門人有曰**」章。○門人意患人不信受，程子唯患己之誠不至。蓋至誠而不動者，未之有也。苟誠意之交通於人，每在於未言之前，則言一出而人必信從之，如此而猶不信，則彼人之妄耳，吾奚患耶？○「誠有餘而言不足。」○葉注曰「誠意多於言語」，説得好。此只欲誠意有餘而已，非必欲言之不足也。如使言故不足，則欠分曉，亦未盡善道之義，只比之誠意，則可不足耳。要之，言不足，只是不多言意。○「於人有益。」○以此觀之，人之感悟信從者，不在於言之盡，而在於誠之多也。○「在我者無自辱矣。」○於人有感悟之益，則在我無見疏之辱矣。此二句意實相因。

○**職事不可以巧免**。○有官守者，以巧免共其職；有言責者，以巧免進其言，此狡黠自私者而人臣之大罪也。今世有爲厭勞而託病免公事者，亦是類已。

○「**居是邦，不非其大夫**」。○陳天台曰：不非議其過惡，有忠敬意。此古語而程子稱之。○「不非其大夫」，固是忠厚之心，亦是免禍之道。但程子意專在忠厚上，而不在免禍上。○荀子子道篇：子路問於孔子曰：「魯大夫練而床，禮耶？」孔子曰：「吾不知也。」子貢問曰：「練而床，禮耶？」孔子曰：「非禮也。」子貢出，謂子路曰：「汝問非也。禮，居是邑不非其大夫。」

○「**克勤小物」最難**。○「克勤小物」，書畢命文。○人於瑣小底物事多忽略之，雖小事物而勤之不忽者，非謹厚篤實之至不能，此誠不易也。然不矜細行終累大德，學者於此宜用力焉。○薛敬軒曰：雖細事，亦當以難處之，亦勤小物之意。

○**凡爲人言者**。○爲，去聲。○二句平説而意自相受，理雖勝而氣爲怒，則辭色粗厲而反致違拂；理勝而氣平，則論事明而得其聽順也必矣。○「氣忿則招拂」，就見氣平則致聽順。然徒氣平而無理之勝，則事不明快而無聽順之實矣。故與人言者，必理勝氣平而後得事明物順而已，須取兩句意交互錯綜看。

○**居今之時，不安今之法令，非義也**。○朱子曰：「不安今之法令」，謂在下位者。○**若論爲治**。○謂身關政治者。○「**須於今之法度内**」云云。○由今之法度則已不違爲下之道，而就其中揀擇以處得其當，則又不失處置之宜，然後方爲合義。若欲自我制之以更改法令，則所爲雖善，猶爲失爲下之義，況所更改未必是乎！○大抵生乎今之世，反古之道、率意改作者，取尤招禍之道。古今傾敗者，不爲不多。本文正意雖未至於此，然學者就之亦當知所戒耳。

○**今之監司，多不與州縣一體**。○監司，按察使之類，伺察州縣之治否者。州縣，知州、縣尹之類。監司專欲伺察州縣過惡，州縣專欲掩蔽己之過惡。如此，則彼以深刻訐摘爲事，此以恐懼僞飾爲心，共無益於治。不若監司與州縣同心推誠，與共治之。○「**有所不逮**」云云。○督者，戒正也。有不知則教之，有所過則督之，至甚則去一二以警衆，此是監司於州縣之道。

○**伊川先生曰：人惡多事，或人憫之**。○遺書「憫之」下附曰：「一作欲簡」。○儒者於凡天下之事欲泛應曲當者，爲是故耳。老、莊不知此義，故一惡多事而慕虛無，此其所以爲異端也。

○「**感慨殺身者易**」章。○朱子曰：從容，謂徐徐。○一朝之忿，匹夫之諒，猶或至於殺身，此出乎一時感激慷慨，而不暇於計慮回顧，所以爲易也。若夫死生之際，一依義理之正，雍容安徐爲之者，自非義精仁熟，决然莫之能也。學者須深體驗，方知其難焉。○有宋文天祥當宋亡之時，守義不屈于胡虜，即臨刑乃從容言曰「吾事終矣」，亦可謂「從容就義」者也已。

○「**人或勸先生**」章。○近貴，近習貴顯之人。○蔡虚齋曰：盡者，在禮之内；加者，在禮之外，加則爲諂矣。加者固非，而不盡者亦非也。○伊川之於近貴，亦盡其禮而已矣。然自時人卑屈諛悦而見之，則却似簡傲，故或人欲加禮耳。此只知愛程子，而實不知程子者也。○或人本不知加之爲非，程子斷之，則見盡者是而加者非，君子之學曲盡精微如此。

○**或問：簿，佐令者也**。○陳天台曰：薄者，縣之佐；令者，縣之長。動，感動也。○吴氏曰：推事親事長之道以事令，又能引過於己、推功歸之，積誠之久，彼有不感動者乎？

○問：**人於議論**。○是曰是，非曰非爲直。直固美事，但專欲直己，則有褊急激訐之態，而無含弘寬容之氣。○氣不平，就臨事上而言。量狹，推其全體而言。○葉注「欲己勝」，意似稍差，蓋欲直己不必有欲勝意。○**人量隨識長**。○胡氏傳家録曰：問伊川，量可學否？曰：可學。進則識進，識進則量進。○**鍾鼎之量**。○朱子曰：「鍾，量名，受六斛四斗。鼎，容斗斛之大者。故古人多連言。韓退之詩曰：『龍文百斛鼎。』」○自「斗筲之量」至「江河之量」，言人之局量小大不同。江河之量，正是大賢之量。○涯，水際。有涯，則至此而止。○**有時而滿**。○滿則不能容也。○**聖人之量，道也**。**常人之有量者，天資也**。○聖人之量，亦不是天資耶？曰：固是天資。只聖人無一毫氣稟之拘，而自與道爲體，如此氣亦道也。故還不説天資。若常人之有量，一由天資而已，一由天資則雖各隨其所稟而有大小淺深之殊，然終有涯涘，而不及天地之量，唯可謂之天資而已。○葉注：「常人而能學以通乎道、極其至，則亦聖人之無涯也。」此便人皆可以爲堯舜之意，本文之餘意也。

「**鄧艾**」云云，**便動了**。○艾，字士載，三國魏人。通鑑綱目：「魏景元四年，元帝年號。鄧艾至成都，帝出降。成都，蜀都。帝，漢後主。漢亡，魏以鄧艾爲太尉，艾在成都，頗自矜伐。」

「**謝安**」云云，**折屐齒**。○安，字安石，晉陳國陽夏人，孝武帝時爲衛將軍。謝玄，謝安之姪。苻堅，字永固，秦王雄之子也。○綱目：孝武帝太元八年秋八月，秦王堅大舉入寇，詔征討都督謝石、安之弟。冠軍將軍謝玄等帥師拒之。冬十一月，謝石、謝玄等大破秦兵于淝水，殺其大將苻融，秦王堅走還長安。謝安得驛書，知秦兵已敗，方與客圍棋，攝書置床上，了無喜色，圍棋如故。客問之，徐答之曰：「小兒輩遂已破賊。」既罷，還内，過户限，不覺屐齒之折。喜之之至，身心妄動也。○大抵所存者大，則自然見外之小，乃至下城勝敵之類，亦有芥蒂于胸中者。今已爲之動，則是内之所存畢不勝外之大，可見其力量之有限矣。○**强終不得也**。○此句通上兩事而言，因知惟識量不可强也。○如大醉後益恭謹，位益高益卑謙，皆是著意强爲，却變其常，便是爲其所動也。○**惟知道者，量自然宏大**。○人量隨識長故爾。○**不勉强而成**。○成者，成其宏大之量也。○二句只一意。○「**今人有所見**」至「**不足也**」。○人惟向卑下者，元來識見不高、局量不大，故其所見，亦唯在此而已。

○**人纔有意於爲公，便是私心**。○此處亦要子細看得。人固不可不欲公平，只若欲之，則須明道去私，如此自得公平。若曰「我欲爲公」，則計較安排之意生，便是私心。○**磨勘**。○續通鑑綱目：宋太宗淳化四年，置審官院。初，帝慮中外官吏清濁混淆，命官考課，號磨勘院。至是改爲審官院，掌審京朝官。又仁宗慶曆三年，更定磨勘法。○注：「少師典舉。」○少師，二程四世之祖，名羽，贈太子少師。○萬姓統譜曰：程羽，博野人。五代晉時歷虞卿、醒泉、新都令，皆有政績。歷開封府判官。太宗尹京，以長者待之。及即位，拜給事中，知開封府，出知成都府，累遷文明殿學士，以兵部侍郎致仕。後朝廷録其曾孫珦，即二程父也。○典舉事今不可考，必其典司選舉不避私嫌也。○明道薦才。○形狀曰：神宗嘗使推擇人材。先生所薦者數十人，而以父表弟張載暨弟頤爲首。○祁奚薦其子，狄梁公薦其姪，皆與明道同意，所謂用直不避嫌得者也。

○**君實嘗問**。○拜官曰除，言除舊就新也。○杜氏通典曰：「諸給事中日上朝謁，平尚書奏事，分爲左右曹。以有事殿中，故曰給事中。」○却可，却可言也。○語類：問：「伊川不答温公給事中事，如何？」曰：「自是不容預。如兩人有公事在官，爲守令者來問，自不當答。問者已是失。」曰：「此莫是避嫌否？」曰：「不然。本原已不是，與避嫌異。」

○「**先生云韓持國服義**」章。○潁昌，郡名。大資，大官也，指持國言。資，「資級」「班資」之「資」。「將爲」，猶言「以爲」，一本作「將謂」。「倒來」，遺書作「到來」。「太執」，謂執泥之甚。「求薦章」，求己薦之書。○持國固不爲無過，然其能聞義而服爲可取耳，故稱之。蓋聖賢不貴無過，而以改過爲貴也。○二程全書二十二卷又曰：韓公持國與范公彝叟、程子爲泛舟之遊。典謁曰有士人堅欲見公。程子曰：「是必有故，亟見之。」頃之，遽歸。程子問：「客何爲者？」曰：「上書。」子曰：「言何事？」曰：「求薦爾。」子曰：「如斯人，公無薦，夫爲國薦賢，自當求人，豈可使人求也？」公曰：「子不亦甚乎？」范公亦以子不爲通。子曰：「大抵今之大臣，好人求己，故人求之。如不好，人豈欲求怒邪？」韓公遂以爲然。○按：此與本文一時事而所記不同耳。遺書各出，可以參看。

○「先生因言」章。○「第一件」猶言先之，言今日供己職，只以此爲第一件事，更須做他僥倖計較等事不得。○押，韻會「署也」。○事文類聚曰：唐人初未有押字，但草書其名以爲私記，故爲花書。王荆公押石字。○「轉運司。」○司水陸運漕之事，詳見文獻通考官職部。○「頤不曾簽。」○字彙云：簽，書文字也。不簽，便不押也。以其書之則謂之簽。○「國子監。」○書言故事學官類曰：唐貞觀中改國子學爲國子監。○「臺省。」○如御史臺、尚書省之類。國子監得預禁中政事，故曰「係臺省」；臺省皆直爲朝廷官，故曰「係朝廷官」。外司不在朝廷之官，而別司外事者，即如轉運司是也。○按：伊川元祐元年爲西京國子監教授，元符二年復權判西京國子監。此章之言必在是兩時中。○「須看聖人」云云。○語子路之篇：「子曰：『名不正，則言不順；言不順，則事不成；事不成，則禮樂不興。』」此處自包「言不順」、「事不成」

在。○外司有事，合行申狀於臺省，臺省不合倒申外司。今國子監却押申狀於轉運司，則是失其名分，便爲名不正也。而名之不正，不是小不可，須看聖人云云。

○**學者不可不通世務**。○世務，水利、算數、行伍、貢賦之類，凡關世道而不可缺者，皆是已。天下事都不免乎斯人之責，豈有爲分外事而不講明者乎？○君子存心正大，如此故能成天下之務。而今學者徒從事乎書籍之間，而自矜其業，然方其任職授事，一不達於當世之務，執泥疑惑，而或不若曲士俗吏事功，此便所謂「腐儒不達于時」者，吾儕當知所愧焉。

○「**人無遠慮**」章。○思慮當在事外，只思慮在事外者，便是遠慮。林同安曰：「凡人作事必爲久遠之計，如幹一事必再三思慮籌度，此事後去如何有患害？如何方無患害？有患害則不爲，無患害則爲之。如此則思慮詳審，事皆停當，可無後患。若只顧目前之安，不思後患如何而苟且爲之，則患害之至只在旦夕間耳。」所謂「思慮在事外」者，當如此看。

○**聖人之責人也常緩**。○此就其事以見仁厚平易之心，如纔有意於顯人過惡，則有迫切激訐之事也必矣。

○伊川先生云：今之守令。○產，生業也。制民之產如孟子所論是已。法度，指今之法度，須於今之法度内處得其當。

○明道先生作縣。○**視民如傷**。○傷字屬民，視民如有傷，愛之至也。左傳曰：「國之興也，視民如傷。」孟子曰：「文王視民如傷。」○爲人上者，常存此心，則行仁政而恤其民，自有不容已者。由此又可以見明道心事矣。

○伊川每見。○人各有長有短，唯論其短，本爲薄德，且無可取之人；專取他長處，則有仁厚之意，且各足以爲法矣。雖於時人尚然，況前輩乎？

○劉安禮云：王荆公執政。○安禮，名立之，程子門人，河間人。○天下之事至廣至大，當與衆議之，以從其可。豈以忤己而加怒氣於其間乎？此理固明，然非明道之盛德，則恐一言之間，未能使人媿屈如此。學者須要察其氣象。○王安石當神宗朝執政，封荆國公。

○劉安禮問臨民。○陳天台曰：「平易近民，使下情各得上達，則所以處之者，自無不當矣。」御，馭也。格，正也。范氏曰：「未有己不正而能正人者。」○己之身正則德足感人，然後可以正人之不正矣。非謂全無防檢勸懲，而吏自如己之正也。

○**橫渠先生曰**「**凡人**」云云。○爲上使人，令則行，禁則止，其勢易爲；爲下事人，則每稟令於上而不能自專，其勢難爲。然己不能爲下以事人，則亦未能使人，何也？不自從這裏過，則其於下如何爲忠於上之事？如何爲不忠於上之事？凡其情僞，不能熟知而明盡，此所以無得使人之宜耳。是故大抵使人常在其前己嘗爲之，則盡其情僞而必能使人。○問：「如是人君則欲爲下而不得，奈何？」曰：「人君雖不得爲下，而亦須設以身處其地而察其心，此亦爲下也。」只此章之言，大槩爲居下之上者發。

○**坎**「**維心亨**」。○「故」字橫渠添説，以貫上下句，然與程傳本義意較異。○**外雖積險**。○坎，一陽陷於二陰之中，故爲險陷之義。陷之者在外，上下皆坎，爲重險卦，故曰「外積險」。二、五剛實在中，故又爲中心亨通，無所疑懼。○「**今水**」至「**在前**」。○八尺曰仞。○**惟知有義理而已**。○「知」字、「而已」字重看，如此則直是有「雖千萬人吾往矣」氣象，乃方義之可也，猶水之就下，無復回避，所以爲心通已。○若比干可謂心亨不疑者，而不能濟難。橫渠之言有所不合，曰：「聖賢之言，論理之常。或有不合者，其變而已，不可以彼疑此。且若比干事，以商辛萬乘之威，不能遏一人忠貞之情，身處至險之際而求仁得仁，亦可不謂心亨有功者哉！」

○「**人所以不能行己者**」章。○心弘則立志遠大，而不屑屑于世俗毁譽，故曰「心弘則不顧人之非笑，所趨義理耳」。○「正以在己者」云云。○言在我義理不勝惰與羞縮之病，或消於彼則長於此，或初不消而病常在也。○「齷齪。」○局陿貌。心本不弘，故有羞惰之病，羞惰之病常在，故意思愈齷齪。不弘終無由作事而已。○「在古氣節之士。」○如荆軻、聶政之徒是也。

○「**姤初六**」章。○豕，陰物。姤初六唯一陰微而在下，故取象於羸豕，爲小人微弱之時。○易傳曰：小人雖微弱之時，未嘗無害君子之心。○李德裕，字文饒，唐武宗時爲相。○閹宦。○閹，廣韻：「男無勢精閉者。」帖，静也。○「徒知」至「不忘遑」。○此其不知羸豕蹢躅之戒也。○失其幾，言失其機會。○葉注：繼嗣重事，卒定於宦者之手，而德裕逐矣。○通鑑：唐武宗會昌六年三月，帝崩，太叔即位。初，憲宗生光王怡。及上疾篤，旬日不能言。諸宦官密於禁中定策，下詔以皇子幼冲立，怡爲皇太叔。夏四月，李德裕罷爲荆南節度使。

○「**人教小童**」章。○「絆己不出入。」○日教小兒輩者，自爲之所檢束而不逾閑，蓋方其教之不宜，有沉醉戲謔等事，便是絆己不出入。此於修己上得益。○葉注曰「此段疑當在十一卷之末」，固是。然語類曰：「近思録大率所録雜，逐卷不可以一事名。如第十卷亦不可以事君目之，以其有『教小童』一段。」看此説不必深拘可也。

近思録説略卷之十一

教學類 凡二十一條

葉注備矣。

濂溪先生曰：剛善，爲義。○此章明氣質之性不同，必歸于一中而後爲至善，乃聖賢教人之準的、新民之事業也。○剛善，爲義，義，便是箇斷制裁割底道理，剛德之全體也。爲直，是曰是，非曰非，事循其實，無枉曲者。爲斷，勇決果斷。爲嚴毅，嚴厲强毅，無流蕩怠廢也。爲幹固。貞固以爲事之幹，守理之一而不回也。曰直，曰斷，曰嚴毅，曰幹固，皆爲剛德之條目。夫義、斷、嚴毅、幹固之爲剛德也，固矣。直之爲剛，如何？蓋直者，是決然爲是，不復説非，非決然爲非，不復説是；有決然爲有，不復説無，無決然爲無，不復説有。正正確確，無略有枉曲，非剛而何？○惡，爲猛，暴悍陵人。爲隘，狹隘拒物。爲强梁，唯任血氣而不由於義理者。梁，屋棟，亦剛强之意。老子曰：「强梁者，不得其死。」爲邪佞。邪媚佞奸，此是鄙夫之性，妾婦之道也。此詳分言性之剛柔善惡，以起下文。○通書朱注曰：「惡者固爲非正，而善者亦未必皆得乎中也。」蓋中者，無過不及之名。所謂剛善柔善之屬，是則是也，然未嘗無過不及之差，是以下文別説出之。大抵「善」字爲未盡之辭，只至中字而爲至極之名，故大學「善」字上更加「至」字，而始爲事理當然之極，正是中而已。若單言善則多爲未盡之意，如曰「善人」之類。

惟中也者，和也。○和者，合於理而無所乖戾也。當喜而喜，當怒而怒，當愛而愛，當惡而惡，無處而不和順於其道者是也。中節者，事合於法則之謂，言喜怒哀樂之發皆合法則，而無太過、不及之偏也。此便通達于天下之道，故曰「天下之達道也」。若夫剛柔合德，喜怒皆中節者，唯聖者能之，故又曰「聖人之事也」。○朱子曰：「中庸」之「中」，是兼以其發而中節、無過不及者得名。故周子曰「惟中也者，和也。天下之達道也」。若不識得此理，則周子之言更解不得。○又曰：子思之所謂「中」，以未發而言也；周子之所謂「中」，以時中而言也。學者涵泳而別識之，見其並行而不相悖焉者可也。○愚聞之師曰：周子説中與中庸不合者，彼論性之體段，故語中於未發之地。此受上文而專就氣質言之，故指已發之中耳。蓋氣質之偏正常於發處而見之也，是其所以不同歟。

故聖人立教。○人之氣質各不能齊，而約言之則有三等而已，中也，善也，惡也。聖人立教，則導之以漸。使人皆先變易其惡，以歸於善。於是剛者變易猛隘强梁之惡，而爲義直嚴毅之善；柔者變易邪佞懦弱之病，而爲慈順巽讓之德，此其教之大略也。然教止此，則猶未爲至善。蓋其善者，未必皆得乎中也。故又就「易其惡」上，俾之必至其中而後止矣。「止」字與中庸「改而止」之「止」同，德至於中，則易盡氣質之偏，而性之本然復全於我，然後動容周旋皆中其節，而無太過、不及之差矣。聖人教人之功，有以尚之者哉。○易其惡，多少着力。朱子曰：「『剛柔』一段，亦須看且先易其惡，既易其惡，則至其中在人。」○黄氏巖孫曰：張子云：「爲學大益，在自求變化氣質。」程子曰：「學至氣質變，方是有功。」皆此意也。○須看二「自」字，變化氣質而至其中者，豈他人之所得而與於其間耶？必在自奮發以勉强之而已，故下二「自」字，但俾之者便在上耳。

○**伊川先生曰：古人生子**。○内則曰：子能食食，教以右手。能言，男唯女愈。○**大學之法，以豫爲先**。○學記曰：「大學之法，禁於未發之謂豫。」陳氏曰：「豫者，先事之謂。」○方氏曰：夫既發而禁，則爲無及；未發而先禁，乃爲有修。「幼子常視毋誑」，亦可謂之豫矣。○格，至也。○鑠，孟子集注曰：「以火銷金之名，自外以至内也。」○漢書曰：衆口鑠金。

○「**觀之上九曰**」章。○易傳曰：上九以剛陽之德居無位之地，是賢人君子抱道德而不居其位，爲衆人仰觀法式者也。雖不當位，然爲衆人所觀，固不得安然放意，謂己無與於天下也，必觀其所生君子矣，乃得无咎。聖人又從而贊之，謂志當在此，固未得安然平定無所慮也。觀聖人教示後賢如是之深，賢者存心如是之仁。與夫素隱行怪、獨善其身者，異矣。○又曰：苟未君子，則何以使人觀仰矜式？是其咎也。○朱子曰：「其生」謂言行事爲之見於外者，既有所省，便是未得安然無事。

○**聖人之道如天然**。○「事上臨喪」、「不困於酒」，説見語子罕之篇。酒困不必酗醟顛倒，只一爲其所動而至變常者，皆是已。○輔慶源曰：庸下者失之不及，易以懈怠而止；高邁者失之過，易以陵躐而進。懈怠者病在苦其難，陵躐者病在忽其易。今聖人之教，常俯而就之，則庸下者不至病其難，而發勉思企及之志；高邁者不敢忽其易，而致謹重密察之功。在我者一，施之在彼者，各以其資之高下而有益焉。是即聖道如天，垂象昭然，而有目者莫不見之驗也。豈終於高遠而不可冀及耶？

○**明道先生曰：憂子弟之輕俊者**。○念書，思念書義也。作文字，謂習詞賦文章。○陳天台曰：憂者，憂其不能致遠也。蓋少年之輕浮俊秀者，惟教以學經讀書，則可以收其放心，而於道知所向。若使作文字，則心愈放而離道遠矣。凡百玩好，如畫圖琴棋之類[二]。奪志，謂奪其求道之志。書，習字。札，小簡。書札固儒者之一藝，若專攻乎此，亦喪其求道之志也。○書札只是一事，言習字於簡也，只注釋法不得不如此分解。○王羲之，字逸少，晋人。虞世南，字伯施；顔真卿，字清臣；柳公權，字誠懸，皆唐人。此四人皆工書札，且各有節行，而爲當世之能臣。○**曾見有善書者知道否？**○此只泛言，然就見彼四子，亦未足知道也。○二程全書四十卷又曰：人多以子弟輕俊爲可喜，而不知其爲可憂也。有輕俊之質者，必教以通經學，使近本而不以文辭之末習，則所以矯其偏質，而復其德性也。

○**胡安定在湖州**。○安定嘗爲蘇、湖二州教授，其在湖學置精義齋、治事齋，此所謂治道齋，即治事齋也。○劉彝，安定門人。萬姓統譜曰：「劉彝，字執中，懷安人。幼介特，從胡瑗學，善治水。」

○「**凡立言**」章。○意思涵蓄，則其味深長，而其辭簡暢。故知德者玩其意而不厭，無德者讀其辭而不惑。

○**教人未見意趣**。○按遺書，此章爲伊川語。○知所學果何事。此是見意趣如此，則知學之不可以不學，其樂之也必矣。○陳天台曰：　趣，指趣也。樂，喜好也。關雎等詩爲教於閨門之内，乃正家之始，故上下通用之。簡奥者，辭簡約而意深奥也。以洒掃等事編爲韻語，令朝夕咏歌之，庶見意趣而好學矣。○歌舞。○「舞」字帶言，此只欲教之咏歌，蓋聲歌者，人之所易樂故且教之，就其中自使見意趣也。○朱子曰：「嘗疑曲禮『衣毋撥，足毋蹶；將上堂，聲必揚；將入户，視必下』等，皆是古人教小兒語。」列女傳孟母又添二句，曰：「將入門，問所存。」○李京兆曰：　愚按：　北溪陳先生小學禮詩繼此意而作者也。學者便當朝夕詠歌，以爲小學之助。

○**子厚以禮教學者**。○事見第二卷。○張子之教，與後世一騖空文而無着實工夫者大異。

○**語學者**。○子曰：「中人以上，可以語上也；　中人以下，不可以語上也。」此章亦是此意，君子之教所以不躐等也。○陳新安曰：　道無精粗，教有等級。資之近上者，可教以精深；資之凡下者，且教之以淺近。苟遽以精深語之，則無入精深之漸，終爲凡下之歸而已。孰若且語之以淺近，使由淺近而漸進於精深哉？○愚按：　程子就學力上説，陳氏就資質上論，雖稍不同，然其意則足以相發，學者當參看。

○**舞射便見人誠**。○程子又曰：射中鵠，舞中度，皆誠也。○誠者，天理之本然，聖人之全德，所以成己無外於此者矣。今若舞射，亦皆養誠之事，則見古之教人莫非使之成己，夫如是，故「自洒掃應對上，便可致聖人事」。○「致」，論語集注作「到」。○林同安曰：洒掃應對只是敬。敬者，聖學所成始成終，故曰「便可到聖人事」。○愚謂：「洒掃應對」，惟敬以爲之主，則亦是誠而已，所以到聖人事也。

○自「**幼子常視無誑**」。○「視」與「示」同。常示之以勿欺誑，教以誠也。

○「**先傳後倦**」章。○子夏曰：「君子之道，孰先傳焉？孰後倦焉？」「倦」如「誨人不倦」之「倦」，言何者則先而傳之？何者則後而倦焉？○子夏教門人專以洒掃應對上，而自有此言，則見得君子教人有序，非是先傳以近小，而後不教以遠大也。

○**伊川先生曰：説書必非古意**。○説書，口講經傳以教人也。此必非古昔意思。○**下帷**。○漢書董仲舒傳：仲舒下帷講誦，弟子傳以久次相授業，或莫見其面。○此又當看時勢奈何。若後世教學廢墜，人於經籍不有口講之傳，則字義且不能通，其望潛心積慮乎？如果導之以此，則吾將見其長惑生懈，而終不能達矣。如此等人，必須講説經傳，以開示之。俟其文意領會，然後教之以不止章句口耳。而潛心積慮，優游涵養以自得之，則斯可矣。但其學問之要，不在口耳之間，則自初學立心之始，不可以不深識也。

○**古者八歲入小學**。○「八歲入小學，十五歲入大學」，白虎通文。又大戴禮保傅篇曰：「古者年八歲出就外舍，學小藝焉，履小節焉；束髮就大學，學大藝焉，履大節焉。」○注曰：束髮，謂成童。○**擇其才可教者聚之**。○此謂凡民，故下句曰「不肖者復之農畝」。據大學章句序：「天子之元子衆子，及公卿大夫元士之適子，則不俟擇而皆入大學。唯至凡民，乃擇其俊秀者以聚之於大學而已。若小學，則無貴賤、無知愚，皆得入也。」○**士農不易業**。○業，謂學業，方其學之則士農一業而無所變易。故以業言則士農未判，只既入學則專力於修治之道，而不復治農，與「復之農畝」者其事各不同，然後士農判矣。○**若士大夫之子，則不慮無養**。○朱子崇安縣學田記曰：予惟三代盛時，自家以達于天子諸侯之國，莫不有學，而自天子之元子以至士庶人之子莫不入焉，則其士之廪於學官者，宜數十倍於今日。而考之禮典，未有言其費出之所自者，豈當時爲士者之家各已受田，而其入學也有時，故得以自食其食，而不仰給於縣官也歟。○愚謂：朱子既曰「考之禮典，未有言其費出之所自者」，則此處亦推而言耳。若夫庶人之子有養者，顧其在小學則資父兄之養，及擇俊秀而入大學，則獨廩於學官也。○**至四十方仕**。○曲禮曰：四十曰强仕。○**無利可趨**。○未四十則不得仕而受禄，故其在學之際，無利之可趨也。○苟無利可趨，則其所志不趨善而復何爲？古之成就道德，每由此已。後世雖少年以才學得仕進，以文辭獲俸禄，安有不汲汲趨利者耶？已所向在此，則所背必在彼，何由得向善？○**只營衣食却無害**。○營衣食者，各務其業而求於力分之内，雖非君子之所重，亦未有害。惟一誘于利禄，則失學之本原，而所爲皆爲人甚者，至行險儌幸，其害豈有窮乎？

○「**天下有多少才**」章。○天下古今，雖未嘗無多少才，而不由道學，則終不能充其才焉。

○「興於詩，立於禮，成於樂。」○興，起也，謂興起其好善惡惡之心者。立者，謂卓然自立，而不爲事物之所摇奪者。成者，謂至於義精仁熟，而自和順於道德者。此三言者，便學之始中終也。

○「宿儒。」○宿，經也，言經年之儒者。○真西山曰：自周衰禮樂崩壞，然禮書猶有存者，制度文爲尚可考尋，樂書則盡缺不存。後之爲禮者，既不合先王之制，而樂尤甚焉。今世所用，大抵鄭衛之音，雜以夷狄之聲而已，適足以蕩人心、壞風俗，何能有補乎？然禮樂之制雖亡，而禮樂之理則在。故樂記謂「致禮以治身，致樂以治心」。外貌斯須不莊不敬，而慢易之心入之矣。中心斯須不和不樂，則鄙詐之心入之矣。莊敬者，禮之本也。和樂者，樂之本也。學者誠能以莊敬治其身、和樂養其心，則於禮樂之本得之矣，亦足以立身而成德也。三百篇之詩雖云難曉，今諸老先生發明其義，了然可知，如能反復涵泳，真可以感發興起，則所謂「興於詩」，亦未嘗不存也。○胡氏曰：程子因世變而歎傷，學者當因其尚存者而深考之，不可以自畫也。○胡雲峰曰：無程子之說，後世不知所以成材之難；無真氏之說，後世遂真以成材爲難矣。況詩自性情中流出，非吾心外物。天高地下，合同而化，天地間自然之禮樂。禮是敬，樂是和，亦非吾心外物也。○愚按：程子平日以敬教學者，其意蓋在此而已。只一箇持敬工夫，殆可以當詩禮樂之教，何也？敬則本心常存，而無非僻之干矣。積此工夫以思勉去，則所謂興立成者，亦不待他求而得之於此矣。是程子有大功於世處。

○**孔子教人**。○輔慶源曰：心求通而未得通，其意憤然不能自已。憤者，鬱㵝之意。口欲言而未能言，則其貌悱然而不能自伸。悱者，屈抑之貌。○**不待憤悱而發**。○「發」字內附帶「啓」字。○沛然，水流不滯之貌。○朱子曰：此正所謂時雨之化。譬如種植之物，人力隨分已加，但正當那時節欲發生未發生之際，却欠了些子雨。忽然得這些子雨來，生意豈可禦也？○輔慶源曰：不待憤悱而發，是强聒之耳；必待憤悱而發，則猶水之流，壅遏於此，有以决之，則沛然而往莫能禦矣。

初學者須是且爲他説。○爲，去聲。○言今教初學者，須是爲他隨問説與，若亦必欲待其憤悱，而雖有問，然不敢對，則他終不曉之。且止人好問之善心，此却非進人之道也。聖賢因機而施教之妙手，於此亦可見焉。

○**橫渠先生曰**：**恭敬撙節**。○撙，裁抑。節，節制，是一類字意。鄭氏説不可用，明禮該恭敬撙節退讓而言。○呂藍田曰：禮者，敬而已矣。君子恭敬，所以明禮之實也，禮節文乎仁義者也。君子撙節，所以明禮之文也。辭遜之心，禮之端也。君子退遜，所以明禮之用也。○能盡是三者以明其禮，則筋骸謹束，德性堅定而私欲不萌矣，故曰「仁之至也」。能盡是三者，則無驕慢鬥争之意，故又曰「愛道之極也」。○「**己不勉明**」云云。○勉字重，不勉則無以明禮，故君子必孜孜以得之。○此又歷言禮之不可不明。禮也者，理而已矣。教人弘道，豈外斯理而別有術乎哉？

學記曰：**進而不顧其安**。○此皆言教人之未善者。進，自教者言；安，自受教者言，人之學識所及，則必安之。如其所不及，則不能安之。故善教者顧其安於此，然後進之於彼，所謂循循然誘之也。如此，則有日新漸磨之功，而無陵節躐等之弊矣。其不善教者反是。○此三言雖各是一事，而其弊實相因。蓋妄進之而不顧其所安，則彼受教者於己之所未及，只管勉苦而爲之，如何使由其誠？苟不出乎中心之誠，則所爲皆鹵莽而已，豈有盡其材哉？可見三患相因而生也。○**人未安之，又進之**。○以下張子論禮經意，若人未安於洒掃應對之小節，又進之以正心修身之全體。論、孟之文義未喻，又告之以易道之精微，如此之類，所謂進而不顧其安者。此徒使人不由其誠，不盡其材，而終不見其益了。○**觀可及處，然後告之**。○如此後能盡人之材而不誤人。夫子於問仁問孝之類，所問不異，而其答皆不同，亦觀其可及處告之也，故人各理會承當以盡其材，如顔冉有請事之言。○**庖丁之解牛**。○莊子養生主篇曰：庖丁爲文惠君解牛。庖丁曰：「始臣之解牛之時，所見無非牛者；三年之後，未嘗見全牛也。方今之時，臣以神遇而不以目視，官知止而神欲行。依乎天理，批大郤，導大窾，因其固然。今臣之刀十九年矣，所解數千牛矣，而刀刃若新發於硎。彼節者有間，而刀刃者無厚，以無厚入有間，恢恢乎其於游刃有餘地矣。」○此譬聖人之知人，如見其肺肝，隨材施教，各當其可也。

人之才足以有爲。○言人之才元足有爲，但不自盡焉耳。其所不盡何在？以其不由於誠也。蓋無誠意，則雖材之所優爲亦不能行。如爲長者折枝，誰不易能？然不誠，則曰吾不能也。百事皆然，未有不誠而能盡其才者。勉率，勉强輕率也。此一段專就受教者而言，只其使之則在教者而已。

○**古之小兒，便能敬事**。○以有小學之教也。○陳天台曰：「提攜」，謂牽行，捧手所以承長者之意。掩口，謂以手障口，不使氣觸長者。○此見小兒能敬事。○稍不敬事，即用心粗略，便不是忠信。○**且先安詳恭敬**。○陳天台曰：安静、詳審、恭莊、敬畏四者，小學涵養本原之事也。○愚謂：安詳則恭敬，不恭敬則不能安詳，只其事狀各有些異，故并言耳。

○「**孟子曰：人不足與適也**」章。○趙氏曰：適，過也。間，非也。格，正也。○朱子曰：言人君用人之非，不足過謫；行政之失，不足非間，惟有大人之德，則能格其君心之不正以歸於正矣。大人者，大德之人，正己而物正者也。○異同，有異有同，不必合也。較，計較也。

○張子因孟子之言而推説至此。凡讀經傳者，如是推看，義理儘無窮焉。

【校勘記】

［一］如畫圖琴棋之類「圖」，御定小學集注卷五作「輿」。

近思録説略卷之十二

警戒類 凡三十三條

聖賢之道，修己治人二端而已矣。此一書之所論，亦豈外於此耶？而非警省戒謹，則私欲日長，天理日消，身何由修，而尚望治人乎？故及是書之將終，叙以此篇，所以貫前之數篇也。

濂溪先生曰：仲由喜聞過。○朱子曰：喜其得聞而改之。○蔡虛齋曰：非是説喜聞過一事令名也，因喜聞過而勇於自修，故有善可稱而令名無窮也。○規，規諫。悟，悔悟。噫，傷痛聲。過不改，則爲惡而速禍矣。○愚謂：「噫」之一字，令人惕然有深省處，最宜詳味。○張南軒曰：聞過則喜，非能克其驕吝者不能。驕則自以爲善，而惡人議己，吝則安其故常而不能從人。子路用力於克己，其功深矣。

○**伊川先生曰：德善日積，則福禄日臻。**○所謂「修其天爵，而人爵從之」也。○此章之意，欲人使德勝於禄，而禄不勝於德。今人不知德之不勝於禄，干進無已，往往致咎禍，真可戒乎哉！

○**人之於豫樂，心説之**。○遲遲，留滯之意。○**豫之六二**。○易傳曰：「豫者，安和悦樂之義。爲卦震上坤下，順動之象。動而和順，是以豫也。九四爲動之主，上下群陰所共應也，坤又承之以順，是以動而上下順應，故爲和豫之義。以二象言之，雷出於地上，陽始潛閉於地中，及其動而出也[二]，奮發其聲，通暢和豫，故爲豫也。」六二處中正，又無應，爲自守之象。○**其介如石**。○孟子集注曰：介，有分辨之意。○愚謂：有節操者，如可做底則不敢不爲，不可做底則必不爲之，取舍向背之際，截然有界限，此之謂介，故解曰有分辨之意。○**見幾而作**。○作，起也。此一句繫辭傳文言，去之速也。○方人心豫樂之時，特立自守，無所耽戀，其貞正如何哉？這等人品，禍無所招，譏無所容，又奚爲不吉耶？

○**人君致危亡**。○憂不生於憂，而每生於樂，三代以下，其以逸豫生衰亂、致危亡，奚翅相半，有國家者，可不深戒乎哉？

○「**聖人爲戒**」章。○此章言「治不忘亂，安不忘危」意，君道之警戒莫大焉。

○**復之六三，以陰躁處動之極**。○六三爻辭曰：頻復，厲无咎。○陰性必躁，蓋固守而不妄動者，非陽剛之力不能。陰性柔弱，所以躁動也。此與陰靜陽動義又自別，大抵易之取義多端，不拘一例。○處動之極。○復之下卦爲震，三下卦之終，故曰「處動之極」。○**復之頻數**。○復者，復於善也。固是善事，但其頻數則失之之頻數，亦可見矣。如一復而不失，則何頻數之有？復之頻數，則其於善不能固守者，是以躁動故也。○**頻復頻失**。○易文單曰「頻復」，而含頻失意，程傳欲其分明，故添兩字說。復善非危，只屢失爲危已。○聖人不貴無過，而貴改過。故不以屢失之故而棄頻復之善，「與其復而危其屢失」，莫非爲生民立教垂戒之深意焉。○**戒其復也**。○戒，猶抑也。○**劉質夫曰**。○質夫，名絢，程子門人。伊洛淵源録不載其鄉里。○伊川急欲人之復善，故深言復之无咎，而劉氏又恐人遂以爲有復，則雖頻失而不有害，乃至玩過而忘反也，故云然。此又足補程說之餘意，所以附之耳。

○**剛極則躁暴而不詳**。○此又因剛强之極，以見有躁暴之象。蓋性剛强則多果敢之氣，所以有躁率之弊也。此與陰柔之躁其所從來不同。○「睽極」就全卦而言，「剛極」就爻位而言，

「明極」就上卦而言，易文「睽孤」包此三義看。○「**如人**」至「**常孤獨也**」。○衆叛親離，便是獨夫而已。

○**解之六三曰**：**負且乘**。○易傳曰：六三陰柔，居下之上，處非其位，猶小人宜在下以負荷，而且乘車，非其據也，必致寇奪之至，雖使所爲得正，亦可鄙吝也。○王臨川曰：負者，小人之事。六，小人之材也。乘者，君子之器。三，君子之位也。○張南軒曰：小人乘君子之器，乃所以招寇而起禍。○吝，訓鄙吝，蓋吝嗇之人，雖勉散財而本非才性之所好，終見鄙吝底意。小人常吝於爲正事，故其迹亦似此爾。○**大正非陰柔所能也**。○此爻本以陰柔故取那象耳。所謂大正是剛陽之道，非陰柔所能，則不可就陰爻論之。若能之，則是化爲君子，非復陰柔也。

○「**益之上九曰**」章。○苟公其心，不失其正理。○唯公其心，即不失其正理。理者，天下之至公也。○上九處益卦之極，有過求益之象，故繫辭如此。

○**艮之九三曰**。○易傳曰：三以剛居剛而不中，爲成艮之主，艮之成卦，猶三之一陽，故曰「爲成艮之主」。決止之極也。已在下體之上，而隔上下之限，皆爲止義。故爲艮其限，是確乎止而不復能進退者也。在人身如列其夤。夤，膂也，脊骨爲膂。上下之際也。○**舉世莫與宜者**。○舉，猶盡也。與宜，與己相宜也。○**艱蹇忿畏**。○此四字乃見多方苦心，所以焚撓其中也。危厲薰心，不安之甚也。

○**大率以説而動**。○以説而動，只是人欲，必至失正。「動」字該内外。

○**男牽欲而失其剛**。○人苟牽欲，則常屈於萬物之下。貪禄者，常屈於權門。好色者，常屈於少艾。如此之類，安有不失剛者？故夫子曰：「棖也慾，焉得剛？」○**婦狃説**。○狃，習也。説字屬婦。

○「**雖舜之聖且畏**」云云。○書皋陶謨曰：「能哲而惠，何畏乎？巧言令色孔壬！」就見聖人且畏之。○朱子曰：巧，好；令，善也。好其言，善其色，致飾於外，務以悦人。○依書，此爲禹自警之言。今繫之于舜者，豈以爲舜嘗畏之，故禹之言然歟？

○**治水，天下之大任也**。○此指洪水懷襄之時，故曰「天下之大任也」。○**捨己從人**。○大禹謨文。程子曰：「舍己從人，最爲難事。己者，我之所有，雖痛舍之尤懼，守己者固而從人者輕也。」○**方命圮族**。○出堯典。蔡氏曰：「方命者，逆命而不行也。」王氏曰：「圓則行，方則止。方命，猶今言廢閣詔令也。」○愚按：此句暗指鯀而言，須依書傳。而命做王命看，蓋「方命圮族」正是舍己從人之反，不從王命則悻戾自用。對之於舍己從人，則爲尤切，不可必從葉注。孟子「方命虐民」，集注曰：「命，王命也。」與此同看。○蔡氏曰：圮敗族類也。言與衆不和，傷人害物。○**九年而功弗成**。○堯典曰：九載績用弗成。○「**然其所治**」至「**所及也**」。○此處語有抑揚，蓋鯀之所治雖不可考，然廷臣僉薦之，帝堯終試之，則其才之足用可見也。且其所治，初無功績，則堯亦奚待九年耶？此知其事固非他人所及也。然此姑揚鯀，而甚見自任之害事耳，意不重此。○**其功有叙**。○言事功次第有成也。○**公議隔而人心離矣**。○衆人之議必有公論，自任咈戾則無容人之議，此公議隔也。夫如此，故人心離而不復告以善，所以惡顯功毀也。「其惡益顯而功卒不可成也」通受上句，不可分說，公議隔故惡益顯，人心離故功卒不可成也。

○**君子「敬以直内」**。○以此一句冠章首者，微生高以無爲有，自曲其内，與君子之所爲正相反故已。○事有大小，理無小大。所枉之事雖小，然違君子之道而失天理之正，其害豈小乎哉？

○**人有慾則無剛**。○朱子曰：慾，多嗜慾也。多嗜慾則不得爲剛矣。○又曰：凡人纔貪一件物事，便被這物事壓得頭低了。纔有些欲，便被他牽引去，此中便無所主，焉得剛？○林同安曰：慾乃不剛病根。

○**人之過也，各於其類**。○厚愛君子之道、薄忍小人之道，此是所謂「各於其類」也。○朱子曰：人之過，不止於厚薄愛忍四者，伊川只是舉一隅耳。若「君子過於廉，小人過於貪；君子過於介，小人過於通」之類，皆是。○善有諸已者，雖有所過，亦未至於大失道，可不勉爲善乎？

○「**明道先生曰：富貴驕人**」章。○葉注曰：「以學問驕人，非特其學爲務外，而傲惰敗德，學亦不進矣。」又顏氏家訓曰：「有讀數十卷書，便自高大，凌忽長者，輕慢同列，人疾之如讎敵，惡之如鴟梟。」本文害亦不細，須兼此兩意看。

○人以料事爲明。○料，億度也。騣騣，馬行疾貌。○朱子曰：「詐謂人欺己，不信謂人疑己。」葉注曰：「事而無情曰詐，言而無實曰不信。」與朱子説不合。竊謂葉氏以詐屬事，以不信屬言者，拘矣。家語曰：「行僞而怪[二]，言詐而辨。」此「詐」字却屬言。「信」字解做循物無違，則奚啻言之有實？亦包事在其中。且朱説「謂人欺己」一句，自足以該事之無情、言之無實，如葉注以字證則拘矣，以義理則單矣，不若朱説彼此兼舉而渾涵焉。○葉注曰「詐者巧」，又曰「自流於巧」，皆未穩。

○「**人於外物奉身者**」章。○陳天台曰：外物之奉身者，如飲食、衣服、宮室類。○但欲得外物之好，則身不檢而心逐物，故身與心已先不好也。試將外物與身心對過，熟思外物爲重耶？身心爲重耶？要外物好耶？要身心好耶？有人心者於此，不知所輕重乎？然至應接之際，惟要外物之好而不知道身心之不好，豈自家身與心果輕於飲食衣服哉？弗思甚也。○鄭氏曰：覽鏡而面目有汗，則必滌之；振衣而領袖有垢，則必濯之；居室而几案窗壁有塵，則拂之。不如是，則不能安矣。至於方寸之中，神明之舍污穢垢塵日積焉，而不知滌濯振拂之。察小而遺大，察外而遺内。其爲不能充其類，不亦甚乎？

○**人於天理昏者**。○「他」字虛，不可說指天理，又不可說指心志，其實亂著心志也。但不可就「他」字上定說所指。○「**莊子言**」云云。○見大宗師篇。林希逸注曰：「天機者，天理也。」

○**伊川先生曰：閱機事之久**。○閱，觀也，歷也。機事，機械變詐之事，凡以巧術驚俗收功者，皆是也。○莊子天地篇曰：子貢南遊於楚，反於晋，過漢陰，見一大人方將爲圃畦，鑿隧而入井，抱甕而出灌，搰搰然用力甚多而見功寡。子貢曰：「有械於此，一日浸百畦，用力甚寡而見功多，夫子不欲乎？」爲圃者笑曰：「吾聞之吾師，有機械者必有機事，有機事者必有機心。」○林希逸曰：機械，器也。用之則爲機事，所以用之者，心也。○**如種下種子**。○言由由而生，不可以遏也。

○「**疑病者**」章。○周羅，周匝包羅也。周羅事者，好取事也。蓋好取事者，欲無事而有遺，有周匝包羅之象。○此二事皆亦心有所期待而不得其正者，故欲正其心者，須要警戒以去這病。

○**較事大小**。○事無大小，惟理是視。苟不問理之當否，只管計較事之大小，則必有舍小而取大、失近而得遠之意，所謂爲枉尺直尋之病也。此便功利之習、權謀之流。志道者，可不深戒乎哉？○八尺曰尋，枉尺直尋，謂所屈者小所伸者大也。

○**小人、小丈夫，不合小了**。○小人者，不仁、不智、無禮、無義之人。小丈夫是箇局量褊淺底，專言則亦可謂之小人。只對言之，則有輕重耳。言人見小人、小丈夫，一切小了，以爲非人。不知人性無不善，雖此等人本不是惡，但爲氣稟所拘、人欲所蔽而自小之爾，如能奮然用力於善，則皆可化而爲君子，豈斷然小了耶？所謂人苟以善自治，則無不可移者。雖昏愚之至，皆可漸磨而進。意自見言表。嗚呼，聖賢欲成人之美也深矣！○此章言約而味長，辭厚而意切，讀者宜深玩焉。

○**雖公天下事**。○如今以安天下之民爲事，固是大公底事，然那上面一有所爲而爲之，則是事雖出於公而心便私，却是霸者之道而非君子之所取也。要之，唯以公心行公事，然後爲盡善而已矣。「天下」者，極言之，舉大而包小。

○**做官奪人志**。○此古人之所以重仕也。○古者自十五入學，至四十方仕，中間自有二十五年學，又無利可趨。俟其血氣既定、道德既立之時，然後出仕，故自不至有奪其志。後世學校之教廢墜，人多自童稚間已至有仕，及其壯年而未仕者絶寡矣，安得不奪其志？學者戰兢自持，隨事深省，用功倍於古人，則庶乎免此弊焉。○朱子文集趙致道問書曰：「程子曰仕宦奪人志，或言爲富貴所移也。愚意以爲不特言此，但才仕宦則於窒礙處有隨宜區處之意，浸浸遂入於隨時徇俗之域，與初間立心各别，此所謂奪志也。不知程子之意果出於此否？又不知人未免仕官而有此病，又何以救之？敢乞指誨。」答書曰：「所喻奪志之説是也。若欲救此，但當隨事省察而審其輕重耳。然幾微之間，大須著精彩也。」

○**驕是氣盈，吝是氣歉**。○林同安曰：挾己之所有以夸人是驕，慳己之所有不與人是吝。○又曰：智伯曰：「亂不自我，誰敢爲亂。」驕之大也。王戎家有甘李，常鑽其核，吝之甚也。○又曰：以能夸人是驕，以財夸人亦是驕，吝亦然。

○「**未知道者**」章。○「及其醒」，譬方知道。○此章兩段大意相同，但前段比後段爲太甚耳。

○**邢七云：「一日三點檢。」**○點檢，猶考察也，言一日之間三度點檢其身也。○**可哀也哉！**○言可患之甚也。「理會」謂求而玩之。君子之學終日孳孳，猶恐不及。而今只三次點檢而止，則是其餘時無所理會，雖似有用功之意，實見空時廢事之弊，真可哀也哉！○**蓋倣三省之説錯了。**○如曾子三省，是以他三者日省其身，有則改之，無則加勉，是其自治之誠切，而固不止三次。且此曾子晚年工夫，蓋覺有這些子查滓去未盡，故唯省這三事耳。在學者則當隨事省察，非止此三事也。今邢氏欲倣三省之説，且認得三省以爲三度省察，此其可見不曾用功。蓋用功深切，則自識得曾子三省不止三度，吾身點檢不可唯三次而已，何至有此粗略？○究竟邢氏之過，不獨錯認三省之説。以自己分上欲驟倣曾子，既是非也。明道姑就其迹以責空時廢事耳。○**又多逐人面上。**○伺察人之顔色以説一般合意話，此是容悦之態，故明道責之。○**邢曰：無可説。**○言不如是則咈人意，而不容説也。○**便不得不説？**○句下須添「乎」字看。

○**横渠先生曰：學者捨禮義。**○陳天台曰：「猷爲」，謀猷作爲也。「下民」，下等之人也。「一致」，猶言同歸。○李京兆曰：藏修游息於禮義者，學士君子之謀猷爲作也。急衣食樂燕游者，下民小人之情致也。居君子之地，捨君子之爲，而懷小人之情，其可乎？○循此而之，去禽獸不遠矣。學者可不深戒乎哉？

○**鄭、衛之音悲哀**。○從，猶馴也。○張子又曰：鄭、衛之音，自古以爲邪淫之樂，何也？蓋鄭、衛之地濱大河，沙地土不厚，其間人自然氣輕浮；其地土若，不費耕耨，物亦能生，故其人偷脱怠惰，弛慢頽靡。其人情如此，其聲音同之，故聞其樂，使人如此懈慢。其地平下，其間人自然意氣柔弱怠惰；其土足以生，古所謂「息土之民不才」者此也。○愚按：夫子曰「鄭聲淫」，張子云「鄭、衛之音悲哀」，却似不相干，而試之於今俗之淫聲，其甚者必悲哀，使聞者低首銷氣。由此觀之，鄭、衛之音本淫，故又必悲哀也，誠無容疑者。○依本文，惟悲哀故令人意思留連，意思留連故又生怠惰之意，從而致驕慢淫蕩之心，如此看與下文正相應。○「**雖珍玩奇貨**」云云。○商紂始爲象箸，箕子深嘆之者，以是故已。

○**孟子言「反經」**。○孟子曰：「君子反經而已矣。」經者，日用常行道理，此便萬世不易之常道。蔡虛齋曰：「自父子君臣之間，以至一應事一接物之際，其所當行者皆常道也。」「反」字由其上文「鄉原」而言，世衰教弛，常道不立，鄉原之流並起，不可勝正。君子於此，亦復常道而已。反者不是初爲彼所惑而後復之之謂。蓋舉世流於邪慝，吾獨循於常道，猶厭末流而反本原，故謂之反。○**鄉原**。○朱子曰：鄉者，鄙俗之意。「原」與「愿」同。鄉原，鄉人之愿者也。蓋其同流合污以媚於世，故在鄉人之中獨以愿稱。○**鄉原大者不先立**。○大者，不外乎仁義忠信。○君子復其常道，則是非昭然，而爲萬民之準的。雖有鄉原之邪僞，不足以惑之矣。此孟子所以「言反經特於鄉原之後」也。

【校勘記】

［一］及其動而出也　「也」，伊川易傳作「地」。

［二］行僞而怪　「怪」，孔子家語刑政作「堅」。

近思録説略卷之十三

辨異端類 凡十四條

朱子曰：「異端非聖人之道，而别爲一端也。」○荀子曰：「仁者愛人，故惡人之害之也；義者循理，故惡人之亂之也。」夫君子之道不外乎仁義，而異端之術惑世誣民，充塞仁義，率獸食人，此君子之所以深惡而痛絶也。然己之學未至，則欲力辨異端而無其則矣，在彼無損，在己無益，猶不治腹心之疾而徒憂瘡痍，終無補於養生也。此書前之諸篇論在己之道既備矣，故至於此叙以是篇。○孟子曰：「楊、墨之道不息，孔子之道不明。」程子曰：「佛、老之害甚于楊、墨。」而今爲害亦莫甚於佛氏。學者不志于道則已，苟志於此，則固不可不明辨而深斥焉。然而闢之之道，直撞其巢窟，碎其頭腦可矣。世儒多不達，其排佛教唯止皮膚言論之末，或却爲彼所屈，箝口齰舌，何其陋哉！學者熟讀此篇，深試細推，則庶乎得其要矣。子朱子此篇之纂輯有大補於來學哉！

明道先生曰：楊、墨之害，甚於申、韓。〇金仁山曰：楊朱，老子弟子，字子居，其書不傳，而列子、莊子多舉其語。〇墨翟，見呂氏春秋、説苑等書，又有墨子十六卷。申不害、韓非、老聃見史記列傳。韓文公佛骨表曰：「佛者，夷狄之一法耳，自後漢時流入中國。」〇後漢明帝時遣使之天竺求其道。事見通鑑。〇此一節一章之大指，下文詳之。

「**楊氏爲我**」至「**惑世之甚也**」。〇此言楊、墨之害甚於申、韓者。〇按二程全書及孟子集注皆作「楊氏疑於義，墨氏疑於仁」，極爲明白的當。此處却曰「楊氏疑於仁，墨氏疑於義」，蓋傳寫之誤。葉注從爲之説，所以涉牽强。夫楊氏爲我，解做疑似於無欲之仁，猶可。至説墨氏兼愛，疑似於無私之義，斷乎不。説通愛是仁之用，兼愛上面難下箇「義」字，且無私即無欲，此可解「仁」字不可解「義」字也。從全書及孟子注，則見得楊氏潔己而不務外者疑於義，墨氏汎愛而無彼此者疑於仁。此自明快條暢，既有考證又義理尤明，則是爲傳寫之誤可矣，何强爲之説耶？〇朱子曰：楊氏見世人營營於名利，埋没其身而不自知，故獨潔其身以自高，如荷蕢、接輿之徒是也。墨氏見世間人自私自利，不能及人，故欲兼天下之人而盡愛之。〇又曰：楊朱，乃老子弟子，其學專於爲己。列子云：「伯成子高拔一毛而利天下，不爲，其言曰：一毛安能利天下？使人人不拔一毛不利天下，則天下自治矣。」〇又曰：楊朱看來不似義，他全是老子之學，只是箇逍遥物外，僅足其身，不屑世務之人。只是他自愛其身，界限齊整，不相侵越，微似義耳，然終不似也。○若申、韓欲獨任於刑名法術以收功利，既不可謂之仁，又不可謂之義。麤疏淺陋，僅有知者，孰以此爲至而爲彼所惑乎？至楊、墨疑於仁義，則其言較高深，略有識者，或惑其說。此其所以爲惑世之甚也。孟子獨闢楊、墨者，爲此故也。

佛、老其言近理。○此言佛、老之害甚於楊、墨者。○朱子曰：楊、墨只是硬恁地做，爲我、兼愛做得來也淺。佛氏最有精微動人處，從他說愈深愈害人。○中庸蒙引曰：吾儒之道不外乎致知、力行二者而已。致知者，盡心知性也。力行者，存心養性也。佛氏曰「明心見性」，甚有似吾儒之所謂「盡心知性」。老氏曰「修心煉性」，甚有似吾儒之所謂「存心養性」。此可謂彌近理矣，然而吾儒之盡心知性者，所以擇善以明乎道，即堯、舜以來所謂惟精者也。彼之明心見性，則以覺爲妙，其歸至於絶欲棄智[二]，空諸所有。所謂語小則「夢幻人世」，語大則「塵芥六合」者也，其於吾道果同乎？吾之存心養性者，所以固執以守夫道，即堯、舜所謂惟一之旨也。彼之修心煉性，則以退爲長算，其歸在於貪生罔利，獨立物表。所謂「將欲取之，必固與之」，「弱其志，强其骨」，使人無知無欲者也。其於吾道，又果可同乎？此其大亂真可見。○又曰：吾儒格物以致知，佛氏外物以爲知；吾儒成己以經世，老氏利己而遺世。○又曰：佛、老之彌近理而大亂真者，不止一二件。且如中庸之道，一平常不易之理也。佛氏云「世間萬事不如常，又不驚人又久長」，何其近也？又如云「有物先天地，無形本寂寥。能爲萬象主，不逐四時彫」，又何其類？吾儒之所謂太極也。吾儒曰「動靜無端，陰陽無始」，老氏曰「虛而不屈，動而愈出。迎之不見其首，隨之不見其後」，又何其類也？吾儒曰「不言而信，無爲而成」，老氏曰「聖人處無爲之地，行不言之教」，又何其類也？然究其歸，則皆不免於外物以爲智，利己而遺世，佛、老之病一也。蓋吾儒之虛虛而實，老氏之虛虛而虛。吾儒之寂寂而感，佛氏之寂寂而寂。○愚按：虛齋先生中庸説足發此章所謂佛、老其言近理，所以爲害尤甚之旨，故具載之。○虛齋又曰：老、佛非指老子、釋迦，是謂學老子、釋迦之學者也。蓋老子是孔子前人，與孔子同時，不待孟子沒而後起。釋迦，西番人。生于周敬王時，亦孔子前人也。至漢明帝時，佛法始流入中國耳。○金仁山曰：佛氏寂滅類楊，而禪定立脱之説過之；慈悲普施類墨，而平等無生之説過之。蓋兼無父無君之教，而資率獸食人之禍者，所以其害爲尤甚。○「**楊、墨之害**」至「**廓如也**」。○孟子曰：「楊氏爲我，是無君也；墨氏兼愛，是無父也。無父無君，是禽獸也。」此直指邪説之本根，以斷罪案之極處。楊、墨之説，至此瓦解土崩以不能惑人，豈不廓如乎？嗚呼！古今辨析異端，未有若此之明快者也。○明道之意，蓋謂楊、墨之害不若佛、老，亦幸經孟子闢之；佛、老爲害尤甚，而未有闢之廓如者，須深懼而痛絶之也已。

○**伊川先生曰：儒者潛心正道。**○潛，深也。「其始甚微」句上，須入「雖使有差」一句看。

○**師也過，商也不及**。○出語先進篇。○伊川以子張之過爲過，於本文似無此意，且夫子嘗曰「師也辟」，曾子曰：「堂堂張也，難與並爲仁矣。」以其習於容止而少誠實惻怛之意也。以此思之，子張人品恐可謂近於薄矣，如何謂之過厚乎？竊按：子張曰：「尊賢而容衆，嘉善而矜不能。」是必子張晚年工夫，可見其泛愛兼容而過於厚些子。子夏曰：「可者與之，其不可者拒之。」此又可見其規模迫狹，而不及於中也。此章之言蓋本乎此。○**其末遂至楊、墨**。○楊、墨實非子夏、子張之流，然如彼之過，其初於儒者之道，只是一毫之過不及所由致已，故言之然，所謂毫釐之差、千里之謬者也。○**孟子推之便至於此**。○朱子曰：楊朱但知愛身，而不復知有致身之義，故無君。墨子愛無差等，而視其至親無異衆人，故無父。此其心雖未至於無父無君，而推論之，則必至於此，以無所辭罪矣，故孟子斷爲無父無君。

○「**明道先生曰：道之外無物**」章。○此二句最精，吾儒之所以爲儒、異端之所以爲異端，唯在此上面看得。蓋就物以行其道者，儒者之所得。離物以顧道者，異端之所失也。何也？道之外無物，物之外無道也。下面數節，只釋氏之術，與吾儒之道緊緊對舉，以明其不同耳。若要其歸，唯此二句意思盡足無復餘蘊矣。極妙極妙，讀者宜玩味焉。○「是天地之間至道也。」○受上二句而言，夫道外無物，物外無道，天地之間無適而非物，則又是無適而非道也。○「即父子而」云云。○此又説章首二句實事，父子君臣物也，所親所嚴道也。此言道不離物之意多少分明。○陳北溪曰：道非是外事，物有箇空虚底，其實道不離乎物，離物則無所謂道。且如君臣有義，義底是道，君臣是器。若要看義底道理，須就君臣上看，不成脱了君臣之外，别有所謂義。父子有親，親底是道，父子是器。若要看親底道理，須就父子上看，不成脱了父子之外，别有所謂親。即夫婦，而夫婦在所别；即長幼，而長幼在所序；即朋友，而朋友在所信。亦非外夫婦、長幼、朋友而有所謂别、序與信。聖門之學，無一不實。老氏清虚厭事，佛氏屏棄人事，他都是把道理做事物項頭玄妙底物看，把人事做下面粗底，便都要擺脱去。○朱子曰：四大，即吾儒所謂魂魄。○又曰：佛、老之説，不待深辨而明。廢三綱五常一事，已是極大罪名，其它更不消説。○愚按：毁人倫去四大，佛氏之千言萬語，其歸不出乎此，而其罪惡亦莫此之甚。明道異端之辨，可謂得其要矣。

「**故君子之於天下也**」至「**非天地之全也**」。○朱子曰：適，專主也；莫，不肯也。○蔡虚齋曰：言君子於天下一切事，初無必爲之心，亦無必不爲之心，顧義之所在何如，而惟義是從耳。如理果當爲則爲之，理果不當爲則不爲。義者，事理之所宜也。義果當行則行，其行也以義，非吾有心於行也。義果不當行則不行，其不行也亦以義，非吾有心於不行也。若有心於行則是適也，有心於不行則是莫也。此三句語勢要相連説，言無此二者，只有一義耳。○又曰：

天下之事該得極廣，大而父子君臣之間，小而動静食息之際，近而一室之内，遠而萬里之外，一切的事都有箇道理在那裏。君子以其事之理而處其事，何容心於可否耶？○又曰：比，從也。與比者，與義比也。謂只倚在義一邊去，如倚靠之倚。○又曰：孔子曰「我則無可無不可」，無可無不可者，以心言也，不以事言也。心則無有可不可，若事則當自有可不可在，安得無可無不可？曰「無適也，無莫也」，此無可無不可之説也。曰「義之與比」，則自有可與不可在矣。○若有適莫則是私意，於道爲不合，雖或一事中於理，亦偶然耳。如此則得於此而必失於彼，固不足取也。天地之全體曰理而已矣，纔有間於道，則不可謂之天地之全體。○此節不説出異端，而闢之之意在於言外。○金剛經曰：「應無所住，而生其心。」此近於無適莫之説，然不有與義比，則其無所住，亦無星之稱，無寸之尺而已，何足貴哉？且其一任於心，而無義以爲之主，則實不免有適有莫，學者詳之。

「**彼釋氏之學**」云云。○吾儒持敬以直其内，與釋氏習定以虚静此心，皆是就心上下工夫，其模樣則有相似，故姑曰「有之」，以對下句「未之有也」，如論其實，則所謂持敬與習定大不同也。蓋吾儒之持敬者，爲存此心以養實理，此其工夫皆實，當思則思，當動則動，唯使其心不走作而已。釋氏之習定者，一求虚静，無復實底工夫。僧慧能曰：「一切善惡，都莫思量，自然得入清淨，心體湛然常寂，妙用恒沙。」○又曰：「邪正俱不用，清淨至無餘。」又僧璨曰：「纔有是非，紛然失心。」釋氏心地工夫都不出是窩窟，其意以謂人心不可思惡，亦不可思善，纔有所思，則心爲之執著而非本分之體焉。此并善惡一切掃去之，如此則務虚其内者，果何益哉？吾儒乃不然，思善之爲貴，而不思其惡耳。若夫三綱五常之理，人之所以爲人也，人而可不思之乎？吾儒之正大平坦而有法則處如此，豈與佛氏空虚無法之説可同日而語耶？是知明道之言，但以其近似，而姑曰「有之」耳。○「義以方外」則未之有也。○釋氏毁人倫、去四大，於一切事物悉絶滅之，故「義以方外」則斷乎不有也。此論其體則如有近似者，而於其用則絶無矣，其教之偏邪可見也已。○問：佛家如何有「敬以直内」？朱子曰：他有箇覺察，可以敬以直内，然與吾儒亦不同。他本是箇不耐煩底人，故盡欲掃去。吾儒便有是有，無是無，於應事接物只要處得是。○此一節語意稍不圓，必須章下又曰一節而義始全。按：朱子語類是語游定夫所編，朱子云游定夫晚年亦學禪，豈游氏被自己所見牽，所記偶有誤歟？

故滯固者入於枯槁。○槁，亦枯也。楚辭曰「形容枯槁」，此如今所謂持戒者之類，拘滯於教法之中，而終至於槁木死灰。○**疏通者歸於恣肆**。○疏，亦通也。禮記曰：「疏通知遠。」此乃禪家之學疏通穎悟之意。蓋禪家識見本自穎悟，故亦看得道隨處而有，是以要起便起，要坐便坐，要行便行，要止便止。唯從其心之所向，以爲得道，可謂疏通者，而不知那上面各有法則在。若吾心之所向合於法則，則固善。苟未合於法則，則克己改轍，必求當理可矣。若彼禪家不知此義，其行遂歸於恣肆。大凡釋氏之教一斷除事物，無義以方外語，體則似有而用便絶無矣。故其弊或拘或肆，其教之所以爲偏隘，此可以見也已。

吾道則不然，「率性」而已。○性即理也。惟循其性則日用之間事事有法，物物有則，如此則起亦道，坐亦道，行止動静皆不失其正。既不病於拘，亦不至於肆，此吾道之所以異於彼而爲廣大也。○「**斯理也，聖人**」云云。○聖人指文王、周公，「易」字總指六十四卦。夫易之爲書，屢變不可爲典要，惟其時而已，此便率性者。且就乾、坤二卦看之，乾卦辭曰「乾元亨利貞」，坤卦辭曰「元亨利牝馬之貞」，不同者何也？蓋乾純陽爲天，備四德之全，所以專言元亨利貞也。坤純陰爲地，其德柔順而貞，故取之象曰「牝馬之貞」，此各循其性也。就人言之，乾在上以統下，則父道也，君道也。坤在下以承上，則子道也，臣道也。就見爲人君者，爲人父者，當從乾道；爲人臣者，爲人子者，當從坤道也。推而看之，則夫婦、兄弟、長幼之間皆不外乎此道。又就乾一卦看之，初九曰潛，九二曰見，九三曰乾乾惕若，九四曰躍，九五曰飛，上九曰亢，纔在一卦中辭各不同者，亦皆循其地而示以時措之宜也。如在他卦，亦可推類而知，此易之書所以無有適莫，以皆得處事之宜，所謂率性者而已。○「又曰：佛有一箇『覺』之理。」○詹良卿曰：佛氏默坐澄心，雖曰是敬，蓋其覺之理，亦似是而非也。他只默坐澄心，亦是死法。若敬則該動静，真是活法，如「居處恭，執事敬」以至「動容周旋」，皆是敬之事，亦覺之理也。但吾儒之覺，覺於實理；　佛氏之覺，覺於虚妄。苟覺於虚妄，何有於制事之宜哉？○愚謂：　天下之理未有用非而體是者，蓋體用相須，用者體之發用，體者用之本體。佛氏無義以方外，則用上既不正，其體亦何直之有？○大丈只曰釋氏之學於「敬以直内」則有之矣。讀者若以意會，則自可知其旨。然語上未説破，恐不免後學之惑，故朱子又附此言，曰「其直内者，要之其本亦不是義」，至此備矣。

○**釋氏本怖死生爲利**。○爲，去聲。○此段所論釋氏之學，視上章更下一等。○怖死生者，厭輪迴也。輪迴之説奈何？以謂人心生思慮，則其所生必有緣，故及其死此心還隨緣而寓。如畜生念生，則緣在畜生，故形已滅，則心因其緣以寓畜生而復生乎此世。惡業心生，則緣在惡業，故形已滅，則心因其緣以寓惡人而復生乎此世。是輪迴來以受生死之苦。如是心一念不生，則亦無有緣，此自不生不滅，形雖已滅，而心還住天堂，以免輪迴之苦矣。心本不隨形而滅，何也？人方寢時，形全不動，然心依舊活動，而成這夢。又如身被毀傷，心却無與毀傷，看是此心不隨形而滅，只爲有緣，故有生滅輪迴而已。釋氏輪迴之説不過如是，此其實出於利己之私意，豈可謂之公道乎？○程子又曰：　聖賢以生死爲本分事，無所懼，故不論死生。佛之學惟怕死生[二]，只管説不已。下俗之人多懼，易以利動。○佛氏元只怖死苦，故亦怖生耳。

惟務上達而無下學。○上達，不可説「上達天理」，彼安務天理？只以其求頓悟高妙之境，故姑言「上達」耳。所謂「一超直入如來禪」是已，而至之之法則階級則無有，是無下學也。夫上達無別工夫，下學而已矣。苟下學之功至，則其中自有所條達，便是上達。而今離下學而一求上達，則其上達處又是虚妄，豈有是底者耶？蓋高下相因、精粗相貫、體用一源、顯微無間，此乃道之所以爲道。若釋氏之學，惟務上達而絶下學，是上下各別而不相連屬。如是有間斷者，乃非道也。

孟子曰：「盡其心者，知其性也。」○朱子曰：心者人之神明，所以具衆理而應萬事者也。性則心之所具之理。人有是心，莫非全體，然不窮理，則有所蔽而無以盡乎此心之量。故能極其心之全體而無不盡者，必其能窮夫理而無不知者也。○「**彼所謂**」云云，**是也**。○此又與上章「於敬以直内則有之矣」意思相似。只以其言之近，故云然。若論其實，還大不同。中庸蒙引辨之詳，既載首章之下。○**若存心養性一段**[三]，**則無矣**。○此言可疑。如以其似姑曰之有，則彼所爲默坐澄心，亦可謂存心養性焉。如以其實之差斷曰之無，則所謂盡心知性，彼又安有之？今於彼則爲有之，於此則曰無矣，頗可疑已。竊按盡心知性屬知，存心養性屬行。佛氏之學既説識心見性，則知上一邊似有，而毁人倫、去四大，則行上一邊絶無，故説如此歟？然而存養工夫難全做行一邊説，此一節愚了不能釋。然葉注所載朱子説却分明，但難説本文，不可强合説也。

「**彼固曰出家**」云云。○程子又曰：釋氏有出家之説。家本不可出，却爲他不父其父、不母其母，自逃去可也。○愚謂：此言只就其説以辨其非，如論其本，則出家是其實罪。釋氏所以爲亂臣賊子之徒，唯在此而已。尚於道體，問其足不足哉。○此承上文而言，曰心曰性，即是道體，苟於道體有虧，則失本然之心，害天地之性，何存養之有？

「**或曰**」云云。○詹良卿曰：天堂地獄之事，雖是浮屠設以誘愚民爲善去惡之意，而實非中國有此陰府之事，尤見浮屠之僞也。蓋嘗考之，佛之國在極西之境，其所居謂之天堂，猶後世天朝、天闕之稱。其犯法者，皆掘地爲居室而處之，謂之地獄，如南宋王子業囚其諸主爲地牢，亦此類耳。其法有剉燒舂磨之刑，如書所載九黎、三苗之爲也。閻羅則後世之刑官也，金剛則後世之衛士也，皆其蕃國處生人之制。而學佛者不察，謂施於已死者，則世相傳流，本非佛氏真教也。所謂夜叉、羅刹、鬼國者，皆其西方之土名，其地去中國既遠，風化不及，故其所生亦多異狀，無復人類。如史所謂狗國、羅施、鬼國者，可考也。此雖其初學佛者不察本非中國之所有者，而流傳之久，後之異教者亦以爲真，愚民亦不覺其爲僞。而水陸道場、寫經造像、修建塔廟者，皆懼此苦楚之禍，以求快樂之福，何異教中之僞以陷愚民之不知如此耶？嗚呼哀哉！○按：詹氏地獄之論，雖未知其何據，亦足爲考證之一事，故具存其説。○「下根」。○根，猶質也。○「豈有立僞教而人可化乎？」○後世事佛之多者，只是懼禍祈福而已。然則其實皆利心，非真爲善去惡者，豈以此爲化之乎？却可見僞教不能化人也。

○**學者於釋氏之說**。○以下伊川語。此章大意以謂大禹聖人、顏淵大賢也。佞人者，是他一邊佞耳。然以其能使人移，故且遠之畏之。況今學者孰若大禹、顏淵？而釋氏之誣惑不止一邊，寧不速遠痛絕可乎哉？○**放鄭聲，遠佞人**。○朱子曰：鄭聲，鄭國之音。佞人，卑諂辨給之人。○蔡虛齋曰：上是舉大法告之，至「放鄭聲」以下却是戒意。「放鄭聲」，絕之使不接於耳；「遠佞人」，斥之而不近也。所以然者，鄭聲淫，淫則蕩人之志，佞人險，險則能變亂是非，以覆人邦家。○胡雲峰曰：佞人，所謂巧言令色孔壬者也。○**直消言畏**。○其特曰「何畏」，則却見畏之之意。○**更不消言常戒**。○言釋氏之學，口且不可言而常戒之也，甚絕之之意，以應上文「直須如淫聲美色以遠之」。按：遺書曰「正叔一生不曾看莊、列、佛書」，「非禮勿視」亦是此意，大抵伊川天資剛直，於其排異端凜凜乎有力，足以大人之膽氣焉。○**到自家自信**。○自信知道之明，而信之篤也。○薛敬齋曰：異端欲知其得失，亦不可不觀其書。但吾學已明，雖觀其書，不爲所惑。苟吾學未明，而先觀之，鮮不陷溺其中。

○**所以謂萬物一體者**。○程子嘗曰：仁者，以天地萬物爲一體。○**只爲從那裏來**。○接上句説，所謂萬物一體者，只自其「皆有此理」裏面來。○**生生之謂易**。○此一句繫辭傳文。天地之間萬物只管生生，其變無窮，故謂之易。此只引成語，以起下句曰「生則一時生」，便是生生。○**將自家軀殼上頭起意**。○唯知有己，而不知有物也。○**故看得道理小了他底**。○「他底」字緊承上「道理」字而言，人苟爲私己之見，則自與物不相干，於萬物一體之理決然不能識得，此看得道理小也。所謂看得道理，其實不看得也，見「小了」字可知。夫道理者，天地之理，至廣至大者也，豈看得小了爲以知道理乎？○直不曰不看得道理，只曰小了他底者，蓋雖有私意，而於其不所蔽處，必有所明。但爲中心被遮隔，故明於此而昧於彼，纔看得一邊而不看其全，凡人皆然，此看得道理之小也。如楊朱以獨善其身爲義，其意專在此，則是私己而已，故其看得道理，唯知爲我而不復知致君濟民，亦是此類已。○**放這身來**。○獨私其身而與物不相干，則非放也。放這身者反是，「都在萬物中一例看」，言物與我同例看，所謂「民吾同胞，物吾與」者。人能如此，則直與天地萬物上下同流，各得其所之氣象油然發生乎中，是何等快活！

○**釋氏以不知此**。○不知萬物一體之理也。「去他身上起意思」，即上文所謂「將自家軀殼上頭起意」也。釋氏本欲獨快其身，然身不能不煩於物，是以要得去盡六根六塵，心源搖動不定，是以要得如枯木死灰。然身寓於天地間，而與萬物並生，則固不得不交於物。人心是箇靈活底物事，則終不得如枯木死灰，而今釋氏强要如此，不是死則不能得其所求矣。○此節辨釋氏恐未盡。佛家説曰「一切衆生悉有佛性，如來……」又曰「諸法實相」，此於萬物一體之理殆既知之。禪語曰：「莫逐有緣，莫住空忍。」又曰：「棄有著空病亦然。」又曰：「行亦禪，坐亦禪，語默動静體安然。」此皆該動静而言，非專要如枯木死灰也。今以此節排之，彼未必服罪。不若明道所説「道外無物，物外無道」一節，最明白痛快，而見異端無所辭咎也。蓋伊川不曾看佛書，故直撞其巢窟，或未及明道耳。

「**釋氏其實**」至「**許多**」。○爲愛其身，故妄生計較，欲去盡根塵、出離生死，而做放蕩煩多之説，所謂淫辭知其所陷也。○釋氏之見，如自吾道觀之，則亦可謂愛身之私，然彼謂實有此理而勉强求之，非必有愛身之意。此言亦恐未的當。○**負販之蟲**。○柳子厚蝜蝂傳曰：蝜蝂，善負小蟲也，蝜蝂，爾雅作負販。行遇物，輒持取，昂其首負之。背愈重，雖困劇不止也。卒躓仆不能起。人或憐之，爲去其負。苟能行，又持取如故。○負販抱石之論，皆譬愛身之私心。只去私己之念，則心自無事，其有私心，故中心紛擾而不能得快活氣象。釋氏常負私心，雖爲此所累，然不知去他，惟嫌其紛擾。是猶負販之蟲，自載物而愈困，抱石投河以其重愈沈，終不道放下石頭，惟嫌重也。

〇「**人有語導氣者**」章。〇導氣，引導精氣運以養之者。老氏曰「虚心實腹」，道家取之以爲養生之要術，謂絶思而虚胸中，呑氣而實肚裏，可以長生久視，此便導氣之要法。〇「夏葛而冬裘。」〇韓文原道文。〇此章之言甚有理，正是聖賢之要道，儒者之眼目，讀者宜玩味焉。〇按：唐青州録事參軍麻希憲，年九十餘致仕，太宗問攝生術，對曰：「臣無他術，惟是少情寡慾，節聲色，薄滋味而已。」又柳公度年八十有强力，人問其術，對曰：「平生未嘗脾胃熟生物、暖冷物，以元氣佐喜怒。」此二説亦與程子之意相似，讀者須參看。

〇「**佛氏不識**」云云。〇佛氏之見凡有迹者，皆指爲幻妄，故其言曰「諸行無常，是生滅法」，此其説之大本而已。夫陰陽、晝夜、死生、古今，乃天命之流行，而有形迹條理者，彼既不識此義，則又安得論性命與聖人同乎？大抵天下未有不識其用而能達其體者也。性命之理，道之本體，形而上者也。陰陽死生，道之大用，形而下者也。〇此章與前章「道之外無物」之言宜參看，立言之旨雖各異，而意思正足相發，語簡而意密，闢佛甚當。

〇「**釋氏之説**」章。〇譬如鳥喙之有毒，若欲試其味而後舍之，則味未能試，身已死了。此伊川之所以深懼異端，而不看其書也。〇「王通言心跡之判。」〇王通，文中子姓名，其言曰：

「徹所問者，迹也。吾告汝者，心也。心迹之判久矣。」○「其言有合處。」○釋氏之說，若於聖人之言有合處，則是吾道固已有，奚待取彼說？其有不合者，全是邪說，固所不取耳。然則釋氏之說，一切無所取也。世之學者於異端之說，其不合者則固知其非，到其有合處，幡然信之，遂溺於其學者往往而然。以龜山親學程門，猶有儒佛實無二理之言，不知其有合處，則吾道固已有，乃無用之贅言，而無所足取爾。自家立定此見，則辨彼之有害而無益也，不煩不難而明白矣。

此章實辨異端之要領，有大功於後學處。

○**問：神仙之說有諸？**○釋名曰：「老而不死曰仙。」仙，遷也，遷入山也。○**白日飛昇**。○朱子感興詩曰「白日生羽翰」是也。道家之說，以謂養成神丹以常服之，則換骨羽化，白日飛昇。○「**又問揚子言**」云云。○揚子法言君子篇曰：聖人不師仙，厥術異也。聖人之於天下，恥一物之不知；仙人之於天下，恥一日之不生。○此問蓋自上文「有此理也」之言來，以爲揚子所言如此。而今伊川曰「有此理也」，豈聖人亦能爲此等事否？蓋誤認伊川意，故有此問。不如此看，則上下文意不相貫。○揚子之論固爲闢僊之說，然其斥之尚緩。伊川則曰「天地間一賊」，其言勁直嚴切，厥術之異亦不待言。與孟子闢楊、墨而歸之禽獸一轍精神。○**竊造化之機**。○竊，盗也，非其有而取之之謂。人之死生殀壽一繫造化之機，若彼保形鍊氣，强獨延年，實爲竊造化之機，非賊而何？○**周、孔爲之矣**。○舉聖人獨稱周、孔者，蓋周公、孔子立法垂教，其功尤大，而於事之可爲者，不敢不爲，故獨以二聖人爲斷歟。

○**謝顯道歷舉**。○一齊，一切也。是章最得其要，知此則凡佛氏言語上是非得失不必辨可也。○佛教一毀人倫，所謂本領不是處，惟在此而已矣。

○**橫渠先生曰：釋氏妄意天性**。○釋氏本不知天命之性，故爲這煩雜説。或曰玄妙，或曰真空，或曰斷空斷滅，或曰無墜有無二邊，何其言之多端？此皆不知其真，而妄億度之也。性者，仁義禮智而已矣，奚用許多般話？夫妄意天性，則是實不知其體，故又不知範圍天用，此并體用而皆失之。○**範圍**。○出上繫辭傳。朱子曰：「範，如鑄金之有模範。圍，匡郭也。」又曰：「範是鑄金作範，圍是圍裹。」○愚按：範、圍是一物。範者，鐫刻形象鑠金於其中以成器處。圍，即範之郭，包裹這金者。○**範圍天用**。○天性之發用，便是天用。以此使入模範匡郭，使不過於中道也。試舉一端，如欲做孝乃仁之發用，所謂天用者，而他上面有温清定省、柔聲怡色等之，則以此做箇塗轍，更無過差，此是範圍。其他可例而知。○天性、天用皆就人而言，天性即天命之性，天用即率性之道，範圍即修道之教也。○**反以六根之微，因縁天地**。○佛氏以眼、耳、鼻、舌、身、意爲六根，言爲接物之根也。○佛氏以謂性者玄妙真空底物事，不是自天地來，只其涉于形氣者獨本天地，而見六根起滅無有實相者，遂推以天地日月爲幻妄，此因其明不盡誣爲之説耳。○**蔽其用於一身之小**。○人身即天性之舍，本不可謂之小。而今釋氏以天性爲真空做第一義置之，惟以六根因緣天地，離那天性而説人身，故見一身之小。以不能推行其用，此蔽其用於一身之小也。此句申説上文「不知範圍天用，反以六根之微，因緣天地」之意。○按：禪家有「作用是性」説，似不可道離了天性而説人身。曰：此是遁辭，以揜其失者。如參考佛説以究其實，則依舊離那天性以説人身了。且其知作用是性，而不知所以作用是性，亦可見其不知性焉。○**溺其志於虚空之大**。○此句申説上文「妄意天性」，所謂玄妙真空便是説虚空。○「一身之小」，以其身爲小也；「虚空之大」，以虚空爲大也。○「**語大語小**」至「**失中**」。○流遁，展轉不定之謂，言佛氏蔽用溺志而中自不明，故或語大、或語小，只管展轉流遁，皆失其中也。此兼孟子所謂「淫辭」、「遁辭」而在。○「**其過於大也**」云云。○以虚空爲大，故塵芥六合。自小其身，故夢幻人世。夫六合之至大却謂之小，人世之至實却謂之虚，此皆知之過。而要其歸，坐明不能盡而已，豈可謂之窮理盡性而無不知乎？○**明不能究其所從也**。○人世千緒萬端，皆根乎天性，而天用之所在，此天下之至實未嘗有過於此者。今釋氏離天性而説人身，如此則人身者是箇一糟粕耳，宜矣夢幻人世也，此可以見「明不能究其所從也」。○究竟不有天地則無一物，雖有天性將何處去安頓？而今佛氏却樂虛空之大，以爲超於六合之表，真愚矣哉！

○**大易不言有無**。○易曰：「一陰一陽之謂道。」又曰：「形而上者謂之道，形而下者謂之器。」是皆帶著器以説個道，未曾以有無分之。自老氏説天下之物生於有，有生於無，而佛氏襲其迹，有無之説紛紛競起。不知體用一源，顯微無間，不可析有無而二之，此其陋見也。○此章亦是「道之外無物，物之外無道」之意。○按：朱子語類曰：「無者無物，却有此理，有此理則有矣。老氏乃云『物生於有，有生於無』，和理也無，便錯了。」妄意謂此只論説無之失，非論分有無之失。且説「有」、「無」字皆歸之理，恐非張子本意。此蓋未定之説。

○「**浮屠明鬼**」章。○有識，謂有精神。有識之死，主人而言，然包物在其中。循環，所謂輪迴也。夫氣聚則爲人，散則爲鬼。散則形朽滅于下就盡而已，無復受生之理，猶去年花既彫落而銷地面，不復歸于今年枝頭也。今釋氏所見如此，是實不明鬼之理也。○「以人生爲妄見。」○金剛經云：「一切有爲法，如夢幻泡影，如露亦如電。」此以人生爲妄見之説，不知人生日用皆天理之所在，而事事皆實也，不可謂知人焉。○「天人一物」至「知天乎」。○天者，理而已矣。

天人一物，亦所謂「道之外無物，物之外無道」之意。佛氏毁人倫而求玄妙，是輒生取舍，豈爲知天道乎？○此「天」字指道而言，佛氏常不説天，唯説道而已。故下句解之曰「孔孟所謂天，彼所謂道」，此句分明屬上文。「或者」以下又是更端，語勢自判，然葉注至「知天乎」截斷去，更以是句屬下文，爲不可曉。○彼所謂道，其實非正道，但姑舉其所名耳，猶言吾儒説天、彼説道。

或者指「遊魂爲變」爲輪迴[四]。○「遊魂爲變」，上繫辭傳文。○朱子曰：「遊魂爲變」，魂游魄降，散而爲變也。○又曰：精，魄也。耳目之精爲魄。氣，魂也。口鼻之嘘吸爲魂。二者合而成物，精虚魄降，則氣散魂游而無不之矣。○又曰：變是魂魄相離。雖獨説「游魂」而不言魄，而離魄之意自可見矣。○又曰：魂氣上游，體魄下降。○蔡虚齋曰：游是漸漸散去，無所不之也，魂既游則魄亦降矣。○或問於程子曰：「游魂爲變」是「變化」之「變」否？曰：「既是變，則存者亡，堅者腐，更無物也。」○楊誠齋曰：魂止則物存，魂游則物亡，游者止之變也，亡者存之變也。○愚按：「爲變」言此氣遊散，生者忽然變於死也。佛氏不知此。或以「爲變」爲生死來去之變，曰儒者所謂「遊魂爲變」便是輪迴之説，此未思之甚也。○**大學當先知天德**。○天德，人心所得之天理。格物致知，大學始教，即知天德之工夫，故大學之道當先知天德。全其天德而無少欠缺者，便是聖人。而鬼神之幽微，亦不外於其天理，此所以知天德則知聖人，知鬼神也。○**劇論**。○劇，甚也。劇論，猶言至極議論。○注：「體之無二。」○無死生、無天人、無晝夜、無陰陽，悉通其理，則全體之以無有取舍，如此然後可謂真悟道者矣。佛氏一不知此，故爲那孟浪説，豈可謂之悟道乎？

聖學門墻。○子貢曰：「夫子之牆數仞，不得其門而入，不見宗廟之美、百官之富。」「門墻」二字本乎此。門喻其所自而入，墻喻其規模。○**淪胥**。○詩小雅雨無正篇：「淪胥以鋪。」朱傳曰：「淪，陷。胥，相。淪胥是倒字，言相與陷之也。」○**臧獲**。○方言曰：「荆淮海岱雜齊之間，俗不純爲雜。罵奴曰臧，罵婢曰獲。齊之北鄙，燕之北郊，凡民男而聟與「壻」同。婢謂之臧，女而婦奴謂之獲，皆異方罵奴婢之醜稱也。」○**間氣**。○間出之才氣，言不常有也。○**恬習**。○恬，安也，不是謂習於佛教，只言流俗之事聞見恬習也。○**世儒崇尚之言**。○崇尚亦非崇尚佛氏，蓋所謂記誦詞章之屬，是其所崇尚已。此言其所習者流俗不正之事，而非三代之成法。其所師者世儒崇尚之言，而非聖賢之大道，是以冥然遂爲異端被驅了，至此始説佛氏。○**聖人可不修而至，大道可不學而知**。○此即佛氏所謂頓悟意思，自陷溺於異端，故其所見亦一至于此。○「**人倫**」至「**不明**」。○孟子曰：「舜明於庶物，察於人倫。」朱注曰：「物，事物也。明，則有以識其理也。察，則有以盡其理之詳也。物理固非度外，而人倫尤切於身，故其知之有詳略之異。」○**治所以忽**。○忽，音聰。書益稷曰：「在治忽，以出納五言。」蔡傳曰：「忽，治之反也。」○**上無禮以防其僞**。○禮者，理之節文。禮立則異端無禮無義之言無所行矣。○**詖淫邪**

遁之辭。○見孟子公孫丑篇。朱子曰：「詖，偏陂也。淫，放蕩也。邪，邪僻也。遁，逃避也。」○林同安曰：詖詞是只説得一邊，不説得全。如楊氏只説義不説仁，墨氏只説仁不説義。淫，放蕩不根也。週遮浩瀚而無畔岸也。今觀莊、列、楊、墨、佛、老等書，真可爲放蕩矣。其詞既淫，則一發爲邪僻之論，不可復律之以理，此邪辭也。既叛去正理，他不成個事物更説不去，是其理已屈心中於是乎窮，窮則必變其説以求通。如墨氏兼愛困於孟子二本之辨，則變言施由親始。告子性猶杞柳之喻，困於孟子戕賊人性爲仁義之辨，則變爲湍水之論，皆遁辭以求通也。○翕然，群集之意。佛氏之門，兼詖淫邪遁而在。○**千五百年**。○按：自後漢明帝永平八年佛法始入中國，至神宗熙寧十年張子卒，一千十五年。且孔子卒，上去明帝永平八年，五百有餘年。而謝顯道曰「今去聖人千五百年」，謝氏之生在張子時，則佛説之行未千五百年明矣。此當作千有餘年，張子偶失之歟？抑傳寫之誤歟？此非大義所係，然讀聖賢之書，雖瑣小事，當究其實而不可忽之也。○千，一本作「已」，其謬亦均矣。○**獨立不懼**。○韓文公佛骨表曰：「乞以此骨付之有司，投諸水火。佛如有靈，能作禍祟，凡有殃咎，宜加臣身。」方佛法大行之時，其言獨如此，亦可謂獨立不惧者。○**精一自信**。○精者，知理之至而不惑者，不必謂察異言之弊一則守其正而不惑也。

【校勘記】

[一] 其歸至於絶欲棄智　「欲」，四書蒙引卷三作「聖」。

[二] 佛之學惟怕死生　「惟」，二程遺书作「爲」。

[三] 若存心養性一段　「段」下，葉采近思録集解有「事」字。

[四] 或者指遊魂爲變爲輪迴　「或」，葉采近思録集解作「惑」。

近思録説略卷之十四

觀聖賢類 凡二十六條

此卷備論古今聖賢，蓋周、程、張子之學，即二帝、三王、孔、曾、思、孟相傳之道。而孟子以降，及宋鳴于一世之諸賢，雖未能闢斯道之統，然亦皆得其一體，而莫非聖學門庭焉！故於終篇具載悉録，所以著明此書一部之淵源旨趣也。其意蓋本乎語、孟之末歷叙群聖云爾。

「明道先生曰：堯與舜更無優劣」章。○孟子言「性之」、「反之」。○出盡心下篇。朱子曰：「性者，得全於天，無所污壞，不假修爲，聖之至也。反之者，修爲以復其性，而至於聖人也。」○程子之言，一本乎孟子。向微那説，程子亦何由分别出來？而又因此推去，分别大禹、文王之德。其分别大禹、文王之德者，蓋以詩、書所載看得出。○「似」字輕看，只是「如」字意思。

○**仲尼，元氣也**。○元氣，即下文無所不包也。春生，即有自然之和氣也。秋殺，即露其材也。春生是箇温潤和厚氣象，不可説到四時之首、衆善之長。秋殺凜烈嚴厲氣象。元氣無端倪，無方所，泯然不見痕迹。春生秋殺，雖氣象各不同，要之皆有迹之可見。就中秋殺之氣慓慓、感動人心，而尤有迹者也。此形容孔、顔、孟子氣象最親切著明。至今以此之言想見其氣象，尚如望其仿佛，非明道誰能言之？○朱子曰：仲尼無不包，顔子方露出春生之意，如「無伐善，無施勞」是也。使此更不露，便是孔子。孟子便如秋殺，都發出來，露其才，如所謂英氣，是發用處都見也。○**顔子示不違如愚之學**。○顔子之學如愚，此雖其有迹處，然而就此可以想其於聖人之言一無違忤、涣然冰解、怡然理順氣象，故曰「於後世有自然之和氣」。○**不言而化**。○「不違如愚」，不言也，使後世想其和氣者，化也。此只以其模樣相似言之，略對「露其材」。○**孟子則露其材**。○朱子語類：問：孟子露其才，蓋亦時然而已。豈孟子亦有戰國之習否？曰：亦是戰國之習。如三代人物，自是一般氣象。左傳所載春秋人物，又是一般氣象；戰國人物，又是一般氣象。○又曰：大抵自堯舜以來至於本朝，一代各自是一樣，氣象不同。○**仲尼，天地也**。○所謂博厚高明，無不持載，無不覆幬也。雲五色曰慶，唐書曰：「天瑞有五色雲，和風慶雲，渾是一團和氣。」巖巖，積石貌。泰山巖巖，高峻不可攀也。○饒雙峰曰：顔、孟均之爲大賢也，而一可學一難學者，顔子如和風慶雲，人皆可以即之，孟子如泰山巖巖，可望而不可攀。其規模氣象之不同，亦以氣禀之有異故也。○或問：顔子之微有迹處？朱子曰：

如「願無伐善，無施勞」，皆是也。

孔子儘是明快人。○遺書自此下別出。○夫子之德如天地，周遍溥博，而無略有滯礙，故曰「明快」。「豈弟」，樂易也，亦是春生和氣氣象。雄，猶盛也。雄辨，亦秋殺露其才也。○此章論孔、顔、孟子凡五節，學者宜參看，更互熟玩，然後皆知其一致焉。○葉注曰：此段反復形容大聖大賢氣象，各臻其妙。古今之言聖賢，未有若斯者也。學者其潛心焉。

○「**曾子傳聖人學**」章。○「被他所見處大。」○爲所見大，故其氣象亦儘大。後人氣象卑下，故其言語雖有些好，然終鄙薄而不類道。大抵所見大則氣象亦大，而言語隨之。所見小者反是。

○**傳經爲難**。○傳授聖經而不失其精意者，非深體聖人之心者不能，是誠不易也。且看如這等人，宇宙之際幾在？思、孟以下，纔得二程、朱子而已，可以知其難矣。○子夏之學傳之田子方，其流遂爲莊周，所謂聖人之後，百年已差，此類可見。○**幽**、**厲不由也**。○幽王，名宫涅，武王十二世孫。厲王，名胡，武王十世之孫。孟子注：「幽，暗。厲，虐。皆惡謚也。」此申上句「人不由之」意，但「人不由之」是泛説，「幽、厲不由」是實説。

○「**荀卿才高**」章。○荀卿如與臨武君論兵，句句極明快，可見其才之高。揚雄如事莽投閣之事，亦可見其才之短處。過多過少，考葉注可知其大槩矣。

○**荀子極偏駁**。○偏，不全也。駁，不純也。荀子性惡篇曰：「人之性惡，其善者僞也。」揚子修身篇曰：「人之性也，善惡混，修其善則爲善人，修其惡則爲惡人。」此皆不知性之善也。

○「**董仲舒曰**」云云。○説見第二卷。○真西山曰：西漢儒者惟一仲舒其學純乎孔、孟。

○**漢儒如毛萇、董仲舒**。○漢書儒林傳曰：毛公，趙人也，治詩，爲河間獻王博士。○**規模又窄狹矣**。○因其才短也。

○**林希謂揚雄爲禄隱**。○萬姓統譜曰：林希，字子中，舉進士，官至吏部尚書、翰林學士、同知樞密院事。徽宗。○文中子周公篇曰：「古者高餓顯，下禄隱。」注曰：以伯夷之餓顯爲高，以柳下惠之禄隱爲下。○晋王康琚反招隱詩曰：「小隱隱陵藪，大隱隱朝市。」所謂隱朝即是禄隱。○揚雄失身事莽，通鑑綱目被書「莽大夫」。而先儒論曰：「雄之失身於莽，盡東海之波不足以湔其恥矣。」其爲君子所卑如此，更何問哉？

○孔明有王佐之心。○孔明姓諸葛，名亮，三國時相漢先主。孔明輔先主，志欲攘除姦兇，興復漢室。此其心固正大，且其氣象宏遠，操心公平，故曰王佐之心。○**取劉璋**。○璋，字季玉，魯恭王後，益州牧劉焉少子也。後漢書劉焉傳曰：「焉卒，州大吏趙韙等貪璋温仁，立爲刺史，詔書因以璋爲監軍使者，領益州牧，以韙爲征東中郎將。先是荆州牧劉表表焉僭擬乘輿器服，韙以此遂屯兵朐䏰朐，音蠢。䏰，如尹反。備表。初，南陽、三輔民數萬户流入益州，焉悉收以爲衆，名曰『東州兵』。璋性柔寛無威略，東州人侵暴爲民患，不能禁制，舊士頗有離怨。趙韙之在巴中，甚得衆心，璋委之以權。韙因人情不輯，乃陰結州中大姓。建安五年，還共擊璋，蜀郡、廣漢、犍爲皆反應。東州人畏見誅滅，乃同心并力，爲璋死戰，遂破反者，進攻韙於江州，斬之。張魯以璋闇懦，不復承順。璋怒，殺魯母及弟，而遣其將龐羲等攻魯，數爲所破。魯部曲多在巴土，故以羲爲巴郡[二]。十三年，曹操自將征荆州，璋乃遣使致敬。操加璋振威將軍，兄瑁平寇將軍。璋因遣别駕從事張松詣操，而操不相接禮。松懷恨而還，勸璋絶曹氏，而結好劉備。璋從之。十六年，璋聞曹操當遣兵向漢中討張魯，内懷恐懼，松復説璋迎劉備以拒操。璋卽遣法正將兵迎備。璋主簿巴西黄權諫曰：『劉備有梟名，梟，卽驍也。今以部曲遇之，則不滿其心，以賓客待之，則一國不容二主，此非自安之道。』從事廣漢王累自倒懸於州門以諫。璋一無所納。備自江陵馳至涪城，璋率步騎數萬與備會。張松勸備於會襲璋，備不忍。明年，出屯葭萌。松兄廣漢太守肅懼禍及己，乃以松謀白璋，收松斬之，勑諸關戍勿復通。備大怒，還兵擊璋，所在戰剋。十九年，進圍成都數十日，城中有精兵三萬人，穀支一年，吏民咸欲拒戰。璋言：『父子在州二十餘歲，無恩德以加百姓，而攻戰三載，肌膏草野者，以璋故也。何心能安！』遂開城出降，群下莫不流涕。備遷璋於公安，歸其財寶，後以病卒。」○朱子曰：「孔明天資甚美，氣象宏大。但所學不盡純正，故亦不能盡善。取劉璋一事，或以爲先主之謀，未必是。○遺書：問：「王通言『諸葛無死，禮樂其有興』信乎？」伊川曰：「諸葛近王佐才，禮樂興不興則未可知。」問：「曰亮果王佐才，何爲僻守一蜀而不能有爲於天下？」曰：「孔明固言明年欲取魏，幾年定天下，其不及而死，則命也。某嘗謂孫覺曰：『諸葛武侯有儒者氣象。』孫覺曰：『不然，聖賢行一不義，殺一不辜，雖得天下不爲。武侯區區保完一國，不知殺了多少人耶！』某謂之曰：『行一不義，殺一不辜，以利一己則不可。若以天下之力，誅天下之賊，殺戮雖多，亦何害？陳恒弑君，孔子請討。孔子豈保得討陳恒時不殺一人耶？蓋天下之賊，則有所不得顧爾。』」

若劉表子琮。○表，亦魯恭王後。○魏志第六卷曰：「劉表字景升，山陽高平人也。少知名，號八俊。劉備奔表，表厚待之，然不能用。建安十三年，太祖征表，太祖，曹操。未至，表病死。

初，表及妻愛少子琮，欲以爲後。太祖軍到襄陽，琮舉州降。

○**諸葛武侯有儒者氣象**。○此難以一事言，玩其出師表大槩可見。○武侯出處之際甚好，且其所事所志皆正，與刑名權謀之徒大異。

○**孔明庶幾禮樂**。○庶幾，近辭，葉注備矣。

○**韓愈亦近世豪傑之士**。○朱子曰：豪傑，有過人之才智者也。○又曰：退之有闢佛老之功。○又曰：自古罕有人説得端的，惟退之原道庶幾近之，却説見大體。程子謂「能作許大識見尋求」，真箇如此，他資才甚高。○又曰：如他説定名虛位，原道曰：仁與義爲定名，道與德爲虛位。後人多譏議之。但某嘗謂，便如此説也無害。蓋此仁也，此義也，便是定名；此仁之道，仁之德；此義之道，義之德，則道德是總名，乃虛位也。且須知他此語爲老子設，方得。蓋老子謂「失道而後德，失德而後仁，失仁而後義，失義而後禮，失禮而後智」，所以原道後面又云「吾之所謂道德，合仁與義言之也」。○**孟氏醇乎醇**。○醇，不澆酒也。醇乎醇，蓋純厚之意。○「**荀與揚**」云云。○蔡虛齋曰：「荀、揚是誠有不精不詳處，但不知韓子之見是指何處爲不精不詳耳?」今按周子曰:「荀子云『養心莫善於誠』,荀子元不識誠,既誠矣,心安用養邪?」真氏曰:「荀子云『水火有氣而無生,草木有生而無知,禽獸有知而無義,人有氣、有生、有知,亦且有義,故最爲天下之貴也』,其論似矣。至其論性則以爲惡,論禮則以爲僞,胡其自相戾耶?荀子論心爲『污濁在下,清明在上』,此語可疑。蓋心之虚靈知覺,萬理具焉,初豈有一毫人污濁哉?汩於物欲,而後污濁耳。今曰『污濁在下,清明在上』,是物欲之害初未嘗去,但伏而未作耳。」○又曰:程子曰:「揚子謂『老子言道德,則有取。至如槌提仁義,絶滅禮樂,則無取』。言其道德有取,此自是揚子不見道處。又謂『學行之上也,名譽以崇之』,皆揚子之失。」龜山曰:「揚雄云『多聞則守之以約,多見則守之以卓』,其言終有病。不如孟子言『博學而詳説之,將以反説約也』,爲無病。蓋博學詳説所以趨約,至於約則其道得矣。謂之守以約卓於多聞、多見之中,將何由見得此理分明?然後知孟子之後,其道不傳。」○又曰:揚子論性爲善惡説。○又曰:擇之精以窮究言,語之詳以議論言,故以擇之精爲先。

○**學本是修德**。○文,謂文辭,與「行有餘力,則以學文」之「文」不同。撰,猶述也。○朱子曰:此非深知所傳者何事,則未易言也。堯、舜之所以爲堯、舜,以其盡此心之體而已。禹、湯、文、武、周公、孔子傳之,以至於孟子。其間相望,有或數百年者,非得口傳耳授密相付屬也。

特此心之體隱乎百姓日用之間，賢者識其大，不賢者識其小，而體其全且盡者則爲得其傳耳。

○**周茂叔胸中灑落**。○如此章之言，須要虚心潛思，言外識取。唯欲就言論文字上以窺其意思，則竟不能得矣。要先知「光風」氣味是如何，「霽月」氣味是如何，然後可想像其氣象。○爾雅：春晴日出而風曰光風。○「**其爲政**」云云。○伊洛淵源録曰：先生用舅氏龍圖閣學士鄭公向奏，授洪州分寧縣主簿。縣有獄久不决，先生至，一訊立辨，衆口交稱之。部使者薦以爲南安軍司理叅軍。移郴及桂陽令，在郴、桂陽皆有治績。

○**伊川先生撰明道先生行狀曰**。○「充養有道」，擴充養成以其道也，此二句言天資學力皆極其善。「純粹」謂其道德，「温潤」謂其氣象。「寛而有制」以下四句，皆道德之條目，主存於中者而言。「視其色」、「聽其言」二節就應於外者而説，都本天資學力之盡善來。寛固美德，只寛大則易至泛濫無制。和固美德，只和易則易至□蕩不法。寛而有制，和而不流，此其所以爲至善歟。○貫於金石，無不通透也。通於神明，如郊則天神格，廟則人鬼享，亦見無不通。○**如春陽之温**。○此與「温潤如良玉」大意相似，但彼總言其氣象，此及接物見有那氣味耳。○**如時雨之潤**。○時雨，及時之雨也。草木之生，及時而雨，則其化速矣。孟子曰：「七八月之間旱，則苗槁矣。天油然作雲，沛然下雨，則苗浡然興之矣。」所謂「時雨之潤」者，然此唯取其能入人而使之心服興起，不是取及時意。○**胸懷洞然**。○洞然，虛豁貌。徹，通也。「徹視無間」，從傍人説。浩乎，廣大貌。○美言，善言也。若極其德之全，雖以善言未足形容之也。

先生行己。○此以下至「行有常」皆論其用處。○**若出諸己**。○凡出諸己者，無厭惡。此言真箇好之，又有與人爲善意。○**不欲弗施於人**。○此亦恕事，但行之以恕，所該者廣。此特挑一事而言。○**居廣居而行大道**。○朱子曰：廣居，仁也；大道，義也。○又曰：廣居是處心，大道是處事。○又曰：居廣居是體，行大道是用。○仁道以天地萬物爲一體，此何等廣居！義理天下古今所由，猶大路然，故曰大道。○**言有物而行有常**。○易家人卦大象辭曰：君子以言有物，而行有恒。○蔡虛齋曰：言必有物，非虛言也，行必有恒，非但勉强一時而已。**汝南**。○郡名。科舉，以甲乙科舉學士也。泛濫，流入之意。諸家，百家各立一見以爲教者，得之言，得其要。

盡性至命。○説卦傳文。程子曰：「盡性則知天命矣。天命猶天道也，以其用言之則謂之命，命者造化之謂也。」○又曰：「性則須盡，命則不可言盡，只是至于命也。」○天下之性一出乎命。而仁者性之全體，仁之發用莫先於孝悌，此其盡性至命，其本必在孝悌而已。○**窮神知化**。○繫辭傳文。言天地神妙變化之道，不外乎箇禮樂之理也。自「明於庶物」至此，皆舉其至極而言。○朱子曰：　明道行狀説孝弟禮樂處，上兩句説心，下兩句説用。○又曰：　知得這孝弟之理，便是盡性至命也，只如此，若是做時，須是從孝弟上推將去，方始知得性命。如「孝弟爲仁之本」，不成孝弟便是仁了，但是爲仁自孝弟始。若是聖人，如舜之孝，王季之友，便是盡性至命事。○「知」字至重，此非自至其地位則不能真知是義，味此一節，明道之學已到聖處歟！○「辨異端似是之非」，異端專指老佛。「異端害之也」，異端兼楊、墨而言。○朱子曰：　魏公好佛，敬夫無如之何。此正明道先生所謂「今之入人，因其高明」，所以爲害尤甚。不知這些邪見是壞却世間多少好人，破却世間多少好事也。○或問：　昔之惑人乘其迷暗，今之惑人因其高明，竊有疑焉。夫既曰高明，而可惑乎？明道曰：　語其質云爾。彼深於佛氏之學，其質開透，亦必加於人數等，所謂知者過之也，非中庸所謂極高明者也。聖人極高明而道中庸，其照無偏，何過之有？○詹良卿曰：　按明道以質言，高明之惑爲知者之過，此語切中高明惑異端之膏肓，何也？質之高明，必厭世事之冗，而樂於虚静。又好奇妙而忽於卑近，又力去做静中工夫，掃除物慾，屏絶思慮，是其存心工夫不得其真，先做空了，不覺入於禪。蓋緣不曾著實體驗，而窮理工夫不到。如此若因其高明之資，加以窮理之功，反而求夫聖人之道，又何高明之累哉？

自謂之「窮神知化」。○佛氏空寂之教，本非欲窮神明之德，知變化之道者，程子特借以言其自謂高明耳。○陳天台曰：　開物，謂人所未知者開發之。成務，謂人之知欲爲者成全之。

如三皇五帝造書契、教稼穡、制衣服、宫室之類是也。○**言爲無不周遍**。○「爲」字連下讀，爲是佛氏語大則包法界，語小則入微塵，指陳心性，剖析真妄，所謂言無不周遍也。○陳天台曰：倫理謂父子、君臣、夫婦、長幼、朋友之倫，有親、義、別、序、信之理也。○堯、舜之道，即倫理也。○**淺陋固滯**。○陳天台曰：如刑名術數之説，記誦詞章之習，皆是道不明，故天下之人不入於淺陋固滯，必入於佛氏之空寂。○**邪誕妖異之説**。○異，一作「妄」。○李春培曰：邪誕妖妄者，蓋佛氏於修性養心之外，又有天堂、地獄、因果、禍福之説以欺世也。○醉生夢死，如醉而生，如夢而至死也。○**正路之蓁蕪**。○陳天台曰：正路喻聖道。蓁，草盛貌。蕪，荒也。○以上見以興起斯文爲己任之意。

不幸早世。○先生元豐八年六月十五日以疾終，享年五十四。○「**先生教人**」至「**循循有序**」。○陳天台曰：格物致知，所以求知所止。誠意、正心、修身、齊家、治國、平天下，所以求得所止。灑掃應對，小學之教也。窮理即致知，至於知止之事；盡性即誠意，至於平天下之事，大學之教也。循循，有次序貌。先習之於小學，而後進之於大學，而大學之教又自有其序矣。○「**病世之學者**」云云。○陳天台曰：此學者之大病，程子教人循循有序，蓋病乎此矣。○吴氏曰：行遠自近，升高自下，學之序也。自大小學之序言之，灑掃應對，近者下者也；窮理盡性，高者遠者也。以大學之序言之，格物、致知、誠意、正心、修身，非近而下者乎？齊家、治國、平天下，非高而遠者乎？○**感而能通**。○感者，外動乎中。通者，中能通於其理。○「**狡僞**」至「**致其恭**」。○此要看得明道却先盡誠致恭，苟己不有，何由得有？此應「狡僞」、「暴慢」者且然，況不至此者乎？○**聞風者誠服**。○「誠」字重，謂真箇服從而非勉强者。孟子曰「以德服人者，中心悦而誠服」是也。○**覿德者心醉**。○莊子曰：「列子見季咸而心醉。」愚謂心醉言心化之也。○**顧於利害**。○言明道進則害於小人，退則利於小人。小人顧此，故時遭排斥。○**退而省其私**。○退者，小人退也。省其私，就明道而言，蓋當對己之時，雖溺於利害之私以厭惡之，然省其一己之言行，未有不服先生之德也。○伊洛淵源録曰：王荆公後來逐不附己者，而獨不怨明道，且曰：「此人雖未知道，亦忠信人也。」

治惡以寬。○治惡太急，則人雖欲悔非遷善，而其道無由也。故臨之以寬，而待其自新。○**處煩而裕**。○雖政事煩雜而得其要領，而不泛濫，順於道理而不作爲，故每安裕而不勞擾。○**應文逃責**。○文謂律令文法。雖處置失其平，然以應文法爲解，則無譴責。是故俗吏只强求應文而逃譴責，先生獨不然也。「綽然」則不病拘礙，「沛然」則不見難澀。所以然者，事理明於中而處之有道也。此二事皆就爲政上看。○**雖當倉卒，不動聲色**。○倉卒，急遽也。心存志定，故不爲所動。○「**方監司**」至「**有所賴焉**」。○言時之主事者，於尚嚴急之中，大率以寬厚待先生，故雖不徇時好而無甚尤之者，此其所以設施之際稍得伸其志而民有所賴以安也。

先生所爲。○綱條，即法度之綱領條目也。只句法不得不如此並言。夫政之綱領條目、法令制度著於事爲而有轍迹者，人或可效而爲也。如彼「從」「和」「應」「信」，便盛德自然效驗，非人之所力而致者也。○此章所叙，首説天資之粹、氣象之美，而學力之功在其中矣。次論言行之正，次論學問之至，次論闢異端，道學者之功。卒之接物之實與爲政之要，做兩脚説去，舉道化乎感之妙以終言焉。明道一生之受用、德行之本末備矣。

○明道先生曰「周茂叔」云云。○問：周子窗前草不除去，云「與自家意思一般」，此是取其生生自得之意耶？抑於生物中欲觀天理流行處耶？朱子曰：此不要解。到那田地，自理會得。須看自家意思與那草底意思如何是一般。○又曰：他也只是偶然見與自家意思相契。○又問：横渠驢鳴，是天機自動意思？曰：固是。但也是偶然見他如此。如謂草與自家意一般，木葉便不與自家意思一般乎？如驢鳴與自家呼喚一般，馬鳴却便不與自家一般乎？

○「張子厚聞生皇子」云云。○餓莩，餓死人也。○葉注「此即西銘之意」固是，所謂「大君者，吾父母宗子」「民吾同胞」者，可以見非空言矣。只不要説破出，看他箇所以恁地之胸中如何耳。若夫只管主張題目，信口説去，便覺淡了。

〇「**伯淳嘗與子厚**」云云。〇此明道之與横渠終日講論之際，必有深愜乎中者，故發此嘆。所謂同心之言，其臭如蘭者歟！

〇「**謝顯道云**」章。〇塑，埏土象物。泥塑人，土偶人也。君子之道，剛柔合德，故其嚴而和如此。〇陳天台曰：坐如泥塑人，敬也。

〇「**侯師聖云**」章。〇師聖，名仲良，河東人。二程之外族，受學二程。公掞，名光庭，河南偃師人，亦程子之門人。汝，州名。瞑，閉目也。〇「門外之雪深一尺。」〇侍立即久，及雪將深，猶不得請出，蓋威重尊嚴也。此章所稱皆盛德之符，而其氣象各有不同如此，故朱子曰：「明道似顔子，伊川似孟子。」

〇「**劉安禮云**」章。〇盎，豐厚盈溢之意。孟子曰：「見於面，盎於背。」〇「樂易。」〇樂則無艱難勞苦，意便是易已。〇此章與上章朱公掞之言當參看，如劉氏亦可謂善觀君子者矣。

〇「**吕與叔撰明道先生哀詞云**」章。〇哀詞，哀悼其没而叙其行事之詞。行狀具載其行，哀詞任意而述其事，此其所以異也。○「負特立之才」，此句説資質。「知大學之要」，此句説學術。已上二句，一章之綱領，下面節節皆本乎這二句來。○博聞强識，識，音志。知也；躬行力究，行也。「察倫」以下，物格而知至也。察倫明物，謂明於庶物，察於人倫。

其造於約也。○約，要約也。此一節論知之有要，夫子所謂「一以貫之」，孟子所謂「萬物皆備於我」，便是斯理。

其致於一也。○此一節論守之貞固。

其養之成也。○此一節謂德之充于内而發于外者。措，舍置也。○和易者，人或狎之；寬裕者，或至廢事。先生一不然已。

其自任之重也。○以下兩節論其平素之大志實行，蓋行狀之所未發。○**不苟潔其去就**。○「就」字帶言，只是不潔其去也。○「**吾義所安**」云云。○言若吾義所安，則不顧他而爲，當那上面，寧雖小官亦不屑就，所謂非其道也，一介不以取諸人也。○明道之意，不以去爲高，又不以就爲屑。唯顧道義奈何而已矣。其自信何如哉！

○「**吕與叔撰横渠先生行狀云**」章。○康定，仁宗年號。按：綱鑑：「仁宗寶元元年，趙元昊稱帝，國稱夏。康定元年，元昊寇延州，此必其時也。」寶元三年改元康定。○「慨然」，激厲之意。○「范文正公。」○公名仲淹，字希文，文正其謚也。時爲參知政事，范公一見張子遂知其遠大器局。賢者知人，明捷如此哉！○「名教。」○晉王戎曰：聖人貴名教。○陳天台曰：謂人倫之教，有實有名。○「猶以爲未足。」○此雖以未達中庸之精意，然其非凡材也又可見矣。○嘉祐，亦仁宗年號。○「淳如也。」○淳，猶純也。○朱子曰：按行狀今有兩本，一云「盡棄其學而學焉」，一云「盡棄異學，淳如也」，其它不同處亦多，要皆後本爲勝，疑與叔後嘗刪改如此，今特据以爲定。○「崇文。」○按：張子嘗爲崇文殿校書。○「移疾。」○漢書注顔師古曰：「移病者，移書言病也。一曰以病移出，不居官府。前説爲是。」○「有得則」云云，「以書」。○識，書記也。張子嘗曰：「心中有所開，即便劄記。」○「未始須臾息，亦未嘗須臾忘也。」○不息則不忘，忘則不能不息，只是一意反復，以言其不略有間斷爾。○按：朱子張子像贊曰：「蚤悦孫吳，晚逃佛老。勇撤皐比，皐比，虎皮。一變至道。精思力踐，妙契疾書。」此與是章足以相證焉。○「知禮成性。」○張子曰：「知禮成性而道義出。」又曰：「爲學大益，在自求變化氣質。」並見第二卷。○「嘗謂門人曰。」○中心既得辭命既善，然後斷事無失，心乃沛然。此是素定之功，彼精義入神者，亦是素定於内，而求達於外而已矣。○「久而日親。」○記曰「君子之交如水」，蓋君子之道淡，是故乍看如無許多滋味，而中實懇厚，故久而見日親。○「反躬自治，不以語。」○惟欲以身教，而不欲以言教，如此而人猶有未諭其意也，安然行之，而無怨悔。蓋謂行己之義，其諭不諭在人而已。

○横渠先生曰：「二程」云云。○程子曰：「莫説道將第一等讓與別人，且做第二等。言學便以道爲志，言人便以聖爲志。」二程自未弱冠時，便既有此志，其至成德亦惟這志做將去。命世之才，氣象挺然有不可攀者，大凡如是爾。○朱子曰：伊川好學論，十八時作。明道二十及第，出去做官，一向長進。定性書是二十三時作。是時遊山諸詩皆好。○考朱子説，横渠之言益可信也。又按：遊山諸詩，見二程全書五十四卷，明道文集第一，今熟吟其詩，氣格宏雄，意思涵蓄。遺辭之際，温厚慷慨，令人仿佛窺吟風弄月之趣，因備録如左。

遊鄠縣山詩十二首

白雲道中

吏身拘絆同疏屬，俗眼塵昏甚瞽矇。辜負終南好泉石，一年一度到山中。

馬上偶成

身勞無補公家事，心冗空令學業衰。世路嶮巇功業遠，未能歸去不男兒。

遊紫閣山

仙掌遠相招，縈紆渡石橋。瞑雲生澗底，寒雨下山腰。樹色千層亂，天形一罅遥。吏紛難久駐，回首羨漁樵。

獼猴山僧云：晏元獻公來，獼猴滿山。

聞説獼猴性頗靈，相車來便滿山迎。鞭羸到此何曾見，始覺毛蟲更世情。

高觀谷

轟雷疊鼓響前峰，來自彤雲翠藹中。洞壑積陰成氣象，鬼神憑暗弄威風。噴崖雨露千尋濕，落石珠璣萬夥紅。縱有虬龍難駐足，還應不是旱時功。

草堂寺在竹林之心，其竹蓋將十頃。

參差臺殿緑雲中，四面篔簹一徑通。曾讀華陽真誥上，神仙居在碧琳宫。

長嘯巖中得冰以石敲餐甚佳

車倦人煩渴思長，巖中冰片玉成方。老仙笑我塵勞久，乞與雲膏洗俗腸。

游重雲

久厭塵勞萬慮昏，喜尋泉石暫清神。目勞足倦深山裏，猶勝低眉對俗人。

長嘯洞北回望大頂如列屏幛，比到山前却不見，蓋爲仙掌所蔽

行盡重雲幾曲山，回頭方見碧峰寒。天將仙掌都遮斷，元恐塵中俗眼看。

凌霄三峰

長嘯巖東古寺前，三峰相倚勢相連。偶逢雲静得見日，若有路通須近天。陰吹響雷生谷底，老松如箸見崖顛。結根不得居平地，猶與蓮花遠比肩。

雲際山

南藥東邊白閣西，登臨身共白雲齊。上方頂上朝來望，陡覺群峰四面低。

下山偶成

襟裾三日絶塵埃，欲上籃輿首重迴。不是吾儒本經濟，等閑争肯出山來。

【校勘記】

［一］故以羲爲巴郡「郡」下，後漢書劉焉傳有「太守」二字。

圖書在版編目(CIP)數據

近思録説略 / (日) 澤田希撰; 程水龍主編; 程水龍, 王婕怡校點. —上海: 上海古籍出版社, 2024.5
(東亞《近思録》文獻叢書)
ISBN 978-7-5732-1113-2
Ⅰ.①近… Ⅱ.①澤… ②程… ③王… Ⅲ.①理學—研究—中國—南宋 Ⅳ.①B244.75

中國國家版本館 CIP 數據核字(2024)第 076685 號

題簽: 史楨英

近思録説略

(日) 澤田希　撰
程水龍　主編
程水龍　王婕怡　校點

出版發行　上海古籍出版社
地　　址　上海市閔行區號景路 159 弄 1-5 號 A 座 5F
郵政編碼　201101
網　　址　www.guji.com.cn
E-mail　guji1@guji.com.cn
印　　刷　江陰市機關印刷服務有限公司
開　　本　890×1240　1/32
印　　張　15.375
字　　數　295,000
版　　次　2024 年 5 月第 1 版　2024 年 5 月第 1 次印刷
印　　數　1—1,300
書　　號　ISBN 978-7-5732-1113-2/B・1380
定　　價　72.00 元

東亞《近思録》文獻叢書

《近思録 文場資用分門近思録 分類經進近思録集解》

（宋）朱熹、吕祖謙、葉采 等 撰

《性理群書句解後集》（宋）朱熹、吕祖謙、蔡模 等 撰

《近思録解義》（清）張紹价 撰

《近思録備考 近思録訓蒙輯疏》

［日］貝原篤信、安褧 撰

《近思録説略》［日］澤田希 撰

《近思録集説 近思録欄外書》

［日］古賀樸、佐藤一齋 等 撰

《近思録釋疑 海東七子近思録 近思續録》

［朝鮮］金長生、朴泰輔、宋秉璿 等 撰

《星湖先生近思録疾書 近思録釋義 續近思録》

［朝鮮］李瀷、朴履坤、李漢膺 撰